Norbert Tschulik · Musiktheater in Deutschland

Norbert Tschulik

Musiktheater in Deutschland

Die Oper im 20. Jahrhundert

Österreichischer Bundesverlag · Wien

© Österreichischer Bundesverlag Gesellschaft m.b.H., Wien 1987
Satz: Times 10/11 Punkt
Gedruckt auf Gardapat 115 g
Druck: Wiener Verlag, Himberg
ISBN 3-215-**06278**-X

Inhalt

Einleitung 7
Hans Pfitzner – Ende einer Epoche 13
Richard Strauss – ein Klassiker des 20. Jahrhunderts . . 44
Zwischen Tradition und Fortschritt 94
Reaktion auf die Romantik: Paul Hindemith 125
Rückkehr zum Urklang: Carl Orff 155
Zeitgenossen Hindemiths und Orffs 185
Maßvolle Moderne: Werner Egk 203
Nach dem Ende des Zweiten Weltkrieges 225
Vielseitig neu: Hans Werner Henze 258
Expressive Dramen der neuesten Zeit 284
Unvollendetes Finale 305

Anmerkungen 325
Literaturverzeichnis 336
Personenregister 341

Einleitung

Musiktheater in Deutschland, die Oper im 20. Jahrhundert – das ergibt eine Überfülle an Stoff für ein Buch. Im Bewußtsein des breiten Opernpublikums taucht natürlich in erster Linie der Name von Richard Strauss auf. Jenen, die extrem für die Neue Musik plädieren, gilt er als einer der großen Konservativen, ebenso wie Hans Pfitzner. Um sie herum gruppieren sich zahlreiche Spät- und Nachromantiker; sie alle in einer Zeit, in der neue Ideen auch auf musikalischem Gebiet zu wirken begannen, in einer Zeit, in der neben den Bewahrern der Tradition und den Pionieren des Fortschritts auch Meister des Übergangs stehen. Einmal mehr muß gesagt und betont werden: Schöpferischer Pluralismus erweist sich als eminent fruchtbar und *be*fruchtend. Und so wird das Werk von Spät- und Nachromantikern nicht dadurch abgewertet, daß es zu einer Zeit entstanden ist, in der andere Komponisten schon ganz andere Wege gingen. „Auseinandersetzung mit der Tradition" schließt aber auch ihrerseits Pluralismus ein. Denn innerhalb der Gruppe der Traditionalisten gibt es durchaus kein allgemein verbindliches Stiletikett. Das will heißen: daß die Komponisten in unterschiedlichem Grad an die Tradition gebunden waren bzw. sich von ihr zu lösen begannen; daß also bald das konservative, bald das in die Zukunft weisende Element das stärkere innerhalb der romantischen Bindungen war, während die Komponisten der Zweiten Wiener Schule, voran Arnold Schönberg, zu den Avantgardisten jener Musikepoche zu zählen sind, die für die Weiterentwicklung der musikalischen Kunst entscheidend werden sollte.

Ich habe schon in meinem Buch über das Musiktheater in Österreich[1] darauf hingewiesen, daß die Entwicklung, welche die Musik in diesem Säkulum nahm, nicht genau mit der Jahrhundertwende einsetzte, vielmehr die Wurzeln schon im 19. Jahrhundert, insbesondere bei der Entwicklung der Harmo-

7

nik im Schaffen Richard Wagners, zu suchen und zu finden sind. Außerdem war, wie Erich Schenk in seiner Studie „Das Problem der Invention bei Bach und Beethoven"[2] mit Recht betont hat, in den Tagen der Mentalität des Fin de siècle, als Europa sich vehement von der Tradition des romantischen Jahrhunderts abwandte, um auf neuen Wegen aus einer Sackgasse kultureller und somit auch musikalischer Entwicklung herauszukommen, die radikale Neuordnung des Tonmaterials, damit verbunden auch der Kompositionstechnik und der musikalischen Grammatik, keineswegs die einzige Möglichkeit zur Überwindung der Situation. Es boten sich auch andere Möglichkeiten an, zum Beispiel „der Historismus und die Folklore, die Erneuerung und Bereicherung des Tonmaterials durch Aufnahme von Stilmitteln aus geschichtlich gewordenen Epochen der hohen Kunstmusik und die Aufnahme und Bereicherung des Tonmaterials aus der Volksmusik". Dies trifft einerseits auf den Neoklassizismus zu, den etwa Igor Strawinsky in einer seiner Schaffensperioden aufs persönlichste und nachdrücklichste pflegte, andererseits auf Komponisten wie Béla Bartók. Die Vielfalt der pluralistischen Möglichkeiten zeigte sich überall, somit auch in Deutschland, nicht minder im Bereich der deutschen Opernszene.

So different die Auffassungen über die Zugehörigkeit von Strauss und Pfitzner zur Musik des 20. Jahrhunderts sein mögen – ohne Nennung und Würdigung dieser beiden Meister wäre eine Darstellung der Geschichte der Oper im Deutschland des 20. Jahrhunderts höchst unvollkommen. Man hat diese Meister, trotz ihrer großen Verschiedenheit im Wesen, als „letzte Romantiker" bezeichnet und damit ihre musikhistorische Position durchaus charakterisiert. Strauss hat sich in kämpferische Auseinandersetzungen kaum je eingemengt, Pfitzner hingegen war ein sehr streitbarer Mann; er und Ferruccio Busoni, also der urdeutsche Konservative und der „Futurist" deutsch-italienischer Herkunft, wurden heftige Kontrahenten in der Diskussion um den musikalischen Fortschritt. Verglichen mit anderen war freilich auch Busoni, insbesondere in seinen eigenen Kompositionen, ein Konservativer. Der Begriff „Moderne" ist ja stets relativ. „Was wollen wir entsetzlichen Modernen denn schließlich anders als regenerieren – allerdings auf *unsere* Art und Weise! Ein Stillstand ist unmöglich, und die wirkliche Degeneration wäre dann im wahrsten Sinne des Wortes eingetreten, wenn sich nicht immer wieder solche ‚Kerle' finden würden, die eigensinnig und wagemutig auf ihre Art regenerierten! Frisches Blut, neues Leben, neue Ziele haben nie geschadet, haben sich unleugbar zu allen Zeiten als die *alleinigen* Mittel gegen *wirkliche* Decadence erwiesen!" – dies schrieb Max Reger, ein Komponist, der ebenso wie Richard Strauss ursprünglich als „Neutöner" angefeindet wurde, dies aber keineswegs war.

Die Zeitgenossen sehen den „Neutöner" eben oft in anderem Licht als die Nachfahren. Andererseits müssen Streiter für eine neue Musik, eine neue Kunstauffassung durchaus nicht als Revolutionäre in die Geschichte eingehen. Busonis Wirkung in die Zukunft war keineswegs so tiefgreifend, wie es sein „Entwurf einer neuen Ästhetik der Tonkunst" vermuten ließ. Nicht immer ist es leicht, einen Komponisten entsprechend einzuordnen. So stellt sich etwa die Frage, ob der Wagner-Assistent und -Epigone Engelbert Humperdinck (1854−1921), dessen Wirken zwei Dezennien ins 20. Jahrhundert hineinreicht, in der Musiktheatergeschichte dieses Jahrhunderts noch einen Platz hat oder nicht. Wir neigen eher dazu, Humperdinck im Kapitel „Wagner und sein nächster Umkreis" zu erwähnen. Auch bei August Bungert (1845−1915), der mit seiner Tetralogie „Homerische Welt" ein in der griechischen Antike beheimatetes Parallelstück zu Wagners „Ring" schaffen wollte, zeigen sich so ausgeprägt eklektizistische Züge, daß er, obwohl das letzte Stück der erwähnten Tetralogie aus dem Jahr 1903 stammt, doch ins Kapitel „Die Wagner-Epigonen des 19. Jahrhunderts" gehört. Diskutieren muß man hingegen darüber, welche Position dem Wagner-Sohn Siegfried zukommt. Dieser hatte seinen ersten und größten Erfolg mit der Märchenoper „Der Bärenhäuter" im Jahr 1899, spätere Operntexte aus seiner Werkstatt sind hingegen schon eher als geistige Kinder des neuen Jahrhunderts aufzufassen; wenngleich Siegfried Wagner musikalisch auf jenem Weg weiterging, den sein Vater gewiesen hatte. Anfangs jedenfalls hatte er, natürlich nicht zuletzt wegen seiner Abstammung, als große Hoffnung auf dem Gebiet des Opernschaffens in Deutschland gegolten.

9

Man mag nun die Frage stellen, unter welchem Aspekt unsere Darstellung den Begriff, den Raum des deutschen Musiktheaters eingrenzt. Einer der drei Meister der Zweiten Wiener Schule, nämlich Arnold Schönberg, hat in sehr wesentlichem Maße auch in Deutschland gewirkt, desgleichen Franz Schreker. Beiden aber wurde ein Kapitel in der österreichischen Operngeschichte gewidmet. Denn beide sind der Geburt nach österreichischer Herkunft. Und beide haben ihre Kunst in Österreich entwickelt. Die Invention der Dodekaphonie zum Beispiel erfolgte im Bannkreis Wiens, in der Mödlinger Heimstätte Schönbergs. Gewiß hatte auch Strauss langjährige und enge Beziehungen zu Wien, und man kann dem österreichischen, dem wienerischen Idiom in seiner Musik nachspüren. Dennoch gilt er uns, gleichsam selbstverständlich, als deutscher Komponist, ebenso wie Paul Hindemith, während man Ernst Krenek, den Komponisten der Oper „Karl V.", doch in erster Linie als Österreicher empfindet. Die Unterscheidung zwischen österreichischer und deutscher Musik ist bisweilen eine tief begründete, zum anderen aber ein Mittel zur Gliederung des Stoffes. Diese Gliederung ergibt sich auf Grund der Geburtsorte sowie der Zentren des Daseins und des Wirkens der Komponisten: Musiktheater in Österreich, Musiktheater in Deutschland. Dem ersten Band über das erstgenannte folgt nun dieser zweite, dem ein dritter folgen müßte: Europäisches Musiktheater im 20. Jahrhundert. Darin fände dann auch die Schweiz ihren Platz, die zwar zum Teil dem deutschsprachigen Raum zugehört, jedoch eher als eine der Nationen Europas begriffen werden will.

Die Spezifikation umschreibt also das Thema „Musiktheater in Deutschland", nicht „deutsches Musiktheater". Die Untersuchung der Frage des nationalen Elements muß einem anderen Buch vorbehalten bleiben. Für eine objektive Darstellung der Oper des 20. Jahrhunderts ist sie kaum von Belang. Da wir hier keiner Grenzziehung das Wort reden, so sei auch nicht die Frage erörtert, daß und warum es seit dem Ende des Zweiten Weltkrieges zwei deutsche Staaten gibt. Vielmehr wird auf beide eingegangen; denn so unterschiedlich auch die gesellschaftspolitischen Auffassungen zwischen der Bundesrepublik Deutschland und der Deutschen Demokratischen Republik sein mögen – was die Opernszene betrifft, ist es „Musiktheater in Deutschland".

Wenn der Leser dieses Buches hinsichtlich mancher grundsätzlicher Dinge, etwa Details der Zwölftontechnik, auf den Österreich-Band dieser Musiktheater-Geschichte des 20. Jahrhunderts verwiesen wird, so glaubt der Verfasser darin den Aspekt der Ökonomie sehen zu dürfen, da hier, unbelastet von Wiederholungen, um so mehr Raum zur Verfügung steht, das darzustellen, was sich auf der Opernszene in Deutschland im Bereich der Komposition von Opern und Werken des Musiktheaters begeben hat: nämlich viel, sehr viel, beginnend mit den schon apostrophierten „letzten Romantikern", bis hin zu jenen, die neue und ganz neue Klangwelten ihrer Aussage dienstbar machen.

Fangen wir nun ordentlich der Reihe nach an …

Hans Pfitzner – Ende einer Epoche

Als Hans Pfitzner am 22. Mai 1949 und Richard Strauss am 8. September desselben Jahres ihr Erdenpensum vollendet hatten, da war in der Tat eine Epoche der abendländischen Musik zu Ende gegangen: die Ära der romantischen Musik. Wenn Ernst Krause in seinem Strauss-Buch diesen Meister als „letzten Romantiker" bezeichnet, so hat dies seine Berechtigung. Dennoch ist der Schöpfer des „Rosenkavaliers" mit seiner vom klassischen Schönheitsideal geprägten Mozart-Affinität einerseits, mit seinen geradezu expressionistischen Vorstößen in das weite Land der Seelentiefen andererseits weit mehr als der Modellfall eines Romantikers.

Anders bei Pfitzner: Der Charakter seiner Musik, das Wesen seines Denkens, kurz: seine ganze Erscheinung geben uns ein Recht, ihn als *die* Verkörperung der ausklingenden Musikromantik zu würdigen. Er war der letzte Romantiker „mit allen Merkmalen der Verträumtheit, Versunkenheit und Mystik"[3], auch im Sinne von Schopenhauer, der in der Musik selbst eine Idee der Welt erkennen zu müssen glaubte; und auch im Sinne von Richard Wagner, der in seinem berühmten Beethoven-Essay von 1870 davon sprach, daß das Wesen der Musik nur nach der Analogie des Traumes erfaßbar sei. Und wenn Wagner von einem „traumartigen Zustand" sprach, in welchem uns „jene andere Welt aufgeht, aus welcher der Musiker zu uns spricht", so liegt dies durchaus auf der Linie der romantischen Ausdrucksästhetik und der Auffassung vom Schöpferischen, die Pfitzner vertrat: daß nämlich Inspiration, aus einer anderen Welt kommend, der Urgrund allen Schaffens sei. Die zentrale Szene in Pfitzners „Palestrina" macht dieses Geheimnis schöpferischer Inspiration deutlich.

Wie Wagner und so viele Romantiker trat Pfitzner nicht nur als Musiker, sondern auch in Wort und Schrift in Erscheinung. Nicht zuletzt auf diesem Gebiet profilierte sich der Meister als ein Bewahrer alter Werte, die damals wie heute als veraltete mißverstanden worden sind.

Pfitzner trat energisch und streitbar gegen die „Futuristengefahr" auf. Daß sich seine Angst vor dieser Gefahr gerade an Ferruccio Busonis „Entwurf einer neuen Ästhetik der Tonkunst" entzündete, ist symptomatisch. Gehörte doch Busoni zu jenen, die nicht nur durch ihr Ideal einer neuen Klassizität, sondern vor allem im Geiste ihrer antiromantischen Einstellung zu Antipoden Pfitzners wurden.

Pfitzner, der unter Bezugnahme auf Paul Bekkers Beethoven-Buch von 1911 die „Neue Ästhetik der musikalischen Impotenz" aufs Korn nahm, glaubte sich in einer Verfallszeit, in einer „Gesellschaft, die dem Abgrund zu ins Dunkel führt". Er sprach von einer „kunstfeindlichen Zeit" und „entseelter Musik in einer entgötterten Welt". Beseelte Musik war für Pfitzner Musik im Sinne der Romantik. „Was die Kunst im Leben ist, das ist die Romantik in der Kunst", schrieb er in einem Aufsatz über Webers „Freischütz" (1914). Und an anderer Stelle erklärte er, die von ihm angefochtene Moderne sei gekennzeichnet durch ihren „Kampf gegen alles das Leben Verschönernde, Ahnungsvolle, Geheimnisvolle, Romantische, mit einem Wort: Künstlerische". Das Romantische bedeutete Pfitzner also den höchsten künstlerischen und ästhetischen Wert in der Kunst, und zwar einen absoluten Wert, und galt ihm als einziger Hort wider „Dekadenz, Auflösung und Unordnung", wider „das atonale Chaos". Daß damit die Frage nach einer Konkretisierung des Schönheitsbegriffes noch lange nicht schlüssig beantwortet ist, steht auf einem anderen Blatt.

Schön und beseelt war Musik für Pfitzner jedenfalls dann, wenn sie, vom Atem der Inspiration erfüllt, in der romantischen Tradition steht, dem romantischen Denken und Fühlen verpflichtet ist. Unbestritten ist das Jahrhundert der deutschen Romantik auch in der Musik ein so einzigartig fruchtbares gewesen, daß man Pfitzners Überzeugung von einer Dominanz des deutsch-romantischen Musiziergeistes durchaus verstehen kann. Daß er auch als Komponist der Romantik verbunden war, darüber kann in keiner Phase seines Schaffens ein Zweifel sein. Pfitzners erste Oper, „Der arme Hein-

Hans Pfitzner ist Repräsentant der ausklingenden Romantik.

rich" (1895), ist in der Wahl des Stoffes, der mittelalterlichen
Legende, typisch romantisch. Und hier wie auch in der zweiten Oper, der „Rose vom Liebesgarten" (1901), wird zeitsym-
ptomatisch die Neigung zum Erlösungsdrama offenbar: jenes
Wagner-Erbe, das den Kritiker Julius Korngold in Anspie-

lung auf die Parsifal-Worte „Erlösung dem Erlöser!" zu der Bemerkung veranlaßte, das Publikum rufe nun allmählich nach Erlösung von den Erlösern. Auch der Satz, daß „ohne den reichen Richard kein armer Heinrich" denkbar sei, stammt von Korngold.[4] Darin liegt Wahrheit. Und dennoch ist Pfitzner, insgesamt gesehen, alles andere als nur ein Wagner-Nachfolger. Seine Romantik hat Eigenart.

Daß diese Eigenart mit Neigung zu dunklen Stimmungen verbunden ist, das zeigt schon der „Arme Heinrich". Und die „Rose vom Liebesgarten", in der Gestalten wie Minneleide und Siegnot sowie ein Zauberer à la Klingsor agieren, „strotzt von mysteriösen Vorgängen, übersinnlichen Geschehnissen, geheimnisvollen Symbolen, dunklen Worten, unverständlichen Mirakeln". Aber Korngold, der die Oper mit diesen Worten charakterisiert hat, erkannte schon damals, als Gustav Mahler diese Pfitzner-Oper in Wien zur Erstaufführung brachte, daß hier über Stoff und Text hinweg eine reiche musikalische Potenz wirksam war.

„Das Innerste der Welt ist Einsamkeit" – diese Worte, die Pfitzner seinem Palestrina in den Mund legte, galten für ihn selber, insbesondere für seinen Lebensabend: als er nach einem arbeitsreichen Wirken als Komponist und Schriftsteller, Orchesterleiter und Pädagoge einsam und in Sorgen war. Pfitzner starb in Salzburg und wurde in Wien beigesetzt, in jener Stadt, in der die Erstaufführung des „Palestrina" (1919, zwei Jahre nach der Uraufführung in München) für den Komponisten, seinen eigenen Worten nach, einen der Höhepunkte seines Lebens bedeutete. Die zeitliche Nähe der Wiener „Palestrina"-Erstaufführung und der Uraufführung von Straussens „Frau ohne Schatten" im selben Hause mag an einen fundamentalen Unterschied der beiden Meister erinnern: Schrieb der eine ein Werk der Resignation, so mündete die Oper des anderen in Zuversicht auf das Glück und die Zukunft der Menschen. Zur Erdennähe von Strauss kontrastiert die grübelnde Versonnenheit Pfitzners, der an Schopenhauers Variierung eines Wortes von Leibniz denken läßt: daß Musik als „geheime metaphysische Übung des unbewußt philosophierenden Geistes" zu verstehen sei.

„Nun schmiede mich, den letzten Stein, an einen deiner tausend Ringe, du Gott. Und ich will guter Dinge und friedvoll sein" – das sind die letzten Worte Palestrinas, bevor er sich an die Hausorgel setzt und, leise spielend, den Blick über die Tasten hinweg ins Weite richtet. Es ist Pfitzner selbst: ein letzter Stein an der vielgliedrigen Kette der romantischen Musik und ihrer Schöpfer. Palestrina steht am Ende der Renaissance-Epoche der Musik, er hat die durch ihn repräsentierte Musik vor extremen Traditionalisten wie vor der Zukunftsmusik glänzend rehabilitiert. Und in ähnlichem Sinn will auch Pfitzners Werk, zwischen der alten Romantik und den Strömungen der neuen Zeit stehend, verstanden werden: als eine meisterhafte Rehabilitation und Manifestation der ausgehenden Romantik und deren Auffassung vom Künstler und von der Welt. Pfitzners „Palestrina" ist keine bloße Historie, sondern ein Bekenntniswerk zum Wesen des romantischen Künstlers. Daß zur Zeit, als „Palestrina" entstand, Komponisten wie Schönberg, Webern oder Strawinsky begonnen hatten, ganz neue Wege zu beschreiten, dies schmälert den Rang Pfitzners in keiner Weise. Es hieße, die Zusammenhänge der Musikgeschichte gründlich mißverstehen, würde man Wertkriterien unter dominierender Berücksichtigung der jeweiligen Avantgarde einer Zeit formulieren. Die einzelnen Stilepochen überlappen sich.

„Palestrina" wurde 1917 uraufgeführt. Fast genau ein Halbjahrhundert vorher hatten Wagners „Meistersinger" ihre Premiere. Korngold meinte, stilistisch liege Pfitzners Rom nicht weit von Wagners Nürnberg. Er fand neben einem gewissen „Parsifalton" in der „Palestrina"-Partitur auch gewisse „Meistersinger"-Parallelen, die zu sehen nicht zuletzt darin begründet liegt, daß in beiden Werken die Auseinandersetzung um Probleme des Schöpferischen, die Feier einer Künstlerpersönlichkeit in den Rahmen eines bestimmten kulturhistorischen Kolorits gestellt und mit diesem genial verwoben ist.

Aber: Der festlichen C-Dur-Apotheose Hans Sachsens inmitten des Volkes steht der einsam zurückbleibende Palestrina gegenüber, dem der Evviva-Jubel nur von ferne ans Ohr klingt. In den „Meistersingern" Wagners erscheint, wenngleich sich dessen „andere Seite" im müden Geist Wotans geoffenbart hat, die romantische Musik in ihrer Vollkraft, erfüllt vom Optimismus des Sieges. Über Pfitzners „Palestrina" jedoch leuchtet Abendrot, waltet der Geist verklärter Resignation, mit der Hans Pfitzner so charakteristisch und bedeutsam am Ende einer Epoche steht.

Dies ist nicht nur die philosophisch getönte Enunziation eines Musikologen, sondern Pfitzner selbst hat es bestätigt. Der Dichter Thomas Mann erzählt in einem Palestrina-Essay[5] von einem Gespräch, das in Anwesenheit des Komponisten an einem Sommerabend zwischen der zweiten und der dritten Aufführung des Werkes stattfand. Man redete über das Werk, verglich es dabei (was naheliegt, betont auch Thomas Mann) mit den „Meistersingern", und Pfitzner sagte dazu: „Der Unterschied drückt sich am sinnfälligsten in den szenischen Schlußbildern aus ... Die Meistersinger sind die Apotheose des Neuen, ein Preis der Zukunft und des Lebens; in Palestrina neigt alles zum Vergangenen, es herrscht darin Sympathie mit dem Tode."

So sprach Pfitzner. Thomas Mann setzt seinen Bericht fort: „Man schwieg; und nach seiner Art ... ließ er [Pfitzner] seine Augen auf eine Sekunde schräg aufwärts ins Vage gleiten." Was Thomas Mann damals so betroffen machte, das war das Wort von „Sympathie mit dem Tode". Denn es war des Dichters eigenes Wort, die „Formel und Grundstimmung aller Romantik". Das in der Oper mehrfach auftauchende „schöne, wehmütig-schicksalsvolle Palestrina-Motiv ..., es wäre also das Motiv der schöpferischen Sympathie mit dem Tode, das Motiv der Romantik, das Schlußwort der Romantik?" – so fragte Thomas Mann. Und auch er meinte: „Nicht sowohl um Krönung der italienischen Kirchenmusik handelt es sich, sondern um den ‚letzten Stein' zum Gebäude der romantischen Oper, um den wehmutsvollen Ausklang einer national-künstlerischen Bewegung, die mit Hans Pfitzner ruhmvoll endigt."

So bleibt Pfitzners Werk lebendig: auf Grund seiner absoluten Substanz und seiner richtigen historischen Einordnung, unbelastet von den Auseinandersetzungen, in die einstmals zum Beispiel auch Alban Berg mit seinem Artikel „Die musikalische Impotenz der ‚Neuen Ästhetik' Hans Pfitzners" eingriff.[6]

Rede und Gegenrede wechselten ab. Pfitzner hatte sich aber auch gegen problematische oder gar falsche Etikettierungen seitens wohlmeinender eigener Deuter zur Wehr zu setzen. Die Zahl seiner „Fälle" hat Pfitzner in den Ruf eines streitsüchtigen und querköpfigen „ewig Gestrigen" gebracht. Doch weist Hans Rectanus[7] demgegenüber darauf hin, daß der Meister in seiner Straßburger Zeit zum Beispiel Schönberg zu einem Konzert eingeladen habe, Hindemith für die „stärkste musikalische Potenz unter den Neuerern" hielt und Strawinsky anerkannte: „Das ist nicht meine Welt, aber Strawinsky ist doch ein Meister." Alles in allem haben Pfitzner, seine Anschauungen und seine Werke Stoff genug geliefert für eine umfangreiche Literatur. Die übersteigerte Vision Conrad Wandreys von einer „Widerwelt", die Pfitzners Seelentum bedroht, führt schließlich zur schwerwiegenden Folgerung überhaupt: „Die Legende von Palestrina, die im dichterischen Gleichnis die *Rettung* der Musik feiert, wird mit zunehmender Transparenz dieses Gleichnisses … zum dichterischen Gleichnis vom *Ende* der Musik."[8] Pfitzner habe, da die Herrschaft der Musik in deutschen Landen gezählt sei, „im Palestrina einen Mythos von abendländischer Musik geschaffen".

Eine solche Deutung im Sinne eines „Endspiels der Musik" hat Pfitzner ebensowenig genützt wie der Versuch, sein Verhältnis zum Phänomen Wagner frei von Nachfolgesymptomen oder unter dem Aspekt eines Plus ultra zu beleuchten. Ende der Romantik ist nicht Ende der Musik, das steht auch im „Palestrina" nicht geschrieben. Wenn Otto Erhardt in der Druckausgabe seines „Palestrina"-Regiebuches (Berlin 1922) von einer Spiegelung persönlichsten Erlebens und Fühlens Pfitzners sprach, so erkannte er doch viel deutlicher als Wandrey den tiefen Sinn des Werkes und seines Ausklangs. Der alte, todesmüde Mann, der uns am Anfang entgegentritt, schließt mit den Worten: „Ich will guter Dinge und friedvoll sein." Vom Leid der Welt ist im „Palestrina" die Rede. Doch am Schluß erscheint der Pessimismus überwunden, wenngleich diese Überwindung in stille Resignation eingebunden ist. Er müsse vorüberziehen wie ein lind vergehender Spätsommerabend nach einem heißen und angreifenden Tage – mit diesen Worten hat Otto Erhardt die Grundstimmung des dritten „Palestrina"-Aktes sehr schön formuliert. Und anderes wollte auch Thomas Mann, den wir schon zitiert haben, nicht sagen, als er von dem wehmutsvollen Ausklang einer nationalkünstlerischen Bewegung sprach, die mit Pfitzner ruhmvoll endet. Nicht vom Tode schlechthin. Nicht von „finis musicae". Es verwundert daher keineswegs, daß sich Pfitzner selbst zu den von Wandrey geäußerten Ansichten zu Wort gemeldet hat.[9] Wofür aber nicht das erwähnte Buch, sondern ein inzwischen in der Zeitschrift „Völkische Kultur" erschienener Aufsatz Wandreys den Anlaß lieferte. Der Komponist wandte sich dagegen, daß dem Autor das Leichenbild, das er von Pfitzner gemalt habe, so gut gefalle, daß ihm der wirkliche Hans Pfitzner völlig gleichgültig geworden sei.

Es war dies eine der vielen Fehden, die der ebenso kämpferische wie empfindliche Pfitzner im Lauf der Jahre ausfocht. Bei der Lektüre von Busonis „Entwurf einer neuen Ästhetik der Tonkunst" störte es Pfitzner, den Eindruck zu gewinnen, daß in der Musik noch nichts geleistet worden sei, erst die Zukunft eine Blüte („vielleicht die erste in der Musikgeschichte der Menschheit") bringen werde. Und immer wieder sprach Pfitzner von „Verwesungssymptomen" in der neuen Musik, deren Impotenz er in der Melodielosigkeit gegeben sah.

Hans Pfitzner entstammte einer musikalischen Familie. Sein Vater war Geiger und als solcher einmal in Moskau engagiert, wo Hans Pfitzner am 5. Mai 1869 geboren wurde – fünf Jahre nach Richard Strauss und fünf Jahre vor Schönberg. In Frankfurt, wohin die Pfitzners bald übersiedelten, erhielt der junge Hans seine musikalische Ausbildung. Als er in das Hochsche Konservatorium eintrat, da hatte er schon erste Lieder komponiert, und als er 1890 das Institut verließ, konnte er auf eine ganze Reihe von Kompositionen hinweisen.

Wichtig für die Entwicklung von Pfitzners musikalischem Weltbild war nicht nur das Konservatorium, sondern auch das Frankfurter Opernhaus, wo der Musiker reiche Eindrücke sammelte, insbesondere auch mit dem Werk Richard Wagners bekannt wurde. Daß Pfitzner von Wagner entscheidend beeinflußt wurde, das zeigt nicht zuletzt das 1893 begonnene Musikdrama „Der arme Heinrich", zu dem des Komponisten Freund und Studienkollege James Grun (1868–1928) den Text verfaßte. Den Anstoß zur Stoffwahl, dem Sujet nach der mittelhochdeutschen Dichtung Hartmann von Aues, soll der Schriftsteller und Publizist Paul Nikolaus Coßmann (1869–1942) gegeben haben.

Nach Lehrtätigkeit (Klavier und Theorie) am Koblenzer Konservatorium ging Pfitzner 1894 als unbesoldeter Kapellmeister ans Stadttheater Mainz: Die Gegenleistung bestand in der Zusage der Direktion, die Oper „Der arme Heinrich" uraufzuführen. Eine andere Möglichkeit, die Premiere durchzusetzen, hatte sich nicht ergeben. Mehrere Opernhäuser, große wie kleine, hatten abgelehnt, Stuttgart zum Beispiel: Ein menschenschlachtender christlicher Priester ... das sei unmöglich, schrieb ein Vertreter der Stuttgarter Operndirektion. Die Dichtung erzählt bekanntlich von jenem Herrn Heinrich, der, nach einem glanzvoll-fröhlichen Leben vom Aussatz befallen, nur durch das Herzblut eines sich freiwillig opfernden Mädchens gerettet werden kann, im entscheidenden Augenblick dieses Opfer aber nicht annimmt und dadurch der Genesung würdig wird.

Die Uraufführung des Werkes (1895) fand ein positives Echo in der Mainzer Presse. Der Komponist Engelbert Humperdinck äußerte nach einer Reprise des „Armen Heinrichs", mit dem Werk sei eine eigenartige Kunsterscheinung ins Leben getreten. Schon der eigentümlich herbe Orchesterklang könnte den Unvorbereiteten stutzig machen. Nicht das gewohnte blendende Freilicht der modernen Instrumentierungsvirtuosen, sondern ein seltsames mystisches Halbdunkel umfange da den Hörer. Pfitzners erste Oper zeigt nun tatsächlich schon sehr persönliche Züge, wenngleich sie immer wieder auch deutlich im Banne Wagners steht. Die Frage des Wagner-Epigonentums bei Pfitzner ist oft diskutiert, über- und unterbewertet worden. Julius Korngold hat geschrieben, man sehe im „Armen Heinrich" einen ans Lager gefesselten armen Tristan, der gleichsam mit seinem dritten Akt anfängt und leider auf keine Isolde, sondern bloß auf den Doktor wartet. Dem wurde natürlich auch widersprochen:[10] Der sieche Ritter sei die einzige Parallele zu „Tristan", die Welt eine ganz andere. Kalkuliert man auch eine gewisse Parteilichkeit ein, die Coßmanns Broschüre von 1904 ebenso anhaftete wie der im selben Jahr erschienenen Streitschrift „Hans Pfitzners ‚Rose vom Liebesgarten'" von Rudolf Louis, so wird man beistimmen, daß selbst in Pfitzners erstem Bühnenwerk von blankem Epigonentum nicht die Rede sein kann, sosehr auch Wagner-Einflüsse auf der Hand liegen. Anläßlich der Wiener Erstaufführung (1915) schrieb Heinrich Kralik sehr treffend[11], Pfitzner sei „vielleicht der einzige wirklich schöpferisch begnadete Musikdramatiker seit Richard Wagner", er „versucht nicht gegen Wagner zu komponieren, Wagner ist vielmehr die sichere Basis, die es ihm ermöglicht, fest dazustehen und sein eigener Herr zu sein".

Die Stimmung des Werkes ist im „Armen Heinrich" vom ersten Takt an festgelegt. Das Initialmotiv („Leidensthema") gewinnt leitmotivische Bedeutung. Der erste Akt nimmt durch viel Stimmung ein, die Musik hat Farbe und Kraft, diese Stimmung zu vermitteln. Der kranke Ritter, das mitleiderfüllte Mädchen, die Erzählung Dietrichs, des Mannen Heinrichs, der nach Salerno zog, um die Möglichkeit einer Heilung seines siechen Herrn zu erkunden – daraus ergeben sich operngerechte Wirkungen. Als das Geschehen zum Aktschluß drängt, da registrierte selbst der Skeptiker Korngold „Pfitznersche Farben, die aus geängstigten Nerven stammen und die Nerven treffen", und würdigte diesen Aktschluß als „das musikalisch Stärkste des Werkes". Der zweite Akt dieser Pfitzner-Oper leidet, dramaturgisch gesehen, darunter, daß er im wesentlichen nur der Auseinandersetzung der Tochter mit ihren Eltern gewidmet ist. Der dritte Akt bringt die dramatische Zuspitzung und Lösung. Mit einem Lobgesang endet das Werk. Doch lassen Grun und Pfitzner den Geheilten nicht zu Eheglück finden, sie wählen einen Ausklang im Zeichen von Weltentsagung, Heinrichs „Läuterung zur tätigen Liebe für andere".[12]

Im Jahre 1901 wurde Pfitzners Oper „Die Rose vom Liebesgarten" am Elberfelder Stadttheater unter der Leitung des Komponisten uraufgeführt. Aber erst die Wiener Premiere (1905) entsprach den Wünschen des Meisters, so daß dieser resümieren konnte, diese Aufführung werde „im Leben der Wiener Hofoper stets einen Glanz bedeuten und in meinem Leben ein Licht".[13] Die in einer Kritik Robert Hirschfelds („Wiener Abendpost") enthaltenen Hinweise auf die Elemente von Licht und Farbe in den Bühnenbildern und Kostümen der Wiener Aufführung lassen darauf schließen, daß der

*Zu den schönsten Bühnenbildern, die zu Pfitzners Oper
„Die Rose vom Liebesgarten" geschaffen wurden, gehört das
„Wintertor" von Panos Aravantinos (Berliner Staatsoper, 1924).*

Komponist nicht zuletzt in dieser Hinsicht befriedigt war; wir
wissen nämlich, wie Pfitzner selbst seine Oper „Die Rose vom
Liebesgarten" gestaltet wissen wollte: daß es ihm, seinem eigenen Regiebuch zufolge[14], auf eine Fülle von Beleuchtungs-
nuancen ankam, dabei auch auf die Farbe. Und dies ebenso
bei den Kostümen.

Angeregt zu dem Sujet wurde James Grun durch ein 1890
entstandenes Gemälde des Malers Hans Thoma
(1839–1924): „Der Wächter vor dem Liebesgarten". Stoff
und Text der „Rose" liefern nicht nur Anregung zu Interpre-
tationsmöglichkeiten, sondern auch Ansatz zur Kritik, die
Problematik und Überladenheit der Story betreffend. Neben
einer Handlungsfülle treten in dieser Oper, vor allem im Vor-

und Nachspiel, oratorische Elemente und szenische Tableaus in Erscheinung. Die Chöre unterstreichen die oratorisch-statuarische Grundhaltung dieser „lyrischen Variante der musikdramatischen Form aus dem Geist der romantischen Oper"[15], und so tritt „in den beiden Rahmenteilen durch flächenhafte Wirkung des Chors unter fast gänzlicher Hintanstellung des Dramatischen der Charakter des szenischen Oratoriums stark hervor".[16] Gleich die Art und Weise, wie das Vorspiel einsetzt, läßt vermuten, daß nicht nur dramatische Spannung dem Werk das Gepräge gibt. Motivische Elemente sind in der Musik der „Rose" ausgeprägt. Da ist zum Beispiel das oftmals auftretende Siegnot-Motiv (Siegnot der Held), aus dessen Umkehrung sich der Beginn des Trauermarsches ableiten läßt. Siegnot hat auch sein Liebesmotiv. Das Hauptthema des Liebesgartens, das gleich im Vorspiel intoniert wird, kehrt immer wieder, beide Motive sind charakteristisch für Pfitzners Melodik und Klangstil in dieser Oper.

In einem Essay hat Pfitzner geschrieben, er verstehe unter Kunst ein *Spiel,* die Gestaltung eines Bildes des Lebens in dem Sinne, daß man es ebenso richtig mit „Wirklichkeit" wie mit „Phantasie" übersetzen kann. Im übrigen wollte er nicht mit jenen, die das Textbuch zum „Bajazzo" für ein dramatisches Musterbeispiel halten, darüber streiten, ob das Buch zur „Rose" wirksam sei.[17]

Pfitzner stand in erklärtem Gegensatz zum Verismo. Wenn hinsichtlich der Handlung der „Rose" gesagt worden ist, sie sei „ganz schlicht" und der Wagner-Einfluß eliminiert, so ist das natürlich eine Fiktion. Andere Feststellungen[18] erscheinen zutreffender; so der Vergleich, daß ähnlich wie in Webers „Freischütz" der deutsche Wald der eigentliche Held sei, hier in der „Rose" groß gefaßte Naturbilder den Inhalt der Dichtung bildeten: im Vorspiel eine ideale Frühlingslandschaft, im ersten Akt der Wald, im zweiten die unterirdische Welt der Tropfsteinhöhlen, im Nachspiel wiederum, aus Winternacht und Sternendunkel emportauchend, die verklärte Welt des Anfangs.

Im Vorspiel, in der Märchenwelt des Liebesgartens, wird das Frühlingsweihefest breit geschildert. Bei diesem Fest erhält Siegnot, ein junger Edeling, den Auftrag, den Liebesgarten gegen feindliche Mächte zu schützen; eine Rose, das

Wachtschwert und ein Goldreif sind Symbole seiner Berufung. Die Zeremonie vollzieht sich auf einer Insel des Gartens, wo die Sternenjungfrau mit dem Sonnenkind thront.

Der Text steht im Zeichen postwagnerischen, spätromantischen Überschwangs. „Heil dir, blüh'nder Held! O Lust! O Klingen! O freudiger Braus! Der Lenz zieht hinaus!" – dies sind zum Beispiel die Worte der Edlen gegen Ende des Vorspiels.

Der erste Akt führt in den Urwald vor dem Liebesgarten, in eine Szenerie voll Naturstimmung. Siegnot sitzt auf einer Moosbank, träumerisch gegen die blaue Stahlmauer des Liebesgartens gelehnt, und singt einen Monolog von der Natur und der Schönheit der Welt. Dieser Akt ist von Wald- und Elfenromantik geprägt. Die Begegnung mit dem Moormann ist die erste mit einem der Lebewesen dieses Waldes, und bald tritt auch Minneleide auf, die Elfe vom Quellenstein, deren Gesang die Waldwesen zu Tanz und munterem Versteckenspiel lockt.

Siegnot entbrennt in Liebe zu dem elfischen Wesen, er will Minneleide in das Frühlingsland führen, dessen sie noch nie gewahr geworden. Sie, die es zu Lenz und Liebe hinausdrängt, wirft sich nun leidenschaftlich an Siegnots Brust. Und als Minneleide die Rose und die blitzende Krone erblickt, bittet sie Siegnot, sie damit zu schmücken. Er tut dies und führt sie zur Liebespforte. Der Liebesgarten fängt an, immer gewaltiger zu erstrahlen, aber Minneleide erträgt das Licht nicht. Sturm und Gewitter brechen los, ein greller roter Schein bricht aus dem Wald, mit einem Schwarm bewaffneter Zwerge stürmt der „Nachtwunderer", der Herr der Berge, heran und schleppt Minneleide samt ihren Gespielinnen fort. Siegnot fällt, im Kampf mit den Zwergen in den Rücken gestochen, leblos nieder. Als er wieder erwacht, beschließt er, seiner „Rose rot bis in den kühlen Tod" zu folgen.

Man kann nicht überhören, daß Pfitzner zu alledem eine echte Theatermusik geschrieben hat, welche die jeweilige Stimmung trifft, das Kolorit der Szenen akustisch verlebendigt. Der musikalische Einfall steht im Dienst der romantischen Text- und Handlungsverdeutlichung und ist zugleich ein Manifest absoluter hochromantischer Musiziergesinnung. Das Werk wäre (mit gewissen Kürzungen) einer konzertanten Wiederbelebung wert, eine szenische Realisierung erscheint angesichts der pathetisch-phantastischen Hypertrophie des Textes kaum denkbar. Das bestätigt auch der zweite Akt, zu dessen Beginn der Moormann Siegnot in das Reich des Nachtwunderers, in das Nibelheim dieser Oper führt. Siegnot befindet sich auf der Suche nach Weib und Rose. Der Raum liegt im Dämmerlicht von Tausenden bunten Edelsteinen. Schweigen und Einsamkeit werden unterbrochen von herabfallenden Tropfen im feuchten Gestein. Das instrumentale Vorspiel zu diesem Akt „malt" die Impression des Tropfens.

Minneleide wird zum festlichen Mahle mit dem Nachtwunderer geschmückt, doch reißt sie, erregt über den schrecklichen Zwang und ergriffen von der Sehnsucht nach Waldesweben und nach dem Liebsten, den Schmuck wieder ab, ruft um Hilfe aus höchster Not. Es kommt nun zur Konfrontation Siegnots mit dem Nachtwunderer. „Deinem Grimm biet' ich mich frei", so lautet Siegnots Vorschlag. „Das Weib laß ziehn, ewig blüh'ndem Land bring' sie zurück göttliches Minnepfand." Der Nachtwunderer aber macht ein anderes Angebot: Minneleide soll noch einmal zum Liebesgarten gehen, die Rose zurückbringen und damit auch Siegnot lösen. Bebe sie aber wieder zurück, so verfalle sie den Nächtigen, und Siegnots Haupt werde vom Rumpf getrennt.

Minneleide fühlt sich nicht stark genug zur Entscheidung. Da bittet Siegnot die „Mutter, die alles erhellt", um „sonn'ge Kraft, die rächend dies Reich zerschellt", und um ein Zeichen: Ein blendend heller Schein leuchtet hinter den Säulen auf, die das Höhlengewölbe tragen, Siegnot packt wie ein zweiter Samson diese Säulen und bringt mit ihnen die Decke des Höhlengewölbes zum Einsturz. Als die Staubmassen sich legen, sieht man inmitten der Trümmer Minneleide knien, die nach Siegnot ruft und ihn hinter einem Felsblock entdeckt – tot. Doch die Oper endet nicht tragisch mit diesem Akt. Korngold meinte etwas ironisch, es sei eine Eigentümlichkeit dieser Oper, daß die Lebendigen tote Schemen sind, die Toten aber immer wieder lebendig. Siegnot sei nun zwar tot, aber man traue keinem Toten in dieser Oper.

Das Nachspiel der Oper wird von einem Trauermarsch

eingeleitet. Er ist ein großartiges Stück. Wagner-Nachhall wird präsent, doch wiederum auch die Persönlichkeit Pfitzners. Die Polarität von Vorbild und Eigenleistung bestimmt den Stil dieses Pfitznerschen Werkes, dessen Dichtung, wie aus den kurzen Zitaten ersichtlich, die sprachlichen Umgangsformen Wagners gleichsam manieristisch-schwulstig übersteigert. Wie überlegen ist doch die Einfachheit der „Zauberflöte" den schwierigen Mirakeln dieser „Zauberrose".

Verfolgen wir aber die Handlung noch bis zu ihrer Schlußszene, die Riezler mit der Schlußszene des zweiten Teils des „Faust" verglichen hat. Als der Vorhang aufgeht, sieht man im Hintergrund die blauen Mauern des Liebesgartens und das geschlossene Tor. Es ist Nacht. Auf sein Schwert gestützt, steht der Hüter vom Wintertor im Licht des Mondes. Der Trauerzug mit Siegnots Leiche naht, und Minneleide schreitet, zum letzten Opfer bereit, auf das Tor zu, schlägt mit der Rose an dieses. Mit metallenem Klang und fernem Donner springt das Tor auf. Als Minneleide todesbereit das Tor durchschreiten will, läßt der Wächter sein Schwert auf sie niederfallen, jedoch ehe es ihr Haupt berührt, stürzt Minneleide leblos zusammen. Der Winterwächter versinkt, die Szene verwandelt sich in den Liebesgarten der zweiten Szene des Vorspiels. „Vollbracht!" Minneleide ist entsühnt und erlöst, Siegnot wird von der Gottheit des Liebesgartens zu neuem Leben erweckt. Die Sonne geht auf. „Über alle Welt erhab'ne, ew'ge klare Frühlingskraft! Erd' und Himmel, Tod und Leben ruh'n in deiner blüh'nden Haft!" – so singt der Chor, bevor der Vorhang langsam fällt.

Das pathetisch-romantische Erlösungsmysterium ist zu Ende. Viel schöne, durch und durch romantische Musik ist erklungen: ein interessantes, viel Stimmung und Wirkung bergendes, doch allzu breit angelegtes und ausgesponnenes Werk, in der Harmonik zwischen Einfachheit und schwierigerer spätromantischer Tonalität schwankend. Alles in allem echter Pfitzner. Riezlers Hoffnung, daß einmal die Zeit kommen werde, da die Melodien der „Rose" von jedermann gesungen werden, hat sich allerdings nicht erfüllt. Sicher aber ist, daß der Meister zu einem musikalischen Stil gefunden hat, der dem Sujet gerecht wird: der typischen Märchenoper der

Nach-Wagner-Zeit mit Neigung zu stark symbolischer Prägung.

In Berlin, wo Pfitzner eine Zeitlang als Kapellmeister engagiert war, entstand sein nächstes Bühnenwerk: „Das Christelflein". In der ersten Version war es als Weihnachtsmärchen mit Schauspielmusik konzipiert worden (Uraufführung 1906), und dieser Charakter wurde auch bei der späteren Umarbeitung (Uraufführung 1917) nicht eliminiert. Pfitzner hatte den Text von Ilse von Stach (1879−1941) in erster Linie melodramatisch komponiert, mit kleinen liedhaften Teilen durchwoben. Mit der späteren Umarbeitung des Textes (Versifizierung der Prosa) ging eine musikalische Umarbeitung Hand in Hand. Neun Stücke wurden neu komponiert, darunter Knecht Ruprechts Lied vom Weihnachtsbaum: daß auf die Bitte eines schlichten deutschen Kriegsmannes auch die deutsche Tanne im Himmel ewig grünen dürfe.

Schon anläßlich der Uraufführung wurde das Werk wegen der „erkünstelten Naivität" des Textes kritisiert. Die Geschichte vom Elflein, das durch sein Seelenopfer einem kranken Mädchen die Gesundheit wieder schenkt, überfordert einerseits die kindliche Vorstellungswelt, überschätzt andererseits die Märchenwilligkeit der Erwachsenen. Die textbedingten Schwächen konnten durch die Qualität der Musik nicht kompensiert werden, das „Christelflein" hat daher nie die Popularität von Humperdincks „Hänsel und Gretel" erlangen können.

Mit der Uraufführung des „Christelfleins" war Pfitzner in nähere Beziehung zu München getreten, wohin er im Herbst 1907 als Leiter des Kaim-Orchesters übersiedelte. Anschließend ging Pfitzner nach Straßburg: zuerst als Leiter der Symphoniekonzerte und des Konservatoriums, dann (1910) als Direktor des Stadttheaters, wo er seine Intentionen als Regisseur realisieren konnte. Auch die Entstehung des „Palestrina" fällt in die Straßburger Zeit.

Erst das Ende des Krieges und die Angliederung von Elsaß-Lothringen an Frankreich setzten Pfitzners Straßburger Tätigkeit ein Ende. 1919 ließ sich der Meister in Schondorf am Ammersee (Bayern) nieder. Nach der „Palestrina"-Uraufführung (1917) entstand nur mehr ein Bühnenwerk, nämlich das Musikdrama „Das Herz" (Text von Hans Mahner-

Mons, Uraufführung 1931), doch komponierte Pfitzner noch viele andere Werke, die in seinem Schaffen von Bedeutung sind. In Schondorf traf den Komponisten freilich ein schwerer Schlag: der Tod seiner Frau Mimi (1924).

Der 60. Geburtstag Pfitzners (1929) wurde festlich begangen. 1933 brach die Hitler-Ära in Deutschland an. Pfitzner wurde nahegelegt, seine vorgesehene Mitwirkung bei den Salzburger Festspielen aus Protest gegen die Verfolgung von Nationalsozialisten in Österreich abzusagen. Daß Pfitzner (an sich nie Parteimitglied) diesem Wunsch nachgab, hat ihn später in ein schlechtes politisches Licht gebracht. Das Dritte Reich dankte ihm die Salzburger Absage keineswegs, ebensowenig seine deutsche Haltung, die, obwohl sie den Vorstellungen der Machthaber entsprach, nichts mit Nationalsozialismus zu tun hatte. Nicht zuletzt hatte der Meister trotz allem seine bestehenden Freundschaften zu Juden nicht aufgegeben. 1934 wurde Pfitzner, obwohl „auf Lebenszeit" nach München berufen, „wegen Erreichung der Altersgrenze" seines dortigen Lehramtes enthoben. Dies zwang den Meister zu verstärkter Tätigkeit (Gastspielen) als Operndirigent und Spielleiter. Sein Heim in München (wo er 1939 ein zweites Mal heiratete) wurde 1943 bei einem Luftangriff zerstört, und von da an hatte er schwerste Existenzsorgen. Zuallerletzt nahmen sich die Wiener Philharmoniker der materiellen Sicherstellung der Existenz Pfitzners an. Am 5. Mai 1949 feierte der Meister seinen 80. Geburtstag, 17 Tage danach starb er in seinem letzten Domizil in Salzburg. Er wurde in einem Ehrengrab der Stadt Wien auf dem Wiener Zentralfriedhof beigesetzt. Burgschauspieler Ewald Balser sprach am offenen Grab Grillparzers Rede zum Tod Beethovens: „... Laßt uns gefaßt sein und mutig: denn wir feiern einen Sieger ... nehmen wir auf immer Abschied von dem Menschen, der gewesen, und treten an die Erbschaft des Geistes, der ist und bleiben wird."

Das bedeutendste Werk, in dem sich diese geistige Erbschaft Pfitzners manifestiert, ist „Palestrina". Der Palestrina der Oper schreibt seine Messe im Inspirationsrausch einer einzigen Nacht. Pfitzner selbst war aber keiner jener Komponisten, denen die Arbeit leicht und rasch von der Hand ging. So beschäftigte ihn die Arbeit am „Palestrina" viele Jahre, zuerst traute er sich überhaupt „nicht recht an die Gestaltung des Stoffes heran", wie er in einem später gehaltenen Vortrag bekannte.[19]

Pfitzner führt über die Genese des „Palestrina"-Textes aus: Er habe sich nicht als Dichter gefühlt, und er vertraute daher seinen Plan eines Künstlerdramas am Beispiel Palestrinas als Retter der alten Musik, wie er ihn im Geiste skizziert hatte, einigen seiner dichtenden Bekannten an, u. a. einem „bekannten Dramatiker". Dieser erklärte aber, der Stoff sei dramatisch überhaupt nicht zu gestalten, und sagte: Entweder müsse Pfitzner die ganze Missa Papae Marcelli des historischen Palestrina in die Oper aufnehmen, oder aber er müßte sie noch einmal komponieren, da doch die Aufführung der Messe den Höhe- und Schlußpunkt des Werkes bilden müsse; und beides sei unmöglich. Wahrscheinlich war es die „mit so großer Sicherheit vorgebrachte Ansicht des Fachdramatikers", die bei Pfitzner den Gedanken initiierte, „daß eben nicht gerade die Aufführung der Messe den Schlußpunkt bilden müsse, und auch nicht den Höhepunkt, sondern daß dieser Höhepunkt die Konzeption des Werkes sein müsse. Wie denn jetzt auch das Ende des ersten Aktes einen Höhepunkt des Werkes darstellt." Der erwähnte „bekannte Dichter" stützte seine Behauptungen über die dramatische Brauchbarkeit des Sujets auf einen eigenen Versuch: Es war wiederum James Grun.

Der Plan, den James Grun entwarf[20], war ganz anders als der Plan, den Pfitzner später ausführte. Der Entwurf war als Einakter gedacht, die Handlung spielte „in der Kirche, wo eine Messe Palestrinas vor dem Papst und dem ganzen Kardinalskollegium vorgetragen werden sollte, um eine Entscheidung herbeizuführen, ob hinfort polyphone Musik beim Gottesdienst zuzulassen sei oder nicht. Überirdische Mächte griffen beim Vortrag der Palestrina-Messe ein und verhalfen der Musik zum Sieg. Aus allen Teilen der Kirche stimmten die großen Engelsfiguren mit Gesang und Posaunen in den Lobgesang Gottes ein. Die Säulen erdröhnten, aus den Grüften sang und klang es wundersam." Auf Frances Grun, die Schwester des Dichters, hatte dieser Entwurf großen Eindruck gemacht, sie liebte es, „wenn die großen Engel beim ‚Sanctus' ihre silbernen Posaunen an die Lippen setzten, alle

Pfitzners „Palestrina" wurde im Münchener Prinzregententheater uraufgeführt. Die Staatsoper der Isar-Stadt hat dieses Meisterwerk immer wieder in repräsentativen Aufführungen herausgebracht, u. a. mit Gerd Feldhoff (Kardinal Borromeo) und Peter Schreier (Titelpartie).

Bilder und Figuren um den Tabernakel lebendig zu werden schienen und selbst die steinernen Heiligen draußen um Portal und Turm ihre Stimmen erhoben". So heißt es in den Lebenserinnerungen von Frances Grun.

Es ist eine wunderbare Fügung, daß Pfitzner in diesem Fall mit der Dichtung seines Freundes nicht übereinstimmte.

Auch ein anderes Szenarium ist auf Grund von Pfitzners Bemühungen um librettistische Hilfe entstanden. Ausdrücklich als „für Hans Pfitzner" bezeichnet und mit „Juli 1909" datiert, wurde es von der Wiener Schriftstellerin Therese Herz (1878–1934) unter dem Pseudonym L. Andro verfaßt. Die inzwischen publizierte Szene aus einem Fragment zum ersten

Akt[21] spielt im nächtlichen Studierzimmer Palestrinas und bringt dessen visionäre Begegnung mit seiner verstorbenen Gattin Lukrezia und den alten Meistern. Zweifellos erhielt Pfitzner von diesem Szenarium wichtige Anregung.

Schließlich kam Pfitzner zur Erkenntnis, „daß es mit fremder Hilfe nicht ginge". Daher sein Entschluß: „Ich mußte mir also meinen Notung selber schmieden und bekam auch Lust und Mut, indem ich mir sagte, wenn die Natur das Samenkorn dieser vagen Konzeption in mich hineingelegt hatte, so wird sie auch ein Organ schaffen, das dieses zum Wachsen bringen würde."

Wieder entspricht dies Pfitzners Auffassung vom Wesen des schöpferischen Aktes durch Inspiration. Dennoch beschäftigte sich Pfitzner auch eingehend mit den geschichtlichen Gegebenheiten, u. a. mit der Zeit der Gegenreformation und dem Tridentiner Konzil (1545−1563); mit letzterem anhand der alten Publikationen von Paolo Sarpi (1552−1623) und Pietro Sforza Pallavicino (1607−1667). An Sarpi schätzte Pfitzner, daß er „ein so wahrheitsliebender und mutiger Mann" war, „daß sein Buch der römischen Kirche nicht gefallen konnte", und er berief sich dabei auf das Vorwort des Übersetzers von Sarpis Buch (W. Winterer), demnach in diesem der höchste Grundsatz des Geschichtsschreibers beachtet worden sei: nichts Falsches zu sagen und die Wahrheit nicht zu verschweigen.

Wie groß Pfitzners Einfühlung in die Atmosphäre des Konzils ist, wird durch die Tatsache erhärtet, daß kurz nach der Aufführung ein päpstlicher Geheimkämmerer (ein Graf S.) Pfitzner zu sich bat und sich in dem anläßlich des Besuches sich entwickelnden Gespräch sehr lobend insbesondere über den zweiten „Palestrina"-Akt aussprach. Der Gesprächspartner Pfitzners fragte diesen sogar, ob er in Rom schon irgendeiner Kirchenversammlung beigewohnt hätte, weil das alles so richtig gesehen und gestaltet worden sei.

Als Pfitzner während der Vorstudien „die Gestalt des Werkes sozusagen immer näherrückte" und er dessen Konturen immer deutlicher vor sich sah, schrieb er eines Tages den Vierzeiler nieder, mit dem das Werk schließt: „Nun schmiede mich, den letzten Stein, an einem deiner tausend Ringe, du Gott! Und ich will guter Dinge und friedvoll sein." Das war das erste konkrete Inspirationssignal. Entstehungszeit der Dichtung: 1910/11.

Was Pfitzner an dem Palestrina-Stoff interessierte, das war nicht nur die pure Historie. Als er sich, kaum dem Konservatorium entwachsen, in Musikgeschichtsstudien vertiefte und mit jener Periode beschäftigte, da stellte sich ihm „die Erscheinung Palestrinas in besonders geheimnisvollem, eigentümlich Licht dar", er „sah sofort, daß das Leben dieses Mannes ein Künstlerdrama ersten Ranges in sich schloß, wenn auch nicht ein Drama in gewöhnlichem Sinne und herkömmlicher Form". Palestrina als Retter der Musik, als Retter dessen, was einige Jahrhunderte lang die größten Künstler der Kulturwelt in einheitlichem Sinne nacheinander aufgebaut haben! In dieser Perspektive ist die Szene mit den Erscheinungen der Meister im ersten Akt eine Schlüsselszene.

Daß bei der Gestaltung des Stoffes zwei Welten als Faktoren der Handlung gegeneinander ins Spiel zu kommen hatten, stand für Pfitzner, so unterstrich er in seinem Vortrag, „von vornherein fest": „Die eine äußerliche mit ihrem lauten und wilden Getriebe, die in der Zeitlichkeit abrollt, die man ,die Welt' nennt, und die andere innerliche, stille, die im Herzen des schöpferischen Menschen die Ewigkeit sucht." So sah Pfitzner, ehe er noch genau wußte, was in den einzelnen Akten zu geschehen hatte, die formale Lösung in einer Art Triptychon vorgegeben.

Falsch wäre es, aus der in einem Brief geäußerten anfänglichen Unsicherheit hinsichtlich der Gestaltung des zweiten Aktes schließen zu wollen, daß diese dann auch wirklich eine problematische geworden sei. Pfitzner hat sich nachdrücklich zu diesem Akt bekannt und betont, daß er „zu der ersten Konzeption des Werkes gehörte".

Andere sahen dies anders. Zum Beispiel machte ein Theaterdirektor Pfitzner den Vorschlag, von „Palestrina" nur den ersten und den dritten Akt aufzuführen; den zweiten wolle er von einem Conférencier erzählen lassen. Und auch so mancher Premierenkritiker brachte Einwände vor. Sehr ausführlich (und symptomatisch) hat Julius Korngold in seinem „Palestrina"-Essay über die angebliche Problematik dieses Aktes gesprochen: Dieser berühre so handlungsfremd und überflüssig, daß tatsächlich der Gedanke entstehen konnte, ihn ganz zu streichen. Die Ansicht, im Gegensatz zur Sphäre des Künstlers in der Konzilssitzung ein Bild der Welt zu geben, Nebensächlichkeit und Bedeutungslosigkeit von Kunst und Kunstwerk im Reich der Welt zu zeigen, sei, so Korngold, nicht erreicht worden. Paul Bekker meinte[22], es sei angesichts der Bedeutung des ersten Aktes schmerzlich, daß mit diesem das Werk zu Ende sei, wenigstens soweit es dramatische Gestalt sein will und obwohl auch der zweite Akt viele musikalische Schönheiten enthalte.

Dem ist nachdrücklich zu widersprechen. Der Konzilsakt bildet in der Tat nur scheinbar ein fast beziehungsloses Intermezzo zur Künstlerlegende. In Wahrheit ist er Spiegelung jenes „Zweiweltenkonflikts", der das Kernproblem des Werkes darstellt.[23] Korngold, der immerhin auch „viel geistvolles Detail" registrierte, hatte also unrecht, wenn er meinte, der Konzilsakt sei vor allem „durch den Kampf interessant, den der Tondichter gegen die Musikwidrigkeit seiner Konzilsszenen zu führen hat".

Pfitzner selbst wußte um die Sonderstellung seines „Palestrina", der den Weg aus dem deutschen Sprachraum nicht hinausgefunden hat. Für die relativ geringe Verbreitung des Werkes spielten, so Pfitzner, die großen Schwierigkeiten der Aufführung eine Rolle. „Der letzte und eigentliche Grund" liege aber „doch in der Art des Betriebes oder Überbetriebes unserer Theater …". An Theatern, wo jeden Tag eine andere Oper gespielt wird, könnten solche Werke nur als Ausnahme angesehen werden.

Über das Verhältnis von Historie und Erfindung in Pfitzners „Palestrina" ist schon etliches geschrieben worden.[24] Für so manchen Opernfreund mag die Titelgestalt in Pfitzners Werk völlig identisch sein mit der Vorstellung von dem historischen Giovanni Pierluigi da Palestrina (1524–1594), der aus dem Städtchen Palestrina, einem der sieben sogenannten suburbikarischen Bischofssitze in der Provinz Rom, stammte.[25] Pierluigi war der Familienname des Meisters. Der Name von Palestrinas jüngerem Bruder, Silla, hat Pfitzner bei der Namengebung des der neuen Richtung anhängenden Schülers sicher beeinflußt. Ighino war der jüngste von drei Söhnen Palestrinas. Pfitzner gibt als Alter dieses Sohnes 15 Jahre an, doch konnte er 1563, in jenem Jahr, in dem die Handlung der

Oper spielt, dieses Alter noch nicht haben. Daß Pfitzner auch hinsichtlich des Todesjahres der Palestrina-Gattin Lukrezia frei waltete, ist bekannt: Sie starb in Wirklichkeit erst 17 Jahre nach Konzilsende. Bald nach dem Tod der ersten Gattin heiratete Palestrina ein zweites Mal, während wir ihm in der Oper als schaffensmüde trauerndem, gealtertem Mann begegnen. Der historische Palestrina war bei Konzilsende noch nicht 40 Jahre alt! Aber alles das wie auch die verschiedenen, noch nicht völlig geklärten Details in der Biographie Palestrinas und die einzelnen Stationen seines Wirkens in römischen Kirchendiensten sind von rein historischem Interesse und – so reizvoll Klarstellungen auch sein mögen – für die Beurteilung von Pfitzners Werk und dessen gedanklichem Konzept irrelevant.

Nichtsdestoweniger hat man sich immer wieder auch mit den historischen Fakten beschäftigt, die jene Missa Papae Marcelli betreffen, in deren Komposition Pfitzner den ersten Akt seiner Musikalischen Legende gipfeln läßt. Pfitzner selbst hat die Wahrheit, die hinter seiner Dichtung steht, dargestellt: Palestrina wurde erst nach Beendigung des Konzils in die Sache, die Erhaltung der figuralen Kirchenmusik (auf Grund der Tridentiner Beschlüsse), hineingezogen.

Wie Richard Wagner in den „Meistersingern" ein Werk eigenster Prägung so in einen kulturhistorischen Rahmen im wahrsten Sinne des Wortes *hineinkomponiert* hat, daß Dichtung und Wahrheit im Bewußtsein der Nachwelt eins geworden sind, so hat auch Pfitzner einem Künstler *und* einer vergangenen Zeit ein Denkmal gesetzt, und zwar in einer Weise, daß die Legende vom Künstler und die Realität der Historie untrennbar verschmolzen sind. Und wie in den „Meistersingern" ist auch im „Palestrina" die Darstellung einer Historie geprägt von der Manifestation einer Welt-Anschauung.

Wir sagten schon, daß diese Anschauung bei Pfitzner vom Geist verklärter Resignation in einer zu Ende gehenden Epoche geprägt ist. So überrascht es nicht, daß der Komponist ein Zitat Schopenhauers, des pessimistischen Philosophen der Romantik, als Motto an den Anfang von „Palestrina" gestellt hat: „Jedem rein intellektuellen Leben des Einzelnen entspricht ein ebensolches der ganzen Menschheit, deren reales Leben ja ebenfalls im Willen liegt. Dieses rein intellektuelle

Leben der Menschheit besteht in ihrer fortschreitenden Erkenntnis mittelst der Wissenschaften, und in der Vervollkommnung der Künste, welche Beide, Menschenalter und Jahrhunderte hindurch, sich langsam fortsetzen, und zu denen ihren Beitrag liefernd, die einzelnen Geschlechter vorübereilen. Dieses intellektuelle Leben schwebt, wie eine ätherische Zugabe, ein sich aus der Gährung entwickelnder wohlriechender Duft über dem weltlichen Treiben, dem eigentlich realen, vom Willen geführten Leben der Völker, und neben der Weltgeschichte geht schuldlos und nicht blutbefleckt die Geschichte der Philosophie, der Wissenschaft und der Künste."

Die Welt des Geistes und der Kunst also ist es, die sich vom grundlosen, unmotivierten Trieb des Willens zum Leben als Kontrast, eben wie eine ätherische Zugabe, abhebt und darüber hinaushebt. Nur durch die Kunst kann sich, dieser Auffassung zufolge, der Mensch zeitweise vom Drange des daseinsdurstigen Wollens und Begehrens befreien.

Die „Palestrina"-Welt Pfitzners ist ein Teil dieser Sphäre des Geistes und der Kunst. Das Vorspiel zu „Palestrina" aber darf als schönste Realisierung der Pfitznerschen Theorie vom Wesen des Einfalls gelten. Die Motive, die hier vorgestellt werden, sind nicht nur (auch später immer wieder auftretende) Klangsymbole, sondern klingende Spiegelungen des geistigen Klimas, der „Seele" des ganzen Werkes. Es wird jener archaisch-altertümelnde Ton angeschlagen, der die Stimmung dieser alten Zeit der Musik beschwört; wobei aber dann die historisierenden Elemente vollständig verschmelzen mit Pfitzners persönlichem Stil. Ähnlich wie in Wagners „Meistersingern" ist kein Platz für bloße Stilkopien, es ging Pfitzner nicht um bloßes „Kolorit", er versenkte sich vielmehr derart intensiv in den Geist der alten Musik, daß dieser schließlich der Pfitznerschen Inspiration die Richtung wies.

Das Thema, mit dem das Vorspiel zum ersten „Palestrina"-Akt beginnt, faßt den Stil des Werkes gleichsam paradigmatisch zusammen. Dieses Motiv mit seinen reinen Quint- und Quartintervallen, die uns in dem Werk auch in variierter Form oftmals begegnen, steht für den Charakter der alten Musik ebenso sinnfällig, wie es die unsinnliche Vergeistigung der Palestrina-Welt, ein schlicht und rein zum Höchsten aufsteigendes Künstlertum, symbolisiert. Das nächste Motiv ist das Pierluigi-Thema, aus dem Wortrhythmus des Namens gebildet. Und im zweiten Abschnitt des Vorspiels taucht dann jenes Palestrina-Thema auf, das ebenfalls das ganze Werk hindurch in verschiedenen Varianten in Erscheinung tritt, das Motiv des „Schlußsteins", auf das Thomas Mann in seinem schon erwähnten Essay hinwies: eine „melodische Figur von außerordentlicher Schönheit, bestehend aus zwei gleichsam mit wehmütig wissender Bestimmtheit hingestellten Takten, an die eine edel empfundene, hoch aufsteigende und im Schmuck einer Sechzehntel-Schlußfloskel ergeben zur Tonika kehrende Kadenz sich fügt". Es ist, so hat Thomas Mann gesagt, ein Symbol für Palestrinas Wesen, ein Symbol seines künstlerischen Schicksals und seiner zeitlichen Stellung, Symbol auch seines seelischen Zustandes, die „zauberhaft wohlklingende Formel für seine besondere Art der Produktivität des Pessimismus, der Resignation und der Sehnsucht" – für „eine romantische Produktivität".

Ist im zweiten Teil des ersten „Palestrina"-Vorspiels dieses Palestrina-Thema in seinen beiden Ausprägungen vorgestellt, so folgt im dritten Abschnitt die Vorwegnahme eines Themas aus dem Konzilsakt, und zwar jenes weitausschwingenden festlichen Themas, dem eine sich in absteigender Linie entfaltende Melodik vorangeht. Wir begegnen ihr zum Beispiel wieder in der Ansprache des Kardinallegaten Morone: „Verschließt dem heil'gen Geist nicht eure Herzen. Er kommt zu uns! ja, ja, er kommt zu uns ..." Nicht überhört werden darf schließlich, daß diese absteigende Motivlinie noch eingewoben wird in den Schluß des Vorspiels, in dem der Initialeinfall gleichsam als Abgesang variiert erscheint.

Pfitzner hat vor bedenkenloser Übernahme des Stilmittels der Leitmotivik gewarnt, sich gegen das Prinzip der motivischen Arbeit gewendet, da „ein ,glücklicher musikalischer Einfall' bei der Unterwerfung unter die Gesetze der musikalischen Durchführung sein ursprüngliches Leben verliere".[26] Aber gerade infolge der Sorge um die Zerstörung des „Einfalls", dem Pfitzner eine so primäre Bedeutung zumaß, näherte er sich doch wieder dem Wagnerschen Erinnerungsmotiv. Im „Palestrina" kommt dem „Leitmotiv" eine sehr wesentliche Bedeutung zu. Rectanus nennt „über 60". Trotzdem wird der Hörer nicht überfordert, weil er sich an die wichtigsten Motive mühelos halten kann. Diese wichtigsten tauchen immer ungemein beziehungsvoll auf, andere bleiben von untergeordneterer, episodischerer Bedeutung.

Das wunderbare Vorspiel leitet unmittelbar zur ersten Szene über. Sie gehört Silla, dem Schüler Palestrinas, den es zu den neuen Ideen der Florentiner Cameratisten hinzieht, weg von dem „ehrwürd'gen Nest", dem alten Rom. Der folgende Dialog Ighinos und Sillas, der so gegensätzlich gestimmten jungen Menschen, mündet in Ighinos Erzählung von der leidvollen Stimmung des Vaters, von seinem „echten Ruhm, der still und mit der Zeit sich um ihn legte wie ein Feierkleid"; von jenem Ruhm, der ihm (Palestrina) nichts eingebracht als Neid und Niedertracht. Doch „ein Menschenalter schuf und schuf er Werke in unvermindert wunderbarer Stärke". Bei diesen Worten Ighinos gewinnt das Motiv vom Beginn die Bedeutung des Ausdrucks überragender Schöpferkraft, wie auch später am Ende des großen Solos des Kardinals Borromeo, als dieser den Meister zur Rettung der Musik auffordert: „… der höchsten Spitze Kreuzesblume setzt auf der Töne Wunderdom!"

Ighino erzählt weiter: daß der Vater nach dem Tod der geliebten Frau keine Note mehr schrieb. Bedeutungsvoll erklingt hier das „Motiv des Todes". Und Ighino ahnt den Grund: „Hast du vom Leid der Welt noch nicht gehört, davon die Dichter sagen? … Man geht und weint, weil man geboren ist – ich glaub' im Vater ist etwas davon."

Silla versteht das nicht. Er stimmt sein Lied an, jene neuen Klänge, die den Kardinal Borromeo beim Eintreten in das Zimmer des alten Meisters so überraschen. Palestrina selbst ist voll Nachsicht gegenüber dem „Neutöner". Pfitzner läßt die eigene Skepsis gegenüber Neuerertum in den Worten Palestrinas mitschwingen, er artikuliert aber auch seine resignierende Ergebenheit gegenüber dem Lauf der Welt: „Wer kann es wissen, ob jetzt die Welt nicht ungeahnte Wege geht, und was uns ewig schien, nicht wie im Wind verweht?" Neuerlich erklingt jenes Motiv, das wir als Zentralmotiv in diesem Bekenntniswerk des „letzten Romantikers" begreifen.

Mit der Gebärde des machtvollen Kirchenfürsten steht der Kardinal dem müden Meister gegenüber und beginnt, ihm sein Anliegen, seinen Plan mitzuteilen: Ein Meisterwerk solle für die Figuralmusik zeugen, die (wegen der Übel in der Kirchenmusik: profanen Texten, weltlichen Liedmotiven, überladenem Stimmengefüge) von Reformern beim Konzil total abgelehnt wird. Pfitzners Musik läßt keinen Augenblick lang Zweifel darüber, *wer* dieses Meisterwerk schreiben soll, das „allen Streit in sich versöhnt, das, Gottes Herrlichkeit zu preisen, in künstlich reichen Formen tönt". Ebenso macht die Musik dann deutlich, daß dieses Werk, dessen Gestaltung der Tonkunst Rettung und Reform brächte, auch der „Schluß- stein" wäre. Neuerlich werden Momente ausdrucksstarker leitmotivischer Gestaltung erreicht.

Borromeo kann die ablehnende Haltung des müden Mei- sters nicht verstehen: Für den Zweifel des Meisters an seiner göttlichen Sendung könne es nur teuflische Ursachen geben. Der Kardinal scheidet in höchstem Zorn, Palestrina hat den letzten Freund verloren. Er hat diesem aber auch die roman- tische Auffassung von der Autonomie des schöpferischen Menschen zum Ausdruck gebracht: Dem Genius könne man nicht befehlen.

Ohne Handlungsdramatik hat diese Szene eine bedeuten- de dramatische Wirkung erreicht. Alles wurde vorbereitet, was als Exposition, als Einstimmung für die folgenden, die Höhepunkte des Aktes bildenden Szenen nötig ist. Schritt für Schritt wird mit dramaturgischer und musikalischer Überzeu- gungskraft ein Crescendo entwickelt, ausgehend vom Pianis- simo des Palestrina-Monologs, der in die Tiefe einer Seele blicken läßt: einer Seele, die Persönliches, aber auch allge- mein Menschliches widerspiegelt: „Wie fremd und unbe- kannt sind sich die Menschen! Das Innerste der Welt ist Ein- samkeit." Dieser Monolog lotet in die Abgründe angstvoller menschlicher Existenz. Und kaum je hat ein Musiker so er- greifend philosophiert wie Pfitzner hier an dieser Stelle, wo er seinen Palestrina, nochmals der Liebe Lukrezias und seines Knaben gedenkend, über Sinnlosigkeit des Lebens und Schaffens, aber auch des allerletzten, finsteren Schrittes me- ditieren läßt, den er unterließ.

Nahtlos geht die Monologszene in die nächste über. Pale- strina hat sich in den großen Lehnstuhl beim Tisch gesetzt. Die verstorbenen Meister der Tonkunst erscheinen. Sie verkörpern in szenischer Gestaltwerdung die inneren Gesichte des Meisters, der mit ihnen Zwiesprache hält, von ihnen als der Erwählte begrüßt und daran gemahnt wird, daß er sein Erdenpensum noch nicht getan. Allmählich wird Palestrina die Sendung bewußt, die „der alte Weltenmeister" befiehlt. „Er schafft sein Werk, wie du das deine, er schmiedet Ringe sich, Figuren, Steine zu der schimmernden Kette der Zeiten der Weltbegebenheiten" – so singen die neun Meister. Die Frage Palestrinas, wann nun endlich auch ihm Vollendung sein werde, leitet zum Kernsatz dieser Begegnung mit den alten Meistern über: „Den Schlußstein zum Gebäude zu fügen sei bereit; das ist der Sinn der Zeit. Wenn du dein ganzes Bild aufweist, wenn dein' Gestalt vollkommen, so, wie sie war entglommen, von Anbeginn im Schöpfergeist: Dann strahlst du hell, dann klingst du rein, an seiner schönsten Ketten der letzte Stein."

Wir wissen bereits, daß die Verse vom „letzten Stein", die letzten Verse des ganzen Werkes, der ideelle Ausgangspunkt von Pfitzners „Palestrina"-Konzeption waren. Und dieser Schlußstein-Gedanke spielt darum auch in dieser zentralen Szene mit den Erscheinungen der alten Meister, welche gleichsam Palestrinas schöpferisches Gewissen symbolisieren, eine große Rolle, verbunden mit dem dazugehörenden Motiv und dem Pierluigi-Motiv.

Allein bleibend, ruft Palestrina „in dunkler Tiefe, voll Angst" nach oben. Und der Widerhall dieses Rufs ist das Kyrieeleison, das die erste Engelsstimme intoniert. Die Komposition der Messe beginnt ... Aus Gründen der äußeren wie auch der inneren Dramaturgie dieser in großartiger Geschlossenheit aufgebauten Szene hat Pfitzner nach dem Kyrie zuerst das Credo und dann erst das Gloria intoniert. Beim „Gloria in excelsis Deo" wird der szenische Höhepunkt erreicht: „Die Decke scheint sich zu öffnen, die Hinterwand verschwindet, man sieht eine ganze Glorie von Engeln und Himmel, die die ganze Bühne füllt, so daß eigentlich nur Palestrina mit Stuhl und Tisch dunkel bleibt." (Er bleibt ja im Dunkel der Realität, die sich rundum verbreitende Helle ist Vision.) Die Anforderungen, die Pfitzner hier an den Regisseur stellt, sind nicht gering; nicht zuletzt dürfen die himmlischen Erscheinungen keinesfalls wie Devotionalienkitsch wirken. Nach dem Gloria-Höhepunkt hat zugleich mit der Stärke des Gesanges die Helligkeit der Beleuchtung nachzulassen, die Erscheinungen verblassen und verschwinden. Die Dunkelheit, die über dem Zimmer liegt, soll nun aber eine andere sein als vor Beginn der Szene: nicht finstere Nacht, sondern anbrechender Morgen. Das Licht der Morgendämmerung fällt durchs Fenster, man hört „mit zunehmender Stärke die Glocken des erwachenden Roms".

„Der alte Mann, und eine einz'ge Nacht ..." Silla, der gemeinsam mit Ighino Palestrina schlafend findet, kann nicht glauben, daß gerade dieses Werk dem Meister große Ehre macht.

Das bewegte, facettenreiche Bild, das dann der Konzilsakt vermittelt, erschöpft sich nicht im dramaturgischen Bereich. Denn auch musikalisch ist der Komponist der Gefahr, die abgewickelte Diskussion zur Belastung werden zu lassen, völlig entgangen. Die musikalische Zeichnung der Charaktere und Situationen ist scharf und plastisch. So ist zum Beispiel das geistvolle politische Gespräch der Kardinäle Borromeo und Novagerio, reizvoll und reich ausgestattet mit Motiven, musikalisch sehr belebt. Novagerio erwähnt u. a., daß man mit den am leichtesten durchzusetzenden Kapiteln die Sitzung beginnen wolle; dazu gehört zuallererst die Kirchenmusik, „dann wird zu Wicht'gerem eingelenkt". Es ist an Borromeo, zu berichten, wie er Palestrina nicht bereit, vielmehr verstockt gefunden. Novagerio hierauf: „Der Musikus? Was, der Chorist? Da seht, wie alle Kunst vom Teufel ist." Aber Borromeo hat ihn schon greifen lassen, in der Hoffnung, daß das Gefängnis seinen Trotz wohl bricht.

Das ist die entscheidende Szene, in der die kalte Pragmatik weltlicher (durch Geistliche verkörperter) Macht zum künstlerischen Schöpfertum kontrastiert. Novagerio ist der blanke Machtpolitiker: „... das kleine Menschenwerklein muß entstehen. Vom heiligen Konzil wird es bestellt, es wünschen es die Großen dieser Welt – wenn solche Mächte wollen, muß es gehn."

Anschließend beginnt die großangelegte, durch zahlreiche Episoden (auch heitere) aufgelockerte Szene der Konzilstagung. Am Schluß des Aktes aber steht ein dramatischer „Paukenschlag", dessen Sinn und Wirkung von Zeitgenossen als brutaler Effekt à la „Tosca" verkannt worden ist. Die Diener der gegnerischen Konzilsparteien geraten aneinander, Bischof Madruscht läßt in die streitende Menge feuern.

Der dritte Akt ist, streng gesehen, nur mehr ein Epilog. Abendsonnenschein fällt auf die Szene. Der Meister sitzt in seinem Zimmer im Lehnstuhl, ihm zur Seite Ighino, ein alter Diener, fünf Kapellsänger. Sie harren der Kunde, welchen Effekt Palestrinas Messe, zu dieser Stunde nun doch aufgeführt, wohl machen wird. Und bald tönen die ersten Evviva-Rufe ins Zimmer: Evviva-Rufe für den Retter der Musik. Der Papst selbst kommt in das Haus des Meisters, um ihn zu ehren. Kardinal Borromeo fällt dem Meister reuevoll zu Füßen.

Die Szene ist vorbereitet für den Schluß. Nach kurzem Verweilen vor dem Bild der verstorbenen Frau setzt sich Palestrina an die Hausorgel und singt die Worte, die, wie schon gesagt, den Ausgangspunkt von Pfitzners dichterischer Idee gebildet haben: „Nun schmiede mich, den letzten Stein an einem deiner tausend Ringe, du Gott! Und ich will guter Dinge und friedvoll sein." Nochmals ferne Evviva-Rufe – und dann das Motiv von der „Sympathie mit dem Tode", das uns Thomas Mann so dichterisch tiefsinnig gedeutet hat als Motiv der Romantik, als Schlußwort der Romantik. Als deren in sich harmonischer Ausklang, nicht als pessimistisches Endspiel will „Palestrina" begriffen werden. Formal kann man dieses Bühnenwerk[27] auch mit einer klassischen Symphonie vergleichen: erster Akt wie ein erster Symphoniesatz mit Themenaufstellung und Durchführung, ohne Reprise, aber mit gewaltiger Koda; zweiter Satz als monumentales Scherzo; dritter Akt als Schlußadagio.

Wenn von Pfitzner und seinen Leistungen auf dem Gebiet der Oper die Rede ist, so darf man nicht darauf vergessen, daß er nicht nur als Komponist dem Theater verbunden war, sondern auch als Regisseur fungierte und in dieser Funktion, wie etwa die Kritiken der „Palestrina"-Uraufführung zeigen, oft sehr gerühmt wurde. Seine einschlägigen Auffassungen standen allerdings in Widerspruch zu jener Entwicklung, die sich in diesem Jahrhundert zunehmend bemerkbar machte: zur Tendenz, die Kunst des Regisseurs und Ausstatters zum Primären der theatralischen Reproduktion zu machen. In der künstlerischen Aktivität Pfitzners hat die Regietätigkeit keine untergeordnete Rolle gespielt, sie ist vielmehr als Teil der Universalbegabung des Meisters anzusehen. Die primäre Inszenierungsaufgabe sah Pfitzner darin, das Werk im Sinne seiner Konzeption zu verlebendigen. Er verstand unter „Regie" nicht bloßes Arrangieren, war jedoch der Grundauffassung, daß für den Regisseur allein die Partitur maßgeblich sei; denn sie enthalte die Charakterisierung. Daß gerade seine Interpretation dem Willen des Schöpfers des inszenierten Werkes entsprach, davon war Pfitzner natürlich überzeugt. Er hat seine Auffassungen über Interpretation auch schriftlich niedergelegt, unter anderem in „Werk und Wiedergabe" von 1929.[28]

Richard Strauss – ein Klassiker des 20. Jahrhunderts

Richard Strauss ist einer der letzten, die als Opernkomponisten einen wirklich breiten und vor allem auch dauernden Erfolg errungen haben. Diese Feststellung bezeichnet eine Tatsache, ist jedoch keineswegs negativ gegen jene Komponisten gerichtet, die moderneren Zielen zustrebten als Strauss, ihm aber seinen Platz in der Publikumsgunst nicht streitig machen konnten. Vielen, die aus der Sicht der Avantgarde urteilen, gilt Richard Strauss als der Erzkonservative, der sich durch den Wohlklang seiner Musik einen billigen Publikumserfolg sicherte, und die Konservativen, vor allem jene im Publikum, sehen in ihm einen der letzten, die das alte Opernideal hochhielten. Zwei Auffassungen stehen einander gegenüber. Und eines ist dabei klar: Strauss wirkte ebenso wie (der gleichermaßen erfolgreiche) Puccini zu einem sehr wesentlichen Teil im 20. Jahrhundert und war dennoch nicht das, was man, zumindest aus progressiver Sicht, unter einem Repräsentanten des 20. Jahrhunderts versteht. Er ging den neuen Weg, den er mit „Salome" und „Elektra" betreten hatte, nicht weiter, er blieb Romantiker, ließ sich, ohne seine eigene Art je zu verleugnen, vom Geist Mozarts beeinflussen. Strauss ist ein Klassiker des 20. Jahrhunderts geworden: eine Erscheinung von ausgeprägter Persönlichkeit, wohl herausgewachsen aus der Tradition (nicht zuletzt beeinflußt von Wagner), ihr aber nicht auf Dauer sklavisch unterworfen, sie vielmehr bewahrend als auch zugleich weiterführend, ohne dabei einen gewissen Punkt zu überschreiten.

Richard Strauss hatte genug schöpferische Eigenart, um noch einmal mit den tradierten Mitteln auszukommen und mit ihnen kraft seiner Persönlichkeit unverkennbar Neues zu schaffen, das zur Neuheit nicht einer avantgardistischen Ästhetik bedurfte. Straussens Klangstil erscheint unverwechselbar. Da aber nur große musikalische Persönlichkeiten einen unverwechselbaren Klangstil haben, ist mit dieser Feststellung bereits entscheidend Wertendes ausgesagt.

Wir dürfen und müssen Richard Strauss also zu den ganz großen Komponisten, zu den Großmeistern, der Oper insbesondere, zählen. Wir werden aber dennoch nicht verschweigen, daß eine gerechte Charakterisierung eine differenzierte Wertungsskala einschließt; denn auch das Genie schafft nicht permanent Gleichwertiges. Dies im Falle Strauss aus apologetischen Motiven nicht immer genügend klar gemacht zu haben, ist der Literatur über den Meister gelegentlich vorgeworfen worden.

Daß die Publikationen über Richard Strauss schon sehr zahlreich sind, ist eigentlich selbstverständlich. Der Strauss-Interessent meistert die durch die Fülle gegebene Situation nur durch eine kluge Auswahl, die von allgemeinen Darstellungen bis zu Spezialarbeiten reicht. Um Strauss näherzukommen, empfiehlt sich nicht zuletzt die Lektüre der zahlreichen Briefwechsel-Editionen, voran die Briefwechsel mit Hofmannsthal, Stefan Zweig und Joseph Gregor.[29]

„Ein Künstler war er – und wer steht auf neben ihm?" – diesen Ausruf Franz Grillparzers am Grabe Beethovens stellte Joseph Gregor, Straussens letzter Librettist, an die Spitze seiner Gedenkrede, die er in einem Gedächtniskonzert im Großen Musikvereinssaal in Wien hielt.[30] „Nur was an Richard Strauss menschlich war, ist in einem Nu zu Asche zerfallen", betonte der Redner, „das Werk aber lebt und der Geist in ihm." Dieser Mann, der die erste Hälfte des Jahrhunderts musikalisch beherrschte, werde auch der zweiten noch unendlich viel zu sagen haben – auch dies postulierte Gregor, zugleich wissend: Niemand könne daran zweifeln, „daß in diesen Jahren eine neue Weltepoche angebrochen" und mit Richard Strauss „eine große Epoche zu Ende gegangen" sei.

Zu jenen, die treffende Worte lobender Würdigung für den Meister gefunden haben, gehörte auch Heinrich Kralik. Er schrieb[31], Strauss habe „ein Werk errichtet, von dem man sagen kann, daß es beinahe das ganze Jahrhundert umfaßt und daß es sich mit bewundernswerter Konsequenz und Einheitlichkeit über die gewaltig zerklüftete Welt von einem Ufer zum andern spannt".

Der große Künstler ist freilich kein Vasall der Zeitgeschichte, er ist nicht nur dem Fortschritt verpflichtet, sondern auch einem Kunstideal, das über den Dingen steht und den ruhenden Pol in den Wirren der Zeit bilden mag. Und so lebte auch Richard Strauss in *seiner* Musikwelt. Alles Politische war ihm fremd und uninteressant, soweit es nicht die Kreise seiner Kunst und seines Privatlebens berührte. Daß in der Hitler-Ära die freie Welt eine Stellungnahme von ihm erwartete, verstand er einfach nicht. Er schuf Schönheit, sublime musikalische Kunst. Strauss stand, so formulierte es Kralik, „in seiner Kunstanschauung so wohlgerüstet und so festgegründet in der Welt, daß nichts davon sein Innerstes ernstlich zu berühren vermochte". So wie er sich gegen den Lärm der Weltgeschichte abschirmte, so ließ er sich auch von den turbulenten Vorgängen in der Musik künstlerisch nicht beeinflussen.

Man muß Strauss zu den schlichtweg naiven Naturen zählen; reaktionäre Haltung, wie man sie dem Meister oft vorwirft, war dem Wesen und dem Charakter der Strausssschen Persönlichkeit fremd. Dazu fehlte ihm die kämpferische Bereitschaft.

Dieses In-sich-Ruhen einer Persönlichkeit, die sich scheinbar nicht verändert, deren Schaffen aber doch in immer wieder neuen Facetten aufleuchet, das ist das Große, das „Klassische" am Phänomen Richard Strauss, dessen enorme Meisterschaft von Werk zu Werk Bewunderung erregt. Die Meisterschaft zeigt sich dank einer souveränen Technik auch dort existent, wo die Inspiration nicht so reich floß wie bei der Komposition jener Werke, die zum unverlierbaren Besitztum der Musikwelt gehören.

Die Musik von Richard Strauss spiegelt zwar auch Zeitströmungen wider (vor allem in den ersten Jahrzehnten seines Lebens: Wilhelminischen Pomp, Makart-Klima), mit gesellschaftspolitischen Enunziationen ist ihm jedoch nicht beizukommen. Von großbürgerlichem Gehaben und Dekadenzerscheinungen zu sprechen, führt uns in der Strauss-Erkenntnis kaum weiter – es sei denn, daß man beachtet, wie gerade Strauss in der „Salome", im Spiegel einer in antiker Umbruchszeit angesiedelten Handlung, suggestiv den Verfall einer Gesellschaft vor unser Ohr beschworen hat; wobei die Eigenschaft der Dekadenz nicht der Musik zukommt, sondern

Die Radierung von Ferdinand Schmutzer gibt ein gelungenes Porträt von Richard Strauss.

dem, was sie schildert. Und so hat selbst Ernst Krause, der mit dem bürgerlich-kapitalistischen Zeitalter und dessen Kultur scharf ins Gericht geht, eine andere Sicht auf den Meister formuliert:[32] „Deutlich hebt sich Straussens Persönlichkeit von dem Grund einer kranken Kunstrichtung ab, die um die Jahrhundertwende Mitteleuropa beherrschte und in erschreckendem Maß ihren Ausdruck in jener Dekadenz fand, die ihrerseits Produkt des Zusammenbruchs der europäischen Gesellschaft vor dem Ersten Weltkrieg war. Die Ebene seines dem Eros zugewandten Werkes ist nur peripher Tragik und Untergang, ist die ,Sympathie mit dem Leben‘, ist das Diesseits. Er zeigt, daß man gegen den Strom schwimmen kann, wenn man die Kraft dazu hat." Mit Recht unterstreicht Krause, daß Strauss, dessen Entwicklung sich in den letzten Schaffensjahren abseits von den großen Kämpfen und Entscheidungen vollzog, auf den humanen Idealen der Klassik gründete, immer mehr nach äußerster Verfeinerung des in langem Leben gewonnenen Personalstils strebte.

Und mit ebensolchem Recht ist gesagt worden, daß das Werk dieses „Letzten aus dem großen Geschlecht der deutschen Vollblutmusiker, das von Händel über Beethoven und Brahms bis in unsere Tage reicht" (Stefan Zweig), zu einem wesentlichen Teil zu seinen Lebzeiten *klassisch* geworden ist und in seinen Hauptdokumenten zum kulturellen Erbe des Volkes bzw. der Menschheit zählt. In seinen späten Jahren hat Richard Strauss zwar nach außen hin, bis zum endgültigen Konflikt mit dem Reichspropagandaminister Joseph Goebbels (im Zusammenhang mit der Oper „Die schweigsame Frau", 1935, und deren jüdischem Textautor Stefan Zweig), der Kollaboration mit dem nationalsozialistischen Regime etwas nachgegeben; doch war und blieb sein Kunstgeschmack und damit auch sein Schaffen fern von dem, was damals als völkische, nationale Kunst propagiert wurde.

Die Welt des Richard Strauss war eine ganz andere. Nicht zuletzt neigte der Meister den Idealen der Antike zu, so daß oft von einem „griechischen Strauss" gesprochen worden ist; wenngleich diese Geisteshaltung nicht ausschließlich bestimmend war. Das Erlebnis Griechenland aber nährte sie. Auch das gehört zum Bild, das wir uns von Richard Strauss zu machen haben. Hans Swarowsky, Dirigent und beredter Straussianer, hat gemeint[33], daß Strauss seinem Grundideal nach Hellene im Sinne Goethes und im Sinne des Geschichtsschreibers und Kunstgelehrten Jacob Burckhardt (1818−1897) gewesen sei. Nicht das Faustische, sondern das Klassische schätzte er an Goethe, dessen Lektüre ihm als „das sicherste Gegenmittel gegen jede Barbarei" galt.

Auch die Liebe zu Mozart war mit klassischen Aspekten verbunden. „Mozart, in dem das Apollinische geradezu verkörpert schien, war seine immer lebendige Brücke zum Griechentum", schrieb Swarowsky.

Das dem klassischen Griechentum zugewandte Denken ist also ein wichtiger Wesenszug Straussens. Doch hat weder diese Geistigkeit noch die enorme Meisterschaft des Komponisten einen (bisweilen sehr scharfen) Widerspruch verhindern können. Zur österreichischen Erstaufführung der „Salome" in Graz läßt Thomas Mann in seinem Roman „Doktor Faustus" den Komponisten Adrian Leverkühn reisen und dann (Kapitel XIX) über den Urheber sagen: „Was für ein begabter Kegelbruder! Der Revolutionär als Sonntagskind, keck und konziliant. Nie waren Avantgardismus und Erfolgssicherheit vertrauter beisammen. Affronts und Dissonanzen genug – und dann das gutmütige Einlenken, den Spießer versöhnend und ihm bedeutend, daß es so schlimm nicht gemeint war ... Aber ein Wurf, ein Wurf ..." Diese Worte erfassen sehr symptomatisch die Kritik, die an dem Erfolgskomponisten der „Salome" geübt worden ist und in dem Nebeneinander von Provokation und betörender Schönheit ihren Ansatz findet. Dennoch: ein Wurf![34]

Die Klangschönheit ist Strauss von Gegnern immer wieder vorgeworfen worden. Wer in dieser Klangschönheit einen Makel sieht, der wird sich dann um so eher zum Beweis solcher Einstellung auf die menschlichen Schwächen des egozentrischen, geschäftssinnigen und politisch indifferenten Komponisten beziehen. Weil aber diese Seite des Wesens letzten Ende doch nicht über den Wert der Musik entscheidet, wird Strauss noch ausgiebig vorgehalten, daß kein Komponist wie er dem passiven, kulinarischen Hören Vorschub geleistet, „mit seinen rauschhaften Klängen die Ohren verstopft habe, sodaß die Aufnahmebereitschaft für alles, was geistige Mitarbeit verlangt, dahinschwand".[35]

Die Strauss-Diskussion verläuft eben bisweilen sehr hitzig und polemisch.

Wie begann nun die Karriere dieses Meisters? Der gebürtige Münchener (11. Juni 1864), Sohn des Hornisten Franz Joseph Strauss und dessen Gattin Josephine aus der bekannten Bierbrauerfamilie Pschorr, erhielt schon mit vier Jahren den ersten Klavierunterricht, 1870 entstand seine erste Komposition („Schneiderpolka"). Die musikalischen Studien liefen dann parallel zu jenen im Gymnasium, die Komponierfreude des hochmusikalischen Mittelschülers brachte eine Fülle von Jugendwerken, von denen auch einige aufgeführt wurden. Wie spielend lernte Richard Strauss das musikalische „Handwerk".

Im Sommer 1882 nahm ihn Vater Strauss nach Bayreuth mit, wo die Uraufführung des „Parsifal" stattfand. Der junge Strauss geriet in der Folge immer mehr in den Bann Wagners, er setzte sich für dessen Werk ein, und ein Werk wie den „Tristan" lernte Strauss schlechthin als einen Höhepunkt in der Entwicklung des Theaters empfinden.

Die Saison 1882/83 brachte eine kurze Episode des Studiums an der Universität München: Philosophie, Ästhetik, Kunstgeschichte. Entscheidend aber wurde bald die Begegnung Straussens mit dem bedeutenden Dirigenten Hans von Bülow (1830—1894), auf dessen Einladung der Zwanzigjährige als Kapellmeister debütierte. Einer kurzen Berufung nach Meiningen folgte ein Engagement als Dritter Kapellmeister der Münchener Hofoper, dazwischen lag eine Reise nach Italien. Die Möglichkeiten, die er in München hatte, befriedigten Strauss nicht, sein einziger Trost war damals der Umgang mit Alexander Ritter.[36] Dieser Komponist (1833—1896), den Strauss zeitlebens schätzte, nahm insofern Einfluß auf den jungen Strauss, als er den streng konservativ Erzogenen zum Neudeutschen Stil bekehrte. Der Rat Ritters habe den Wendepunkt in seinem Leben bedeutet, bekannte Strauss einmal: „Ihm verdanke ich, meinen dramatischen Beruf entdeckt zu haben. Ohne seinen Ansporn ... wäre ich, in meinem heillosen Respekt vor dem Riesenwerk Wagners, wohl kaum auf die Idee gekommen, eine Oper zu schreiben."

In die Münchener Jahre, auf die ab August 1889 eine Tätigkeit als Großherzoglicher Kapellmeister in Weimar folgte, reichen auch die ersten Pläne und Entwürfe zu Straussens erster Oper: „Guntram". Aus einer ganz kleinen unscheinbaren Bemerkung in einem Feuilleton der (Wiener) Neuen Freien Presse, daß in Österreich sich geheime, künstlerisch-religiöse Orden ausgebildet hätten zur Bekämpfung der weltlichen Richtung des Minnegesangs, daraus hat Strauss die

Idee zu seinem Drama geschöpft.[37] Ritter war es, der Strauss ermunterte, sich den Text, wie es sich für einen Wagnerianer gehörte, selbst zu schreiben.

Als Dirigent leitete Strauss in seiner Weimarer Zeit ein umfangreiches Repertoire, er ließ dabei auch neue Werke nicht unbeachtet, war aber schon damals sehr kritisch und gewiß bereits der Überzeugung, die er später aussprach: daß nur wenige Werke – kaum 30 pro Halbjahrhundert – die Zeiten überdauern. Auch der „Guntram" hat sie nicht überdauert.

Die Arbeit an diesem ersten Bühnenwerk von Strauss verzögerte sich übrigens, da ein neuer Opernplan auftauchte: „Don Juan". Strauss hatte in Berlin den schottischen Schriftsteller John Henry Mackay (1864−1933) kennengelernt, der nicht nur Lyrik schrieb, sondern auch mit dem Roman „Die Sozialisten" wegen dessen Tendenz Aufsehen erregte. Mackay machte Strauss mit den Ideen des Berliner Philosophen Max Stirner (1806−1856), mit dessen Schrift „Der Einzige und sein Eigentum" (1845), bekannt; was auch die textliche Konzeption des „Guntram" beeinflussen sollte. Strauss fand sich von den Gedanken dieses „bedeutendsten Antagonisten Schopenhauers und des Christentums" angesprochen. Denn das Christliche bedeutete ihm wenig. Friedrich Nietzsche bestärkte seine Antipathie gegen diese Religion, und noch zehn Monate vor seinem Tod schrieb Strauss an den Schriftsteller Siegfried Trebitsch: „Wenn ich auch selbst vor dem dritten Läuten stehe, bekehren werde ich mich nimmer und bleibe meiner alten Religion der Klassik treu bis zum seligen Ende."

In dem erwähnten „Don Juan"-Projekt spiegeln sich gärende philosophische Gedanken wider, das Klima des ersten Entwurfs ist von fast expressionistischer Kraßheit.[38]

Aber nicht dieses Projekts wegen hat das Jahr 1892 einen besonderen Stellenwert im Leben von Richard Strauss. Vielmehr nötigte ihn eine schwere Erkrankung (im Bereich der Atemwege und der Lunge), den folgenden Winter in einem milden Klima zu verbringen. Eine großzügige Zuwendung seitens des Onkels Pschorr ermöglichte Strauss eine Reise, die ihn zuerst nach Griechenland, dann nach Ägypten und zurück nach Italien führte. Die Eindrücke, die er in Griechenland empfing, waren, wie er an Cosima Wagner schrieb, „fürs ganze Leben bestimmend". Tief beeindruckt war er von Olympia, der Anblick des Parthenon in Athen rührte ihn zu Tränen: „Diese Tempel passen nur in diese Landschaft, unter diesen Himmel und zu einem Volke, das die Schönheit der äußeren Form schließlich zur Vollkommenheit eines Hermes von Praxiteles steigern konnte." Über die „heutigen Griechen" urteilte Strauss nur oberflächlich. Sein Enthusiasmus galt der Antike, und so war er auch aufgeschlossen für mehrere Stoffe aus der Antike.

Im Gepäck dieser Reise hatte Strauss auch den „Guntram", und die Arbeit daran ging während der Ägypten-Reise tatsächlich weiter. Im Herbst 1893 kam er rechtzeitig zu Spielbeginn wieder nach Weimar. Nun mit prächtiger Gesundheit ausgestattet, siehe er „in dem traurigen Nest Weimar und in unseren elenden deutschen Kunstzuständen, die nach Egyptens Pracht ... doppelt grau und neblig anschauen, krank am Kopf und Herzen dahin", schrieb der Komponist an Engelbert Humperdinck, dessen „Hänsel und Gretel" er im Dezember 1893 in Weimar uraufführte.

Währenddessen verhandelte Strauss schon bezüglich eines anderen Engagements. Im März 1894 wurde die Berufung nach München fix. In die letzten Weimarer Monate fiel nicht nur die Uraufführung des „Guntram", sondern auch die Verlobung mit der Sängerin Pauline de Ahna (1863−1950), die im „Guntram" die weibliche Hauptpartie sang und die er noch im selben Jahr heiratete.

Die Textgestaltung des „Guntram" ist Strauss nicht leicht gefallen. Er war ja kein Dichter. Doch rang er nicht nur um die Formulierung der Worte, sondern auch um die Gestaltung des Inhalts, der Aussage. Es gibt eine Erstfassung des Textes[39], die Verschiedenheiten der beiden Werkfassungen betreffen den dritten Akt und die Tendenz des Schlusses. Der Ausgangspunkt ist folgender: Guntram erschlägt den Herzogssohn, der seinen (Guntrams) Sang von Menschenliebe und Edelmut mit Hohn quittiert, und glaubt damit das Land von der Tyrannei befreit zu haben. Im Kerker erkennt er jedoch den innersten Beweggrund für die Tat: die Liebe zu Freihild, der unglücklichen Gattin des grausamen Fürsten. Als diese Guntram aus der Haft befreien will und in Liebe glühend umarmt, kommt er um so mehr zur Erkenntnis seiner Schuld. Im Bewußtsein, gegen den Auftrag des Bundes gottgeweiher Männer gehandelt zu haben, entschließt sich Guntram – so die Erstfassung –, als Verstoßener sein Leben der Buße im Heiligen Land, im Gebet an des Heilands Grab zu weihen. In der endgültigen Fassung wurde in den dritten Akt, der sich ursprünglich nur zwischen Guntram und Freihild begab, u. a. die Figur des Friedhold, des Abgesandten des Sängerbundes, eingeführt. Ein entscheidender neuer Gedankengang im dritten Akt aber betrifft Guntrams Weigerung, sich dem Bund und dessen Urteilsspruch zu unterwerfen. „Mein Leben bestimmt / Meines Geistes Gesetz; / Mein Gott spricht / Durch mich selber zu mir." So antwortet Guntram seinem Sängerkollegen, als er sich von diesem und dem Bunde, dem er angehörte, trennt. „Mich straft kein Bund mehr, / Mein Wille nur sühnt meines Herzens Sünde." Beeinflußt von Max Stirner, ist dies ein Bekenntnis zur Freiheit des Willens und der Tat, zum Individualismus. Und Strauss war Individualist. So notierte er in Kairo in sein Tagebuch: „Das Höchste ist: Allein sein mit den großen Geistern, in sie versenkt. Allein sein mit sich selbst."

Als Dokument von Straussens Weltanschauung ist die Oper „Guntram" wichtig, und darum wird sie hier ausführlich erwähnt, obwohl sie noch nicht ein Werk des 20. Jahrhunderts ist.

Alexander Ritter war desparat über den Schluß des „Guntram". Er verstand unter der Abkehr vom Bund nichts anderes als die Abwendung Straussens vom Bund der Wagnerianer und hielt die gedankliche Tendenz für eine „eminent unmoralische, jedweder Ethik Hohn sprechende". Die Meinung Ritters, der sich in Friedhold porträtiert fühlte, ist nicht zuletzt deshalb unbegründet, weil ja Strauss im „Guntram" doch noch sehr stark im Banne Wagners steht, und zwar ebenso hinsichtlich der Sprache wie im Musikalischen. Das Entsagungsmotiv der Erstfassung ist freilich „wagnerischer" als der später von Strauss formulierte Schluß. An diesem Schluß gibt Guntram sein Wissen Freihild mit auf den Weg: „Wenn du einst die Gaue durchschreitest, ringsum von Glückeslächeln beglänzt; wenn sie alle, alle zu dir eilen, mit heißesten Tränen treuesten Dankes der Wundertät'rin Gewand zu küssen … dann wirst du erkennen, in Huld meiner gedenkend, ob jetzt auch Weh' die Brust dir durchtobet: wie herrlich das Glück, das die Liebe bringt, die in Schmerzeskraft so weihvoll betätigt dein Herz." Neuromantisches Gefühlspathos beherrscht solche Textstellen. Doch ist dieser letzte Gesang Guntrams signifikant nicht nur für die dichterische, sondern auch für die musikalische Diktion dieser Oper. Nicht zu überhören ist, wie eine starke persönliche Begabung sich mit Wagner auseinandersetzt, ganz in dessen Bann steht, aber doch schon eigene Züge einbringt.

Daß der „Guntram" seine Schwächen hat, das wußte der Komponist selbst. Auf einem „Marterl" im Garten seiner Garmischer Villa führte er mit humorvoller Selbstironie den Tod des „ehr- und tugendsamen Jünglings" und „Minnesängers" darauf zurück, daß dieser „vom symphonischen Orchester seines eigenen Vaters grausam erschlagen wurde". Und in der Tat ist das Werk in hohem Maße eine „Orchesteroper", die nicht immer Rücksicht auf die menschliche Stimme nimmt. Man spürt aber melodische Kraft, melodischen Fluß, große ariose Stimmentfaltungen gehören – nicht ohne hymnisches Pathos – zu den stärksten Momenten im „Guntram", etwa am Ende der Friedensbotschaft im zweiten Akt, wo Guntram an die Herrschenden appelliert.

Trotz bedeutender künstlerischer Aufgaben, die ihm zufielen, war Strauss in München nicht zufrieden. Der Mißerfolg der dortigen „Guntram"-Aufführung wurde von der Presse hochgespielt und ging dem Komponisten sehr zu Herzen, so daß er einen anderen Wirkungskreis anstrebte: 1898 ging er als Erster preußischer Kapellmeister an die Berliner Hofoper. Ein Grimm gegen München blieb in Strauss zurück und war dann wesentlich für die Entstehung der Oper „Feuersnot", die mit den Münchenern ins Gericht geht. Die Uraufführung dieses zweiten Bühnenwerkes des Meisters fand 1901 in Dresden statt.

Schauplatz der Handlung dieses „Singgedichts" von Ernst Ludwig Freiherr von Wolzogen (1855−1934) ist „München am Sonnwendtage, in alter Zeit …, zu fabelhafter Unzeit". Wolzogen zählte zu den bekannten deutschen Schriftstellern seiner Zeit und machte nicht nur in Lustspielen witzige zeitkritische Glossen. 1901 gründete er die Kleinkunst-, d. h. Kabarettbühne „Überbrettl" in Berlin (wo übrigens kurzzeitig Arnold Schönberg musikalischer Mitarbeiter war!), und diese Seite von Wolzogens Begabung ist auch für seinen Operntext nicht unwesentlich.

Zu Wagner hat auch die „Feuersnot", und zwar nicht nur dem Stileinfluß nach, eine besondere Beziehung. Der geheimnisvolle Kunrad, die männliche Hauptperson dieser Oper, ist, der Wolzogenschen Fabel nach, niemand anderer als Richard Strauss selbst, der das Unrecht rächt, das die Münchener an dem alten Zauberer Reichart – lies: Richard Wagner – begingen. Unmißverständlich erklingt (nicht als einzige Zitatanspielung in dem Werk) das Walhall-Motiv, als Kunrad von Meister Reichart singt: „Das war kein wind'ger Gaukler, traun – der hehre Herrscher der Geister. Der warb um Eure Herzen lang, gewann der Größten Gunst – Allein Euch Kleinen macht' er bang, blieb all sein Werben umsunst – Hat sich wacker mit Euch geplagt, der Stadt groß Ruhm gebracht – Schmählich habt Ihr ihn ausgejagt in neid'ger Niedertracht."

Es ist auf den ersten Blick klar, daß Wagner auch die sprachliche Gestaltung dieses „Singgedichts" entscheidend beeinflußt hat. Der gekünstelte altdeutsch-münchnerische Dialekt, der Stil der Verse und Reime zeigen den Versuch einer Nachempfindung der „Meistersinger", deren Nürnbergische Johannisnacht auf die Münchener „Subendfeier" in „Feuersnot" abgefärbt hat. Darüber hinaus gibt es Stabreime, gleichsam textliche „Ring"-Parallelen, noch und noch – wenn etwa vom „gaukelnden Geck" oder „weichen, winselnden Wicht", von „wunderwirkendem Wehn" und „wehvoller Wacht" die Rede ist.

Der Text bietet nicht nur viel Manieriertes, sondern auch unfreiwillig Komisches. Strauss sah in seiner Freude an der Anti-München-Tendenz des Sujets *nicht* dessen Problematik. Der Komponist war übrigens selbst auf die Idee gekommen, diesen Stoff, auf den er in einer flämischen Sage gestoßen war, als Oper zu gestalten. Der lustspielhafte Charakter, den Strauss bei der Sache haben wollte, ist freilich mißglückt, Wolzogen vermochte, obwohl Kabarettist, keinen echten Witz ins Treffen zu führen. Dagegen ist Pathos sehr stark ausgeprägt, nicht nur in der Schlußszene, wo es in hymnischer Verherrlichung des Eros heißt: „All' Wärme quillt vom Weibe, all' Licht von Liebe stammt – Aus heißjungfraulichem Leibe einzig das Feuer neu entflammt."

Die Handlung dieser Oper kann kurz zusammengefaßt werden: In der Sonnwendnacht, inmitten des nächtlichen Lebens und Treibens des Volkes, tritt der geheimnisvolle Fremde, Kunrad, aus dem Haus des alten Hexenmeisters. Coram publico gibt er der spröden Bürgermeisterstochter Diemut einen Kuß, die sich daraufhin rächt und Kunrad in eine Falle lockt: Sie lädt ihn zum „Fensterln" ein, doch wird der Korb, in dem der Mann zum Balkon hinaufgezogen werden soll, in halber Höhe hängen gelassen: zum Gespött der Leute. Kunrad rächt sich seinerseits, indem er durch Zaubermacht die Stadt des Feuers und des Lichts beraubt. Nun hält er den Leuten seine „Kapuzinerpredigt", an deren Ende die Bedingung steht: daß eben nur aus heißjungfraulichem Leibe das Feuer neu entfacht werde. Und Diemut erfüllt die Bedingung, zieht Kunrad zu sich in die Kammer. Am Schluß eines Zwischenspiels flammen Feuer und Lichter wieder auf.

Beschwert von Gefühlspathos erhielt das einaktige Werk einen Charakter, der den Zeitgenossen als peinlich und frivol erscheinen mußte. Nach längerem Hin und Her wagte man sich in Dresden an die Uraufführung, über die höchstadelige Persönlichkeiten in der Tat pikiert waren. Aber Dresden war seither eine Strauss-Stadt, die Stätte zahlreicher Strauss-Uraufführungen.

An den Schluß der „Feuersnot"-Partitur setzte Strauss den Vermerk: „Beendet am Geburtstag und zu Ehren des ‚Allmächtigen', Berlin, 22. Mai 1901." Der 22. Mai – das war der Tag der 88. Wiederkehr des Geburtstages von Richard Wagner. In diesem Geiste ist „Feuersnot" ein Wagner-Nachfolge-Spiel: Es „wagnert", besser: „meistersingert" durch das Orchester und die Singstimmen. Aber das vollsaftige, wirksam präsentierte Nachfolgetum verbindet sich neuerlich mit den untrüglichen Kennzeichen eines eigenen Personalstils, überall leuchtet spezifisch Strausssiches auf. Die Fülle des Einfalls, die Einbeziehung des Volkstümlichen (mit unverfälschten Walzertönen!), all das manifestiert den Reichtum der Strausssschen Phantasie. Als lyrisch-liedverbundener Romantiker bewährt sich der Komponist im Gesang der Diemut („Mittsommernacht"), dessen Melodie am Schluß wiedererklingt.

Daß in „Feuersnot" naives volkstümliches Musizieren neben ernsten romantischen Tönen und Wagner-Nachfolge gedeiht, das hat zum Bonmot verleitet, es stünden hier Hofbräuhaus und Giebichungenhalle nebeneinander.

„Guntram" und „Feuersnot" seien, so äußerte Strauss später in einem für Joseph Gregor bestimmten Briefentwurf[40], zwei naturnotwendige Bausteine bezüglich des dramatischen Stils und der Behandlung des Orchesters und überhaupt eine Grundlage für alle weiteren Opern.

Wohnsitz von Strauss blieb vorerst Berlin, wo 1908 seine Ernennung zum Generalmusikdirektor der Hofoper erfolgte. Er hatte dieses Amt bis Herbst 1918 inne, dazwischen absolvierte er immer wieder Dirigentengastspiele, 1904 erstmals auch in Übersee. Im Jahre 1908 erfolgte der Bau von Straussens geliebtem Landhaus in Garmisch. Damals war er bereits ein arrivierter Opernkomponist: Die „Salome" hatte ihren Siegeszug angetreten. Uraufführung: 9. Dezember 1905 in Dresden. Daß sich Gustav Mahler vergeblich um eine „Salome"-Aufführung an der Wiener Hofoper bemühte, ist bekannt, hier wurde das Werk erst 1918 vom Zensor freigegeben.[41]

Widerspruch hat die „Salome" aber auch noch viel später provoziert. 1964 lesen wir:[42] „Salome küßt das Haupt des Jochanaan: keine Ekstase, kein Klangrausch, sondern äußerste Reduktion der orchestralen Mittel; die Musik spricht von unheimlicher Stille. Die Stille setzt sich fort, während der Gesang wieder anhebt, ganz dumpf, in den tiefsten Lagen, fast gesprochen. Doch dann ... kann Strauss es sich nicht versagen, vor Fallen des Vorhangs in eine schwungvolle Kantilene in hymnischem Fortissimo und reinstem Des-Dur auszubrechen ... Die Prinzessin von Judäa verwandelt sich, ehe sie unter den Schilden der Soldaten begraben wird, noch rasch in eine schön-singende Sopranistin; musikalische Psychologie und kompositorischer Sinn werden für ein paar Takte falschen Glanzes geopfert. Strauss bleibt sich treu und verrät das Werk, verrät die eigene Idee."

Fürwahr harte Worte aus Kritikermund! (Wobei der Po-
lemiker übersehen hat, daß es sich um Cis-Dur, nicht um Des-
Dur handelt.) Doch scheint uns das, was jener als vollkommenen Stilbruch anprangert, im Gegenteil eine echte Steigerung musikalischer Ausdrucksfähigkeit zu sein: Aus der düsteren todesträchtigen Stimmung bricht noch einmal der ganze Glanz der seelischen, der erotischen Decadence auf, bevor
mit aller Klanghärte der Schlußstrich unter das schreckliche
Geschehen gezogen wird. Der mehrfach alterierte Domi-
nantseptnonenakkord (a-cis-g-fis-ais), mit dem dieser letzte
Höhepunkt in Salomes Schlußgesang im Orchesterpart akzentuiert wird, ist ein unübertrefflicher genialer Einfall.

Die Polarität von ästhetisch schillernder Pracht und üppig
ausgebreiteter Verderbtheit ist ein Kennzeichen der Dichtung Oscar Wildes, mit deren verbaler Palette sich Straussens
musikalische deckt. Kontraste sind dem Sujet adäquat. Ist es
doch „der Gegensatz der durch Dekadenz innerlich morsch
gewordenen alttestamentarischen Welt zu dem jung und rein
aufsteigenden Christentum, der den Ausdrucksambitus fast
bis zum Zerreißen spannt."[43] Verkörpert wird dieser Kontrast durch das in allen Facetten erotischer Begehrlichkeit
schillernde Weib und den asketischen, seiner religiösen Sendung hingegebenen Bußprediger. Die Unerbittlichkeit und
Schärfe psychologischer Realistik und Charakterisierungs-
kunst aber erstreckt sich auch auf das Tetrarchenpaar.

Erstaunlich bleibt, wie einerseits der grundbürgerliche
Strauss sich in die Welt der Dekadenz einfühlen konnte und
andererseits ein Mann, der dem Religiösen ferne stand und
seine Abneigung gegen das Christentum offen äußerte[44], sozusagen fast über seinen eigenen Schatten springen konnte.
Zwar bekannte er: „... für mich hat so ein Prediger in der Wüste, der sich noch dazu von Heuschrecken nährt, etwas unbe-
schreiblich Komisches." Nur weil er die fünf Juden schon per-
sifliert und Herodes reichlich karikiert, habe er sich, so
schrieb Strauss in einem Brief an Stefan Zweig, „nach den
Geboten des Gegensatzes bei Jochanaan auf den 4-Hörner-
Schulmeister-Philisterton beschränken" müssen.

Das Ergebnis dieser „Beschränkung" ist, wie wir wissen,
keineswegs alltäglich. Kommt doch die zelotische Strenge des
Bußpredigers zu durchaus eigenartigem Ausdruck. Und an

In Dresden fand 1905 die Uraufführung der „Salome" von Richard Strauss statt.

der Stelle, wo Jochanaan von Christus spricht („Er ist in einem Nachen …"), hat der Gesang edle Wärme, eine Reinheit des Klanges, die zu anderen Passagen dieses musikalisch dargestellten Seeleninfernos kontrastiert; wobei schließlich die Aufforderung: „… bücke dich zu seinen Füßen, daß er dir deine Sünden vergebe" zu einer Ausdruckssteigerung führt, in der drei Stimmungselemente – die Beschwernis der Sündenlast, die Kraft des Glaubens und die herbe Glut religiösen Eifers – intensiv ineinanderklingen.

Das Drama Oscar Wildes zu vertonen, war in jenen Tagen, da Strauss sich dazu entschied, keineswegs eine ausgefallene Idee. Der 1900 verstorbene Dichter hatte den Rang einer faszinierenden literarischen Erscheinung. Die Mischung von Geist und Eros, von Schönheit und Verderbtheit, von Luxus und Tod, von extravagantem Klima und farbigen Wortbildern, all das war ganz nach dem Geschmack des Fin de siècle. Die Tatsache, daß die erste „Salome"-Ausgabe (1894) mit Illustrationen von Aubrey Beardsley (1872−1898) erschien, signalisiert die ästhetische Verbindung zum Jugendstil.

Wilde hat die „Salome", zu der ihn Gustave Flauberts Novelle „Hérodias" anregte, bekanntlich in französischer Sprache geschrieben[45], die deutsche Fassung, die Strauss verwendete und für seine Zwecke „einrichtete", stammt von Hedwig Lachmann.

Die Aufregung, die seinerzeit (und nicht nur bei den Zensoren) herrschte, ist natürlich verständlich; denn die komponierte Dekadenz und Sexualpsychiatrie waren zu neu, um nicht zu schockieren. Der biblische Bericht, demnach die Prinzessin von Judäa über Anstiftung ihrer rachsüchtigen Mutter den Kopf Johannes des Täufers forderte (Mt 13,1−11, Mk 6,21−28), dieser Bericht ist ja nur das „Rohmaterial" für die Dichtung. Das exotisch-farbige, das übersteigert luxuriöse Element des kulturhistorischen Sittenbildes und vor allem die Psychologie der Herodias-Tochter sind Zeichen jener Zeit, in der schönheitstrunkener Secessionismus und moderne Seelenkunde gleichermaßen das Weltbild prägten. Der neue Zug an der Erscheinung Salomes liegt darin, daß die „Tochter der Unzucht in wilder Triebhaftigkeit erst den Körper, dann den Kopf des Propheten begehrt, im Augenblick der Befriedigung ihrer perversen Lüste aber von der ersten Ahnung eines echten Liebesgefühls beschlichen wird".[46]

„Und das Geheimnis der Liebe ist größer als das Geheimnis des Todes ...", heißt es im Schlußgesang Salomes. Tenschert[47] hat diesem „Wunder der Verwandlung", das sich immer wieder in und an Frauengestalten der Strauss-Opern vollzieht, seine besondere Aufmerksamkeit geschenkt. Frauen überwiegen ja tatsächlich in der Reihe der führenden Gestalten der Strauss-Opern; die „grausamen, entzückenden, die unbegreiflichen Verwandlungen" des Frauenherzens, von denen die „Ariadne"-Zerbinetta singt, haben den Komponisten besonders zur Darstellung gereizt. Ohne ihn wäre möglicherweise das Drama Wildes verblaßt. Indem die Musik den feinen Regungen der Dichtung folgte, ist sie ganz und gar Eigentum des Komponisten geworden, dessen instrumentale Klang- und Farbenkunst hier maximale Grade erreichte. „Die Musik herrscht", und alles das, was wir erleben, miterleben, „ist, weit über die Dichtung hinaus, Macht und Tat der Musik", die Töne bringen „dem Artistentum des hieratischen Wortprunks erst Atmosphäre und Kolorit".[48]

Klang- und Farbenkunst – nicht von ungefähr hat Richard Specht in seinem Strauss-Buch die „Salome" als eine „Symphonie in Opalgrün, Purpurblau und goldgetigertem Scharlachrot" bezeichnet. Wenngleich auch Strauss selbst einmal von einer „Sinfonie im Drama" gesprochen hat, so wäre es dennoch falsch, die „Salome" als eine Symphonie mit obligater Singstimme zu bezeichnen. Denn den Singstimmen kommt bei aller Bedeutung und Intensität des orchestralen Geschehens dennoch ein absolut souveräner Rang zu. Ausdruck und Charakteristik sind auch ihnen zu danken. Eine der wichtigsten Wirkungen der Klang- und Farbenkunst der „Salome"-Partitur besteht im übrigen darin, daß Strauss auf diesem Wege Wagner nun völlig überwand. Strauss hat also die „Befreiung" von Wagner auf *seine* Weise vollzogen und weitergeführt, während etwa Schönberg ganz andere Wege ging. Doch sind selbst diese, die im Bereich der Bühne zum Monodram „Erwartung" führten, ohne die „Nervenkontrapunktik" der „Salome" nicht oder kaum denkbar. Specht hat die Position der „Salome", dieses „tückisch schönen, gefährlich lockenden Stücks", aus der Sicht seiner Zeit charakterisiert, indem er schrieb, es sei „so ganz und gar neu, … so seltene Beute, so unfaßbar aus Seele und Nerven herausmusiziert, daß man – wenn hier nicht ein Grenzfall der Musik, ein Extremes, Einmaliges ist – von der Ahnung einer Musik von morgen erfaßt wird".[49] Es gibt keinen Leerlauf. Es ist erstaunlich, „mit welcher formbildenden Kraft, welchem Sinn für musikalische Architektur und Konstruktion und welch überwachem Gefühl für die lyrischen Möglichkeiten der Szenen der Musiker hier seine melodischen Bogen einbaut, seine symphonischen Sätze als gliedernde Pfeiler aufrichtet und sein thematisches Netz über das Ganze wirft".[50]

Schon die instrumentale „Ouverture en miniature" (zwei Takte!) ist ein Wunder an suggestiver Einstimmung. Ein so kaptivierender Einsatz gelingt nur einem Meister. Im Drama sind die Ausgangsposition und wichtige personelle Aspekte plastisch skizziert. Der Auftritt der Titelgestalt charakterisiert die Prinzessin in ihrer Grazie und ihrer emotionellen Abneigung gegen den lüsternen Tetrarchen und die anderen, die da drinnen an der Tafel sitzen. An Salomes Vision des Mondes als Abbild der Schönheit einer keuschen Jungfrau schließt sich der Ruf des Jochanaan aus der Zisterne. Dieser bildet nun den Auftakt zur Entwicklung einer psychologisch und dramatisch unerhört zwingenden Steigerung, die im Auftritt des Propheten gipfelt.

Jochanaan sind zwei Motive zugeteilt: eines, das den feierlichen Prediger charakterisiert, ein anderes, das, gekennzeichnet durch die Intervalle der fallenden Quart und der verminderten Quint, seine fast unheimliche Suggestivität zum Ausdruck bringt. Auch Salome selbst hat zwei Personalmotive; das erste hören wir von den ersten Takten an bis hinein in den Schlußgesang immer wieder, das zweite spielt eine nicht minder große Rolle. Bei der „psychologischen Durchhellung in Tönen" kommt dem Motiv als Leitmotiv, besser: als Erinnerungsmotiv, eben eine besondere Rolle zu. Es war vorhin schon vom „thematischen Netz" die Rede, das Strauss über das Ganze geworfen hat. Und tatsächlich: Das Motiv wird, nicht nur äußerlich bedingt, als Spiegelung seelischer Vorgänge maximal eingesetzt und bringt Prägnanz in das Geschehen. Gerade die faßlichen musikalischen Gestalten, die plastischen, charakteristischen Motive sind es, die dafür sorgen, daß die musikalische Farbenpalette nicht konturlos zerfließt, wie das bei anderen Komponisten gleicher oder ähnlicher Stilrichtung der Fall sein mag.

Den motivischen Facettenreichtum zeigt etwa die Verwendung des Salome-Motivs, das zum Beispiel erklingt, als sich die Prinzessin dem Propheten vorstellt, dann im Moment von Narraboths tödlicher Verzweiflung (sinnvoll, da Salome deren Urheberin), schließlich dunkeldrohend, in Baßlage transponiert, nach dem Abgang des Propheten in der unheilschwangeren Atmosphäre der instrumentalen Überleitung, wo schließlich auch das Motiv von Salomes Begehren nach dem Kopf des Jochanaan aufzuckt. Dieses Motiv des Kopfbegehrens war übrigens schon viel früher wie eine Vorahnung erklungen: in der ersten Szene zu der Textstelle des Pagen:

„Du mußt sie nicht ansehn. Du siehst sie zuviel an. Schreckliches wird geschehn."

Große Bedeutung gewinnen ferner das „Motiv der Verführung" (Specht), das wir auch als Motiv des sinnlichen, lüsternen Begehrens bezeichnen können, und natürlich das Liebesmotiv mit seiner dramatischen Kantilene.

Straussens musikalische Ausdrucksregister reichen in der „Salome" von der duftigen, geschmeidigen Melodie bis zum Aufschrei, zum naturalistischen Geräuscheffekt, von der Verzückung bis zum Todesdunkel. Als das musikalisch schwächste Stück des Einakters gilt der Tanz der sieben Schleier, den Strauss erst komponierte, als das andere schon fertig war. Doch darf man nicht überhören, daß auch hier die Technik des „Nervenkontrapunkts", der motivische Zusammenhang als psychologisches Ausdrucksmittel eingesetzt erscheint.

Auf „Salome" folgte „Elektra". Eine weitere Steigerung des Exzesses, des Grauens – so hört man sagen. Man kann es natürlich auch anders auffassen wie etwa Richard Specht:[51] Er meinte, „Salome", dieser bezwingendste Vorstoß in unentdecktes Musikland seit Wagner, sei „ganz Farbe, ganz Bild; man sieht mit den Ohren". "Elektra" hingegen sei „objektiv", sei „ganz Plastik". „Salome" sei „Klimt in Tönen", „Elektra" hingegen Rodin vergleichbar. Freilich ein Rodin, der in Gold und Elfenbein bildet, auch die Polychromie nicht verschmäht. „Einer, der die mykenischen Gräberfunde in ihrer urzeitlichen, barbarisch strotzenden Prachtfülle aus unserem Gefühl von heute neugestaltet." Ein Werk „monumental in einer Schönheit des Grauens, die lichtlos ist und doch im Glanz dithyrambischer Läuterung entläßt".

Auch der „Elektra"-Text wurde ursprünglich für die Sprechbühne geschrieben: von Hugo von Hofmannsthal (1874−1929). Seiner Tragödie in einem Aufzug ist der Vermerk „frei nach Sophokles" beigefügt. Vieles an äußeren Vorgängen tritt bei Hofmannsthal hinter die Darstellung seelischer Vorgänge zurück. Dies nicht zufällig. Es lag im Zug der Zeit.

Die Gestalt der Elektra tritt im Gegensatz zur Behandlung des Stoffs bei Aischylos und noch stärker als bei Sophokles in den Mittelpunkt, sie wird mit psychopathologischen Zügen ausgestattet, wie ja in gleichem Sinne auch die Gestalt der Klytämnestra ein unheimliches Monument seelischer Zergliederung und Durchleuchtung geworden ist. Mit Winckelmann, dem die Antike „edle Einfalt und stille Größe" bedeutete, und mit dem Klassikbegriff Goethes hatte diese Elektra des 20. Jahrhunderts nichts mehr zu tun. Auch nicht der Sprache nach.

Ausgestoßen und erniedrigt, starr und maßlos, in tragischer, gewollter Einsamkeit lebt Elektra nur in den Gedanken und Visionen der Vergeltung. Den Tod ihres Vaters Agamemnon an ihrer Mutter Klytämnestra und an Ägisth zu rächen, ist ihr einziges Ziel. Mit dem Tod der beiden hat Elektras Leben seinen Sinn erfüllt und zugleich sein Ende erreicht. Im trunkenen Taumel eines mänadischen Tanzes bricht sie tot zusammen. Ihren menschlichsten Augenblick hat Elektra in der Erkennungsszene mit Orest, sonst dominieren die Züge einer wilden Rachegöttin. Demgegenüber steht Elektras Schwester Chrysothemis, die der gräßlichen Vergangenheit entrinnen will, sich ein „Weiberschicksal", frauliche Erfüllung ersehnt. Neben diesen beiden Gestalten und der vom Gewissen gepeinigten, lebend wie ein faules Aas vergehenden Königin werden die anderen Personen zu Episodisten. Die drei Frauengestalten seien ihm wie die Schattierungen eines einzigen intensiven und unheimlichen Farbtons gleichzeitig aufgegangen, äußerte Hofmannsthal.

Als Strauss das Stück Hofmannsthals in Berlin auf der Bühne sah, erkannte er sofort die Eignung fürs Musiktheater. Er war sich aber auch der schwierigen Aufgabe bewußt und später sogar selbst erstaunt über seine eigene Kühnheit. Diese Stoffwahl entsprach zwar nicht dem Ideal des Hellenismus, nicht dem bürgerlichen Wesen, nicht der geistigen Wahlverwandtschaft Straussens zu Mozart. Trotzdem ließ sich der Meister, der sich eben nicht so einfach etikettieren läßt, wie manchmal geglaubt wird, in den Bann des dunklen antiken Mythos und seiner neuen dichterischen Darstellung ziehen. Nicht nur die Mode, den Menschen in einem Klima überreizter Nerven zu zeigen, sondern auch das Wissen um das Abgründige im Menschen hat Hofmannsthal wie Strauss zu diesem Stoff finden lassen, zu einer Darstellung, die manife-

Ernestine Schumann-Heink und Annie Krull sangen in der Dresdner Uraufführung der „Elektra" (1909) die Partie der Klytemnästra bzw. die Titelpartie.

stiert, wie der fluchbeladene Mensch zum hemmungslosen Tier werden kann. Zugleich darf man aber nicht übersehen, daß, im Sinne des antiken Theaters, auch der kathartische, läuternde Zug nicht zu kurz kommt. Elektra singt am Schluß: „... diese Stunde bin ich das Feuer des Lebens, und meine Flamme verbrennt die Finsternis der Welt."

Ein umfangreicher Briefwechsel dokumentiert auch in diesem Fall den Gedankenaustausch zwischen Komponisten und Dichter, letztgenannter hat an drei Stellen ergänzende Passagen für das Opernbuch geschrieben.[52] Bereits hier haben, wie bei den folgenden Opern, die Wünsche des Komponisten Entscheidendes bewirkt.

Am 25. Jänner 1909 fand die Uraufführung der „Elektra" in Dresden statt. Die Kritiker reagierten natürlich unterschiedlich, Gegner sprachen u. a. von „Massensuggestion durch Reklame", von „vollendeter Anarchie" in der Musik, und im Hinblick auf das Riesenorchester witzelte man, Strauss würde demnächst auch vier Schnellzuglokomotiven in fis-Moll, zehn abgestimmte Jaguare und etliche Nilpferde dem Orchester einverleiben.[53]

Leicht hat es der Komponist seinen Zeitgenossen wirklich nicht gemacht. Cum grano salis gesagt, ist diese „Elektra" eine „einzige, kolossal gesteigerte Rachearie" (Korngold), wenngleich neben der Titelgestalt auch die von Liebes- und Muttersehnsucht erfüllte Chrysothemis und die von Seelenängsten, von Schuldgefühlen gepeinigte Klytämnestra keineswegs zu Nebenfiguren geworden sind. Strauss hat übrigens darauf hingewiesen, daß Klytämnestra „keine alte verwitterte Hexe" zu sein hat, sondern „eine schöne stolze Frau von 50 Jahren sein soll, deren Zerrüttung eine geistige, keineswegs körperlicher Verfall". Die musikalische Darstellung ihrer psychischen Zustände ist von beklemmender Wirkung. Dieser moralischen Ruine steht Elektra gegenüber, erfüllt vom unbändigen Willen, „das hündisch vergossene Blut des Königs Agamemnon" gerächt zu sehen, schließlich einem einsamen ekstatischen Tod entgegentaumelnd, nein – entgegentanzend. Das Element des Tanzes hat in „Elektra" ja fundamentale Bedeutung: Es ist gleichsam kultischer Tanz, Opfertanz. Archaische Wucht verbindet sich mit dithyrambischem Schwung, wobei aus den kühnen, exzessiven Klangkombinationen immer wieder der schwelgerische Strauss-Wohlklang hervorbricht.

Es ist dem Komponisten hier zweifellos gelungen, die raffinierte Farbenkunst der Spätromantik und des Fin de siècle mit Formulierungen zu verbinden, die das Archaische zum Ausdruck bringen. Man denke nur an den ersten Orchestereinsatz, mit dem gleich das ganze Klima des Dramas suggestiv beschworen wird. Man denke aber auch an die Übereinanderschichtung von fünf Oktaven im ersten großen Gesang der Agamemnon-Tochter. Da wird das Aufsteigen des Schattens des ermordeten Atriden hörbar gemacht. Wie in „Salome" spielen signifikante Motive im Klanggeschehen eine Rolle.

Wie bedeutsam ihm die moderne Orchesterpalette war, das hat Strauss in einem Brief an Joseph Gregor ausgesprochen:[54] Erst mit der Erfindung und äußersten Differenzierung des modernen Orchesters sei das Welttheater zur höchsten Vollendung emporgestiegen. Und nur ein so fein differenziertes Orchester mit einem subtilen „Nervencontrapunct" wie das seine konnte, so betonte Strauss, in Klytämnestras Angstzuständen oder in der Erkennungsszene Elektra – Orest „sich in Gebiete vorwagen, die nur der Musik zu erschließen vergönnt waren".

Die Plastizität der motivischen Erfindung ist außerordentlich. Dafür mag als Beispiel jenes Motiv – bald nach Beginn – genannt sein, das mit seiner emporschnellenden Figur und der folgenden chromatischen Wendung den züngelnden Haß der geächteten Königstochter charakterisiert und aufs Wort glauben läßt, daß sie „giftig wie eine wilde Katze ist". Auch dieses Motiv kehrt im „psychologischen Kontrapunkt" immer wieder.

Die Agamemnon-Motive haben wir schon erwähnt: jenes zu Beginn (Agamemnons Anrufung), das – um nochmals Richard Specht zu zitieren – „gleich einem Wappen über einem mächtigen Tor hier über dem Portal des Ganzen" steht und das sich gewaltig auftürmende Motiv (Agamemnons Schatten). Zu den wohl schönsten Themen des Werkes gehört das „Thema der Kinder Agamemnons", das wir seit dem ersten Monolog Elektras nicht mehr vergessen. Specht nennt insgesamt 73 Themen bzw. Motive. Sie sind natürlich nicht alle von gleicher Wichtigkeit. Nicht zuletzt aber in der Klytämnestra-Szene sind sie von besonderer Wirkung. Die von Chromatik gleichsam zerfressenen, die seelische Fäulnis suggerierenden Klänge – da gibt es ein Klytämnestra-Motiv, ein Blut-Motiv, ein Traum-Motiv – sind als unmittelbare Zeitgenossen von Schönbergs „Erwartung" (dieses Monodram entstand ja im Jahr der „Elektra"-Uraufführung) zu begreifen. Mit der Zeichnung des Grausigen, eines von Ängsten und Träumen gequälten Wesens, blutdampfend, voll mörderischem Aberglauben, damit stieß Strauss ganz gewiß nicht nur zu den Grenzen musikalischer Naturalistik vor, sondern die Tore zum Expressionsmus weit auf.

Daß er daneben an der Klangseligkeit festgehalten hat?

Es ist kein Nachteil. Wie sollte die erdhafte Sinnlichkeit der Chrysothemis treffender charakterisiert werden? Und den Kontrast von Glück und Haß in der Erkennungsszene kann man nicht besser verdeutlichen als durch den Kontrast von Wohlklang und Dissonanz.

Meisterhaft ist auch der dramaturgische Aufbau in vier Blöcken:

1. Mägdeszene als Prolog oder Exposition – Monolog der Elektra – Auftritt der Chrysothemis – erstes Zwiegespräch der Schwestern.

2. Das Erscheinen Klytämnestras – ihr Monolog – ihre Auseinandersetzung mit Elektra – ihr scheinbarer Sieg.

3. Das Geschehen zwischen „Orest ist tot" und „Orest lebt" – das zweite Gespräch der Schwestern – das Intermezzo des Beilausgrabens – die Erkennungsszene.

4. Der Vollzug der Rache – die Verkündung der Befreiung – der tödliche Siegestanz Elektras.

Danach *mußte* eine „Periode der Entspannung" folgen. Der erste Hinweis auf den „Rosenkavalier" kam von Hofmannsthal in einem an Strauss gerichteten Brief aus Weimar vom 11. Februar 1909: Er habe „in drei ruhigen Nachmittagen ein komplettes, ganz frisches Szenar einer Spieloper gemacht, mit drastischer Komik in den Gestalten und Situationen, bunter und fast pantomimisch durchsichtiger Handlung, Gelegenheit für Lyrik, Scherz, Humor und sogar für ein kleines Ballett ... Zwei große Rollen für einen Bariton und ein als Mann verkleidetes Mädchen ... Zeit: Wien unter Maria Theresia".

Von dieser Initialidee, die Strauss sofort gefiel, bis zu ihrer endgültigen Ausführung war freilich noch ein weiter Weg. Hofmannsthal gab selbst zu, daß jenes Spiel mit den typischen, unbenannten Figuren und den möglichen Kombinationen, die sie eingehen konnten, für sich allein doch nicht stark genug gewesen wäre, eine kleine Welt lebender Gestalten hervorzurufen. Vielmehr regte sich dahinter „der geheime Wunsch, ein halb imaginäres, halb reales Ganzes entstehen zu lassen, dies Wien von 1740, eine ganze Stadt mit ihren Ständen, die sich gegeneinander abheben und miteinander mischen, mit ihrem Zeremoniell, ihrer sozialen Stufung, ihrer

Sprechweise ..., mit der geahnten Nähe des großen Hofes, über dem allen mit der immer gefühlten Nähe des Volkselements". Und das ist auch realisiert worden. Das Schöne am „Rosenkavalier" ist nicht zuletzt „die innige Berührung mit dem Wiener Volksstück, das überaus sicher getroffene ‚Milieu' des Theresianischen Wien mit seinem Lever, seinem Zeremoniell, Intrigantenspuk und ‚gottverfluchten Extrazimmer', mit hundert lebendigen Bezügen vom Palast durch die Lakaienwelt zum Bauernhof".[55]

Es ist also eine wienerische Komödie von überregionaler Bedeutung entstanden: ein Stück Kulturgeschichte des mariatheresianischen Wien – trotz Dominanz der freien Phantasie und des Anachronismus des Walzers.

Die Sprache Hofmannsthals ist bisweilen als gekünstelt bezeichnet worden. Sie hat jedoch einen realen kulturhistorischen Hintergrund. Wir kennen nämlich die Tagebücher des kaiserlichen Obersthofmeisters Johann Josef Fürst Khevenhüller-Metsch (1716–1776). Diese Tagebücher, deren erster Band, die Jahre 1742–1744 umfassend, 1907 erschien (weitere Bände folgten), stellen nicht nur ein wichtiges Zeitdokument dar, sondern vor allem auch eine unverkennbare Inspirationsquelle für Hofmannsthals „Rosenkavalier"-Dichtung. Bei ihrer Lektüre wird eine Verwandtschaft im sprachlichen Ausdruck zu gewissen Passagen des „Rosenkavalier"-Textes deutlich.[56]

Die Sprache sei „in keinem Buch zu finden, sie liegt aber noch in der Luft", schrieb Hofmannsthal selbst.[57] Dennoch ist sicher, daß die sprachliche Einstimmung durch die Khevenhüllerschen Tagebücher bewirkt wurde. Das betrifft z. B. die Dosierung der eingestreuten Fremdwörter, oft französische oder lateinische Verben mit eindeutschender Endung (wie antichambrieret, inkommodiert, proponier, excludier, charmiert usw.). Wir finden in den Tagebüchern ferner den Namen Rofrano sowie die ganzen Vornamen des Rosenkavaliers, die Sophie im zweiten Akt aufzuzählen weiß. In der Tagebuchedition gibt es aber auch eine Abbildung „J. J. Khevenhüller im Kreise seiner Familie", dabei ein turbangeschmückter Mohr, der die Schokolade serviert. Wie im ersten Akt des „Rosenkavaliers"!

Und noch etwas Wichtiges: Auf Seite 239 finden wir erwähnt den „Cammerherrn Graffen Frantz Esterhasi, den man par sobriquet Quinquin zu nennen pfleget".

Die Historiographie hat dann mit Erfolg der Person dieses Grafen Franz Esterházy von Galantha (1715−1785) nachgespürt.[58] Und auf der Suche, weitere Parallelen zwischen Wirklichkeit und Dichtung zu finden, ist man auf das Dorf Lerchenau in Niederösterreich gestoßen[59], wo die Freiherren von Managetta-Lerchenau die Grundherren waren, einer von ihnen bei Khevenhüller-Metsch ebenfalls genannt. Von anderer Seite wird vermutet, Hofmannsthal habe den Namen Lerchenau aus Kärnten geholt, von den Fürsten Orsini-Rosenberg, die den Titel eines Freiherrn von Lerchenau trugen.[60] Diese Hypothese wird u. a. dadurch gefördert, daß die Orsini-Rosenbergs eine Rose im Wappen führten, allerdings nicht eine silberne, sondern eine rote auf silbernem Grund.

Wurde also die Erfindung des Brauchs von der Überreichung der silbernen Rose von hier inspiriert? Wir wissen es nicht. Wir wissen aber, daß zu den „Quellen" des „Rosenkavaliers" auch ein Kupferstich von S. Ravenet nach einem Gemälde von William Hogarth zählt: mit dem Modell für die Leverszene (Gestalt der Fürstin, des Barbiers, des Mohren, des Sängers mit einem Flötisten).[61]

Die Kooperation zwischen Textdichter und Komponist ist natürlich in deren Briefwechsel ausführlich dokumentiert. Strauss war sehr zufrieden mit dem Text, den Hofmannsthal lieferte, äußerte aber doch auch immer wieder eigene Wünsche; auch über den Titel (ursprünglicher Vorschlag: „Der Ochs von Lerchenau und die silberne Rose") und die Werkbezeichnung („Burleske mit Musik", „Komödie für Musik", schließlich: „Komödie für Musik von Hugo von Hofmannsthal mit Musik von Richard Strauss").

Die Premiere fand am 26. Jänner 1911, abermals in Dresden, statt. Wenn von einer Wahlverwandtschaft Strauss − Mozart gesprochen worden ist[62], so denkt man dabei nicht nur an die legendären „Cosí fan tutte"-Aufführungen unter der Leitung des Meisters oder an dessen „Idomeneo"-Bearbeitung von 1930 (Uraufführung: Wien 1931), sondern natürlich auch an den „Rosenkavalier", zu dem sich Fäden vom „Figaro" her spinnen, ganz zu schweigen von den „zahlreichen Mozartismen, die − als Ergebnis einer überzeitlichen

Begegnung zweier verwandter Musikerpersönlichkeiten von starker Eigenprägung betrachtet – in der an innigem Zauber und zärtlicher Klangsüße so überreichen ‚Rosenkavalier'-Partitur zu finden sind".[63] Die „Rückkehr zu Mozart" wird aber nicht so sehr durch Einzelheiten suggeriert als vielmehr durch ein allgemeines Prinzip: durch die Rückkehr zum melodischen Prinzip der reinen „Oper", das „immer wieder aus dem sprühenden Parlando der umfangreichen Konversation hervorbricht".[64] In der froh leuchtenden Jugendhelle und Heiterkeit, der Meisterschaft der dramatisch-thematischen Symphonik, dem Jubel und der zarten Wärme der Melodik, der Lebendigkeit der Charakterzeichnung und dem strahlenden Geist der Tonsprache sei der „Rosenkavalier", so jubelt der Strauss-Enthusiast[65], das dritte unserer klassischen Meisterwerke der komischen Oper neben dem „Figaro" und den „Meistersingern"; einzig Verdis „Falstaff" komme ihm nahe …

Von der „Meistersinger"-Nähe ist immer wieder gesprochen und geschrieben worden. Auch Tenschert wies darauf hin[66]; wobei er betonte, daß es dabei nicht um ein Aufspüren epigonenhafter Elemente, sondern um einen Vergleich von höherer Warte aus gehe. Die Handlung sei „in beiden Fällen mit dem zeitlichen und örtlichen Milieu verknüpft", beziehe „Sitten und Gebräuche so absichtsvoll mit ein, daß sie von all dem wie aufgesaugt erscheint und nicht getrennt werden kann". Und hier wie dort wird einem mehr oder weniger grotesken Freier in einer turbulenten Szene kräftig zugesetzt, der Wahn-Monolog Sachsens und der Monolog der Marschallin („Ist doch der Lauf der Welt") haben zuinnerst etwas Gemeinsames.

Obwohl der „Rosenkavalier" ganz anders ist als „Salome" und „Elektra", rief er ebenfalls Kritiker auf den Plan. „Strauss ist nicht mehr ernst zu nehmen", soll ein Musiker von Rang nach der Uraufführung zu Richard Specht gesagt haben. Specht war es im übrigen, der als einer der ersten Strauss gegen die den Anachronismus des Walzers im „Rosenkavalier" betreffenden Vorwürfe in Schutz nahm.

Mit welch spontanem Eifer Strauss den „Rosenkavalier" komponierte, wird einem durch zwei amüsante „Entgleisungen" deutlich. An einer Stelle im ersten Akt hat Strauss nämlich gleich eine szenische Anweisung mitkomponiert, so daß es heißt: „Darf ich das Gegenstück *discret vertraulich* zu Dero saubern Kammerzofel präsentieren?" Und im zweiten Akt ignorierte Strauss in aller Eile an einer Stelle die Interpunktionen, so daß er statt „Der hochadelige Bräutigamsvater, sagt die Schicklichkeit, muß ausgefahren sein", das folgende komponierte: „Der hochadelige Bräutigamsvater sagt: die Schicklichkeit muß ausgefahren sein, bevor der silberne Rosenkavalier vorfahrt." Wenn man solche Stellen als Zeichen plumpen Unverstehens des Textes auffaßt und daraus aufs Ganze schließt, ist man gewiß kein Repräsentant von Objektivität. Was auch für jene gilt, die sich über die Amoral des „Rosenkavaliers" entrüstet haben.

In der „Rosenkavalier"-Musik sind sozusagen alle guten Geister lebendig: Von der unmittelbaren Musizierfreude bis zur beziehungsreichen Feinheit, vom nuancenreichen Konversationston bis zur blühenden Melodik reicht die Palette mit ihren harmonischen Subtilitäten und dem hellgolden schimmernden Klang des Orchesters. Und auch in dieser Strauss-Oper haben viele Motive charakterisierende Kraft. Das Vorspiel, die „Symphonik der Liebesnacht", stellt Themensymbole der Hauptgestalten und ihrer Empfindungen vor. Dem vehement einsetzenden, sofort kaptivierenden Octavian-Motiv folgt im dritten Takt das leidenschaftliche Liebesmotiv der Marschallin, dem sich das „Motiv von Octavians junger Ritterlichkeit" anschließt, gleich abgelöst vom Marschallin-Motiv, das mit einem steigerungsträchtigen Motiv überschwenglicher Innigkeit weitergeführt wird: „Material" genug, um zu einem Höhepunkt zu finden, dem ein ebenso meisterhaft angelegtes Decrescendo folgt, die Beruhigung der Emotionen zum Ausdruck bringend. Dabei gesellen sich zu den bisherigen Motiven noch zwei neue, in denen nun auch das ernste Wesen der Marschallin spürbar wird und sich der spätere Verzicht ankündigt.

Wer der Motivverwendung im „Rosenkavalier" nachspürt, stößt auf feine Einzelheiten. So etwa, daß das Initial-, das Octavian-Motiv in der Schlußszene des zweiten Aktes sich zum „Briefwalzer"-Thema wandelt und somit schalkhaft andeutet, wer dieses Mariandl ist. Oder: daß der parodistische C-Dur-Walzer der Wirtshausszene („Nein, nein, i trink kan Wein") später eine ernste Gestalt annimmt und sich schließlich daraus das wunderbare Terzett der drei Frauenstimmen entwickelt. Den umgekehrten Weg hat Strauss eingeschlagen, wenn er im ersten Akt, als Octavian zum Mariandl wird, das Octavian-Thema in den Walzertakt hinübergleiten läßt.

Immer wieder signalisieren die Motive, was „hinter den Zeilen" steht: so etwa das „Motiv der Hingabe" aus der ersten Szene des ersten Aktes, das wiederkehrt, als die Marschallin dem Baron gegenüber vorgibt, sie habe an diesem Morgen die Migräne gehabt. Auf Schritt und Tritt bewundert man ferner, wie in dieser Strauss-Oper Parlando und melodische Diktion unzertrennlich sind, dazu die orchestrale Begleitung in lebendigem, bald pointierendem, bald theatergerecht akzentuierendem Fluß bleibt. An Drastik läßt z. B. die Erzählung des mit seinem Heubodensexus prahlenden Barons Ochs auf Lerchenau nichts zu wünschen übrig.

Ein Kabinettstück in ihrer Art ist die Leverszene. Im Schlußteil des ersten Aktes dominieren dann die beiden Soloszenen der Marschallin. Erinnerung und vor allem Lebensphilosophie, melancholisch und weise zugleich – so tönt der kostbare Monolog, keine Arie im alten Stil, doch ein Gebilde, das innere Substanz hat, an die Stelle jener zu treten. Der ungestüm auftretende Octavian findet eine veränderte Marschallin vor, auf deren Meditation von der Zeit, die ein sonderbar Ding ist, der junge Liebhaber nochmals mit dem Motiv der Hingabe antwortet. Doch stößt er nur auf jene überlegene, in mildem Goldglanz leuchtende Resignation, die, vom kurzen Lakaienintermezzo abgesehen, jetzt bis zum Schluß des Aktes das Klangbild bestimmt. Bei den Worten „Quinquin, Er soll jetzt gehn" vernehmen wir nochmals das leidenschaftliche Motiv der Marschallin – ein letztes inneres Aufbäumen gegen die Resignation ausdrückend.

Dann knüpft die Musik an die ernsten Motive des Vorspiels an, und schließlich klingt der Akt mit einem zarten Klanggespinst aus, in welches das Octavian-Motiv hineingewoben erscheint. Die Schlußszene des ersten Aktes rückt die Gestalt der Marschallin ins geistige Zentrum des Werkes. Wir haben die Wandlung von der Liebenden zur Verzichtenden miterlebt, die, indem sie dem Lerchenauer, dem „Mitgiftjäger", den Überbringer der Rose empfahl, die Weichen selbst gestellt hat.

Nicht minder ergiebig ist es, die musikalischen Geschehnisse des zweiten Aktes zu verfolgen. Nach den Marschallin-Meditationen dominieren nun andere Klangfarben, andere Gefühle. Lebhaft setzt das Musizieren ein, freudige Stimmung der Erwartung beherrscht die Szene, ihre weitere Entwicklung ist ein neuerliches Musterbeispiel opernhaft-wirkungsvoller Gestaltung, „alles steigert sich zu der ins Licht silbriger Klänge getauchten Rosenüberreichung mit ihrer festlich bebenden Spannung hin" (Krause). Alles klingt wie in Weiß und Silber, helles Fis-Dur wirbt für die Gültigkeit der Tonartencharakteristik, apart glitzern die Celestaklänge. Wunderbar ist die Instrumentation auch sonst. Und dank der Musik blüht die junge Sophie zu weit mehr auf, als sie ursprünglich in den Augen Hofmannsthals hätte sein sollen, nämlich ein „hübsches Dutzendmädchen ... bürgerlich-albern, gespreizt, angelernt". Die Musik läßt sozusagen begreifen, weshalb Octavian sofort in den Zauberkreis des Mädchens gerät.

Ein Wurf! Das ist die Szene der Rosenüberreichung. Sie hat natürlich auch ein eigenes Motiv. Dann erklingt auch ein „Motiv der aufkeimenden Seligkeit", die Melodie regiert in diesem Duett der ersten Begegnung Sophie/Octavian. Zu dem folgenden reizvoll filigranen Gespräch der beiden setzt anschließend der derbe, ungenierte Auftritt des Barons einen Kontrast. Dem Wirbel, den die Lerchenauischen im Palais Faninal verursachen, folgt das zauberhafte Duett, worin das Octavian-Motiv einmal mehr zu hören ist; in der Art seines Klingens, als Melodie des Herzens und edler Ausdruck des Liebens – da zeigt sich, welche Wandlung Octavian durch die Begegnung mit Sophie erfahren hat.

Dann neuerlich ein Kontrast: die Turbulenz der Auseinandersetzung des Rosenkavaliers mit dem Baron, das Duell, die situationsbedingte Echauffiertheit (köstlich und nicht ohne Ironie dabei der Herr von Faninal), schließlich die Beruhigung und der genüßlich-behäbige Ausklang: die Soloszene des Ochs, nachdem ihm Annina das Briefchen „von der Bewußten" überbracht hat. Der Walzer vom „Lerchenauisch Glück" ist ein „Schlager ersten Ranges" – das wußte Strauss selbst. Obwohl der Baron sein Spiel längst verloren hat, fühlt er sich noch immer als Hahn im Korb. Die Intrige allerdings ist eingefädelt, sie vollzieht und vollendet sich in der Lustspiellaune des dritten Aktes, von der einleitenden Pantomime bis zum temperamentvollen Walzerhinausschmiß des Blamierten. Das sei „schon eine Spur mehr Operette, als das Stück verträgt", ist eingewendet worden.[67] Um so mehr ist der Augenblick gekommen, in dem sich die Frauenstimmen zum Terzett vereinigen. Die drei teilen innerste Empfindungen mit: Demut, Glück und Trauer; Empfindungen in sublimstem Wohllaut. Schöneres hat Strauss wohl selten geschrieben. Und so stand dieses Terzett höchst sinnvoll auch am Ende des irdischen Weges von Richard Strauss: Bei der Totenfeier im Münchener Krematorium am 11. September 1949 erklang, so wie es der Meister sich gewünscht hatte, dieses Musikstück: „Hab mir's gelobt, Ihn liebzuhaben in der richtigen Weis' …"

Am Ende der Oper steht noch das Duett Sophie/Octavian, dann die Episode mit dem Taschentuch suchenden Neger: eine kleine, feine Arabeske zum Abschluß dieser Komödie, die doch weit mehr ist als nur eine Farce, mit welcher man den Ochs blamiert.

Nicht zuletzt der „Rosenkavalier" hat gezeigt, daß Hugo von Hofmannsthal der „richtige Mann" war für Richard Strauss, der in ihm „da Ponte und Scribe in einer Person" sah.[68] Hofmannsthal war kein Musiker, doch er konnte sagen: „Mit einem fast barbarischen, aber sehr aufmerksamen und doch künstlerischen Sinn horche ich hinein in alle Musik."[69] Trotzdem hat man gefragt, wie der natürliche, sinnenfrohe, robuste, erdnahe Musiker mit dem preziösen, überfeinerten, anfälligen und zeitfernen Literaten, der sich selbst als „Dichter, aber kein Theatraliker" bezeichnete, eine enge Gemeinschaft suchen und finden konnte.[70] Die Antwort: Es bestätigte sich, daß Gegensätze einander anziehen. Aus den Gegensätzen erwuchs ein gegenseitiges Sich-Ergänzen und Sich-Steigern. Der Dichter verfügte über eine große Hellhörigkeit Straussens Wünschen gegenüber, und dieser regte (oft allerdings mit recht harten Worten) an. Seine Kritik solle Hofmannsthal „stacheln, nicht entmutigen", schrieb er einmal.[71] Und er anerkannte auch, wenn alles gelang, so wie er es sich erwartete. So schrieb er während der Arbeit an der „Frau ohne Schatten": „Jedenfalls haben Sie noch nichts Schöneres und Geschlosseneres in Ihrem Leben gedichtet ... Hoffentlich wird meine Musik Ihrer schönen Dichtung würdig."

Strauss schmeichelte es sich allerdings auch als sein Verdienst, den Dichter zu solcher Leistung gebracht zu haben.[72] Jedoch: „Ein Werk ist ein Ganzes, und auch zweier Menschen Werk kann ein Ganzes werden", heißt es in Hofmannsthals „Ungeschriebenem Vorwort zum Rosenkavalier".

Hofmannsthal, der in der Zusammenarbeit mit Strauss „Etwas Großes und auch Notwendiges" in seinem Leben sah[73], war der leitende Geist bei der Auswahl der Stoffe, doch „zeichnet sich Strauss durch den eindeutig stärkeren dramatischen Instinkt aus".[74] In der Diskussion, dem brieflichen „Werkstattgespräch", hat Hofmannsthal „in einer langen, psychologisch feinen und in seinem Innern bangen Rede Strauss seinen Standpunkt dargelegt", während der Komponist „viel rationeller und nüchterner" antwortet, „seine Argumente Punkt für Punkt aufzählt".[75] Und Hofmannsthal hatte die Fähigkeit, Gedanken des anderen weiterzuspinnen.

In einem Brief an den Kulturphilosophen und Dichter Rudolf Panwitz hat Hofmannsthal schon im Dezember 1919 eine Bilanz dieser Zusammenarbeit – also noch weit vor deren Beendigung – gezogen, das Entscheidende an dieser Kooperation hervorgehoben: die innige Verbindung von Wort und Ton, von der später die Gräfin Madelaine im „Capriccio" sagen sollte: „Vergebliches Müh'n, die beiden zu trennen. In eins verschmolzen sind Worte und Töne – zu einem Neuen verbunden."

Nach dem „Rosenkavalier" entstand die „Ariadne auf Naxos"; zuerst als Divertissement zu Molières „Bürger als Edelmann" in Hofmannsthals Bearbeitung (Uraufführung 1912 in Stuttgart), dann mit dem Vorspiel, nun einfach als Oper (Wien, 1916). Die Verbindung von Schauspiel und Oper sollte sich allzubald als nachteilig erweisen. Allerdings war die Stuttgarter Premiere in der Regie Max Reinhardts und den Bühnenbildern Ernst Sterns[76] ein weithin sichtbares Manifest der von Reinhardt intendierten Wiederbelebung barocker

Die Dresdner Semper-Oper, Schauplatz vieler Strauss-Premieren, wurde 1945 bei einem Bombenangriff zerstört und 1985 in neuem Glanz wiedereröffnet.

Spielmöglichkeiten. Die Idee zu diesem Werk war Anfang 1911 aufgetaucht, als Hofmannsthal berichtete[77], „Ariadne auf Naxos" sei „in seinem Kopf so gut wie fertig", ein Stück, „gemischt aus heroisch-mythologischen Figuren im Kostüm des 18. Jahrhunderts in Reifröcken und Straußenfedern und aus Figuren der Commedia dell'arte, Harlekins und Scaramouches, welche ein mit dem heroischen Element fortwährend verwebtes Buffo-Element tragen". Es könnte, äußerte Hofmannsthal, „etwas sehr Reizendes werden, ein neues Genre, das scheinbar auf ein älteres wieder zurückgreift, wie ja alle Entwicklung sich in der Spirale vollzieht". Strauss wiederum hatte hinsichtlich der kammermusikalischen Besetzung von Anfang an ebenso konkrete Vorstellungen wie hinsichtlich der wichtigsten Musikstücke. Während er sich die

Ariadne aber anfangs noch als Altpartie dachte, stand die Rolle der Zerbinetta fix und fertig vor seinem geistigen Auge: als hohe Koloraturpartie mit einer großen Arie, einer Paradenummer – Andante, dann Rondeau, Thema mit Variationen und allen Koloraturspäßen.

Daß es bei der Koppelung von Sprechstück und Oper, mit der sich weder Kritik noch Publikum befreundeten, nicht bleiben konnte, das war nur eine Frage der Zeit. Anfang 1912 bereits begann die Idee zur Umarbeitung Gestalt zu gewinnen. Doch dann wendeten sich Strauss und Hofmannsthal der Arbeit an der „Frau ohne Schatten" zu, die „Ariadne" ruhte, erst 1916 griff man sie wieder auf. Das Vorspiel entstand, im Hauptteil der Oper wurden einige Kürzungen gegenüber der Urfassung vorgenommen. Für den Schluß verlangte Strauss von Hofmannsthal noch „eine kleine hübsche Soloszene" für den Komponisten: „… poetisch-melancholisch – vielleicht, daß er nach ‚Ariadne' verzweifelt hervorstürzt: ‚Was haben Sie aus meinem Werk gemacht', dann könnte der Haushofmeister erscheinen, dem armen Teufel das Honorar aushändigen, vielleicht der Graf erscheinen, ihm Komplimente machen …"

Nun, so gestaltete Hofmannsthal, dem die Besetzung des Komponisten als Hosenrolle vorerst „völlig gegen den Strich" ging, den „Ariadne"-Text dann doch nicht, er setzte sich mit der Ansicht, die Oper mit dem Höhepunkt Bacchus – Ariadne abzuschließen, durch. Es fiel ihm aber auch die Pointe ein, die Figur der Zerbinetta noch einen Moment lang zur Geltung kommen zu lassen.

Am 4. Oktober 1916 fand die Premiere dieser Fassung der „Ariadne" an der Wiener Hofoper statt. Und wieder war es eine Oper eigenen Charakters. Jede Strauss-Oper hat, obwohl sie unverkennbarer Strauss ist, ihren eigenen Charakter.

Die Musik zu „Ariadne" ist Kammermusik. Das nähert sie Mozart an. Auch habe, so meinte Tenschert[78], das „Zwielicht von gespieltem und wahrem Gefühl, von Schein und Wirklichkeit, deren Grenzen ständig im Fließen begriffen sind", Strauss in seiner „Ariadne" nicht minder gereizt als Mozart in „Cosí fan tutte". Vor allem aber ist Strauss, der hier wenigstens zu einer Andeutung der Nummernoper zurückkehrte, etwas Wichtiges gelungen, wie aus einem Brief an Hofmannsthal im August 1916 hervorgeht: „Ihr Notschrei gegen das Wagnersche ‚Musizieren' ist mir tief zu Herzen gegangen und hat die Tür zu einer ganz neuen Landschaft aufgestoßen, in der ich, von ‚Ariadne' und besonders dem neuen Vorspiel geleitet, mich ganz ins Gebiet der unwagnerischen Spiel-, Gemüts-und Menschenoper zu begeben hoffe."

Auch in der „Ariadne"-Partitur finden wir charakteristische Themen und beziehungsvolle Themenzusammenhänge, motivische Pointierungen. Leichtigkeit und Ernst sind organisch miteinander verbunden. Das „Wunder der Verwandlung" erlebt nicht nur Ariadne, sondern auch der junge Komponist, dessen Dialog mit Zerbinetta im Vorspiel zu seinem „Circe-Erlebnis" wird. Der Komponist stimmt seinen Dithyrambus von der heiligen Musik an, und als er aus seinen Träumen der Begeisterung gerissen wird, ist es zu spät: Er hat es erlaubt, daß die Buffofiguren in sein Heiligtum hinein ihre Bocksprünge machen. Vieles vom Text des Vorspiels steckt schon, zum Teil wörtlich, im zweiten Akt des Molière-Stücks, aber gerade so schöne Stellen wie der Dialog Komponist – Zerbinetta und der Schlußhymnus an die Musik sind Früchte der neuen Version.

Musikalisch hat sich alles in einem Klassizismus gelöst, der allerdings nicht verleugnet, daß die Romantik vorangegangen war, und überdies seinen besonderen Reiz durch die Einbeziehung von Opera-seria- und Opera-buffa-Elementen erhält. „Mit spielerischer Elastizität unterstützen und glossieren die Instrumente blitzschnell mit einer Fülle leiser Randbemerkungen die Bühne und finden sich im nächsten Moment zu rauschender Grundierung einer jubelnden Gesangsmelodie zusammen."[79] Das Naturgeisterterzett, der Ariadne-Monolog, das Buffoquartett, die Bravourarie der Zerbinetta, die Circe-Rufe des Bacchus, dessen „Gespräch" mit Ariadne, die Schlußapotheose – bei allem Kontrastreichtum fließt eines nahtlos ins andere. Der unvorbereitete Hörer wird sich der Psychologie des Bacchus und der Ariadne zwar nicht unbedingt und klar bewußt, doch der Wirkung des Auftritts und der Musik kann er sich nicht entziehen. Auch Strauss ließ sich erst von Hofmannsthal die Schlußgedanken des Werkes erklären und meinte in einem Antwortbrief: „So wie Sie's mir schildern, ist's famos. Das kommt aber im Stück selbst nicht so recht deutlich und anschaulich heraus."

Hofmannsthal ging es um das Lebensproblem der Treue. Für Ariadne, die nur *eines* Mannes Gattin oder Geliebte, Hinterbliebene oder Verlassene sein konnte, blieb bloß eines: das Wunder, der Gott. Ihm gibt sie sich hin, denn ihn nimmt sie für den Tod. Aber er ist Tod und Leben zugleich, zaubert ihr in *dieser* Welt das Jenseits hervor, bewahrt sie und verwandelt sie zugleich. Den Bacchus aber, der noch ganz im Banne seines ersten Abenteuers mit der Kokotte, mit Circe, ist, läßt Hofmannsthal das zutiefst berührende Erleben einer erotischen Beziehung finden; zu einem Wesen, das er *lieben* kann, das ihn verkennt, aber gerade in diesem Verkennen sich ihm ganz hingibt und die ganze Lieblichkeit enthüllt. Diese (hier nur skizzierten) Gedankengänge Hofmannsthals sind gewiß etwas kompliziert, doch ist die Szene auch spontan-romantisch erlebbar, wenn das Publikum nicht jede Phase des Textes versteht. Zur szenischen Wirkung dieser Schlußszene freilich gehört auch, daß sich die Bühne, das Bühnenbild in eine Traumlandschaft verwandelt.

Die Arbeit an der „Frau ohne Schatten" hatte, wie schon erwähnt, zwischen den beiden „Ariadne"-Fassungen begonnen. Hofmannsthals erste Ideen dazu gehen in das Jahr 1911 zurück. Da dachte er an Wiener Volksfiguren, an ein Volksstück mit bescheidener, begleitender Musik, zwei Welten gegeneinanderstellend. Aber auch an ein Zaubermärchen, worin zwei Männer und zwei Frauen einander gegenüberstehen, die eine ein Feenwesen, die andere eine irdische, eine bizarre Frau mit einer im Grund guten Seele. Auch das Prüfungs- und Läuterungsmotiv sollte eine Rolle spielen. Es „verhielte sich, beiläufig gesagt, zur ‚Zauberflöte' so wie sich der ‚Rosenkavalier' zum ‚Figaro' verhält: das heißt, es bestünde hier wie dort keine Nachahmung, aber eine gewisse Analogie". Bereits in dieser Anfangsphase der Gestaltung taucht der Titel „Die Frau ohne Schatten" auf.

Zwei Jahre danach war das Szenarium in Hofmannsthal „ausgebildet und fixiert"[80], und wenig später konnte der Dichter über die definitive Fertigstellung des ersten Aktes und die Proportionen des Ganzen berichten. Nicht nur Hofmannsthal war voll Enthusiasmus, Strauss hatte ebenfalls Feuer gefangen und schrieb: „Der Anfang sitzt bereits, und die Arie des Kaisers ist sehr schwungvoll und wohlgeraten."[81] Und einige Monate später: Die Sache werde wirklich famos, komponiere sich auch wirklich von selber, so gut und für Musik geeignet sei die Dichtung.

Das briefliche „Werkstattgespräch" war natürlich auch im Falle der „Frau ohne Schatten" sehr umfangreich, viele Details, viel Allgemeines, Grundsätzliches wurden diskutiert. Hofmannsthal solle alles tun, um den Stoff und seine Motive recht klar zu machen, ersuchte Strauss unter anderem. Und obwohl Strauss, als er den dritten Akt in Händen hatte, „Wort, Aufbau und Inhalt gleich wundervoll" fand[82], hatte er noch die verschiedensten Bedenken und Bitten. Hofmannsthal mußte neuerlich seinen Pegasus satteln. „... Es wird dann alles weit besser und schöner noch werden, als Sie denken können."[83]

Merkwürdigerweise schien im Sommer 1916 Straussens Eifer für die „Frau ohne Schatten" zu erkalten. Aber dann wendete sich die Stimmung wieder, und schließlich wurde das Werk die Lieblingsoper von Richard Strauss, wie Karl Böhm bezeugt hat.

„Die Frau ohne Schatten" führt in die Welt des symboldurchtränkten Märchens. Die Aussage ist aber dennoch nicht so verschlüsselt, wie es im ersten Moment scheint. Die schwer verständlichen Mirakel betreffen mehr die Einzelheiten als die große Linie. Wenn man sagt, die Handlung gebe schrittweise die Würde und Hoheit der ehelichen Gemeinschaft wieder[84], so ist das sicher zu vereinfacht. Aber Tenschert hat vermocht, den Inhalt der Fabel einfach zu erzählen:[85] Die Kaiserin ist nahe daran, ihrem eigenen und ihres Gatten Glück das Glück der Färbersleute zu opfern. Um dem Gebot des Geisterfürsten Keikobad (die Kaiserin müsse einen Schatten werfen, sonst müsse der Kaiser versteinern) zu entsprechen, hat sie durch den Zauber der dämonischen Amme der Färbersfrau den Schatten und damit den Segen der Mutterschaft abgehandelt. Sie hat dies getan, da sie nur durch die Erlangung der Mutterschaft ihren Gatten vor der Strafe bewahren kann. Wenn sie vom Wasser des Lebens trinkt, so wirft sie den Schatten, und ihr Gatte ist gerettet, aber Barak und sein Weib wären damit zu ewiger Entzweiung verurteilt. Vor solcher Verantwortung stehend, ringt sich die Kaiserin den schweren Entschluß des Verzichts ab. Sie will nicht ihres eigenen Glückes wegen an dem Färberpaar schuldig werden. Doch ihr Entschluß gibt den Kaiser dem Leben zurück, und beide Paare gehören einander fortan in glücklicher Vereinigung.

So einfach ist die Story. Ist sie es wirklich? Das wurde oft bezweifelt. Der immer wieder angestellte Vergleich mit der „Zauberflöte", den Hofmannsthal schon andeutete, ist nicht zugunsten der „Frau ohne Schatten" ausgefallen. Alles, was man an Parallelen herausfiltern mag, ist bei Mozart viel naiver. Will man unbedingt Parallelen ziehen, so sei auf eine gewisse „Faust"-Beziehung im Ton der Dichtung der Schlußszene hingewiesen. „Schon kommt die heil'ge Schar mit Singen und mit Schweben" – tatsächlich ein Chorus mysticus aus der Kuppel des Geistertempels. Beeinflussen ließ sich Hofmannsthal auch von den Märchen aus Tausendundeiner Nacht.[86] Die Symbole des Schattens – Symbol der Fruchtbarkeit – und der Fische – Symbol für die ins Dasein drängenden Ungeborenen – finden sich in der altpersischen Mythologie.[87] Aber nicht nur hier, sondern auch in nordischen Sagen. Von dort her kommend, finden wir das Frau-ohne-Schatten-Motiv im Romanzenzyklus „Anna" von Nikolaus Lenau, die Beziehung von menschlicher Seele und Schatten ist in Adelbert von Chamissos berühmter Erzählung von Peter Schlemihl ebenso hergestellt wie in Oscar Wildes Märchen vom „Fischer und seiner Seele". Eine andere Goethe-Beziehung als jene zu „Faust" ist ebenfalls nachzuweisen.[88] Sie betrifft das „Märchen", eine Geschichte, die voll ist von Symbolen, zu Deutung herausfordernd, zu der sich jedoch selbst Goethe, von Freunden und Zeitgenossen gebeten, nicht hat bewegen lassen. Die Ähnlichkeiten der sprachlichen Fügung zwischen diesem mirakel- und orakelreichen „Märchen" Goethes und Hofmannsthals „Frau ohne Schatten" beziehen sich allerdings nur auf die Prosafassung des Stoffes, die Hofmannsthal 1919 fertiggestellt hat und wo sich auch sprachliche Übereinstimmungen mit der Höhlenbeschreibung in Novalis' „Heinrich von Ofterdingen" finden.[89] Im Ganzen ist die Prosaversion der „Frau ohne Schatten" ein interessantes Pendant zum

Libretto, in einigen Einzelheiten klarer, vor allem aber in einem Punkt bedeutender: in der Gastmahlszene, wo wir das Versagen des Kaisers bei der ihm auferlegten Prüfung erleben. Der Kaiser tritt hier mehr in den Vordergrund, in der Oper ist er „ein Jäger und ein Verliebter, sonst nichts". Verglichen mit ihm stellt der Färber Barak die blutvollere Gestalt in der Oper dar. Am stärksten aber faszinieren die Frauen: die schwer geprüfte Kaiserin, die dämonische Amme, die zwiespältige Färberin.

Einmal mehr zeigt sich in der „Frau ohne Schatten", wie Strauss gleich mit den Anfangstakten, die wieder für eine ganze Ouvertüre stehen, die Grundstimmung zu signalisieren versteht. Es ist das Keikobad-Thema, das Thema des Geisterfürsten, das mit seiner dunkel-drohenden Wucht wie das Agamemnon-Motiv in „Elektra" zum „Wappenthema" des Werkes wird. Es ist ebenso markant-lapidar wie das Versteinerungs-Thema. Analytische Untersuchungen haben nachgewiesen[90], daß die Thematik dieser Oper auf eine Gegenüberstellung des Reiches der Geister mit jenem der Menschen angelegt ist. Leitmotive, die dem Wesen des Geisterreiches angehören, seien von einem einzigen „Klangmodell" abgeleitet, jene des Menschenreiches von einem anderen. Keiner der beiden Welten zugehörig ist die Amme mit ihrem unruhig gezackten Thema. Zu den schönsten, am wärmsten klingenden Themen zählen jene, welche die menschlich sympathische Gestalt des Färbers charakterisieren.

Bewundernswert bleibt, wie in der „Frau ohne Schatten", die schon rein dem äußeren Umfang nach besonderes Gewicht hat, die großangelegte symphonisch-dramatische Gestaltung und die sublimste Linienführung nebeneinander gedeihen, Leitmotiv-Zusammenhänge und blühendes Musizieren gleichermaßen dem Werk das Gepräge geben. Ein Gepräge auch, das mit seinen dunklen, romantischen Tönen innerhalb des Strausssschen Personalstils neuerlich seine eigene Farbe hat. Hinsichtlich der Deklamation bildet zwar „der heroische Sprechgesang, der eine individuell Straussisch abgewandelte Form der Richard Wagnerschen ‚Unendlichen Melodie' darstellt", das Grundgerüst[91], doch „verdichtet sich die Kantilene immer wieder zu geschlossenen Gebilden". Im übrigen ist die Form des Melodrams ebenso vertreten wie das

Großensemble. Akt 1 bildet, in vier großen Blöcken angelegt, die Exposition, Akt 2 stellt die Zuspitzung dar, Akt 3 deren Lösung.

Insgesamt hat Strauss mit der Musik zu dieser Oper in bezug auf Erfindung, technische Vollendung, dramatische
Schlagkraft und Dichte der illustrativen und geistigen Stimmung eine neue Stufe kompositorischer Meisterschaft erreicht. Der literarische Ästhetizismus, den man Hofmannsthal bei aller Anerkennung seiner poetischen Qualitäten
nachsagen mag, erhält durch die Musik die volle Lebenskraft
zum Bühnenwerk. Eigentlich gibt der Kaiser in dem Stück
selbst eine Charakteristik (Schlußszene, Textbuch, S. 95):
„Nur aus der Ferne war es verworren bang', hör' es nun ganz
genau, menschlich ist dieser Klang!"

Der Typus des Erlösungsdramas – Erlösung durch Mitleid, Erlösung zur Menschlichkeit – hat die Krise der Nach-
Wagner-Zeit überwunden und im Märchen Hofmannsthals
und Straussens neue Erfüllung gefunden.

Im Jahre der Uraufführung der „Frau ohne Schatten" war Richard Strauss gerade 55 Jahre alt, er hatte die Direktion der
Wiener Staatsoper übernommen, wo auch die Uraufführung
des neuen Werkes stattfand (1919). An der Wiener Oper
wirkte er bis 1924, ohne jedoch seine Bindungen zum gesamt-
deutschen Raum aufzugeben, nicht zuletzt auch als Dirigent.

Ein Intermezzo im wahrsten Sinne des Wortes stellt die
folgende Strauss-Oper dar: „Intermezzo", 1924 in Dresden
uraufgeführt. Die Bezeichnung „Oper" ist eigentlich unrich-
tig; denn die genaue Benennung des Genres lautet: „Eine
bürgerliche Komödie mit sinfonischen Zwischenspielen in
zwei Aufzügen". Diese Ehekomödie mit autobiographischen
Zügen ist eher ein Kind der Laune eines großen Meisters und
keinesfalls eines von seinen bedeutendsten Werken. Doch ist
dieser Laune weder ein gewisser Reiz noch die Meisterschaft
in der musikalischen Durchführung abzusprechen. Secco-
und pathetisches Rezitativ werden, nach den eigenen Worten
des Komponisten (Vorwort zu „Intermezzo"), in Fortsetzung
des im „Ariadne"-Vorspiel eingeschlagenen Weges „bis zur
äußersten Konsequenz durchgeführt". Sinnvoller Deklamation und lebhaftem Tempo des Gesprächs habe er, so betonte

Strauss, immer die größte Aufmerksamkeit angedeihen lassen. Aber in keinem seiner anderen Werke sei die Bedeutung, die dem Dialog zukommt, größer als in dieser der sogenannten Kantilene nur wenig Entwicklungsmöglichkeiten bietenden Komödie.

Damit steht „Intermezzo" im Gegensatz zum späteren „Capriccio" des Meisters, wo er die Technik der Rezitativkultivierung abermals weiterentwickelt, aber zugleich sublimiert und musikalisch bereichert hat. Stücke wie das Sonett, die große Ansprache des Theaterdirektors und die Schlußszene der „Capriccio"-Gräfin gibt es im „Intermezzo" nicht, und daraus resultiert die geringere Beliebtheit beim Publikum, dem Laune, Witz und Können, wie sie Strauss hier entfaltete, offenbar nicht genügen.

Strauss hatte diesmal selbst zur Librettistenfeder gegriffen und einen durch ein Mißverständnis ausgelösten „Sturm im ehelichen Wasserglas" auf die Bühne gebracht. Gewiß, die Geschichte ist im großen und ganzen banal; aber es kann auch darauf hingewiesen werden[92], daß es zur Zeit der Entstehung des „Intermezzo" zu den neuen Tendenzen der Zeit gehörte, auf der Bühne Menschen im Straßenanzug der Gegenwart, in Gegenwartsmilieu erscheinen, in prosaischer Alltagssprache reden bzw. singen zu lassen. Auch Ernst Krenek etwa hat in den zwanziger Jahren zur realistischen Gegenwartsoper beigetragen („Jonny spielt auf"), ebenso Hindemith („Neues vom Tage") oder Schönberg („Von heute auf morgen"). Nur daß Strauss sich dabei selbst abspiegelte. Aber warum nicht? Es ist ihm auch in diesem Rahmen vieles ausgezeichnet gelungen, u. a. die symphonischen Zwischenspiele und ein Kabinettstück wie die Skatszene.

Auf diese „Comoedia domestica", in der naturhaftes Musizieren (insbesondere in den Zwischenspielen) und opernhaftpointillistische Begleitung ineinanderwirken, folgte ein Werk ganz anderen Wesens: „Die ägyptische Helena". Hofmannsthal dachte zuerst an „ein spätantikes, graziöses, etwas freches Lustspiel". Doch aus der „Farce lyrique" wurde schließlich ein mit verworrener Psychologie und einer reich verschnörkelten Handlung ausgestattetes Stück.

Stoffe von Sage und Mythos sind oft in verschiedenen Varianten überliefert. So rankt sich auch um die Gestalt der schönen Helena eine Fülle von Geschichten und Kombinationen.[93] Die Sagenversion von der ägyptischen Helena entstand aus dem Versuch, Helena, die sich ja dem Paris in Troja durchaus hingab, von Schuld freizusprechen. Diese Palinodie (dichterischer Widerruf eines kränkenden Gedichtes) auf Helena geht auf Stesichoros, einen Vertreter der griechischen Chorpoesie (ca. 600−580 v.Chr.), zurück. Demnach war die trojanische Helena nur das Eidolon, um das zehn Jahre gekämpft wurde, während die eigentliche Helena entrückt wurde und rein bewahrt blieb.

Um diesen Mythoskern hat Hofmannsthal nun artistisch-manieristische Gedankengänge geschlungen, so daß sich selbst jenen, die sich in der griechischen Mythologie gut auskennen, der Inhalt dieser „Ägyptischen Helena" nicht ohne weiteres erschließt. Zaubertränke spielen in der Handlung eine große Rolle.

Was die Partitur betrifft, so greifen Strauss-Gegner gerne ein Wort des Meisters selbst auf: „Über die Musik ist wenig zu sagen; sie ist, fürchte ich, melodiös, wohlklingend, und bietet für Ohren, die über das 19. Jahrhundert hinausgewachsen sind, leider keinerlei Probleme." Irgendwie ist Strauss, der hier – neben meisterlichen Rezitativen – den Wohlklang zum reinen Dekor werden ließ, „stehengeblieben". Er wußte ja selbst, daß er sich mit seinen bisherigen Höhepunkten eine weitere Steigerung schwergemacht hatte; heißt es doch in seinen Tagebuchaufzeichnungen an einer Stelle: „Einer meiner schönsten und entscheidensten Einfälle (nur aus dem Bedürfnis einer dramatischen Steigerung geboren) ist die Salome-Schlußcadenz … Ich muß allerdings gestehen, daß seit dieser Überreizung jede normale Schlußcadenz mich etwas langweilt und ich mich (Schluß der Arabella) mit vielen Ausweichungen vor mir rechtfertigen muß, um doch brav in der Anfangstonart zu enden."

„Arabella" – so heißt die nächste Strauss-Oper, war die letzte, für die Hofmannsthal den Text schrieb. Strauss hatte im September 1923 den Wunsch nach einem „zweiten Rosenkavalier" geäußert. Und Hofmannsthal hatte gleich die „Ahnung von Handlung": Sie müßte „in Wien spielen, etwa um

1840 oder so, etwas Heimliches, Gutmütiges, dazu Lustiges".
Aber der Dichter wußte auch: „Die Handlung zum ‚Rosenkavalier' fiel mir so im Schlaf ein – das zweite ist immer schwerer, denn man darf um alles den ersten Einfall nicht kopie-
ren."[94]

Die „Ahnung von Handlung" basierte auf der Novelle
„Lucidor", die Hofmannsthal 1910 geschrieben hatte.[95] In
dieser Erzählung ist nicht Arabella (hier das Ebenbild ihres
schon verstorbenen, stolzen, unzufriedenen, sehr schönen
Vaters) die Hauptperson, sondern eben Lucidor, das heißt:
ihre als „travesti" auftretende Schwester Lucile, die spätere
Zdenka. Die Mutter, eine verarmte Aristokratin „von Murs-
ka", lebt mit den beiden Töchtern in der Wiener Kärntner
Straße, ist trotz des bescheidenen Domizils um das Arrange-
ment gesellschaftlicher Zusammenkünfte bemüht. Unter den
Verehrern, die sich um Arabella scharen, befindet sich der
aus Offiziersfamilie mit adeligem Einschlag stammende Wladimir, als sein Rivale tritt ein Herr von Imfanger auf, „ein net-
ter und ganz eleganter Tiroler, halb Bauer, halb Gentil-
homme". Anstelle der abweisenden Arabella schreibt Lucile
einen glühenden Liebesbrief an Wladimir, und schließlich
kommt es zu einem Stelldichein im verdunkelten Zimmer, in
einer Nacht, in der Wladimir fast nur ein einziges versagt
bleibt: das Tuch zu lösen, das sich Lucile um den Kopf win-
det, da sie ja, im Gegensatz zu Arabella, kurzgeschnittenes
Haar trägt.

Und es bleibt nicht bei dieser einen Nacht. Tags begegnet
Wladimir einer ganz anderen Arabella, aber „er fängt an, gerade aus ihrem doppelten Wesen den stärksten Genuß zu ziehen". Am Schluß, als sich die Sache aufklärt, läßt der Dichter
offen, „ob Lucidor nachher wirklich Wladimirs Frau wurde
oder bei Tag und in einem anderen Land das blieb, was sie
in dunkler Nacht schon gewesen war, seine glückliche Geliebte".

Die Skizzierung dieser Novelle war notwendig, um zu zeigen, welcher Umformungsprozeß einzusetzen hatte, als Hofmannsthal und Strauss das Sujet im Jahre 1927 konkret aufzugreifen begannen. Der Dichter erinnerte sich dabei auch an
ein Lustspielszenar, „Der Fiaker als Graf". In dem Brief, in
dem Hofmannsthal schrieb, die Figuren der neuen Musikko-

mödie tanzten ihm „fast zudringlich vor der Nase herum"[96], ist erstmals von der Baritonpartie in der künftigen Oper die Rede. Dieser Liebhaber sei „die merkwürdigste Figur des Stückes, aus einer halb-fremden Welt (Kroatien), halb ein Buffo, und dabei ein großartiger Kerl, tiefer Gefühle fähig, wild und sanft – fast dämonisch ...".

Strauss war zwar nicht a priori begeistert von der Gestalt dieses Kroaten, doch gab sie ihm eine Anregung. In einem seiner nächsten Briefe an Hofmannsthal berichtete er[97], er habe aus der Wiener Hofbibliothek vier Bände südslawischer Volkslieder und Tänze entlehnt. Mit diesen könne man nicht nur ein Ballett für den zweiten Akt „zusammenzimmern", sondern auch die schönsten Lieder für den Kroaten auswählen, eventuell mit sehr originellen Originaltexten. Und Strauss entnahm dieser Sammlung[98] dann tatsächlich zwei Volksweisen (Nr. 34 und 52), sie liegen dem Duett der beiden Schwestern im ersten Akt („Aber der Richtige ...") und dem Duett Arabella – Mandryka im zweiten Akt („Und du wirst mein Gebieter sein ...") zugrunde.

Einer der wichtigsten Wünsche Straussens im „Werkstattgespräch" war eine wirklich interessante Frauenfigur. Und Hofmannsthal gab dem Komponisten recht. Es dauerte aber noch eine Weile, bis Arabella dann so profiliert dastand, wie Strauss es sich wünschte. Und daneben der Kroate, Mandryka, die besonders gelungene, menschlich besonders berührende Figur, die, wie Hofmannsthal betonte, durch ihr Hereinkommen, ihr Ankommen vom Land in eine fremde Welt, die Handlung in Bewegung bringt. Die Idee, für den zweiten Akt kroatische Tänze zu verwenden, hielt Hofmannsthal für nicht gut, denn solche habe man auf einem Wiener Fiakerball nicht getanzt, sondern vor allem Walzer, Schnellpolka und Cancan; doch werde die Handlung nicht auf ein solches Offenbachsches Finale hinausgeführt.

Von den Vorschlägen, die Strauss vorbrachte, griff Hofmannsthal sonst aber eine Fülle auf. Und endlich: Am 10. Juli 1929 übersandte der Dichter den fertigen ersten Akt. Am 14. Juli telegraphierte Strauss: „Erster Akt ausgezeichnet. Herzlichen Dank und Glückwünsche. Treu ergeben. Dr. Richard Strauss." Hofmannsthal öffnete diese Depesche nicht mehr. Sie traf am Tag des Begräbnisses von Hofmannsthals

Sohn Franz ein, der Selbstmord begangen hatte. Und am selben Tag erlag der Dichter einem Schlaganfall.

Sicher wäre, hätte Hofmannsthal länger gelebt, da und dort im zweiten und im dritten Akt noch die Feile an der Textgestaltung angesetzt, insbesondere im letzten die eine oder andere Länge eliminiert worden. Doch andererseits scheint es, als hätte Strauss mit dem Tod seines Partners gewisse vorherige Bedenken aufgegeben und nun mit voller Inspiration gearbeitet, so daß auch „Arabella" ein Meisterwerk geworden ist.

Das „Wunder der Verwandlung" vollzieht sich auch an Arabella, der kühlen jungen Dame, welche die Huldigungen der Kavaliere innerlich unberührt entgegennimmt. Der „Richtige", der kommen muß, um alle Fragen und Zweifel Arabellas zum Verstummen zu bringen, ist Mandryka, diese Prachtgestalt im Personarium der Strauss-Opern, der Zauberer des spontan und warm fühlenden Herzens. Er kommt von drunten aus dem kroatischen Wald, aber er ist kein Hinterwäldler, vielmehr ein Edelmann im wahrsten Sinne des Wortes. Ganz anders Graf Waldner, Arabellas Vater, den das Kartenspiel am meisten kümmert, ein Schuldenmacher und Schmutzian, der mit dem Bild seiner Tochter einem alten Freund und Casanova Äugerln auf das schöne Kind machen möchte. Gelungen ist auch die Gestalt der Mama Waldner, und in Zdenka, der Schwester Arabellas, begegnen wir einem süßen Wiener Mädel mit dem altösterreichisch-böhmischen Namen, dem jungen Ding, das mit den Wirren seines Herzens Verwirrung in die Geschichte bringt, wie eben das Vorbild aus „Lucidor". Relativ blasser ist neben ihnen allen der Leutnant Matteo.

Eine Hauptfigur im zweiten Akt ist die Fiakermilli, die ein historisches Vorbild hat.[99]

„Arabella" hätte leicht eine Operette werden können. Librettist *und* Komponist haben das verhindert; der eine durch psychologische Motivierung, der andere, indem er sozusagen die klassische Wiener Operette opernhaft überhöht hat. Die Genrebezeichnung „Lyrische Komödie" erscheint voll gerechtfertigt. Wesentliche Höhepunkte des Werkes sind melodisch-lyrischer Art. Der tonalen Harmonik werden neue Nuancen abgewonnen. Wie überhaupt auch die „Arabella" ihren ganz eigenen Charakter unter den Strauss-Opern hat. Woran das liegt? Zumindest zum Teil am Einfluß südslawischer Melodien. Es sind zwei kleine Stücke, die Strauss da übernommen hat, und das auch nicht ganz wörtlich. Sie bilden nur den Ansatz für eine eigenschöpferische Weiterspinnung. Heinrich Kralik hat dazu mit Recht festgestellt, daß der ganze Vorgang in diesem Falle kein Zitieren, sondern ein Einverleiben sei. Von den beiden Duos gingen „geheimnisvolle Ströme aus, die das ganze Werk durchdringen. Was sich in diesen musikalisch-lyrischen Höhepunkten konzentriert und essenzhaft mitteilt, breitet sich über das Ganze aus und dringt in alle Poren. Man möchte meinen, daß Strauss bei der ursprünglichen musikalischen Konzeption jenes Bild im Geiste vor sich sah, das ihm Hofmannsthal zu Beginn gezeichnet hatte, als er von der Weite des großen und halbslawischen Österreich sprach, die nun eine ganz andere Luft in die Wiener Komödie einströmen läßt."[100]

Ein weiterer Reiz der „Arabella"-Partitur besteht darin, wie auch hier neben virtuosen Parlandopassagen die Melodik Triumphe feiert, wie bestechend die Mischung von „Prosa" und „Lyrik" ist. Leichtigkeit und Grazie, Lyrik und Innigkeit, Schwung und Hymnik – das sind wichtigste Kennzeichen dieser Partitur, die Instrumentarium und Klangpalette der Spätromantik im Geiste Mozarts sublimiert, dies immer aber im Geist des spezifischen Strauss-Stils, der für schwerblütige Stellen ebenso den richtigen Ton findet wie für witzige. Der ganze Zauber Strausscher Musik ist wirksam nicht zuletzt in den Klängen, zu denen Arabella in der Schlußszene, mit dem Glas Wasser in Händen, heruntersteigt ins Foyer zu Mandryka, der nach all den Enttäuschungen und Entdeckungen an das Happy-End nicht mehr geglaubt hat.

Die „Arabella"-Uraufführung erfolgte 1933 in Dresden. Nun war Richard Strauss auf der Suche nach einem neuen Librettisten. Er schien ihn in Stefan Zweig zu finden, der ihm das Textbuch zur „Schweigsamen Frau" nach Ben Jonson schrieb, aber dann der nationalsozialistischen Rassendoktrin wegen zum Schweigen verurteilt wurde und emigrieren mußte. Die Uraufführung der neuen Musikkomödie des reifen Meisters fand 1935 statt.

*Maria Cebotari (Aminta), Friedrich Plaschke (Sir Morosus)
und Martin Kremer (Henry) waren die Protagonisten
der Uraufführung der „Schweigsamen Frau" (1935), derentwegen
Strauss in Konflikt mit dem nationalsozialistischen
Regime geriet.*

Dann wandte sich Strauss an den Wiener Theaterhistoriker Joseph Gregor, der ihm die Texte zu „Friedenstag" und „Daphne" (beide 1938 uraufgeführt) verfaßte. „Daphne", die „bukolische Tragödie", ist reich an Strauss-Lyrik, die neuerlich viele neue Nuancen, eben „Daphne"-Nuancen, zeigt. Die letzte Frucht der Zusammenarbeit mit Joseph Gregor war die „Liebe der Danae", die, 1938/40 komponiert, 1944 uraufgeführt werden sollte, aber wegen des „Totalen Krieges" ihre damalige Salzburger Festspielpremiere nicht mehr erleben konnte. Diese wurde erst 1952 nachgetragen. Noch einmal war Strauss seiner Liebe zur griechischen Klas-

Margarethe Teschemacher sang die Titelpartie in der ersten
„Daphne"-Aufführung (Dresden, 1938).

sik gefolgt, musikalisch hat er die Palette seines Personalstils nochmals ausgebreitet.

Die „Liebe der Danae" hat sich nicht durchgesetzt, wohl aber „Capriccio" (1942). Weil in diesem Fall die Kooperation mit Gregor nicht funktionieren wollte, schrieb der Dirigent Clemens Krauss gemeinsam mit Strauss das Textbuch, dessen Handlung um den Primat von Wort und Ton in der Oper kreist. Geistreich, mit einer Fülle von Anspielungen, reizvollen szenischen Einfällen ausgestattet ist dieses Werk. In ihm zeigt sich Straussens Meisterschaft nicht zuletzt darin, wie er ein Stück, das ein Diskussionsstück ist, musikalisch zu beleben vermochte. Und so spannt sich von diesem „Schwanengesang" im Opernschaffen des Meisters ein imponierender Bogen zurück, der, läßt man Gerechtigkeit walten, die dominierende Stellung des Meisters in der deutschen Oper des 20. Jahrhunderts manifestiert – soviel wichtiges und bedeutendes Neues auch nach ihm geschaffen wurde.

Zwischen Tradition und Fortschritt

Ein Antipode Pfitzners, ein Gegner im Streitgespräch um Grundsatzprobleme der Musik, war Ferruccio Busoni (1866—1924), italienisch-deutscher Abstammung, in Empoli bei Florenz geboren, doch später, von seinen Konzertreisen als Klaviervirtuose abgesehen, primär dem deutschen Raum verbunden. Erscheinung und Persönlichkeit Busonis, der mit seinem „Entwurf einer neuen Ästhetik der Tonkunst" (1907) zu einem führenden Theoretiker der Neuen Musik nach 1900 wurde, sind sehr interessant. Er forderte u. a. eine „Einheit aller Tonarten", d. h. ein „kaleidoskopisches Durcheinanderschütteln von zwölf Tönen in der Dreispiegelkammer des Geschmacks, der Empfindung und der Intention". Das klingt nach Avantgarde und ist es der Theorie nach. Doch zeigen Busonis eigene Kompositionen keine so novatorischen Züge.

Busoni trat als konzertierendes Wunderkind, aber auch mit Kompositionen schon früh an die Öffentlichkeit. Unterricht hatte er bei seinem Vater, dem Klaviervirtuosen Ferdinando Busoni, und seiner Mutter, der Pianistin Anna Weiß-Busoni, erhalten. Schon 1876 trat er zum erstenmal außerhalb Italiens auf, und zwar in Wien. In der Folge weilte Busoni in Graz und in Leipzig, er ging dann kurzfristig als Lehrer nach Helsinki und Moskau, unternahm aber vor allem Tourneen, festigte nicht zuletzt in Amerika seinen Ruhm als Pianist. 1894 ließ sich Ferruccio Busoni in Berlin nieder, wohin er nach anderen Aufenthalten immer wieder zurückkehrte und wo er in seinen letzten Lebensjahren an der Akademie der Künste eine Meisterklasse für Komposition übernahm. (Sein Nachfolger in dieser Funktion wurde Arnold Schönberg.)

Was die Bühnenwerke betrifft, so trat Busoni nach Jugendarbeiten und nach der Vollendung der Schauspielmusik zu Gozzis „Turandot", die er später zur Oper erweiterte, mit einer „musikalisch-phantastischen Komödie" – „Die Brautwahl" nach E. T. A. Hoffmann – 1912 in Hamburg in Erscheinung. 1914/15 entstand der „Arlecchino", und auch mit dem Text zu seinem letzten Bühnenwerk, dem „Doktor Faust", begann Busoni schon damals.

Busoni hat vielfach anregend gewirkt, nicht zuletzt mit seiner Forderung nach junger Klassizität, die fast zur Parole einer Generation wurde. Unter „junger Klassizität" verstand er nicht etwas, was den Zweck hatte, „Bestehendes umzuwerfen, sondern etwas wieder zu schaffen, das besteht ...". Den Tendenzen des 19. Jahrhunderts setzte er die Hinwendung zu Bach und Mozart als Vertretern der absoluten Musik schlechthin entgegen. Außerdem: Die Musik solle „kein bedeutsames Stirnrunzeln beim Zuhörer" hervorrufen, sondern „Lächeln und Tränen". Der „Entwurf einer neuen Ästhetik der Tonkunst" ist ein interessantes Buch, doch nicht Manifest eines konsequenten Systems, vielmehr ein sehr persönlicher Gedankenbeitrag zu Fragen der Musik, ein Stück Utopie auch, die Vision von einer vollkommeneren Musik, unbeirrt von Konventionen und voll von Optimismus. Viel Richtiges steht darin, etwa die Formulierung, daß die vergänglichen Eigenschaften das „Moderne" eines Werkes ausmachen, während es die unveränderlichen davor bewahren, „altmodisch" zu werden. Absolut Modernes existiere nicht, nur früher oder später Entstandenes.

Busoni war kein Romantiker. Er sah in der musikalischen Romantik keine unüberbietbare Größe. In diesem Sinne fühlte er keine unabänderliche Abhängigkeit von Wagner.

Busonis Ansichten bezogen sich auch auf das Musiktheater. Als den größten Fehler neuerer Theatermusik bezeichnete er es, daß sie die Vorgänge, die sich auf der Bühne abspielen, wiederholen will, anstatt ihrer eigentlichen Aufgabe nachzukommen: nämlich den Seelenzustand der handelnden Personen während jener Vorgänge zum Ausdruck zu bringen. Wenn die Bühne z. B. die Illusion eines Gewitters vortäuscht, so werde dies Ereignis durch das Auge erschöpfend wahrgenommen, es sei sicht- und hörbar ohne Hilfe der Musik. Was aber in der Seele des Menschen währenddessen vorgeht, das sei es, was die Musik verständlich machen solle.

Das gesungene Wort werde freilich immer eine Konvention bleiben und ein Hindernis sein für alle wahrhaftige Wirkung, meinte Busoni: „Aus diesem Konflikt mit Anstand hervorzugehen, wird eine Handlung, in welcher Personen singend agieren, von Anfang an auf das Unglaubhafte, Unwahre, Unwahrscheinliche gestellt sein müssen." Unter diesem Aspekt sah Busoni – dies ein Kernsatz seiner Auffassung vom Musiktheater – „den sogenannten italienischen Verismo für die musikalische Bühne als unhaltbar an".

Unerläßlich sei die Musik auf der Bühne bei Tänzen, Märschen, Liedern sowie beim Eintreten des Übernatürlichen in die Handlung. Da ergebe sich die Chance der Bühne als Ort offenkundiger und angesagter Verstellung, wo es am rechten Platze ist, daß die Personen singend ihre Liebe beteuern und ihren Haß ausladen, melodisch im Duell fallen und bei pathetischen Explosionen auf hohen Tönen Fermaten aushalten; sich also absichtlich anders gebärden als im wirklichen Leben. Die Oper solle, so postulierte Busoni, eine Scheinwelt schaffen, die das Leben entweder durch einen Zauberspiegel oder einen Lachspiegel reflektiert und bewußt das geben will, was im wirklichen Leben nicht zu finden ist. Zauberspiegel für die ernste, Lachspiegel für die heitere Oper. Tanz und Maskenspiel und Spuk sollten „eingeflochten sein, auf daß der Zuschauer der anmutigen Lüge auf jedem Schritt gewahr bleibe und nicht sich ihr hingebe wie einem Erlebnis".

Das war ein Manifest der Entromantisierung der Oper! Und diesen ästhetischen Auffassungen Busonis über das musikalische Theater entspricht auch sein Einakter „Arlecchino", das „theatralische Capriccio", mit dem der Komponist eine Neubelebung der italienischen Commedia dell'arte aus dem Geiste Mozarts anstrebte. Je mehr sich Busoni von Wagner abwendete, desto mehr wurde Mozart sein Vorbild.[101] Die Neigung zur Wiederbelebung der Commedia dell'arte lag im übrigen durchaus auf der Linie der damaligen Zeit.

Als Max Reinhardt im Herbst 1911 am Berliner Deutschen Theater Carlo Gozzis „Turandot" aufführte, ließ er die Musik dazu von Busoni komponieren. Die Opernversion dieser „Turandot" wurde 1917 zusammen mit dem „Arlecchino" in Zürich uraufgeführt. Die Fabel ergab jene Kontraste, die der Ästhetik Busonis entsprachen: die Mischung von Ernst und Heiterkeit. In „Arlecchino oder Die Fenster" (wie der komplette Titel heißt) entwickelt sich eine bunte Handlung im Geiste der Commedia dell'arte und ihrer Akteure. Betont werden parodistische Nuancen. Busonis Eigenschaften, nämlich lebhaftes Denkvermögen und scharfer Intellekt, die ihn aufgeschlossen für alles Neue machten, bewirkten allerdings einen gewissen intellektuellen Zug in der Musik. Dieses geistvolle Element in Busonis „Arlecchino" mag Vor- und Nachteil zugleich sein. „Geist an allen Ecken und Enden. Beinahe zu viel Geist", stellte z. B. Ferdinand Scherber in seiner Premierenkritik[102] zur Wiener Erstaufführung des „Arlecchino" fest. Ernst Decsey[103] sprach in seiner „Arlecchino"-Rezension von „Kaviar fürs Volk", von einem „Puppenspiel mit tieferer Bedeutung", von einer „Scherzhaftigkeit, die ihr gebrochenes Herz überlächelt". Und Max Graf[104] würdigte Busonis Einakter als „ein geistvolles Kunstwerk voll anmutiger Ironie, heiteres Spiel, von feinster Hand verfertigt".

Die Wiener Kritik hat also Wesentliches an Busonis Oper erkannt und spiegelt wohl auch die allgemeine Rezeption des Werkes wider. Eine stilistische Signalwirkung auf breiter Front hat der „Arlecchino" nicht erreicht – sosehr auch Busonis Ablehnung des Sentimentalen und das Stilmittel der Parodie eine Abkehr von der Richtung Wagners und des Verismo fördern konnten. Thesen wie jene von der „Objektivierung" des musikalischen Geschehens in der Oper, als Gegenreaktion auf die Romantik nur allzu verständlich, werden leicht zum Schlagwort. Vollends zu weit geht es, hier eine zeittypische „antibürgerliche Einstellung" zum Genre der Oper zu vermuten, wie dies Franz Backhaus meint, der, ausgehend vom parodistischen Element in „Feuersnot" von Richard Strauss, sogar behauptet, im „Rosenkavalier" verberge sich eine Stilparodie, nämlich eine Parodie der Liebesekstase des zweiten „Tristan"-Aktes.[105] Busonis „Arlecchino", der, wie ein Nachfahre alter heiterer Intermezzi anmutend, noch dazu der Kombinierung mit einem zweiten Werk bedarf, um einen kompletten Opernabend zu ergeben, stellt auf Grund seines Wesens und seiner Aufführungsansprüche keineswegs das dar, was man ein todsicheres Repertoirestück nennt. Neben vielen feinen, interessanten Details, neben parodistischen Nuancen (Zitaten), neben der Neigung, im häufig sehr linear bestimmten musikalischen Ablauf die alten harmonischen Funktionen zu lockern, ja aufzulösen – neben alldem, wodurch eine musikalische Commedia dell'arte in neuem Geist geformt worden ist, fehlt dennoch jenes starke persönliche Element, das einen großen Wurf kennzeichnen würde. Dem lockeren, souveränen Singen muß außerdem eine Regie zur Seite stehen, die den Erfordernissen einer lebendigen und verlebendigenden Commedia-dell'arte-Realisierung gerecht zu werden vermag.

Schauplatz der „Arlecchino"-Handlung ist Bergamo im 18. Jahrhundert. Busoni hat sie in vier „Sätze" gegliedert: Arlecchino als Schalk, als Kriegsmann, als Ehemann und als Sieger. Der Schneider Matteo, den Arlecchino an der Nase herumführt, die hübsche junge Schneidersgattin Annunziata, sodann Colombine, Arlecchinos rechtmäßige Gattin, der Abbate, der Dottore, der Cavaliere Leandro, sie sind die Personen in dem bunten, mit Umzug und Tanz endenden Spiel, in dem, des Komponisten Ästhetik entsprechend, alles so verläuft, daß der Zuschauer sich der anmutigen Lüge stets bewußt bleibe und sich ihr nicht hingebe wie einem Erlebnis.

Anders ist Busonis letzte Oper, „Doktor Faust", als Opus posthumum, bearbeitet von Philipp Jarnach, 1925 in Dresden uraufgeführt. Im selben Jahr wie Bergs „Wozzeck".

Busoni hatte das Textbuch zum „Doktor Faust" bereits 1914 begonnen, die Komposition im Jahr darauf, doch wurde die Partitur nicht fertig. Nicht zuletzt sollte in dem Werk die Welt des alten Puppenspiels lebendig werden, nachdem Busoni „vor der übermächtigen Aufgabe", Goethes „Faust" zu vertonen, zurückgetreten war. Jedenfalls aber ist „Busonis Werk nicht von dem Erlebnis Goethes zu trennen", es steht „in seiner kühnen Konzeption, die weit über die Realität ins Irrationale weist, am Anfang einer bis heute fortschreitenden Entwicklung der musikalischen Schaubühne".[106] Unter diesem Aspekt wird der Musik also historische Bedeutung zugesprochen. Stuckenschmidt wies in seiner „Rede über Busonis Doktor Faust" auf eine Äußerung des Komponisten hin, welche dieser auf Grund seiner Auffassungen „über die Möglichkeiten der Oper und über die Partitur des Doktor Faust" niedergeschrieben hat: „Ich erwarte von der Oper, daß sie in Zukunft die oberste, nämlich die universelle,

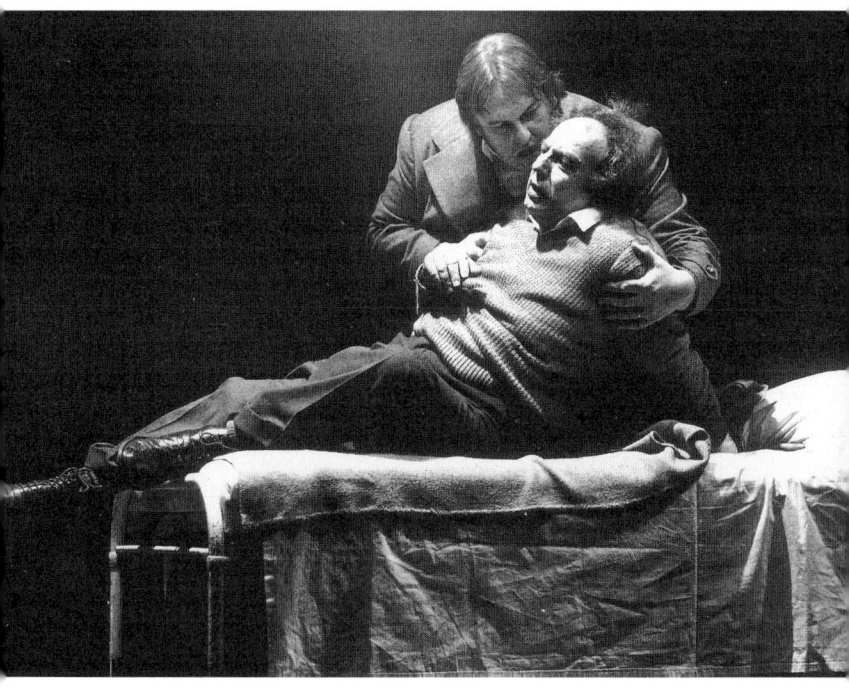

*Ferruccio Busoni findet in neuester Zeit wieder stärkere
Beachtung. So brachte Frankfurt den „Doktor Faust" mit
Günther Reich (Titelpartie) und William Cochran
(Mephistopheles) heraus.*

einzige Form musikalischen Ausdrucks und Gehalts werde." Das steht offenbar im Gegensatz zu bisherigen Ansichten Busonis, klingt wie das Theaterbekenntnis eines Wagnerianers. Wenn letzteres für Busoni auch weiterhin nicht zutrifft, so ist doch eines sicher: „Doktor Faust" ist ganz anderer Art als „Turandot" und „Arlecchino".

Die formale Gliederung gibt sich unkonventionell. Eine Sinfonia mit Pax-Stimmen des (hinter dem Vorhang postierten) Chores steht am Anfang. Daran schließen sich ein Prolog des Dichters, Vorspiel I und II, ein Intermezzo, dieses erst gefolgt vom Hauptspiel in drei Bildern, zwischen deren erstem und zweitem noch ein Symphonisches Intermezzo (Sarabande) steht. Der Prolog „Der Dichter an die Zuschauer" ist gleichsam programmatischer Natur. Der „Zauberer" zu Frankfurt, von dem hier gesprochen wird – das ist Goethe, der in seinen Kindheitsjahren dem Faust-Stoff in Form des Puppenspiels begegnet war und ihn dann so beispielhaft gestaltete, daß Busoni seinen Prologus sagen läßt: „Doch was vermöcht', gen Zauberer, ein Meister! Des Menschen Lied am Göttlichen verschallt: also belehrt, erkannt' ich meine Ziele und wandte mich zurück zum Puppenspiele."

„Vorspiel I" führt ins Wittenberger Studierzimmer Faustens, dem drei Krakauer Studenten ein Zauberbuch überbringen. In „Vorspiel II", im selben Raum um Mitternacht, beschwört Faust mit Hilfe dieses Buches die Geister und verschreibt sich deren sechstem: Mephistopheles, der geschwind ist wie des Menschen Gedanke. Von ihm verlangt Faust nicht nur Erfüllung jedes Wunsches, völliges Begreifen des menschlichen Tuns, sondern noch mehr: „... gib mir Genie, gib mir auch sein Leiden; mache mich frei."

Den Gegendienst in alle Ewigkeit zu leisten, zögert Faust. Doch dann schließt er den Pakt. Geistliche Chöre und Osterglocken erklingen dazu. Faust, zweifelnd an Himmel und Hölle, hofft am Ende doch der Sieger zu bleiben. Das dritte Bild, das Intermezzo, führt in eine alte romanische Kapelle im Münster, wo Gretchens Bruder, ein Soldat, zu Gott betet: daß jenem Mann Recht geschehe, der ihm die Schwester genommen. Mephisto, in Gestalt eines Mönchs, provoziert den Soldaten, und dieser wird von einer Patrouille irrtümlich getötet.

Ort des „Hauptspiels" ist zuerst der herzogliche Park zu Parma, wo Faust als Magier auftritt und die Herzogin in seinen Bann zieht, so daß sie mit ihm flieht. Das zweite Bild spielt in einer Schenke in Wittenberg, wo Faust mit Studenten diskutiert. Als er sich an die schönste Frau, die ihn geliebt, die Herzogin aus welschem Lande, erinnert, in diesem Augenblick überbringt ihm Mephisto in Gestalt eines Kuriers ein letztes Geschenk der verstorbenen Herzogin: ein totes neugeborenes Kind. Während Mephisto eine frivole Geschichte erzählt, wird dieses tote Kind in ein Strohbündel verwandelt, und im Feuer, das Mephisto an dem Stroh entzündet, erscheint die Gestalt Helenas, nachdem sich die Szene unmerklich in das visionäre Bild einer klassischen Landschaft gewandelt hat. Der Traum der Jugend, die reinste Schönheit, wird für Faust aber nicht greifbar: Der Mensch ist dem Vollkommenen nicht gewachsen ...

Das letzte Bild ist eine verschneite Straße in Wittenberg. Faust, von ernsten Gedanken bedrängt, begegnet noch einmal der Herzogin, die ihm, als Bettlerin verkleidet, ein Kind reicht; und er begegnet dem Soldaten, der ihm den Eintritt in die Kirche verwehrt. Mit dem Kind am Arm schleppt sich Faust zum Kruzifix an der Kirchenmauer, im Licht der Laterne des Nachtwächters verwandelt sich der Gekreuzigte in Helena. „Gibt es keine Gnade?" fragt Faust. Doch er will sein Werk vollenden: In einer Beschwörungsszene verwandelt er durch die Kraft seines Willens das tote Kind in einen schönen Jüngling, der sich erhebt, als Faust um Mitternacht entseelt zu Boden sinkt.

Der Jüngling verkörpert das geistige Fortleben des Individuums. Das tote Kind ist, wie Busoni kommentiert hat, als Mahnung an das vorbestimmte Endziel, den Verlust der eigenen Seele, gedacht. Fausts letzter Monolog – ein „Ruf in die Zukunft, ein Appell an die letzten Geschlechter" (Stuckenschmidt): „... was ich versäumte, schöpfe du nach; so stell ich mich über Regel, umfass' in einem die Epochen und vermenge mich den letzten Geschlechtern. Ich, Faust, ein ewiger Wille!"

Dieses Libretto Busonis hat die Würde und geistige Autonomie einer Dichtung, Bilder und Szenen, Ideen und Worte, nur vage sich an Goethes Puppenspiel anschließend, verraten den eigenwilligen Denker und Gestalter.

Von „Philosophie in Tönen" ist hinsichtlich der Musik gesprochen worden. Wie dem auch sei: Die Partitur von Busonis „Faust" ist stilistisch keinem engbegrenzten Ismus zuzuordnen. Polyphonie und Formenstrenge, ein eigenwilliger Klangstil, der zwar im wesentlichen tonal bezogen bleibt, sich aber, auch chromatisch durchwirkt, manche Freiheit nimmt, Quartenakkorde, dissonierende Sekundfolgen und Polytonalität einbezieht. Die Mischung von Distanziertheit des Ausdrucks (getreu dem Motto „Junge Klassizität") und Willen zu dramatischer Gestaltung und Steigerung, gleichermaßen die Mischung von Intellekt und Romantik, kennzeichnen die phantasievoll erfundene und gestaltete, dicht gewobene, subtil gearbeitete Partitur. Monologe, Chöre, dramatische Szene und große Cortège sind Teile einer vielfältigen musikalischen Szenerie. Ein Werk jedoch, das sich dem populären Operneffekt entzieht, auch keine ausgesprochene Sängeroper ist (was etwa der Monolog der Herzogin zeigt). Darum steht Gounods „Faust" in der Publikumsgunst höher.[107]

Darf Busoni wegen seiner Grundsatzgedanken als Antipode Pfitzners gelten, so hielt zumindest Cosima Wagner ihren Sohn Siegfried Helferich Richard Wagner (1869–1930) für einen Antipoden von Richard Strauss. Denn obwohl Strauss zeitlebens für Wagner eintrat und 1894 auch in Bayreuth dirigierte, kam es zum Bruch, besiegelt durch die „Salome", über die die Wagner-Witwe entrüstet war. Die Begegnung in Berlin, bei der Strauss Cosima aus der „Salome" vorspielte, war die letzte der beiden. Sicher stand hinter Cosimas Entrüstung die Erkenntnis der Bedeutung „Salomes", neben der nun Siegfried Wagner bestehen sollte und nicht konnte. Siegfried Wagner wurde sogar ausfällig gegen Strauss.[108]

Der Wagner-Sohn hatte seine ersten musikalischen Studien u. a. bei Humperdinck betrieben und Dirigierausbildung bei Felix Mottl erhalten (dazwischen lag ein kurzes Architekturstudium). Er dirigierte in der Folge in den verschiedensten Städten (nicht nur Deutschlands), 1896 zum ersten Male einen „Ring" in Bayreuth, wo er 1901 erstmals auch inszenierte („Tannhäuser") und 1906 die Leitung der Wagner-Festspiele übernahm, die sodann, neben Dirigiergastspielen, zeitlebens im Mittelpunkt seiner Tätigkeit standen. 1915 heiratete er die berühmt gewordene Winifred (Williams).

Die Uraufführung von Siegfried Wagners Opernerstling – „Der Bärenhäuter" – am 22. Jänner 1899 in München war sehr beachtet worden. Es folgten „Herzog Wildfang" (1901), „Der Kobold" (1904), „Bruder Lustig" (1905). Bis 1927 wurden es insgesamt 14 Opern, wozu sich noch das Märchenspiel „Das Flüchlein, das jeder mitbekam" gesellte. Von den Opern seien „Sternengebot" (1908), „Banadietrich" (1910), „Schwarzschwanenreich" (1918), „Der Heidenkönig" (Uraufführung erst posthum, 1933) und „An allem ist Hütchen schuld" namentlich genannt. Die Titel sind alle irgendwie signifikant für den Geist der Opern Siegfried Wagners, der „sein Opernheil in mythosferner Märcheneinfalt suchte", aber dazu „weder naiv noch schöpferisch genug" war.[109] „Dem melodienreichen, phantasievollen, in seiner Klangwelt unproblematischen Spätromantiker war es nicht vergönnt, sich auf die Dauer neben seinen Zeitgenossen, zwischen R. Strauss, Ravel, Reger und Schönberg zu behaupten. Die Geschichte der deutschen Singspiel-, Märchen- und Volksoper hätte seiner starken Begabung für Bühnenwirksamkeit und volkstümliche Elemente dennoch ein beachtliches Kapitel einzuräumen." Dies das Urteil der Musikgeschichtsschreibung.[110]

Daß Siegfried Wagner zu den Vergessenen gehört, kann man an der nicht allzu zahlreichen neueren Literatur ablesen.[111]

Die Oper „Der Bärenhäuter" spielt in der Zeit des Dreißigjährigen Krieges. Der Landbursche Hans Kraft, der unter die Soldaten gegangen ist, findet bei seiner Rückkehr ins Dorf kein Familienmitglied mehr vor und verdingt sich dem Teufel unter der Bedingung, ein Jahr lang die Höllenkessel zu heizen und aufzupassen, daß kein Delinquent entkommt. Als er sich von einem seltsamen Fremden verleiten läßt, um die Seelen der Verdammten zu spielen, wird er auf die Erde zurückgeschickt: zur Strafe in der Gestalt eines schmutzigen Bärenhäuters. Er kann, so des Teufels Spruch, nur erlöst werden, wenn ihm ein Mädchen drei Jahre lang in seiner Abwesenheit die Treue hält. Damit er aber nicht darben muß, erhält der Bärenhäuter einen Sack, in dem immer Gold drinnen ist. Mit dem Gold macht er sich den Bürgermeister eines Dorfes zum Freund, der den seltsamen Fremden sogar mit einer seiner Töchter verheiraten will. Aber die beiden, die er gerne loswerden möchte, lachen den Bärenhäuter nur aus, nur die dritte, Luise, hat Erbarmen, sie vermutet Verzauberung hinter der Gestalt des Bärenhäuters und verspricht ihm die Treue, die sie ihm dann auch wirklich hält. Somit hat Hans die Wette gewonnen. In den dritten Akt hat Siegfried Wagner noch eine Menge an Handlung hineingestopft, bevor es zum Happy-End kommt. Das Werk hat also Längen, welche die Musik nicht zu überbrücken vermag; es kommt vom Vorbild des Vaters Richard nicht los, zeigt aber Talent (im Vergleich mit Richard Wagner den Unterschied zwischen Talent und Genie). Das spürt man auch im Musikalischen, in dem reich ausstaffierten und oft vielmaschig gewobenen Orchester-part, der romantischen Klangsinn und den Könner verrät. Die Volksszenen haben durchaus Leben, der Teufel erhält pointierte Charakteristik. Aber ein wirklicher Wurf ist es nicht.

Nichtsdestoweniger: Die „Bärenhäuter"-Premiere war ein großer Erfolg, die Wagner-Begeisterung übertrug sich auf den Sohn, setzte, auch in Presseberichten, eine Welle der Wagner-Euphorie in Bewegung. In Wagnerianer-Kreisen war stets ein übersteigerter hymnischer Ton üblich, und so wundert es nicht, wenn noch Jahre später in einem Buch über Siegfried Wagner[112] „einer aus der deutschen Jugend" zitiert wird, der zum „Bärenhäuter" schrieb: „Wenn ein solcher ‚Siegfried' in Bayreuth des Hortes wartet, dann darf uns dies mit der kühnsten Zuversicht erfüllen, und freudig wollen wir als seine Mannen ihm folgen." Im selben Buch wird ausge-führt, daß der „Bärenhäuter" „zwar kein Weltendrama tief-ster Erschütterung, aber einen Kranz blumiger Melodien" biete, „eine frohsinnige Gabe unbelasteter Eigenschau" sei, „einer natürlichen Begabung erwachsen, die in sich selber ruht und zu eig'nem Wort und eig'ner Weis' harmonisch zu-sammenführt".

„Der Bärenhäuter" war Siegfried Wagners meistgespielte Oper. „Seit 1945 erhalten die Theater von der Witwe des Komponisten keine Aufführungserlaubnis mehr", war 1979 zu notieren.[113] Ob diese Verfügung aus Angst vor einem Miß-erfolg getroffen wurde?

Auch die auf den „Bärenhäuter" folgenden Opern Sieg-fried Wagners waren gekennzeichnet durch den Willen zum Volkstümlichen, vor allem auch vom Drang zum Romanti-schen, zum Sagenhaften, zum Mystischen. Volkstümliche und historische Personen, Herzöge und Bauern, der Teufel oder ein Hexenweibchen werden auf die Szene gebeten, die Handlung spielt in alten oder älteren Zeiten. Zu seinen Text-büchern wurde der Dichterkomponist u. a. durch Grimm-Märchen, aber auch geschichtliche Werke angeregt. In den Bereich der germanischen Mythologie begab er sich nicht. Aber wie sein Vater ging er mit den verwendeten Sagenstof-fen frei um. „Der Kobold" ist eine Märchen- und Erlösungs-oper, darin die Kobolde die Seelen getöteter Kinder sind. An allen Texten wirkt „die Mischung von mitunter gestelzter Hochsprache und fränkischer Umgangssprache, wie auch der Reimzwang beim ersten Kennenlernen manchmal sogar peinlich".[114] Die Tendenz zu bald volkstümelndem, bald antiquierendem Ton ist stark ausgeprägt. Wo Wortbildungen wie Traumwetterwolken oder Minnewonnengeck ihren Ursprung haben, liegt auf der Hand. Da die Handlung der Opern des Wagner-Sohnes häufig mit Phantastik, ja mit Symbolik belastet und auf diese Weise nicht immer leicht verständlich ist, so trifft für die Gattung, der sie zugehören, keineswegs die Bezeichnung „Volksoper" zu, die man ihnen ursprünglich zubilligen wollte. Eher verdienen sie den Namen „psychologisches Musikdrama" oder „symbolistische Oper". Apologeten haben in der schweren Verständlichkeit keine Schwäche gesehen, sondern sogar eine formale Strategie, die dem Musikdramatiker als notwendige Neuerung erscheine. Ohne das Ganze überbewerten zu wollen – vielleicht ist es da und dort in den Libretti Siegfried Wagners wirklich nicht mehr gar so weit bis zu den Operndichtungen Franz Schrekers. „Tief vergraben, unbewußt; nach Unbekanntem und Geheimem / wohnt in unser aller Brust / ein Sehnen, dort sich hinzuträumen. / Des Tages Rätsel, dunkles Irren, die Zauber der Nächte hell entwirren", heißt es in „Bruder Lustig".

Jedenfalls: Die Dichtungen sind nicht unproblematisch, und Titel wie „An allem ist Hütchen schuld" oder „Das Flüchlein, das jeder mitbekam" wirken nicht spontan volkstümlich. Die Sujets erleichtern weder die Rezeption noch die positive Wirkung. Doch selbst negative Kritiken haben Siegfried Wagner die theatralische Begabung nicht abgesprochen. Man hat ihn auch als „Regisseurkomponist" apostrophiert.

Das Szenische spielte in Siegfried Wagners Opernkonzeption tatsächlich eine entscheidende Rolle. In seinen „Erinnerungen" (1923) äußerte der Komponist: „Als ich durch Bayreuths Wälder schritt, sah ich in meiner Phantasie die Gestalten unserer Volksmärchen lebendig, sie regten mein Schaffen an." Derlei trägt zweifellos dazu bei, ihn einen Romantiker zu nennen, der er musikalisch auch tatsächlich ist. Daß er ein Epigone seines Vaters war, wurde ihm freilich immer wieder vorgehalten, etwa von Julius Korngold: „Siegfried Wagner ist Wagner-Epigone so gut oder schlecht wie einer. Auch *er* komponierte in dem bedenklichen, aussichtslosen Mischstil jener nachwagnerischen Kompromißoper, die, den Göttern und Helden entsagend, bloß ein wenig das Stoffgebiet gewechselt hat."[115]

Daß musikalische Volkstümlichkeit und Wagner-Pathos nebeneinanderstünden, das wurde nicht nur dem „Kobold" nachgesagt, sondern auch anderen Opern Siegfried Wagners: „Sternengebot" mit seiner nächtig getönten, konfliktreich verschlungenen Handlung im 10. Jahrhundert oder „Banadietrich", einer frei dramatisierten wendischen Sage über Dietrich von Bern, den wilden Jäger. Und im „Hütchen" – da agiert abermals ein Kobold, diesmal einer, der im heiteren Märchenspiel Verwirrungen und viel Leid, aber auch manche Freude anstiftet – bediente sich der Wagner-Sohn des Grimmschen Märchens vom Frieder und dem Katherlieschen. Gleich das Vorspiel dazu läßt aber nicht annehmen, daß es sich um eine simple Märchenoper handeln würde.

Der „Bärenhäuter" ist Siegfried Wagners unproblematischste Oper. Das gilt auch für das darin enthaltene Erlösungsmotiv, das etwa im „Heidenkönig" oder in „Schwarzschwanenreich" viel tragischer akzentuiert erscheint; im erstgenannten Werk hineingestellt in die Auseinandersetzung zwischen Heiden- und Christentum (eine Frau erlöst ihren Gatten durch ihren Opfertod aus Gewissenswirren), in „Schwarzschwanenreich" hineingebettet in eine Atmosphäre aus Hexenglauben, Kerkerstimmung und anderer Düsternis, aus der erst der schlußendliche christliche Anruf die wunderbare Erlösung bewirkt.

Ein großer Melodiker war Siegfried Wagner gewiß nicht. In den Opern wechseln immer wieder rezitativische und ariose Partien. Das Entstehen der Melodien in seinen Opern ist dahingehend gedeutet worden, daß diese Melodien durch die szenische Idee hervorgerufen worden seien, das Libretto bei der Komposition jedoch revidiert, d. h. der Musik untergeordnet wurde. Die Behauptung, daß erst durch die Komposition der Sprachfluß zum Klingen komme[116], müßte man in der Praxis erst neu erproben. Bei unvoreingenommener Betrachtung ist man nicht voll überzeugt von der durchgängigen Überzeugungskraft der Deklamation – sosehr sie ihre guten Momente hat.

Was die Bühnenbilder betrifft, so bevorzugte Siegfried Wagner gebräuchliche Schauplätze wie Täler, Dörfer, Wälder, Burgen oder Bauernstuben. Es liege aber, so wurde geäußert, „über allem ein kaum erklärbarer Duft, ein leichter blauer Schimmer, der die Dinge ihrem Alltagsaussehen entrückt … Wir bewegen uns immer auf unwirklichem Boden, immer im Lande Nirgendwo."[117]

Siegfried Wagner war in seinen Ansprüchen kein blanker Naturalist, wenngleich er viele szenische Details verlangte. Auch an die Beleuchtung stellte er Ansprüche. Adolphe Appias neue Theorien soll er gekannt haben.[118]

Zu den Vertretern des konservativen Lagers der um 1870 geborenen deutschen Komponisten, die im 20. Jahrhundert wirkten, zählt nicht zuletzt der Reger-Schüler Joseph Haas (1879–1960), der, aus der Umgebung von Nördlingen gebürtig, u. a. als Kompositionslehrer (ab 1921 an der Akademie der Tonkunst in München) bedeutsam wirkte. Haas schrieb gut klingende, ausgezeichnet gesetzte Musik. In seinem umfangreichen Schaffen haben Volkstümlichkeit und Kontrapunkt, Ernst und Heiterkeit ihren Platz, Humor zeichnete ihn ebenso aus wie Frömmigkeit; wir finden sie auch in seinen beiden Opern: „Tobias Wunderlich", Kassel 1937, und „Hochzeit des Jobs", Dresden 1944. Vorangegangen war noch das Weihnachtsmärchen „Die Bergkönigin", Augsburg 1927. Bei Haas begegnet man deutschem Kleinstadtmilieu mit biedermeierlichen Zügen, deshalb hat man den Komponisten einen „Spitzweg der Musik" genannt. Tobias Wunderlich ist ein Holzschuhmacher irgendwo in den deutschen Alpenländern, wo sich Seltsames und ein wenig Konflikt um eine Heiligenstatue begeben, während die „Hochzeit des Jobs" in einer kleinen süddeutschen Universitätsstadt um 1800 spielt; die Hauptfigur ist ein verbummelter Student, der dennoch sein Glück macht. Autor beider Textbücher war Dr. Ludwig Strecker, der als Librettist das Pseudonym Ludwig Andersen verwendete.

Ein Jahrgangskollege von Haas war Julius Weismann (1879–1950), der aus Freiburg im Breisgau stammte, u. a. bei Rheinberger und Thuille in München studierte. Hier wie in seiner Vaterstadt war er tätig, bevor er sich aus dem städtischen Leben zurückzog, um ganz der Komposition zu leben.

Weismann kann auf ein enorm umfangreiches Schaffen verweisen, in welchem auch die Oper nicht fehlt. Die Vokalwerke, vor allem das Opernschaffen zeigen ihn als stimmungsvoll gestaltenden Tonpoeten. Die Bühnenwerke Weismanns sind: „Schwanenweiß" (nach August Strindberg, 1923), „Ein Traumspiel" (ebenfalls nach Strindberg, 1925), „Leonce und Lena" (nach Büchner, 1925), „Die Gespenstersonate" (abermals nach Strindberg, 1930) und schließlich die komische Oper „Die pfiffige Magd" (nach einem Lustspiel von Ludwig Holberg, 1939), in der Weismann an die alte Opera buffa anknüpfte.

Etwas älter als Haas und Weismann, aber ebenfalls Spätromantiker waren Leo Blech (1871−1958) und Paul Graener (1872−1944). Leo Blech, aus Aachen gebürtig, war ein angesehener Dirigent, der nach einem ersten Engagement in seiner Vaterstadt und am Deutschen Theater Prag den größten Teil seines Lebens in Berlin (Staatsoper) wirkte, kurzzeitig auch an der Wiener Volksoper und in seinen Emigrationsjahren in Stockholm. Am erfolgreichsten waren seine heiteren Opern „Das war ich" (1902) und „Versiegelt" (1906). Seine anderen Bühnenwerke − „Alpenkönig und Menschenfeind" (1903; umgearbeitet als „Rappelkopf", 1918) und „Aschenbrödel" − fanden ebenfalls Anerkennung. Eine enthusiastische Kritik Anno 1903 verkündete nach der Uraufführung des „Alpenkönigs": „Habemus Papam. Er heißt Leo Blech! ... ist der Wagner des feinen, im Konversationsstil sich bewegenden Lustspiels."

Das war nun freilich übertrieben. Noch dazu, wenn Blech damit in einem Atem als „moderner Mozart" apostrophiert wurde. Unverdient war aber auch die Geringschätzung, die dieser komponierende Kapellmeister später bisweilen erfuhr. Kenner schätzen die Qualitäten der heiteren Einakter mit Blechs hübscher, glänzend gearbeiteter Musik und wollen diese nicht ganz vergessen wissen; gehören doch „Das war ich" und „Versiegelt" ganz gewiß, ebenso wie Eugen d'Alberts „Abreise" (1898), an der Jahrhundertwende zum Besten auf dem Gebiet der heiteren deutschen Oper.

„Alpenkönig und Menschenfeind" (Text von Richard Batka) behandelt Ferdinand Raimunds romantisches Zauberspiel recht frei, die Aussage des Zauberspiels wird im Libretto ziemlich verflacht. Die vorhin zitierte Kritik hat diese literarischen Aspekte wohl außer Betracht gelassen.

Als ein Moderner kann Blech nicht gelten. Sein Opernschaffen war noch im ersten Jahrzehnt unseres Jahrhunderts abgeschlossen. Hingegen wirkte der um ein Jahr jüngere Paul Graener noch weit bis in die dreißiger Jahre hinein, er hatte seine ersten Erfolge erst in jenen Jahren, als Blech keine neue Oper mehr komponierte.

Graener befand sich in der Position eines spätromantischen Kleinmeisters im 20. Jahrhundert. Er ist in erster Linie durch seine Opern bekannt geworden, war in den zwanziger Jahren sogar einer der meistaufgeführten lebenden deutschen Opernkomponisten.[119] Graeners Op. 1 brachte die Vertonung eines Einakters von Theodor Körner, das Singspiel „Der vierjährige Posten", gefolgt von der Singkomödie „Das Narrengericht" (1916), deren Textautor Otto Anthes (1867–1954) die Libretti zu weiteren zwei Graener-Opern schrieb: „Don Juans letztes Abenteuer" (1914) und „Theophano" (1918). Den Text zu der heiteren Oper „Schirin und Gertraude" (1920) lieferte der Schriftsteller Ernst Hardt (1876–1947). Dann griff Graener zu bekannten literarischen Sujets: „Hanneles Himmelfahrt" (nach Gerhart Hauptmann, 1927) und „Der Prinz von Homburg" (nach Heinrich von Kleist, 1935). Dazwischen stand noch die Dramatisierung des Romans „Friedemann Bach" von Albert Emil Brachvogel (1824–1878) durch Rudolf Lothar (1931). Als letztes Bühnenwerk Graeners kam „Schwanhild" heraus (1941).

Paul Graener stammte aus Berlin, war zuerst Kapellmeister, dann als Kompositionslehrer tätig. Der konservative Charakter der Musik Graeners und dessen Position im Musikleben des Dritten Reiches (1933–1941 Leiter der Fachschaft Komponisten) verleitete Friedrich Herzfeld[120] zu der scharfen Formulierung, diese Opern „eigneten sich hervorragend dazu, nach 1933 aufgeführt zu werden. Dementsprechend blieben sie nach 1945 vergessen".

Tatsächlich hat die stilbedingte Verträglichkeit der Werke Graeners mit den nationalen Kunstdoktrinen dem Ansehen des Komponisten in der Folge geschadet. Der Historiker jedoch hat den Wert künstlerischen Schaffens nicht auf Grund politischer Sympathien des Schaffenden zu messen.

Und so ist zu betonen, daß nicht die Bevorzugung Graener-
scher Opern während der NS-Zeit ihre Wiederaufführung
nach 1945 verhindert habe, sondern vielmehr die Qualität der
Werke den heutigen Zuhörer kaum mehr zu überzeugen ver-
möge.[121] Ein Blick auf die Opern Graeners bestätigt diesen
Befund. Dieser Komponist war ein ehrenwerter, aber letztlich kraftloser Repräsentant der deutschen Spätromantik in
einer konservativen, sehr unpersönlichen Spielart. Daß
Graeners Talent „hart an der Geniegrenze stand"[122], davon
kann keine Rede sein.

Was Graener fehlte, ist ein stärkerer, zwingenderer Einfall. Dies bildet letztlich die Ursache für das schwache, bloß
handwerkliche Gelingen der Vertonung von Gerhart Hauptmanns „Hannele". Georg Graener, der Bruder des Komponisten, hat diese „Traumdichtung" für die Opernzwecke nicht
ungeschickt gestrafft und adaptiert. Der lange Schlußmonolog des „Fremden" ist durch einen Jubilate-Chor ersetzt. Die
Umsetzung des Textes in musikalische Deklamation erscheint allerdings zu trocken und farblos, auch der Orchesterpart setzt keine wirklich interessanten Akzente.

Ist hier der ehrliche Wille, eine literarische Vorlage zu gestalten, durchaus spürbar, so bedeutet bei „Friedemann
Bach" der Griff nach Sujet und Libretto eine grundlegende
Problematik. Der Bach-Sohn Wilhelm Friedemann
(1710−1784) erfreut sich in den Annalen der Musikgeschichte der Qualifikation bedeutender Originalität, seine Vorstellungen von einer ungebundenen künstlerischen Existenz ließen sich mit den Realitäten des damaligen Musiklebens nicht
vereinbaren, und sein tragisches Scheitern als Mensch und
Künstler verleitete dazu, dieses als ein vorweggenommenes
romantisches Künstlerschicksal zu sehen. Unter solchem Gesichtspunkt verflacht die schon an sich fragwürdige Künstler-
story, es wird an dem kitschig-romantischen Bild Brachvogels
weitergezeichnet. Eine Liebesgeschichte fehlt natürlich
nicht.

Alles in allem steht diese Oper Graeners dem Typus der
Künstlerbelletristik nahe. Die Musik stimmt mit der Textvor-
lage überein. Die dreiaktige Oper „Don Juans letztes Abenteuer", die hier aus der Reihe der Graenerschen Opern noch
erwähnt sei, spielt in Venedig. Und die Musik sucht auch ve-

nezianische Stimmung zu beschwören. Beschwingtheit und Pathos gehören zu den Registern, die der Komponist wenig originell zieht. Giovannis letzte Liebe heißt Cornelia. Am Schluß bedrängt ihn keine Komtursstatue, sondern Francesco, Cornelias Verlobter. Giovanni ersticht sich. Er hatte nun zum erstenmal wirklich geliebt …

Zu den älteren deutschen Komponisten, deren Wirken ins 20. Jahrhundert hineinreicht, gehörte der Berliner Waldemar von Bausznern (1866–1931), u. a. mit den Opern „Dürer in Venedig" (1901) und „Der Bundschuh" (1904). Ein nicht geringes Ansehen genoß zu seinen Lebzeiten der aus Unterfranken stammende Clemens Freiherr von und zu Franckenstein (1875–1942), der nicht nur als Komponist und Dirigent, sondern auch als Intendant (Wiesbaden, Berlin, München) wirkte. In seinen Opern „Rahab" (1911) und „Li-Tai-Pe" (1920) zeigte er seine Neigung zu Exotik, zu farbenreichem Wohlklang. Der Norddeutsche Georg Vollerthun (1876–1945) war – mit „Veeda" (1916), „Island-Saga" und „Der Freikorporal" (1931) – einer von jenen, die vor allem dem Vorbild Wagners folgten. Erich Anders nannte sich der Freiherr Wolff von Gusenberg (1883–1955) mit seinem Künstlernamen. Er ist am ehesten mit seiner Oper „Venezia" (1917) bekannt geworden. Bernhard Sekles (1872–1934), der aus Frankfurt stammte, schrieb u. a. eine Oper „Scheherazade" (1917).

Etwas älter als Blech und Graener war Max von Schillings (1868–1933), der zwar von Wagner ausging, aber nicht eigentlich zu den Spätromantikern zu zählen ist, weil er Stileigenschaften des italienischen Verismo übernahm. Der aus Düren im Rheinland gebürtige Musiker war auch als Dirigent tätig, als Generalmusikdirektor bzw. Intendant an prominenten Opernhäusern: Stuttgart, Berlin. Später wurde er Leiter der Zoppoter Waldoper. Weitere Ämter: Vorsitzender des Reichsverbandes Deutscher Tonkünstler und der Genossenschaft Deutscher Tonsetzer sowie Präsident der Preußischen Akademie der schönen Künste.

Schillings' berühmtestes Bühnenwerk wurde die „Mona Lisa". Sie war zugleich sein letztes. Die Reihe seiner Opern hatte begonnen mit „Ingwelde" (drei Akte, Text: Ferdinand Graf Sporck, Uraufführung Karlsruhe 1894), „Der Pfeifertag" (heitere Oper, Schwerin 1899) und „Moloch" (nach Hebbel, musikalische Tragödie in drei Aufzügen, Dresden 1906). Schillings komponierte ferner Musik zu Aischylos' „Orestie" und Goethes „Faust", bearbeitete die Oper „Die Trojaner" von Berlioz und vertonte die Dialoge von Mozarts „Entführung" (1910).

Die Oper „Ingwelde", deren Stoff aus dem skandinavischen Sagenkreis (Wikinger) geholt ist, zeugt von der Wagner-Beeinflussung. Ein Schillings-Apostel wie Wilhelm Raupp[123] wandte sich allerdings gegen die Etikettierung des Komponisten als Wagner-Epigone: Die Ähnlichkeit in der Stillinie bekunde nur eine geistige Verwandtschaft. Hans Joachim Moser, den Raupp zitiert, urteilte: „Das Schlußbild mit dem brennenden Totenschiff bei harmonisch eigenartigem Priestergesang gehört in seiner Gluck-Böcklin-Mischung zum Besten der neunziger Jahre" – allerdings mit dem Nachsatz: „Trotzdem ist für diese Wagnerei die Zeit unwiderbringlich dahin."

Der „Pfeifertag" zeigt insofern Anklänge an die „Meistersinger", als hier ein Bild alter deutscher Kultur den szenischen Rahmen liefert. Pfeifertage waren im Mittelalter die Treffen einer musikalischen Zunft, und um einen solchen Pfeifertag am Ende des 15. Jahrhunderts dreht sich die mit einem kleinen Konflikt in Bewegung gehaltene Handlung der Schillings-Oper. Und wie in den „Meistersingern" „gilt's der Liebe und der Kunst". Auch musikalisch ist es eine echte Volksoper der Nach-Wagner-Zeit.

Ganz anderer Art ist „Moloch" (Dichtung frei nach Hebbels Fragment von Emil Gerhäuser). Ort der Handlung: Nordland Thule; Zeit des Geschehens: nach der Zerstörung Karthagos.

Hiram aus Karthago hat das Götzenbild Molochs aus der besiegten Stadt gerettet. Der Götze, der Karthago nicht gerettet hat, soll nun das Volk im Norden zu Hirams Füßen zwingen, ihn befähigen, den Rachezug anzutreten. Teut, der Sohn des Königs, und das Volk geraten in den Bann des Götzen. Hirams paradiesische Versprechungen bringen sie dazu, Moloch die Treue zu schwören. Hiram stachelt aber auch Teut zum Zweikampf mit seinem Vater auf, der – als sei es durch Gottes Urteil – unterliegt. Die Königin stürzt sich verzweifelt ins Meer, die Moloch-Hysterie wird weiter angefacht.

Im dritten Akt will Hiram das Volk in die Ferne, in ein Zauberland, führen. Das junge Mädchen Theoda, das in den verbotenen Todeshain gerät, öffnet Teut die Augen, so daß er erkennt, daß Hiram ihn belogen hat. Dieser flüchtet auf die höchste Klippe und stürzt sich ins Meer, Teut wird im Kampf mit den Moloch-Priestern tödlich verwundet. Aber das Götzenbild des Moloch fällt.

Hebbel, der für sein Drama den Einsatz von Musik zur metaphysischen Vertiefung erwog und dabei an Robert Schumann gedacht haben soll, wollte im „Moloch" den Eintritt der Kultur in eine barbarische Welt darstellen. Er meinte, der Plan Hirams gelinge, soweit er sittlich ist. Aber in demselben Augenblick, wo Hiram die Grenzen des Sittlichen überschreitet, muß er untergehen. Später ist das Sujet „mit Beziehung auf seine völkische Lebensauffassung" gedeutet worden: „... daß Hiram, der Abkömmling der Phönizier (Juden), mit zweideutiger Absicht in das fremde Land eindringt, um *seine* Religion, *seine* Kultur gewaltsam durchzusetzen, so daß er sogar mit dem Gedanken spielt, dieses Volk *seinen* Zwecken untertan zu machen und andere Völker damit zu unterjochen.[124] Schillings geriet so in ein sehr schiefes Licht.

Die Musik, das Vorspiel zu diesem heute nicht mehr genießbaren Drama, setzt „wuchtig und mit Größe" ein. Das Werk erscheint in der Harmonik und der farbenreichen Instrumentation dem Stil einer immer wieder expressiv akzentuierten Spätromantik verpflichtet, Wagners Leitmotivik wird selbständig weitergeführt.[125] Die Struktur ist dichter, komplizierter geworden als im volkstümlicheren „Pfeifertag". Der um Objektivität bemühte Beurteiler wird Schillings' Affinität zur Oper, seine Fähigkeit zu operndramatischem Zugriff nicht übersehen, zugleich aber die Tendenz zu Übersteigerung, zu rein äußerlichem Effekt und die Differenz zwischen Substanz und Aufwand registrieren. Julius Korngold, der die „Ingwelde" als „eine der idealsten Schöpfungen im Wagner-Stil und Wagner-Pathos" gelten ließ, am „Pfeifertag" neben der Schwäche des Textes die „Unsinnlichkeit und schwerfällige Breite" der Musik kritisierte, erinnerte sich später, wie ihm Gustav Mahler „ratlos die Partitur des

‚Moloch' zuschob, bei der er ‚vor Bedeutung und Bedeutsamkeit erfriere'".[126]

Schillings strebte danach in eine andere Richtung: jene des Verismo. Die seinerzeit vielgespielte zweiaktige Oper „Mona Lisa" (1915) ist, von der Handlung her gesehen, das, was man einen veristischen Reißer nennt. Die Mona Lisa der Oper (Text: Beatrice Dovsky) ist die Gattin des Francesco del Giocondo zu Florenz, wo die Handlung zu Ende des 15. Jahrhunderts spielt, hineingestellt in eine Rahmenhandlung der Gegenwart. Die Eifersuchtsgeschichte begibt sich zur Zeit des Karnevals, der am Anfang stimmungsbildend wirkt und zur Gewinnung opernhafter Effekte beiträgt. Es dauert allerdings relativ lange, bis wir die Hauptperson kennenlernen: Mona Lisa, deren „Antlitz blaß und unbewegt mit sanftem Ausdruck" ist. Wir erfahren, daß ihr Gatte eifersüchtig ist, obwohl er keinen Grund dazu hat, denn Mona Lisa scheint kühl, unberührt von dem sinnenerfüllten Renaissanceklima rundum. Francesco zeigt seinem Freund Pietro das berühmte Bildnis des Leonardo da Vinci, das hier mit der Frau des Conte Giocondo in Zusammenhang gebracht wird, er ist erregt von dem geheimnisvollen Lächeln, dessen Rätsel er um jeden Preis lösen möchte.

Giovanni Salviati kommt als Abgesandter des Papstes, um für diesen eine der herrlichen Perlen zu erwerben, die Francesco in fanatischer Liebhaberei sammelt und hütet. Nachts legt er sie an Hals und Busen seiner schönen Gattin, damit diese sie mit ihrem jungen Blut wärme und nähre, auf daß sie ihren Glanz nicht verlieren. Mona Lisa belauscht die Erzählung ihres Gatten an dessen Freund. Zu der am Ende dieser Szene allein zurückbleibenden Mona Lisa kehrt Giovanni zurück, um sie werbend, sie mit Liebe bestürmend, die Unglückliche, die sich ihm dennoch entzieht, obgleich jetzt auch sie von Liebe zu ihm erfüllt wird. In diesem Augenblick hört sie den Gatten kommen. In ihrem Antlitz sieht er das rätselvolle Lächeln. Francesco ist mißtrauisch, er hetzt den Liebhaber von Versteck zu Versteck, schließlich in den Schrank, der die Kostbarkeiten birgt und in dem der Verfolgte eingeschlossen wird und umkommt. Der Mörder begehrt nun mit Gewalt die Liebe seiner Frau. Den Schlüssel zum Schrank wirft er vom Balkon hinunter in den Fluß, nachdem

Mona Lisa, „der gemarterten Tosca ähnlich", wie Korngold dies ausdrückte, sich „durch Willfährigkeit die Rettung des Geliebten erkaufen zu können" geglaubt hat.

Sozusagen ein wunderbarer Zufall ermöglicht den zweiten Akt. In einem Boot ist nämlich der Schlüssel zu besagtem Kasten gefunden worden. Mona Lisa hat die Chance zur furchtbaren Rache. Sie lockt den Gatten in den Kasten – mit dem Begehren, daß er ihr wieder die Perlen umlege – und schließt nun ihn ein. Der Schrank hat sein zweites Opfer. Zuerst im Bewußtsein ihrer teuflischen Rache triumphierend, wird sich Mona Lisa dann des Furchtbaren bewußt: Sie greift nach dem Herzen, wankt und bricht zusammen.

Schillings' „Mona Lisa" ist als „eine der herrlichsten und berühmtesten Opern aller Zeiten und Länder gefeiert" worden. Ihre Musik stelle „neben den Opern von Schreker und Richard Strauss das Herrlichste, Sublimste, künstlerisch Hoheitsvollste dar, was in den verflossenen 40 Jahren geschrieben worden ist".[127] Stimmt man mit solchen Superlativen, mit denen auch Raupp keineswegs gespart hat[128], nicht voll überein, so wird man doch das Kolorit und die dramatische Effektsicherheit, welche die Partitur auszeichnen, keinesfalls leugnen können. Wagner-Nachhall, Verismo und die Pracht des Jugendstils kennzeichnen dieses Werk, das den Zeitgenossen von Strauss und Schreker verrät. Es ist ein Werk des 20. Jahrhunderts, wenngleich es nichts Zukunftsweisendes an sich hat. Korngold hörte übrigens auch „Puccinische Farben" heraus, meinte allerdings, es müßte die Erfindung sinnlicher und vollblütiger, namentlich die Gesangsmelodik reicher sein. Und gewiß: Schillings hat nirgends die melodische Kraft wie Puccini; aber auch die Fähigkeit, so wie Richard Strauss und wie aus einem Guß zu gestalten, war ihm nicht gegeben. Die Stimmung, der dramatische Zusammenhang, der daraus resultierende Effekt sind in der „Mona Lisa"-Musik zwar präsent und verdeutlicht, doch ist unsere Zeit eines solch krassen Fünfkreuzer-Verismo wahrscheinlich müde, so daß Schillings' Oper heute nicht mehr bestehen kann, wenngleich sie trotz aller möglichen Einwände ein starkes Zeugnis des deutschen Verismo auf der Musikbühne darstellt. Von einem deutschen Kulturkämpfer, zu dem Schillings von Raupp gestempelt wurde, ist darin natürlich keine Spur.

Auch Eugen d'Albert (1864—1932) wird, wiewohl aus gemischtnationaler (deutsch-französischer) Familie stammend und in Glasgow geboren, zu den Deutschen gezählt. Er selbst fühlte sich als Deutscher, in Paris nannte man ihn „le petit allemand". Mit seinem erfolgreichsten Werk, der Oper „Tiefland" (Uraufführung in Prag, 1903), die gleichsam den italienischen Verismo ins Deutsche überträgt, hat er sich bis heute im Repertoire gehalten. Ebenso aber verdiente die kleine musikalische Komödie „Die Abreise" (1898), ein liebenswürdiger, vom Wagner-Erbe unbelasteter Einakter, eine Wiederbelebung. Auch mit dem komischen Einakter „Flauto solo" (1905) hatte d'Albert Erfolg. Mit der Oper „Die toten Augen" bewegte sich d'Albert abermals in Bahnen, die man am ehesten als „veristisch" bezeichnen darf. Weitere Opern: „Kain" (1900), „Die verschenkte Frau" (1912), „Liebesketten" (1912), „Der Golem" (1926), „Die schwarze Orchidee" (1929), „Die Witwe von Ephesus" (1930), „Mister Wu" (1932).

Begonnen hatte Eugen d'Albert seine Laufbahn als Pianist (als der er international gefeiert wurde), und auch als Dirigent eigener Opern trat er in Erscheinung. Fortschreitendes Alter und Ehekrisen (d'Albert war sechsmal verheiratet) haben seine Schaffenskraft gelähmt.

In „Tiefland" zeigt sich d'Albert als musikdramatisch spontan zupackender Komponist. Dieses Musikdrama in einem Vorspiel und zwei Akten, in den Pyrenäen und in Katalonien im 19. Jahrhundert spielend, ist ein echt veristisches Stück: die Geschichte von dem einfachen Hirten Pedro, der sich eine Frau wünscht, von dem reichen Gutsherrn Sebastino mit dessen Geliebter, Martha, verkuppelt wird und, als ihm der wahre Sachverhalt, aber auch die echte Liebe Marthas bewußt wird, Sebastiano erwürgt, mit der Frau aus dem bösen Tiefland in die Freiheit der Berge zurückkehrt.

Diese Oper ist blutvolles Theater, musikalisch zeigt sie mitreißende Einfälle, wirksame Instrumentation, dichte Stimmung wird suggeriert, die Deklamation ist musikdramatisch, ohne auf Melodik zu verzichten.

Zwei Opernkomponisten aus dem Jahrgang 1882 – die auch beide 1954 starben – waren Hermann von Waltershausen und Walter Braunfels. Waltershausens erfolgreichste

Oper war die 1912 uraufgeführte Musiktragödie „Oberst Chabert" (frei nach Honoré Balzacs „Comtesse à deux maris").

Waltershausen, der Sohn des angesehenen Nationalökonomen und Universitätsprofessors August Sartorius von Waltershausen, wurde in Göttingen geboren und studierte u. a. bei Ludwig Thuille in München Komposition, wo er später (1920—1933) als Professor und Direktor der Akademie der Tonkunst wirkte, dann als Leiter eines von ihm gegründeten Musikseminars. Als kluger, vielseitiger Künstler gewürdigt, erfreute sich Hermann von Waltershausen eines großen Ansehens, Kenner seiner Musik sprechen von „Werken voll blühender Klangsinnlichkeit und dramatischer Schlagkraft". Zu den Bühnenwerken Waltershausens zählen außer „Oberst Chabert" noch die musikalische Komödie „Else Klapperzehen" (Text: Ernst von Schuch, 1909), die romantische Oper „Richardis" (nach einem Text des seinerzeit sehr bekannten Dirigenten und Komponisten Fritz Cortolezis, 1915), „Die Rauhensteiner Hochzeit" (1919) und „Die Gräfin von Tolosa" (entstanden 1935, postum uraufgeführt im Bayerischen Rundfunk).

Weitreichender, gewichtiger waren die Erfolge, die der aus Frankfurt am Main gebürtige Walter Braunfels mit seinen Opern errang: „Prinzessin Brambilla" (nach E. T. A. Hoffmann, 1909), „Ulenspiegel" (1913), „Die Vögel" (nach Aristophanes, 1920), „Don Gil von den grünen Hosen" (nach dem Spanischen des Tirso de Molina, 1924), „Der Traum ein Leben" (nach Grillparzer, 1950) und „Verkündigung" (Text von Paul Claudel, 1948). Die Oper „Die Vögel" hat die Sehnsucht der Menschen nach einer besseren Welt in einem „Wolkenkuckucksheim" zum Thema. Der Komponist folgt der Aristophanes-Komödie vor allem im ersten Akt, in den zweiten fließen romantisch-kontemplative Gedanken ein. Die durchkomponierte Oper, die der Dirigent Bruno Walter als eine der interessantesten Novitäten seiner Münchner Arbeitsperiode bezeichnete, nimmt eine Mittelstellung zwischen Märchenoper und komischer Oper ein. In „Don Gil von den grünen Hosen" (durchkomponiert, dennoch auch durch den Rückgriff auf geschlossene Formen wie Arien, Duette und Tänze geprägt) finden wir ebenfalls eine Mischung von Heiterkeit und Ernst. Braunfels kam aus der klassisch-romantischen Tradition und leistete einen Beitrag zur neuen Romantik.

Ein Jahr jünger als Braunfels war Paul Klenau (1883–1946). Obwohl gebürtiger Däne, gehört er in den Kreis der deutschen Opernkomponisten. Vor allem die Opern waren es, die seinen Namen relativ bekannt machten. Der in Kopenhagen Geborene studierte in Berlin und schlug dann die Kapellmeisterlaufbahn ein, die ihn von Freiburg über Stuttgart nach Wien führte. Zunehmende Schwerhörigkeit zwang Klenau, die praktische Musikausübung aufzugeben. 1940 kehrte er in seine Geburtsstadt zurück. Neben zahlreichen Instrumental- und Vokalkompositionen sowie dem besonders erfolgreichen Ballett „Klein-Idas Blumen" (1916) schrieb Klenau sechs Opern: „Sulamith" (1913), „Kjartan und Gudrun" (1918), „Die Lästerschule" (1927), „Michael Kohlhaas" (1933), „Rembrandt" (1937) und „Elisabeth von England" (1941).

Wie der Lexikonliteratur zu entnehmen, gibt es praktisch keine Literatur über diesen Komponisten. Der „Brockhaus Riemann" charakterisiert Klenau dahingehend, daß seine Opern in der Nachfolge von Richard Strauss stünden, er aber zeitweise auch Einflüsse von Schönberg aufgenommen habe, später jedoch zu einem tonalen Stil unter Einbeziehung neoklassizistischer Tendenzen zurückgekehrt sei. Diese Feststellungen treffen in gewisser Weise zu. Jedenfalls war Klenaus Stil nicht von skandinavischen, sondern von deutschen Vorbildern angeregt und geprägt. Seine Position liegt zwischen Tradition und Fortschrittsneigungen.

Die komische Oper „Die Lästerschule" (nach Richard Brinsley Sheridans „School for Scandal", Libretto: Rudolf Stefan Hoffmann), die das Treiben einer auf Lüge und Heuchelei aufgebauten Gesellschaft zum Thema hat, ist eine bewegliche, lockere Spieloper, deren retrospektive Stilhaltung irgendwie an die Buffe von Ermanno Wolf-Ferrari erinnert; allerdings ohne dessen italienisches Flair zu haben. Der Konversationston überwiegt, der für Klenau zubereitete Text klingt eher banal.

Ganz anderer Art ist „Kjartan und Gudrun". Es handelt sich dabei nicht um eine Veroperung der bekannten Gudrun-

Sage, sondern um eine um das Jahr 1000 in Island spielende Eifersuchtsgeschichte, um ein Stück in nordischem Bauern-milieu, eine nordische „Cavalleria rusticana" der Nach-Wag-ner-Epoche, mit farbigen Registern des Klangstils, die nicht nur bisweilen an Richard Strauss und dessen Kompositions-technik gemahnen, sondern auch an Puccini und den Impres-sionismus. Mit sicherer Hand und erprobten Mitteln ist die musikalische Akzentuierung erreicht. Auch die Singstimmen streben nach dramatischem Ausdruck. Was ihnen fehlt, ist die originelle und starke melodische Kraft, der breite, große Bogen. Dadurch hat die spätromantische Tonsprache nicht jene Durchschlagskraft, welche dem in manchen Momenten sehr wirksamen Werk ein Überleben in der Repertoirepraxis hätte sichern können. Vom Szenischen her gibt es in dieser „Gudrun", deren Text der Komponist selbst verfaßte, sehr stimmungsvolle Momente.

Wenn Friedrich Herzfeld geschrieben hat[129], Klenaus Schaffen sei „ein wesentlicher Beitrag zur neuen Musik unse-rer Zeit und eine in vieler Beziehung kühne Voraussahung", so gilt dies vor allem für eine andere seiner Opern: „Michael Kohlhaas" (Text vom Komponisten nach der gleichnamigen Novelle von Heinrich von Kleist), bei der es sich tatsächlich um ein überraschend modernes Werk, um eine dodekapho-nisch beeinflußte Komposition handelt. Doch gibt es auch Mischakkorde, Septimenakkorde, bitonale Klanggebilde, die allesamt das Kennzeichen einer maßvollen Moderne sind. Das erste Chorstück, das „Lindenlied", zu dessen Klängen eine bunte Jahrmarktsszene einsetzt, ist eine alte und auch dementsprechend harmonisierte Melodie aus den „Frischen teutschen Liedlein" (Nürnberg) von Georg Forster (1510−1568). Womit gleich ein „Zeitkolorit" angeschlagen wird. Denn die auf einer historischen Begebenheit beruhende Geschichte von dem um sein Recht kämpfenden und dabei sich immer mehr in Unrecht verwickelnden, verstrickenden Kaufmann spielt ja in den dreißiger Jahren des 16. Jahrhun-derts.

Klenau hat Kleists 1810 veröffentlichte Erzählung für sei-ne Opernzwecke entsprechend adaptiert. Er setzt mit jener wichtigen Szene auf dem Jahrmarkt zu Jüterbock ein, von der bei Kleist erst im Verlauf der Novelle berichtet wird, und im vorletzten Bild, das im Gefängnis spielt, verstärkt Klenau das legenden-, ja märchenhafte Element: Die Gestalt der alten Zigeunerin, die Kleist als Trägerin geheimen prophetischen Wissens in die Geschichte eingeführt hat, erscheint hier dem Michael Kohlhaas noch einmal. Auch kommt es zu einer Konfrontation mit dem Kurfürsten.

Klenau baute die Oper in vier Akten zu insgesamt 18 Bildern auf. Daß die szenische Komposition nicht uninteressant ist, verraten die am Beginn gegebenen Hinweise: „Die Bühne besteht aus einer Vorderbühne (Relief) und einer Hinterbühne. Rechts und links Tore, von gotischen Säulen eingerahmt. Zwischen den Toren wird der Vorhang für die Hinterbühne auf- und zugezogen. Der große Vorhang fällt nur nach den Aktschlüssen. Auf der Vorderbühne wird gesprochen (während die Musik weitergeht), auf der Hinterbühne wird gesungen. Die Luther-Szene ist melodramatisch."

Abgesehen von der szenischen Anordnung zeigt sich hier der Kontrast im Gebrauch der vokalen Mittel. Melodramatischen Charakter hat nämlich nicht nur die erwähnte Luther-Szene, es ist vielmehr auch an vielen anderen Stellen der Sprechrhythmus in die musikalische Notation integriert, während es Passagen gibt, die rein als Sprechtext geschrieben sind. In den Gesangspartien dominiert die rezitativische Deklamation, die da und dort einem Arioso nahekommt.

Es handelt sich hier um Theater mit Musik, freilich nicht Bühnenmusik von mehr oder weniger akzidentieller Bedeutung, sondern um Musik, welche die Handlung durchgehend begleitet und grundiert, dramatische Akzente setzt oder skizziert – das alles aber nicht symphonisch im Sinne Wagners. Der Orchesterpart ist nicht selten aus kleinen Partikeln unruhig gewoben, doch findet man daneben durchaus handfestes Opernpathos.

Erwähnt sei ferner, daß es in dieser Oper tatsächlich eine Fülle von Wendungen gibt, welche die Dodekaphonie-Affinität Klenaus belegen. Der Komponist zählte zum Freundeskreis Alban Bergs und schrieb an diesen während der Arbeit am „Michael Kohlhaas", er würde gern seine Angelegenheit mit ihm besprechen, insbesondere einige Szenen, die ihm noch nicht straff und treffsicher genug erschienen. Vielleicht schikke er, so schrieb Klenau an Berg[130], „ein paar Stellen aus dem ersten Akt – mit Tonreihen und Erklärung –, damit Du mir sagst, ob Du die große Freiheit, mit der ich die 12 Töne behandle, gutheißen kannst". Und nach der Aufführung berichtete Klenau an Berg: „Die unerbittliche Logik der Zwölfton-Musik drängt ins Bewußtsein, und wenn auch die Musiker sich nicht erklären können, warum es so und nicht anders sein kann – so geradezu: fühlen sie es nach einiger Zeit. – Bei meiner Musik ist es nun relativ leicht, weil ich ja die Zwölftonreihe vielfach – ja sogar die Regel: *tonal* verwende. – Aber trotzdem ist die ganze Harmonie-Vertrübung ganz und gar durch die Reihe bestimmt – und diese thematische Harmoniearbeit ist es, die zwingend wirkt."[131]

Die Briefe, die sich in Bergs Nachlaß befanden, sind sehr informativ bezüglich der dodekaphonischen Zusammenhänge in Klenaus „Michael Kohlhaas". Hat Herzfeld immerhin vermerken können, Klenau „entwickelte eine Zwölftontechnik", die „mit der Schönbergs nicht übereinstimmt"[132], so bezeugt uns der Komponist Näheres über diese Nicht-Übereinstimmung: die Verbindung von Reihe und Tonalität.

Im Dritten Reich wurde Klenaus Neigung zur neuen Kompositionstechnik, die man damals in den Bereich der „entarteten Kunst" einordnete, kritisiert. Wieder gibt ein Brief an Berg Auskunft:[133] Er habe große Sorgen, schrieb Klenau; es bestehe „nur Vertrag für 8 Kohlhaas-Aufführungen – die gingen gestern zu Ende. Der neue Intendant Rode will, scheint's, den Vertrag nicht verlängern (sie mögen mich, glaube ich, nicht). Darüber soll mein Kohlhaas stolpern … Hört Berlin auf, kann ich mich begraben lassen."

Die Befürchtungen Klenaus bewahrheiteten sich. Und so verließ er Deutschland, um in seine Vaterstadt Kopenhagen zurückzukehren. Allerdings war Klenau auch nach dem Ende des Dritten Reiches keine Renaissance beschieden, obwohl er zumindest im „Kohlhaas" musikalisch durchaus interessante neue Wege gegangen war und szenischer Abwechslungsreichtum sowie dramatische Qualitäten für dieses Werk sprechen. Einem breiteren Publikumserfolg ist sicher auch der Umstand im Wege gestanden, daß die Singstimmen nicht das sind, was man „dankbar" und im alten Sinne kantabel nennt.

Konservativer als Klenau war der komponierende Dirigent Robert Heger (1886–1978), ein gebürtiger Straßburger, der in vielen prominenten Opernhäusern und Konzertsälen dirigiert hat. Als Komponist von Reger, Strauss und Pfitzner ausgehend, schrieb er u. a. die Opern „Ein Fest auf Haderslev" (1919), „Der Bettler Namenlos" (1932), „Der verlorene Sohn" (1936), „Lady Hamilton" (1951), sämtliche zu eigenen Libretti. Die Oper „Der Bettler Namenlos" handelt von der Heimkehr des Odysseus, doch wird der konkrete Hinweis auf die Odyssee vermieden, indem es bei der Benennung der Personen zum Beispiel heißt: „Der Bettler, ein König." Und als Zeit der Begebenheit ist „vor langen Jahren" angegeben. Diese Anonymität wurde zum Teil kritisiert, andererseits meinte ein Kritiker der Wiener Erstaufführung, Heger habe „durch eine solche Loslösung der Handlung von Zeit und Raum die Persönlichkeiten und ihre freie Tat ins allgemein Menschliche zu erheben" vermocht, „um auf diesem Umweg fremde Gefühlswelten der modernen Seele nahezubringen".[134]

Die Musik ist gute professionelle Arbeit, der Komponist fand „mit seinem redlichen Besitz an musikalischen Formeln und Figuren durchaus sein Auskommen".[135]

Als eine große Hoffnung galt Rudi Stephan (1887–1915), in Worms geboren, beim Debüt mit symphonischen Erstlingswerken heftig umstritten und zugleich viel beachtet. Stephan fiel 1915 an der Ostfront des Ersten Weltkrieges. Die posthume Uraufführung seiner Oper „Die ersten Menschen" erfolgte 1920.

Eine absolute Einordnung ist natürlich auf Grund des Fragmentarischen von Stephans Entwicklung nicht möglich. Karl Holl war überzeugt, die genannte Oper Stephans habe „das enorme Ausmaß seiner einst zukunftsträchtigen Begabung" bewiesen, der Komponist im Ganzen „auf revolutionärem Wege einen markanten Initialbeitrag zur Stilwende der Tonkunst um 1910 geleistet".[136] Und zweifellos: Stephan gehörte zu den „Meistern des Übergangs". Nicht zufällig wird er von Honolka[137] unmittelbar nach Schreker angeführt, die Oper „Die ersten Menschen" eher als Mysterium denn als ein Werk für die konventionelle Bühne angesprochen. Sicher hatte auch eine spätere Kritik recht, in der es bezüglich der Oper Stephans u. a. hieß, es sei eine „emotionsgeladene farbige Partitur für ein Riesenorchester, das ständig unter dramatischen Hochdruck gesetzt ist".[138]

Text und Handlung dieses „erotischen Mysteriums" entsprechen insbesondere der Entstehungszeit. Die Protagonisten des Vier-Personen-Stücks sind Adam und Eva sowie ihre Söhne Kain und Abel, im Textbuch von Otto Borngräber Adahm, Chawa, Kajin und Chabel genannt. Die Problemstellung: Suche nach Erfüllung im Leben, die Suche nach Gott, der Drang zum anderen Geschlecht. Aus den Gegensätzen im Denken und Fühlen erwachsen schon in den ersten Menschen Spannungen und Konflikte: das „Urdrama der Menschheit". Adams herbstlich abgeklärte Haltung hat die Jugendtriebe ersetzt, Eva ist noch immer das sinnliche Weib. Kain zieht es in die Welt, um Erfüllung der ihn bedrängenden wilden Gefühle zu finden. Abel aber glaubt, das Wesentliche entdeckt zu haben: ein überirdisches Wesen, Gott, dem er einen Tempel errichtet. Im zweiten Akt kommt es zu einer Begegnung Evas mit Abel, der sich erstmals Evas Leib und Schönheit bewußt wird, während Eva entdeckt, wie sehr Abel dem jungen Adam gleicht. In dieses poetische, schwül umglänzte Idyll – ganz Klima der Sigmund-Freud-Epoche – bricht der zurückkehrende Kain ein: Er hat das begehrte Weib nicht gefunden, sucht nun die Nähe Evas und erschlägt den Bruder, als er ihn in Umarmung mit der Mutter antrifft, im aufwallenden Zorn der Eifersucht. Eva will die Bluttat rächen. Aber Adam hält die Frau zurück. Die Reue sei Kains Strafe, ruhelos werde der Mörder von nun an über die Erde ziehen. Abels Leiche wird Gott geopfert, Adam und Eva schließen einander gottergeben in die Arme.

Die Sprache, die hier gesprochen wird, die Gefühle, die zum Ausdruck kommen, sind spätromantisch-expressionistisch übersteigert, die farbige, mit viel Chromatik angereicherte Musik stimmt mit dem Text überein, sie ist durch einen erweiterten Tonalitätsbegriff charakterisiert. Zu den Werken, die ein Vorbild für Rudi Stephan waren, gehört zweifellos auch die „Elektra" von Richard Strauss, der „Die ersten Menschen" an Plastizität des Einfalls (auch im Melodischen) allerdings nicht ebenbürtig erscheinen. Der große Monolog der eroserfüllten Eva am Beginn des zweiten Aktes ist ein zentrales Beispiel der emotionell überhitzten Dramatik in dieser Oper, deren farbige Klänge auf und ab wogen. Ein gärendes, zweifellos großes Talent hat sich mitgeteilt.

Zu den in den achtziger Jahren geborenen deutschen Komponisten gehört ferner Hermann Grabner (1886−1969), der in Graz geboren wurde, aber zeitlebens in Deutschland wirkte und u. a. die Oper „Die Richterin" (nach Conrad Ferdinand Meyer, 1930) komponierte. Hermann Unger (1886−1958), ein gebürtiger Sachse, Romantiker in der Reger-Nachfolge, schrieb nicht weniger als zehn Opern und Melodramen, darunter „Der Zauberhandschuh" (1926). Heinrich Kaminski (1886−1946) aus Tiengen im Schwarzwald, u. a. Lehrer Carl Orffs, war erfüllt von mystischen Gedanken. Im „Spiel vom König Aphelius" (posthume Uraufführung 1951) wird eine Reihe von Szenen (Opern-, Schauspiel- und Tanzszenen) durch eine Idee (jene von der Brüderlichkeit aller Menschen) zusammengehalten, wobei die Musik „im Schatten der Idee" bleibt und primär „Mittel zum Zweck" ist.[139] Ein weiterer Beitrag Kaminskis für die Bühne war die Oper „Jürg Jenatsch" (1929). Handwerkliches Können und Treue zur Tonalität zeigen die Opern „König Midas" (1930), „Familie Gozzi" (1934) und „Die Fasnacht von Rottweil" (1927) des bekannten Pianisten Wilhelm Kempff.

Reaktion auf die Romantik: Paul Hindemith

Paul Hindemith (1895–1963) ist ein Komponist, dessen Stil nicht zuletzt als eine Reaktion auf bzw. gegen die Romantik begriffen werden muß. Jene Romantik, in deren Spätepoche in der Musik ein farbenreich überwuchernder Klang dominierte. Die Reaktion darauf war unvermeidlich, sie schloß Konsequenzen hinsichtlich der Harmonik ein, deren Zersetzungserscheinungen die alte Harmonielehre immer fragwürdiger erscheinen ließen. Hindemith schrieb dazu in seiner „Unterweisung im Tonsatz": „Man lernte zahllose neue Zusammenhänge kennen, die melodische Linie ließ sich auf bislang unbekannte Weise biegen. Es schien, als sei die Sonne über einem fremden, schillernden und strahlenden Neuland aufgegangen, in das sich die Musiker als Entdecker stürzten."

Die Meister der Wiener Schule, Schönberg, Berg und Webern, haben das Musikgeschehen auf ihre Weise revolutioniert. Hindemith hat andere Wege beschritten, als er sich am Anfang seines Schaffens von den konservativen Kräften löste. Ein gewisser Gegenspieler der Wiener Schule war Hindemith insofern, als er sich das Vertrauen in die noch immer unerschöpflichen Möglichkeiten der Tonalität erhielt und in der lebendigen Musikausübung verwurzelt blieb, das Zwiegespräch mit dem Publikum nie verachtete, auch wenn er wohlfeile Konzessionen verschmähte. Er war ein Musiker, der sein Komponieren noch als „Handwerk" im Sinne von Johann Sebastian Bach auffaßte, jenem Meister, der sein eigentlicher Leitstern war.

Igor Strawinsky meinte, das Komponieren bedeute für ihn, eine gewisse Anzahl von Tönen in Ordnung zu bringen. Und „um das Auffinden dieser Ordnung ging es im Grunde seit den Tagen, in denen man sich um eine ‚neue Musik' bemühte".[140] Hindemith bemühte sich darum auf seine Weise.

Absolute musikalische Gestaltung lag auf der Linie dieser

neuen Ordnung und tendierte zur Abkehr vom rein gefühls-
mäßig aufzunehmenden Ausdruck, zur rein musikalischen
Form. Auf dem Gebiet des Musiktheaters führte dies – unter
vielem anderen – zur Wiederbesinnung auf die reine „Musikoper", das heißt zur Tendenz einer Stilisierung der Bühnen-
vorgänge durch primär musikalische Gegebenheiten, Rück-
führung der tausendfach zerspaltenen Gefühle auf einige
Grundtypen der Empfindung. Es gab aber auch Bezugnah-
men auf soziale Strömungen der Zeit sowie die verschiedensten Regungen der Avantgarde, die nicht zuletzt das Experiment im Sinne des „epatez le bourgeois" keineswegs scheute.

Der junge Hindemith tendierte in diese Richtung. Er war
in jene Zeit des Umbruchs hineingestellt, als um 1920 sein
Schaffen richtig einsetzte. Einer schlesischen Handwerkerfa-
milie entstammend, wurde Paul Hindemith am 16. November
1895 in Hanau geboren. Nachdem er schon als Neunjähriger
Geigenunterricht erhalten hatte, trat er ins Hochsche Konservatorium in Frankfurt ein. Bald beherrschte er das Gei-
genspiel mit absoluter Virtuosität, doch wurde die Bratsche
sein Lieblingsinstrument; 20jährig wurde er Konzertmeister
am Frankfurter Opernhaus.

Entscheidend für Paul Hindemiths Entwicklung und sein
Bekanntwerden waren vor allem die Donaueschinger Musik-
feste, wo – wie später in Baden-Baden – eifrig experimentiert
wurde. Wirksamste Komponente in der mentalen und emo-
tionalen Einstellung Hindemiths war am Anfang der zwanziger Jahre das Bekenntnis zum Expressionismus, der dem ju-
gendlich ungebrochenen Kraftgefühl des Komponisten zu
entsprechen schien. Damals, als Hindemith zu den Avantgardisten zählte, setzte auch sein musikdramatisches Schaffen
ein: Der Einakter „Mörder, Hoffnung der Frauen" (Text:
Oskar Kokoschka) entstand 1919, „Das Nusch-Nuschi"
(Text: Franz Blei) 1920. „Sancta Susanna" (Text: August
Stramm) wurde 1922 uraufgeführt. Die Premiere der beiden
anderen Hindemith-Einakter erfolgte schon 1921.[141]

Das Drama des Malers Oskar Kokoschka (1886−1980)
wollte a priori eine Provokation sein. „Nusch-Nuschi" löste
bei der Stuttgarter Uraufführung einen Skandal aus.[142] Die
Dichtungen von Kokoschka und August Stramm gehörten
zum Verwegensten der damaligen Zeit. Die beiden von Hin-

Paul Hindemith wurde einer der profiliertesten Komponisten
Deutschlands im 20. Jahrhundert.

demith vertonten Texte zeigen die expressionistische Freude
am Ungeheuerlichen und Verworrenen, sofern sie nicht auch
erotische Überdeutlichkeit bevorzugen. Der „Nusch-Nuschi"-Text war ebenfalls nicht zimperlich, er wurde von Franz
Blei als „Spiel für burmanische Marionetten" geschrieben,
der Titel bedeutet den Namen eines Fabeltiers.

Das Kokoschka-Drama „Mörder, Hoffnung der Frauen"
(geschrieben 1907, erschienen 1910) behandelt den Kampf
der Geschlechter, in dem der Mann siegt. Die Handlung ist
unkonkret im naturalistischen Sinn. Das Ganze erscheint im
Bereich von Trieben, Gefühlen und Vorstellungen angesie-
delt, es genügen zergehende Bilder und Symbole. Auf eine
Handlung konventioneller dramatischer oder epischer Art
kommt es nicht an; nur auf den schwebenden und lastenden
Prozeß, der sich zwischen den Geschlechtern vollzieht. Der
knappe Dialog hat starke Ausdruckswerte. Düstere Eindringlichkeit und schonungslose Intensität in expressionistischer Mentalität geben dem Stück das Gepräge. Kokoschka
komme, wenn er sich dazu treiben läßt, mit Worten zu gestalten, zur dramatisch bewegten Pantomime, schrieb ein Kritiker zur Uraufführung des Stückes.

„Mörder, Hoffnung der Frauen" ist Hindemiths op. 12.
Die Zeit der „Handlung": das Altertum; die Szene: Turm mit
großer Eisentüre, Nachthimmel, Fackellicht. Als der Vorhang aufgeht, sieht man den Mann, mit weißem Gesicht,
blaugepanzert, mit Stirntuch, das eine Wunde bedeckt, und
eine Schar von Kriegern, auf dem Boden kriechend, wilde
Köpfe mit grauen und roten Kopftüchern, weißen, schwarzen
und braunen Kleidern, Zeichen auf den Kleidern, nackten
Beinen, hohen Fackelstangen. Die Krieger versuchen müde
und unwillig den fortstürmenden Abenteurer zurückzuhal-
ten, reißen sein Pferd nieder, schreien mit langsamer Steigerung auf: „Wir waren das flammende Rad um dich, Bestür-
mer verschlossener Festungen. Führ' uns, Blasser!" Nun steigen Mädchen mit der Führerin eine Stiege herab, die aus der
Burgmauer führt. Die Frau trägt rote Kleider, offenes gelbes
Haar, ist groß. „Mit meinem Atem erflackert die blonde
Scheibe der Sonne. Mein Auge sammelt der Männer Froh-
locken. Ihre stammelnde Lust kriecht wie eine Bestie um
mich." So singt die Frau. Die Mädchen lösen sich von ihr los,
sehen erst jetzt den Mann. Die Frau fragt: „Wer ist der Fremde, der mich ansah?" Im Dunkel expressionistischer Worte
und Stimmungen vollzieht sich die Begegnung der Geschlechter. Die Stimmung der Mädchen und der Frau schwankt zwischen Gebanntsein und Angst. Da befiehlt der Mann den
Kriegern, der Frau mit heißem Eisen ein Zeichen ins Fleisch

Ludwig Sievert gestaltete 1922 das Bühnenbild zu Paul Hindemiths expressionistischem Einakter „Mörder, Hoffnung der Frauen".

zu brennen. Die Krieger reißen ihr das Kleid auf und brandmarken sie. Diese aber springt auf den Mann los und schlägt ihm mit einem Messer eine Wunde in die Seite. Der Mann fällt, die Krieger wenden sich nun von ihm ab und verleugnen ihn: „Flieht den Besess'nen, erschlagt den Teufel ... Kommt, ihr Griechenmädchen, laßt uns Hochzeit halten!"

Während sich die Mädchen zu den Kriegern auf den Boden legen, machen drei Krieger aus Stricken und Ästen eine Bahre und stellen sie mit dem sich schwach bewegenden Mann in den Turm. Das Gittertor wird zugeworfen ...

„Blasser, schrickst du? Furcht kennst du? Schläfst du bloß? Wachst du? Hörst du mich?" Das sind die Fragen, die wenig später die Frau, mit dem Arm durchs Gitter langend und keuchend, an den Mann richtet, der zuerst mühsam den Kopf hebt, dann langsam aufsteht, während die Frau wieder die Stiege hinaufschleicht, zitternd am ganzen Körper, laut lachend: „Ein wildes Tier zähm ich im Käfig hier, bellt dein Gesang vor Hunger?"

„Du stirbst nicht?" ist eine nächste Frage der Frau. Worauf der Mann romantisch-orakelhaft antwortet: „Sterne und Mond! Frau! Hell leuchten im Träumen oder Wachen sah ich ein singendes Wesen. Atmend entwirrt sich mir Dunkles ..."

Der Inhalt des folgenden kurzen Dialogs schwankt zwischen Sehnsucht der Frau und Angst des Mannes, zwischen konkreten und unkonkreten Gedanken und gipfelt im Aufschrei der Frau: „Ich will dich nicht leben lassen. Du! Du schwächst mich. Ich tötete dich, du fesselst mich! ... Laß los von mir ..." Da reißt der Mann das Tor auf, er berührt die sich starr Aufbäumende, die ganz weiß ist, mit den Fingern der ausgestreckten Hand. Die Frau spürt ihr Ende ... Im Fallen entreißt sie dem aufstehenden Alten, einer weiteren Gestalt des Stücks, die Fackel, die ausgeht und alles in einen Funkenregen hüllt. Krieger und Mädchen wollen vor dem Mann fliehen, er geht ihnen entgegen, wie Mücken erschlägt er sie. Die Flamme greift auf den Turm über und reißt ihn von oben nach unten auf. Durch die Feuergasse enteilt der Mann. Ganz ferne erklingt ein Hahnenschrei ...

Das ist Theater des Expressionismus in Reinkultur. Man muß die „Handlung" eines solchen Stückes skizzieren, um dessen ganzes Klima anschaulich zu machen. Das gilt nicht minder für die anderen frühen Einakter des Komponisten. Inhaltsangabe ist zugleich wesentliche Charakterisierung.

Der junge Hindemith fühlte sich von diesem Bühnenexpressionismus angesprochen. Seine Musik entsprang „seinem ehrlichen Widerwillen gegen alles romantisch Gefühlige und seinem Spaß an der Provokation".[143] Wagner, die Spätromantik und Debussy bedeuteten für ihn keine Faszination mehr. Dennoch wäre die Ansicht, Hindemith verzichte in „Mörder, Hoffnung der Frauen" auf Wirkung im Sinne der Romantik, keineswegs voll zutreffend. Die expressiven Ausdrucksmittel fußen durchaus auf dem Boden der romantischen Tonsprache. So mancher expressionistische Aufschrei in dieser Hindemith-Partitur steht der übersteigerten Romantik näher als der späteren rein musikbezogenen Neuen Sachlichkeit.

Der bloße Schönklang freilich wird aufgegeben, die Dissonanz ist wichtiges Ausdrucksmittel, die tonalen Bindungen erscheinen gelockert. Daß sich die Musik hier niemals in kleinliche naturalistische Ausdeuterei verzettelt – der Hahnenschrei ist hiervon ausgenommen –, dies liegt natürlich keineswegs in der Emanzipation der Musik vom Wort begründet, sondern darin, daß dieser Text kaum eine Gelegenheit zu kleinbürgerlichem Naturalismus gibt. Sehr wohl aber nimmt die Musik auf das expressionistische Kolorit, die geistige Stimmung des Sujets Bezug und schmiegt sich so auch dem Text an. Auf der ganzen Linie spürt man, daß hier junge konzessionslose Kräfte am Werk sind. Es ist ein ebenso unbekümmerter wie elementarer Umgang mit den Klangmitteln, mit den Mitteln der Harmonik festzustellen, ebenso aber auch die Fähigkeit zu dramatischem Zupacken, die sich nicht zuletzt in der Schlußszene eindrucksvoll bewährt. In einem packenden Crescendo wird der Schlußakkord in cis-Moll erreicht. – Alles in allem darf Hindemiths „Mörder, Hoffnung der Frauen" als ein Werk bezeichnet werden, in dem sich eine ebenso starke Kraftprobe wie künstlerische Zeitsymptomatik manifestiert.

Auch „Sancta Susanna" ist ein knapp gehaltenes Werk (40 Seiten Klavierauszug). Nur wenige Personen agieren: Susanna (Sopran), Klementia (Alt), eine alte Nonne (Alt), eine Magd und ein Knecht (Sprechrollen). Der Einakter erzählt eine Story von Sinnenlust in Klosterschwesternmilieu. Vermischt mit den Registern einer Schauergeschichte, wird eine psychische Studie gezeigt, ein erotischer Alptraum, wie eine junge Nonne eine Vereinigung von sinnlicher Begierde und metaphysisch bedingter Hingabe erlebt. Hindemith schrieb dazu eine zum Teil fast illustrative, stets aber sehr expressive Musik, welche dem Charakter einer handfesten Oper bzw. eines Musikdramas entspricht. Dessen Kräfte sind in „Sancta Susanna" noch stärker als das Prinzip der Stilisierung, sosehr man auch dieses vorbereitet finden mag. Die ganze expressionistische Hitze erotischer Ekstatik wird suggeriert. Es ist der musikdramatische Wurf einer gärenden Begabung. Das Vorspiel beginnt mit einem weitgespannten

Thema, von dem die Analyse festgestellt hat, auf seiner Abwandlung beruhe das ganze Werk. Dieses „Hauptthema" ist tatsächlich eine musikalische Kraftlinie, die das ganze Werk durchzieht und in den verschiedensten Situationen eine entsprechende Akzentuierung des musikalischen Geschehens bewirkt, etwa im Verlauf der erotischen Ekstase Susannas vor dem Kreuz. Strobel findet in diesem Thema jene neue melodische Gesinnung zur Geltung gebracht, die über die Erregtheit des dramatischen Ausdrucks triumphiert. Doch wird andererseits diese Erregtheit auch in diesem Operneinakter deutlich, in welchem durchaus nicht versucht wird zu objektivieren.

In der Harmonik gibt die „Sancta Susanna"-Partitur die tonalen Bindungen nicht ganz auf. Chromatik ist sehr bestimmend für die Melodiebildung.

Blieb in dem Kokoschka-Einakter wenn schon nicht alles, so doch manches unklar, so war es in „Sancta Susanna" um so klarer. Gleiches gilt für „Das Nusch-Nuschi", das einaktige Spiel für burmanische Marionetten, das umfangreichste, auch personenreichste und aufwendigste der drei frühesten Bühnenwerke Paul Hindemiths.

Die Stimmenvielfalt im Klangbild dieses Werkes unterstreicht ein Hinweis, der im Klavierauszug gegeben wird: Um ein getreues Abbild der Partitur zu vermitteln, sei versucht worden, möglichst viele Stimmen im Auszug wiederzugeben, wobei allerdings auf gute Spielbarkeit naturgemäß keine große Rücksicht genommen werden konnte. Es werde „von dem Spieler des Klavierauszuges erwartet, daß er versteht, aus dem gegebenen Material das auszusuchen, was ihm am besten spielbar dünkt".

Manche der Rollen können von demselben Sänger oder Darsteller übernommen werden. In der Personenliste finden wir: den Kaiser von Burma (Baßpartie), seinen Kronprinzen (Sprechrolle), den Feldgeneral Kyce Waing, einen Zeremonienmeister, einen Henker, einen Bettler (Bässe), den Eunuchen des Kaisers (Tenorfalsett), den schönen Zatwai (stumme Rolle), seinen Diener Tum tum (Tenorbuffo), die vier Frauen des Kaisers, Bajaderen, Mädchen, Dichter, zwei dressierte Affen.

Gleich nach Beginn der Musik (Vortragshinweis: „schnell

und sehr lustig") geht der Vorhang auf. Die Szene stellt eine nächtliche mondbeschienene Straße dar. Tum tum stellt sich vor: „Ich bin der Diener des schönen Herrn Zatwai ... Mein Herr ist sehr verliebter Artung, und ich bekomme immer die Schläge, wenn es schlecht ausgeht." Dieser Herr Zatwai hat es sich nun in den Kopf gesetzt, eine Frau des Kaisers habe ihm am Morgen vom Fenster aus ein gewisses Zeichen gemacht ... Tum tum soll sie nun holen, er weiß aber nicht, welche von den vier Frauen es war, und holt gleich alle vier, die auch durchaus bereit dazu sind. Tum tum aber will sich um einen anderen Herrn umsehen. In der schwülen Nacht, in der die Nusch-Nuschis gern aus dem Fluß kommen, begegnet er einem alten betrunkenen Feldgeneral. Und nun erscheint ein Nusch-Nuschi, halb große Ratte, halb Kaiman. Auf ihm sitzt lächelnd der Gott des Verlangens, Kamadewa, der Tum tum zu Dank verpflichtet ist, weil er den Frauen half. Bei der folgenden Prügelei erstickt das Tier unter der Last des Generals, der Tum tum hierauf als seinen Lebensretter engagiert.

Ein längeres Zwischenspiel leitet zum zweiten Bild über: Gemach des schönen Herrn Zatwai. Außer diesem sind da die vier kaiserlichen Frauen, zwei Bajaderen, zwei zahme Affen sowie Verschnittene, die eine leise Musik zum Tanz der Mädchen machen. Während des Tanzes verläßt Zatwai viermal das Gemach, jedesmal mit einer anderen der vier Frauen ...

Das dritte Bild führt in den Gerichtssaal beim Kaiser. Tum tum gesteht, daß er tatsächlich die Frauen zu seinem Herrn gebracht habe; als diesen aber gibt er – Kyce Waing an, an dem nun zur Strafe die „höchst unbeliebte Operation" vorgenommen werden soll. Allerdings: Der Henker fühlt sich blamiert, als er feststellen muß, daß das Urteil zu vollstrecken nicht mehr nötig war. Das mit großem Gelächter und einem bewegten Tableau schließende Stück paßte zweifellos zur Haltung des jungen Hindemith, der sich spottend von seiner Vergangenheit abstieß. Nichts kann dies besser illustrieren als die Stelle mit dem Tristan-Zitat. Hindemith spottet hier über das Pathos des großen Musikdramas. Als Kyce Waing in Verdacht gerät, die vier schönsten Frauen des Kaisers entführt zu haben, stöhnt dieser auf: „Mir dies, Kyce Waing, mir dies! Wohin nun Treue, da er sie verriet! Wohin nun Ehr' und

Eine Art von dadaistischem Sketch ist Hindemiths
„Hin und zurück", unter anderem in der Saison 1927/28
in Darmstadt aufgeführt.

echte Art …" Das sind Worte und Noten des Königs Marke
aus Wagners „Tristan". Diese Persiflage des Bayreuther Meisters in einer von erotischen Überdeutlichkeiten strotzenden
Handlung war dem Premierenpublikum zuviel, nicht zuletzt
deshalb führte die Uraufführung zu einem Skandal.

Auch im „Nusch-Nuschi" gibt sich Hindemith vor allem
der Freude am freitonalen Linien- und Klangspiel hin, das
durch den Charakter des Sujets allerdings zusätzliche Farbak-
zente erhält. Einzelne Figuren stehen zweifellos in Beziehung

zur Commedia dell'arte, eingesponnen in orientalisch märchenhafte Romantik. Buffoneske Züge sind nicht zu überhören.

Chronologisch gesehen, ist das nächste Bühnenwerk von Hindemith, der 1927 als Leiter einer Kompositionsklasse an die Berliner Hochschule für Musik berufen wurde, die Oper „Cardillac", die in ihrer ersten Fassung im Jahr vor dieser Berufung entstand und uraufgeführt wurde (Dresden, 1926). Dieses Werk repräsentiert nun nicht mehr den jungen Komponisten, der Freude am Experiment hat und sich nicht scheut, als Bürgerschreck zu wirken. Aber zwei musikalische Bühnenwerke, die etwas später entstehen, sind gar wohl noch Kompositionen jenes Hindemith, der sich gerne einen Spaß leistete: „Hin und zurück", ein „Sketch mit Musik" (Text von Marcellus Schiffer, 1927 entstanden, im Juli desselben Jahres in Baden-Baden uraufgeführt), und die komische Oper „Neues vom Tage" (ebenfalls mit Text von Marcellus Schiffer, komponiert 1928/29, uraufgeführt an der Berliner Kroll-Oper im Juni 1929). Der Titel des Sketches ist wörtlich zu nehmen, denn die Handlung führt wirklich hin und zurück. Eine kräftige Prise Dadaismus ist in dem Stück enthalten, das, nimmt man es hintergründig, auch als Darstellung von Fragwürdigkeit und Leere des Lebens aufgefaßt werden könnte. Aber Hindemith hatte wohl in erster Linie seinen Spaß an diesem „Unsinn". Von dem man auch gemeint hat, es sei eine Parodie auf die Ehekatastrophen der Schundfilme.

Die Art und Weise, wie dieser Sketch komponiert wurde, verleugnet jedenfalls nicht die echte Hindemith-Handschrift. Es ist eine Spielmusik mit etlichen parodistischen Pointen, die Linienführung kümmert sich nicht sonderlich viel um konventionelle Harmonik. Das Orchester besteht aus Flöte, Klarinette, Altsaxophon, Fagott, Trompete, Posaune, zwei Klavieren und Harmonium.

Zum kompletten Hindemith-Bild gehört dieser Sketch dazu. Umfangreicher ist das zweite Werk, in dem der Komponist dem Spaß huldigt: „Neues vom Tage". Als Oper in drei Teilen uraufgeführt, kam das Opus später (1954) in einer zweiaktigen Fassung (in Neapel!) heraus.

Die artistische Seite seiner Musik werde hier, so meint Hindemiths Biograph[144], „im Bereich des Spielerischen bis zum äußersten getrieben". Das Menschliche verschwinde hinter dem Spiel der Formen und Klanglinien, die romantische Ausdrucksmusik werde in dem Kitschduett des ersten Aktes parodiert. „Neues vom Tage" sei der stärkste Pendelschlag von Hindemiths Schaffen nach der „Neuen Sachlichkeit" hin, von der man damals soviel sprach.

Ohne den Trend zur „Neuen Sachlichkeit" zu betonen, mag man dazu feststellen, daß es in solch einer heiteren Oper auch gar nicht am Platz gewesen wäre, romantische Ausdrucksregister zu bemühen. Die Musik, die Hindemith hier schrieb, ist locker und beweglich geführt und pointiert. „Mäßig schnell" und „sehr frisch" setzt die instrumentale Einleitung ein. Der parodistischen Laune entspringt nicht nur besagtes Kitschduett, sondern auch die ganze Art des angewandten Humors. War Hindemith also ein echter Buffokomponist? Da er es eigentlich doch nicht war, obwohl er Freude am Spielerischen und Sinn für Humor hatte, so wundert es nicht, daß „Neues vom Tage" unterschiedlich qualifiziert worden ist: als wichtiges Werk in der Entwicklung Hindemiths wie als mißlungener Versuch am untauglichen Objekt.

Die seinerzeitige Rezeption dieser heiteren Oper wurde natürlich dadurch mitbestimmt, daß der Text sehr ungeniert und hemdsärmelig eine Szenenfolge entwarf, die damals durchaus als „Neues vom Tage" gelten durfte, während heute das Ganze nur noch als ein Cocktail von gestern wirkt. Was einst die Gemüter erregte und später zeitweilig als „entartete Kunst" klassifiziert wurde, das ist heute längst nicht mehr sensationell.

Es ist eine sehr bunte Handlung, die uns die Autoren da zumuten: eine banale Scheidungsgeschichte, Verspottung der Sensationslust und der Sensationspresse, Persiflage des Managertums und des modernen Unterhaltungsbetriebs. Auf Grund der Mischung von Oper, Operette und Revue darf „Neues vom Tage" als eine echte Mixtur der „tollen zwanziger Jahre" gelten. Protagonisten in der Badewanne – das sah man auf der Bühne nicht alle Tage. Die Handlung hätte zweifellos auch Stoff für ein Drehbuch werden können, und es war vielleicht ein Fehler, daß Hindemith eine Oper daraus gemacht hat, die als Modeerscheinung zwangsläufig dazu neigen mußte, zu verblassen. Aber wenngleich Hindemiths

Im „Cardillac" gelangen Paul Hindemith auch wirkungsvolle Massenszenen.

„Neues vom Tage" kein unbestritten großer Wurf ist, so steckt doch eine Menge musikantischer Einfälle in diesem Stück, die auch parodistische Laune spüren lassen.

Die weltanschaulich orientierte Kritik wandte sich gegen den frühen Hindemith, insbesondere gegen „Sancta Susanna", andere begrüßten das starke Talent moderner Richtung. Und behielten recht. Freilich: Das, was da den Widerspruch auslöste, waren primär die Texte, die Sujets. Was aber eigentlich Hindemith kennzeichnete – den Musiker Hindemith –, das war die Abkehr vom romantischen Operntypus, die Neigung zu linearer Formgestaltung, zu autonomer Musiziergesinnung, die dann vor allem der Oper „Cardillac" das Gepräge gibt.

Hier in „Cardillac" steht ein hochromantisches Sujet – E. T. A. Hoffmanns Geschichte von dem Goldschmied, der, weil er sich von seinen Schöpfungen nicht trennen kann, die Käufer seiner Juwelen erdolcht – einer denkbar sachlichen, unromantischen Musik gegenüber. Alte Formen wie eine Passacaglia als Chorfinale liefern das „Gerüst". Die im Zuge der Lösung von der Romantik erfolgende Neuordnung der musikalischen Elemente führt u. a. zur neuen Anwendung der Nummernoper und eben auch der alten Formen. „Damit konnte am entscheidendsten die Abkehr vom Musikdrama vollzogen, die Oper als rein musikalisches Ereignis konzipiert werden."[145]

Verbunden damit war eine neue Einstellung zum Wort-Ton-Problem. Allzu einfach und verallgemeinernd freilich ist es, zu behaupten[146], das Musikdrama habe das Wort-Ton-Problem dadurch gelöst, daß es die Musik dem dramatischen Verlauf *unterordnete*. Von „Unterordnung" der Musik kann etwa bei Wagner nicht die Rede sein, und auch andere Komponisten haben den Primat der Musik gegenüber Sujet und Wort gewahrt, ohne deshalb antiromantisch zu sein. Vielmehr ist es auch ein anderer Ausdruckswille, der nun die Autonomie der Musik begehrt. Die Tendenz zur Objektivierung der Oper, zur Oper als rein musikalischem Ereignis hat ihre Meriten. Daß darin *die* Lösung des Opernproblems liege, muß allerdings bezweifelt werden. Gewisse problematische Züge in Hindemiths „Cardillac" motivieren diese Zweifel.

Worin liegt nun diese Problematik? Strobel konzediert, es ergebe sich ein innerer Widerspruch zwischen dem Musikwillen, der äußerste Stilisierung (und damit Typisierung) anstrebt, und einer Handlung, in deren Mittelpunkt ein pathologischer Sonderfall steht. Die Gestalt des Hoffmannschen Goldschmiedes Cardillac sei schärfster Kontrast zum Typus der Musik, der Titelheld der Oper eine heroische Figur, die am Schluß durchaus im Sinne der Romantik glorifiziert wird.

Die Bezeichnung „innerer Widerspruch" stimmt. In Hindemiths „Cardillac" erscheint die dramatische Ausdrucksintensität bei weitem nicht so stark wie in Alban Bergs „Wozzeck", obwohl dieser insofern vergleichbar ist, als hier ebenfalls absolute musikalische Formen das Gefüge der Komposition bestimmen. Aber Berg war trotzdem eine andere, musikdramatischere Natur als Hindemith. Berg blieb letzten Endes ein Ausdrucksmusiker, der nicht gegen die Romantik revoltierte, auch wenn er die Sprache der Musik weiterentwickelte. Die „Cardillac"-Partitur aber beruht auf Hindemiths Instrumentalmusik. Formen und Ausdruckswerte der Kammermusiken werden auf die Oper angewendet, auf die dramatischen Situationen projiziert.

Obwohl E. T. A. Hoffmanns Novelle „Das Fräulein von Scuderi" auf historische Quellen und Personen zurückgreift – der Name René Cardillac stammt aus Voltaires Schrift „Siècle de Louis XIV." (Paris 1751) –, ist sie eine erzromantische Geschichte. Wir finden die Story, deren Handlung im 17. Jahrhundert in Paris spielt, bei E. T. A. Hoffmann im dritten Teil der Novellensammlung „Die Serapionsbrüder". Die Dame, die als Titelgestalt der Novelle aufscheint, hieß Madeleine de Scudéry (1607–1701) und war Verfasserin galanter Gedichte und Heldenromane, Mittelpunkt preziöser Gesellschaftskreise. Ferdinand Lion (1883–1965), Hindemiths Librettist, hat die Gestalt des Fräuleins von Scudéry, die in den romantisch verbrämten Kriminalfall verwickelt wird, nicht in seinen Text übernommen, in der ersten Fassung fehlt auch die Figur des Goldschmiedgehilfen Olivier, der, in Cardillacs Tochter verliebt, die Handlung der Erzählung ins Rollen bringt und schließlich durch sein Bekenntnis gegenüber dem Fräulein zur Aufklärung der dunklen Begebenheiten so entscheidend beiträgt. Im Personenverzeichnis der Oper scheinen die handelnden Personen, gleichsam im Sinne der objektivierenden Tendenz, nicht mit Namen auf: Die Tochter (Sopran), Der Offizier (Tenor), Der Goldhändler (Baß), Der Kavalier (Tenor), Die Dame (Sopran), Der Führer der Prévoté (hoher Baß).

Lion und Hindemith haben sich nur in einigen wesentlichen Grundzügen an die Hoffmannsche Novelle gehalten. So entfällt etwa auch die phantastische Motivierung von Cardillacs Verhalten. Er, „einer der kunstreichsten und zugleich sonderbarsten Menschen seiner Zeit" (so heißt es bei Hoffmann), ist gleichsam ein „Gezeichneter", seine Veranlagung ein Vererbungsphänomen, auf ein Erlebnis seiner Mutter während ihrer Schwangerschaft zurückzuführen: da sie sich in die blitzende Juwelenkette eines Kavaliers verliebte und dieser während einer brünstigen Umarmung vom Schlag getroffen wurde. Die Schrecken jenes fürchterlichen Augenblicks hatten sich auch auf das Kind im Mutterleib übertragen, Cardillacs „böser Stern" war aufgegangen und hatte eine verderbliche Leidenschaft entzündet: die zwanghafte Liebe zu Gold und Diamanten, den dämonischen Drang, ein kostbares Geschmeide, woran er seine Künstlerschaft verwandt, durch Mord an dem neuen Besitzer wieder an sich zu bringen.

Man kann dieses Verhalten Cardillacs verschiedenartig deuten: als Symbol besessener Hingabe des schöpferischen Menschen an sein Werk oder auch schlechthin als Drama des schöpferischen Menschen, der seine Seele in sein Werk legt und auf Grund seines Wesens mit der Umwelt, mit den Normen der Gesellschaft in Konflikt kommen muß. Man mag die Geschichte aber auch losgelöst vom Künstlerischen sehen: Cardillac als pathologischen Monomanen, als Verkörperung des Menschen, den angeborener verhängnisvoller Zwang zu Untaten treibt und der ausgeliefert ist an rätselhaft dämonische Mächte.

Wie dem auch sei – objektivierend dem beikommen zu wollen, birgt eine unleugbare Problematik. Und in der Oper Hindemiths fühlt man doch allzu deutlich das Fehlen der romantischen „Originalatmosphäre" im Musikalischen. Die Musik ist nicht illustrativ, nicht aus der Stimmung geboren. Kann unter diesem Aspekt gesagt werden, die Musik laufe streckenweise neben der Handlung her, so ist von anderer Seite die gerade dadurch manifestierte Primärstellung der Musik begrüßt worden: in bezug auf das Cardillac-Sujet in dem Sinne, daß nicht echtes Leben gestaltet werden sollte, sondern die Illustration eines Problems im Vordergrund stehe. Und so meinte auch Strobel[147], das Neue und Überzeugende an dieser Partitur bestehe darin, „wie sich die Form jeweils der dramatischen Forderung anpaßt und wie sich aus den höchst charakteristischen Themen die Nummern in engste Bezogenheit zur Szene als rein musikalische Gebilde entwickeln".

Sicher gibt es auch andere berechtigte Ansatzpunkte zu kritischer Wertung des „Cardillac". Unbestritten bleibt, daß dieses Werk die konsequente Verwirklichung von Hindemiths musikalischem Gestaltungswillen auf dem Gebiet der Oper ist: eben zu einer rein musikalischen Formung des Bühnengeschehens zu gelangen.

Folgen wir dem Geschehen in der ersten Fassung des Werkes, so finden wir dieses in drei Akte (vier Bilder) gegliedert. Erstes Bild: ein freier Platz in der Stadt. Die Volksmenge erregt sich über einen neuen Mord, der Täter muß sich in ihren Reihen befinden; denn: Die Mörder sind unter uns, viele sind Mörder! Der Führer der Polizeiwache ruft (in melismatisch angereichertem Gesang) zur Ordnung und verkündet, der König werde angesichts geschehener Verbrechen einen neuen Gerichtshof einsetzen. Während sich die Menge zerstreut, geht der hochgeachtete Goldschmied vorbei und wird respektvoll gegrüßt. In der dritten Szene, im Gespräch der Dame mit dem Kavalier, erfährt man Einzelheiten über die bösen Vorfälle, die sich ereignen: Hat jemand eines der Kunstwerke Cardillacs gekauft, wird er bald darauf ermordet. Die Dame stellt nun dem Kavalier, der sie verehrt, eine Mutprobe: Wenn er nichts, auch den Tod nicht, fürchte, dann bringe er ihr „das Schönste, was Cardillac je schuf".

Der Kavalier ist bereit. In einer Arie artikuliert er seine Stimmung: zu wählen von den Waagschalen dieser Welt; auf der einen liegt die Nacht der Liebe, auf der anderen die Nacht des Todes. Die instrumentale Linienführung der Stimme, da und dort mit Melodiebogen auf einer Wortsilbe, bringt klar zum Ausdruck, was Hindemith unter rein musikalischer Formung in der Oper verstanden hat. Man hat das, im Gegensatz zum romantischen Ausdruck, auch als „Neue Sachlichkeit" charakterisiert.

Rudolf Klein hat mit seinen „Bemerkungen zu den beiden Fassungen des Marienlebens[148]" von Hindemith recht, wenn er feststellt, daß der Komponist „kaum jemals einen wirklich profunden Unterschied zwischen vokaler und instrumentaler Linie gemacht" habe. Die spezifischen Erfordernisse der Singstimme hat Hindemith weder in der ersten noch in der zweiten Fassung dieser Lieder nach Texten Rilkes berücksichtigt, wenngleich er anläßlich der Neufassung (1948) selbstkritisch zu seinem Stil der zwanziger Jahre Stellung nahm: Der Weg der Gesangslinie sei in sehr vielen Fällen von Erwägungen nichtvokaler Natur diktiert, „sie enthielt schwer ausführbare (und manchmal sogar fast unmögliche) Fortschreitungen, unausgewogene Chromatik, widrige Intervallsprünge und tonal Inkommensurables". Man suchte, sagt

Hindemith, damals eben nach neuem melodischem Ausdruck, die Überzeugung war, daß der Sänger jede Schwierigkeit überwinden müsse. Heute wisse man, wie falsch diese Einstellung war ...

Grundsätzlich gilt das im Zusammenhang mit dem „Marienleben" Gesagte auch für die Oper „Cardillac". Das zweite Bild dieses Werks in der Erstfassung führt in das Schlafzimmer der Dame, die wir in Erwartung des Kavaliers finden. Dieser erscheint in einer Szene, die als Pantomime („sehr graziös"), musikalisch als „Duett für zwei Flöten", gestaltet ist, und präsentiert den Schmuck, zeigt sich bezaubert von der Schönheit der Frau. In die ersten Momente liebevoller Annäherung bricht das Erscheinen einer dunklen maskierten Gestalt, der am Bett kniende Kavalier wird erdolcht. Dazu hat die Musik ausgesetzt, erst zur „raubvogelhaften Flucht des Mörders" setzt sie, so der Hinweis im Textbuch, wieder ein.

Im zweiten Akt sehen wir den Goldschmied Cardillac, in seiner Werkstatt am Tische sitzend, an einem neuen Schmuckstück arbeitend, im Banne des Goldes stehend. Der Goldlieferant, der Cardillac aufsucht, ahnt, daß dessen Schaffen „kein Menschliches" ist. Bevor die beiden die Werkstatt verlassen, trägt Cardillac seiner Tochter auf, die Schätze zu hüten.

Die folgende Arie der Cardillac-Tochter ist neuerlich signifikant für Hindemiths Ausdruckswollen in dieser Oper: ein Stück mit konzertierenden Instrumenten (Violine, Oboe, Horn), mit einer spröden, instrumental geführten Singstimme. Die Tochter schwankt zwischen der Bindung an das Vaterhaus und der Absicht, mit dem Geliebten, einem Offizier, zu fliehen. Im folgenden Duett der beiden beobachten wir dann eine verstärkte Sanglichkeit im Vokalpart. Der Offizier entscheidet sich, das Gespräch mit Cardillac zu suchen. In einem weiteren Duett, einem Fugatosatz, artikulieren Cardillac und seine Tochter ihre Gefühle: *sie* weiterhin im Zwiespalt ihrer Gefühle, *er* im Bann des Goldes, das allein ihm Lebenskraft gibt. In eine schwierige Situation gerät der Goldschmied, als nun der König höchstpersönlich und samt Gefolge bei ihm eintritt, um Schmuck zu kaufen. Doch will Cardillac auf kein Geschäft eingehen. „Er hätte sterben müssen!"

schreit der Goldschmied auf, nachdem der König die Werkstatt des seltsamen Mannes verlassen hat.

Der Offizier aber findet den Meister sehr versöhnlich. Als er das Schönste begehrt, was Cardillac geschaffen, ist dieser gern bereit, dem Werbenden die Tochter zu geben: denn er könne nicht lieben, was ihm nicht ganz gehört. Nur das, was er geschaffen, bleibt ihm treu, aus den Werken saugt er seine Kraft ... In diesem Moment ist der Offizier überzeugt, das Geheimnis enträtselt zu haben. Und darum will er eine Kette kaufen. Als sie der Goldschmied verweigert, wirft der Offizier das Geld auf den Tisch und nimmt das kostbare Schmuckstück mit sich.

Mit einer Arie, einem düsteren Monolog Cardillacs, schließt nun der Akt. Von Mondlicht beschienen, sitzt der Goldschmied an seinem Arbeitstisch, beginnt eine neue Arbeit. Doch wie magisch zieht ihn die Stelle an, wo die vom Offizier gekaufte Kette gelegen. Der Dämon ergreift ihn aufs neue. Cardillac maskiert sich, wirft den schwarzen Mantel um, schreitet zu neuer Mordtat ...

Der Schauplatz des nächsten Bildes (dritter Akt) ist eine nächtliche Straße. Cardillacs Attentat auf den Offizier mißlingt. Der Goldhändler, der Cardillac nachspioniert hat, ruft das Volk aus der nahen Taverne herbei: Er kenne den Täter, es sei Cardillac. Doch als man diesen, gefolgt von seiner Tochter, herbeiführt, leugnet der Offizier, daß es der Goldschmied gewesen sei. Cardillac ist überrascht, dann jedoch angewidert von der Verehrung, die ihm die Menge darbringt. In der großen Schlußszene, in einer Passacaglia mit einem wuchtigen Thema und 22 Variationen, wird ein Wechselgesang Cardillacs mit dem Volke aufgebaut. Die Auseinandersetzung steigert sich immer mehr, die Menge fordert Aufklärung, beschwört Cardillacs Wissen, bis sich dieser schließlich selbst als der gesuchte Mörder bekennt und hierauf von der erregten Menge getötet wird. Im Sterben küßt der Goldschmied die Kette am Hals des Offiziers, mit einem feierlichen Gesang endet die Oper.

Fassen wir die Eindrücke zusammen, so ist zu sagen: Hindemith hat dieses Bühnenwerk in einem eigenwilligen, herben Klangstil von ausgeprägt modernem Charakter gestaltet, ohne bei aller Freizügigkeit in der Harmonik wie im linear angelegten Satz die alten tonalen Bindungen ganz aufzugeben. Tonale Zentren bleiben spürbar, starke polyphone Elemente sind wirksam. Als das neuartigste Stück der Partitur in bezug auf die musikalische Stilisierung eines Bühnenvorgangs ist das erwähnte Flötenduett bezeichnet worden, das die Pantomime Dame – Kavalier kontrapunktiert. Trotz Stilisierung brechen im „Cardillac" aber immer wieder dramatische Akzente durch, großen dramatischen Komplexen stehen solche von intimer Haltung gegenüber. Den Singstimmen sind schwierige Aufgaben gestellt, es ist keine Sängeroper alten Stils, vielmehr „ein Standardwerk der sogenannten Musikoper, wo in absoluten Formen, oft in reizvoll-paradoxem Barock, gegen die Ästhetik einer gefühlsbetonten Musik aufbegehrt wird".[149]

Die „Cardillac"-Uraufführung fand 1926 in Dresden statt. Sofern das Werk heute gespielt wird, dominiert die Tendenz, diese Urfassung zu verwenden. Hindemiths zweite „Cardillac"-Version erlebte ihre Premiere in Zürich im Jahre 1952. Die gravierenden Unterschiede zwischen erster und zweiter Fassung zeigt schon das Personenverzeichnis. Es nennt neben dem Goldschmied und dessen Tochter nun auch jenen Gesellen Cardillacs, der, wie schon gesagt, in Hoffmanns Novelle eine große Rolle spielt. Weitere Personen des Geschehens (nun vier Akte „nach einer Bühnenhandlung von Ferdinand Lion", Text *und* Musik von Paul Hindemith) sind „Die erste Sängerin der Oper", „Der Offizier", „Der junge Kavalier", „Der reiche Marquis". Die Oper setzt mit dem gleichen Vorspiel ein, erst die zum ersten Choreinsatz führenden Takte sind gegenüber der ursprünglichen Fassung verändert, in der Folge haben wir zum Teil eine völlige Neufassung des Textes, einen neuen Handlungsverlauf und auch zahlreiche musikalische Änderungen zu registrieren. So etwa ist das Musikstück Nr. 4, in der Erstfassung eine Arie des Kavaliers, nun zu dessen Duett mit Meister Cardillac geworden. Eine ganz neue Szenerie bringt der dritte Akt: die Académie Royale, den Schauplatz einer Lully-Aufführung, gleichsam als barockes Intermezzo eingefügt. Die Meinung, dieser neue dritte Akt wirke eher wie ein Fremdkörper, ist nicht von der Hand zu weisen. Wahrscheinlich trägt er einiges dazu bei, daß die Aufführungspraxis doch lieber nach der Urfassung greift;

zumal die vokalen Vereinfachungen bzw. die melodisch faß-licheren neuen Passagen das Werk als Ganzes keineswegs „kulinarischer" gemacht, aber die stilistische Einheit etwas gestört haben. Grundlegend verändert hat sich der Charakter der Musik nicht. Ihre objektivierende Tendenz erlaubt es, sie zu neuen Handlungskonstellationen heranzuziehen. Neue Einfälle kommen freilich hinzu. Im Finale der Oper verwen-det auch die zweite „Cardillac"-Fassung das Passacagliathe-ma. Am Schluß ziehen Tochter, Gesell und Sängerin mit ei-ner Frage gleichsam eine Bilanz des Geschehens: „Tragen wir nicht alle ein Stück Cardillac in uns?"

Paul Hindemith ist seinen Weg weitergegangen. Sein Opus maximum bei diesem künstlerischen Weiterschreiten ist die Oper „Mathis der Maler".

Mit „Mathis der Maler", einem der markantesten und be-deutendsten Zeugnisse des Opernschaffens im 20. Jahrhun-dert, hat Paul Hindemith sein Pendant zu Pfitzners „Palestri-na" geliefert. Wieder stimmt das Vorspiel auf das Kolorit des Werkes ein. Wie dort der Geist der Renaissancemusik be-schworen wird, so wird hier das „Engelskonzert" mit der al-ten Melodie „Es sungen drei Engel ..." zum paradigmati-schen Ausdruck der Stilhaltung des Werkes. Und in beiden Fällen erfolgt die Einstimmung auf das alte Kolorit ganz im Geiste eines persönlichen Stils.

Hindemiths Gegenstück zur dramatischen Legende des „letzten Romantikers" ist am ehesten als ein dramatisch be-wegtes Historiengemälde mit einem Zug zum Epischen zu charakterisieren. Derjenige, der den Verdacht zerstreuen möchte, daß der Komponist zur Romantik zurückgekehrt sei, mag sagen: „Mathis der Maler" behandle „die Geschichte eines Künstlers – aber nicht im subjektiven, egozentrischen Sinn der Romantik". Es gehe nicht um die „Tragik" des Künstlerdaseins (wie in Pfitzners „Palestrina"), sondern um die Funktion des Künstlers in der Umwelt. Je umfassender und vollkommener der Künstler seine individuelle Mission erfüllt, um so besser diene er der Umwelt, um so besser erfül-le er seine Funktion ... Dennoch läßt sich nicht leugnen, daß es auch im „Mathis" um Persönlichstes des Künstlers geht. Wie es ja andererseits bei Pfitzner nicht nur um Persönliches, sondern um das Schicksal der für eine Gemeinschaft bestimmten Kunst ging. Der Schluß von Hindemiths Oper ist ebenfalls umglänzt von Resignation nach erfüllter großer schöpferischer Aufgabe. Palestrinas Worten vom „letzten Stein" setzt Mathis ähnliches zur Seite: „Der Welt und Gott gab ich, was ich mit schwachen Kräften schuf ... nur kurze Zeit bleibt mir, dann ergeht der letzte Ruf."

Matthias Grünewalds Leben und Gestalt lieferten Hindemith die Verkörperung des leiderfahrenen Künstlers, der angesichts der Spannungen und der Not in der Menschheit daran zu zweifeln beginnt, ob er mit der Konzentration auf sein Schaffen den ihm gestellten Auftrag auch wirklich erfüllt. Mathis läßt sich in die religiösen und sozialen Konflikte hineinreißen, er erlebt das Grauen des Krieges, und schließlich führt ihn die läuternde Vision zur Erkenntnis: Dem Volk entzogst du dich, da du zu ihm gingst, deiner Sendung entsagtest. Mathis-Hindemith bekennt sich zur Souveränität des Künstlers, der selber außer und über der Zeit, aber mit seinem Werk in der Zeit, in der Menschheit stehen muß.

Übrigens hat Hindemith selbst, der nun als sein eigener Textdichter fungierte, einige grundsätzliche Gedanken zum „Mathis" mitgeteilt (Programmheft zur Uraufführung in Zürich): „Aus Historie und Phantasie geboren", sei dieser Mathis, betonte der Komponist. Man dürfe vom Musiker und Bühnendichter ja kein Werk verlangen, das den wissenschaftlichen Anforderungen eines Kunsthistorikers genügt; vielmehr müsse man ihm zubilligen: zu zeigen, was ihn die Historie lehrte und welchen Sinn er in ihrem Ablauf erkennt. Hindemith stellte den Mathis Gothardt Nithardt deshalb in den Mittelpunkt seines Werkes, weil er sich „keine lebensvollere, problematischere, menschlich und künstlerisch rührendere, also im besten Sinne dramatischere Figur" denken konnte als den Schöpfer des Isenheimer Altars; diesen „Mann, dessen Gestalt im Vexierspiel der Legende so zum Schatten geworden war, daß man selbst seinen richtigen Namen jahrhundertelang nicht mehr kannte, der aber trotzdem in seiner Kunst noch heute mit unheimlicher Eindringlichkeit und Wärme zu uns spricht. Dieser Mensch, mit der höchsten Vollkommenheit und Erkenntnis seiner künstlerischen Arbeit begnadet, dafür aber offenbar von allen Höllenqualen einer zweifelnden, suchenden Seele geplagt, erlebt mit der ganzen Emp-

*„Mathis der Maler" ist Hindemiths „Opus maximum". Nicht
zuletzt eine Aufführung der Deutschen Oper am Rhein
(u. a. mit Günther Reich in der Titelpartie) hat dies
dokumentiert.*

fänglichkeit einer solchen Natur am Beginn des 16. Jahrhunderts den Einbruch einer neuen Zeit mit ihrem unvermeidlichen Umsturz der bisher geltenden Anschauungen ... Wie tief müssen die von ihm durchwanderten Abgründe des Wankelmuts und der Verzweiflung gewesen sein, wenn er, der an der Schwelle der Neuzeit dem mittelalterlichen Glaubensgefühl noch einmal wie in einer allerletzten unbegreiflich entwickelten Blüte innerlichsten Ausdruck gegeben hatte, sich der lutherischen Reformation zuwendet und offenbar schließlich der künstlerischen Tätigkeit entsagt ... Das ergreifende Ende ..., vielleicht ist es die stumme Resignation vor der Nichtigkeit irdischen Werkes, vielleicht der Untergang eines von Verzweiflung Geschlagenen, vielleicht auch wandelt hier auf höherer ruhigerer Bahn ein Mann zu Grabe, der den Ausgleich zwischen den Wonnen und Greueln seiner Seele endlich gefunden hat."

Unter diesen Aspekten interessierte sich Paul Hindemith für die Künstlergestalt des Matthias Grünewald (ca. 1470/75−1528), der eigentlich Mathis Gothardt hieß bzw. den Namen Neithardt oder Nithardt trug. Die Uraufführung der Oper, an der Hindemith von 1932 bis 1934 arbeitete, fand 1938 in Zürich statt.

Die Handlung dieser Hindemith-Oper spielt vor einer historischen Kulisse, im Zentrum der sozialrevolutionären Bauernkriege, im Gebiet um Rhein, Main und Tauber. Der Isenheimer Altar, dem die große Vision Mathis des Malers in der Oper gilt, entstand allerdings vor der reformatorischen Zeit (wahrscheinlich 1512−1515), in deren erste Wirren und Kriege die Handlung (um das Jahr 1525) führt. Zahlreiche Gestalten der Oper haben ihre historischen Vorbilder: der Kardinal Erzbischof Albrecht von Brandenburg, der ein sehr weltlich gesinnter Kirchenfürst war, ebenso wie Wolfgang Capito, der Rat des Kardinals, der zur Reformation übertrat, und der Mainzer Domdechant Lorenz von Pommersfelden. Von Ursula Riedinger, der Tochter des reichen Mainzer Bürgers, ist das Grabmal, so bezeugte der Komponist, noch heute in der Aschaffenburger Stiftskirche zu sehen. Den Rebellen Hans Schwalb kennt man als Verfasser von gereimten Flugblättern aus der Zeit der Bauernkriege.

Das Vorspiel zu „Mathis der Maler" ist das „Engelskonzert", eine musikalische Schilderung jenes Grünewaldschen Altarbildes, auf dem musizierende Engel dargestellt sind. Im ersten, ruhig bewegten Teil erklingt die alte Liedmelodie „Es sungen drei Engel ein' süßen Gesang" als Cantus firmus; und der folgende, ziemlich lebhafte Abschnitt läßt der Musizierfreude freien Lauf. Womit spätmittelalterliches Klangtimbre angedeutet wird und zugleich der spezifische Stil Hindemiths anklingt.

Im ersten Bild finden wir Mathis im Antoniterhof zu Mainz, wo er arbeitet, meditierend: „Hast du erfüllt, was Gott dir auftrug? Ist, daß du schaffst und bildest, genug?" Die rauhe Wirklichkeit bringt bald Leben in die Szene: Hans Schwalb, der Führer der aufständischen Bauern, befindet sich auf der Flucht, bedarf als Verwundeter der Hilfe. Mathis gibt Schwalb schließlich sein Pferd, so daß dieser entkommen kann. Der Bauernführer hat aber Wunden in Mathis aufgerissen. Mit dessen Worten aus der ersten Szene wirft Schwalb dem Maler sein Beiseitestehen vor.

Und noch etwas ist in diesem ersten Bild geschehen: Regina, Schwalbs Tochter, hat den Maler zu rühren vermocht, und er schenkt ihr ein buntes Band, mit dem sie sich, so wie sie es wünscht, das Haar aufbinden kann.

Die vier Szenen des ersten Bildes sind in ihrer ganzen musikalischen Diktion durchaus opernhaft im alten Sinn. Zugleich aber zeigt sich der eigene Klangstil Hindemiths ausgeprägt und stark genug, um das Werk aus dem Bereich klangüppiger Spätromantik herauszuhalten. In Hindemiths „Mathis" bleibt der „autonome" Charakter des Musizierens zwar wirksam, doch wird er weit stärker dem Text angepaßt als im „Cardillac", d. h. dem romantischen Opernbegriff wieder angenähert. Durch diese Polarität erscheint der Stil der Oper weitgehend bestimmt, ebenso durch die Art und Weise der Harmonik, die, im Gegensatz zur Atonalität, dadurch gekennzeichnet ist, daß im Spiel freien Zusammenklangs die Kraft tonaler Gravitation erhalten bleibt. Trotz weitgehend unsinnlichen Klangcharakters sind sehr verinnerlichte Ausdruckswerte möglich.

Schließlich zeigen auch die Singstimmen die Symptome von Hindemiths Stil. Neben etlichen opernhaft-ausdrucksintensiven Passagen finden wir deutlich instrumental geprägte Führung der Singstimmen. Insbesondere haben auch die Chöre auf Grund ihrer linearen Konzeption nicht den herkömmlichen Opernklang. Das wird gleich in der ersten Szene des zweiten Bildes deutlich, wo im Saal der Martinsburg zu Mainz katholische wie protestantische Bürger das Kommen des Landesherrn, des Kardinalerzbischofs Albrecht von Brandenburg, erwarten. Wobei sich die gegensätzlichen Meinungen ihres Disputs zu einem Streit steigern. Der Kardinal, im Konflikt um die Verbrennung lutherischer Bücher unentschieden und nachgiebig, erteilt Mathis den Auftrag, für die Martinsreliquie einen Schrein zu schaffen. Angefeindet vom Domdechanten, nimmt Mathis Partei für die Unterdrückten, fordert und erhält seinen Abschied.

Ein Schwerpunkt der Handlung im dritten Bild der Oper ist Riedingers Frage an seine Tochter Ursula: Ob sie im Interesse des Luthertums einen Mann nehmen würde, den er ihr vorschlägt. Gemeint ist der Kardinal, der aufgefordert werden soll, zum Protestantismus überzutreten, als weltlicher Fürst weiterzuregieren und sich zu verheiraten.

Dann folgt eine Begegnung zwischen Ursula und Mathis. Sie ist ihm im Innersten verbunden, er aber fühlt sich zu alt, die Pein der Welt bedrückt ihn, er kann nicht mehr malen, will sich den Bauern anschließen. Das begeistert Ursula um so mehr. Sie liebt Mathis, doch er entzieht sich ihr ... Hinter der Szene hat sich das Schauspiel der Bücherverbrennung vollzogen.

In diesem Akt ist neuerlich Hindemiths Synthese von absolutem Musizieren und dramatisch bewegtem Duktus ausgeprägt. Je näher die Handlung der zentralen Szene des Aktes kommt, nämlich dem Duett Ursula – Mathis, um so mehr verdichtet sich innerhalb dieser Stilgegebenheit die Ausdrucksintensität, verbunden mit einer analogen Gestaltung des Orchesterparts.

Natürlich wirft der „Mathis" dort, wo Stilisierungstendenzen bestehen, die Frage auf, was man unter „Bühnenwirksamkeit" überhaupt zu verstehen habe und inwieweit dieser Terminus im allgemeinen nur vom naturalistischen Operntypus abgeleitet wird. Mit Recht kann man sagen, selbst Mozart sei keineswegs „bühnenwirksam", wenn man ihn an der „Tosca" mißt. „Bühnenwirksamkeit" ist somit ein eher relativer Begriff. Das wäre nicht zuletzt bei Hindemith zu bedenken.

Im vierten Bild des „Mathis", der Szene aus dem Bauernkrieg in der Stadt Königshofen, jedenfalls gibt es Dramatik: Die Bauern sind außer Rand und Band geraten (auch Mathis bekommt dies zu spüren), das Orchester „schildert" kurzes Schlachtengetümmel, das Bundesheer zieht über die Bühne ... Am Schluß bleibt Mathis allein mit Regina, die an der Leiche ihres gefallenen Vaters, des Bauernführers Schwalb, kniet, und ist tief betroffen von den Erfahrungen, welche er gemacht hat.

Ähnlich wie im zweiten Akt des „Palestrina" wird in Hindemiths Oper das weltliche Getriebe der Sphäre des Künstlers gegenübergestellt. Im fünften Bild sehen wir, wie der Mainzer Kardinal bedrängt wird, aus Staatsräson die Heirat zu erwägen. Doch ringt er sich zum Entschluß durch, der Kirche treu zu bleiben. In seiner Auseinandersetzung mit Ursula entwickelt sich das Melos der Sopranpartie in großem Bogen, Emotion bestimmt neuerlich verstärkt das Musizieren. Im folgenden Bild, dem sechsten der Oper, finden wir Regina und Mathis auf dem Weg durch den Odenwald. Bald ist die wichtigste Szene des ganzen Werkes erreicht: die Szene mit der Vision von Mathis dem Maler.

Plastische musikalische Gestik im kurzen Orchestervorspiel stimmt diese Szene richtig ein. Auf der Rast im abendlichen Wald sucht Mathis die untröstliche, verstörte Regina durch eine Erzählung von den musizierenden Engeln in Schlaf zu versetzen. Und diese Engelserzählung, in deren Verlauf wieder die Melodien des Vorspiels, des „Engelskonzerts", auftauchen, leitet über, weitet sich zu Mathis' Vision: zur Versuchung des heiligen Antonius.

Man sieht Mathis in der Gestalt des Heiligen auf dem Boden liegen. Er erfährt die Versuchungen dieser Welt, verkörpert durch Gestalten, denen er im Leben begegnete. Die widerstreitenden Gewalten in seiner Seele sind in sinnbildhafter Gestalt nach außen projiziert, die Seele, die Seele des Künstlers insbesondere, wird Kampfplatz gegensätzlicher Kräfte. „Dein ärgster Feind sitzt in dir selbst" – so lautet die in dieser Szene ausgesprochene Erkenntnis.

Mathis-Antonius erlebt das, was er dann auf einer Tafel des Isenheimer Altars darstellt. Mit dem heiligen Antonius ist hier nicht der populäre heilige Antonius von Padua gemeint, sondern Antonius eremita (251−356), der Schutzpatron des 1095 gegründeten Antoniterordens. Und der auf dem Einsiedeleibild des Isenheimer Altars gemeinsam mit Antonius dargestellte heilige Paulus ist auch keineswegs mit dem Apostel Paulus identisch. Es handelt sich vielmehr um Paulus von Theben (ca. 228−341), um dessen Leben sich Legendenhaftes rankt.

Im sechsten Bild der Oper verwandelt sich die Szene langsam in die auf der Versuchungstafel des Isenheimer Altars dargestellte Landschaft: Dämonen quälen Antonium. Auch das erwähnte Engelskonzert entspricht einer der Tafeln des

Altars, und der dritte Auftritt des sechsten Bildes der Hindemithschen Oper bezieht sich auf das Einsiedeleibild mit dem heiligen Antonius und dem heiligen Paulus. Im Laufe der Szene, wenn die beiden einander gegenübersitzen, soll ungefähr die Szene des Altarbildes nachgeformt werden. Die hier verlangte Identität der Erscheinung des heiligen Paulus mit jener des Kardinals Albrecht von Brandenburg erscheint im Konzept der Oper begründet, während auf dem Isenheimer Altarbild die Darstellung des St. Antonius höchstwahrscheinlich ein Porträt von Guido Guersi, dem Präzeptor des Antoniterklosters, ist. In St. Paulus wird ein Selbstporträt von Meister Mathis vermutet.

Paulus-Albrecht mahnt Antonius-Mathis an den eigentlichen Auftrag des Künstlers: Bild werden zu lassen, was in ihm lebt. „Du bist zum Bilden übermenschlich begabt ... Dem Volke entzogst du dich, als du zu ihm gingst, deiner Sendung entsagtest. Kehre zurück zu beidem: Alles, was du schaffst, sei Opfer dem Herrn, so wird in jedem Werke er wirksam sein ... Was du gesucht, gelitten, deinem Wirken gebe es den Segen der Unsterblichkeit." Am Schluß des Bildes intonieren die beiden Heiligen den Alleluja-Hymnus.

Das siebente und letzte Bild führt in Mathis' Werkstatt in Mainz. Es ist Nacht. Im Halbdunkel gewahrt man eine Anzahl herumstehender Bildtafeln, Skizzen- und Meßblätter liegen herum, Zeichnungen hängen an den Wänden, und vor einer in Arbeit befindlichen Tafel liegt Mathis in einem Zustand der Erschöpfung. An der Seite steht ein Ruhelager, auf dem Regina schlafend liegt, Ursula sitzt wachend daneben. Sie kündet von Geschehenem: „Als er zurückkam, ergoß sich in unbändigem Strom sein Schaffen. In wirren Taumeln des Höhersteigens gebar er Tat um Tat ..."

Regina stirbt. Sie gibt Ursula jenes Band, das ihr einst Mathis geschenkt.

Nach einem Zwischenspiel, der Grablegungsmusik, wird es hell. Im selben Raum ist vieles verändert; so wurden alle Tafeln entfernt. Auf einem Tisch liegen Mathis' Habseligkeiten zum Einpacken bereit. Der Kardinal bietet dem Künstler an, weiter bei ihm zu bleiben. Doch Mathis will irgendwo in Abgeschiedenheit den Tod erwarten.

Als ihn der Kirchenfürst verlassen hat, legt Mathis alles,

was ihm lieb und teuer war, in eine Truhe: Papier, Maßstab, Zirkel, Farben und Pinsel, eine goldene Kette, einige Bücher, Reginens Band ... Die Stimmung der Resignation, Palestrina-Stimmung liegt über der Szene. Der „letzte Romantiker" und der „Meister eines neuen Aufbruchs" reichen einander die Hand ...

Die Uraufführung des „Mathis" fand bereits nicht mehr im Heimatland des Komponisten statt. Hindemith war anderen Geistes als der Nationalsozialismus, der im Jänner 1933 in Deutschland die Macht ergriffen hatte. Dennoch dauerte es bis 1934, bis es zum Konflikt kam. Wilhelm Furtwängler wollte den „Mathis" in Berlin aufführen, der Erfolg der Mathis-Symphonie ermutigte ihn dazu. Aber der „Völkische Beobachter", die NS-Parteizeitung, protestierte: „Furtwängler hat einen bedauerlichen Irrtum begangen ... Der Fall Hindemith ist nichts als der ... verschiedener Künstler, die vierzehn Jahre Bannerträger des alten Systems waren und ausgerechnet uns jetzt als revolutionäre Staatsträger aufgeredet werden sollen." Furtwängler entgegnete, sprach von der Anwendung politischen Denunziantentums auf die Kunst. Der Konflikt eskalierte, Furtwängler trat von seinen Ämtern zurück (blieb aber in Deutschland), Hindemith gehörte nun zu den geächteten Künstlern.

Doch um so mehr interessierte sich das Ausland für ihn. Es folgten Reisen, längere Aufenthalte in der Türkei, 1938/39 nahm er seinen Aufenthalt in Zürich, und 1940 schließlich ging Hindemith nach Amerika, wo er bis 1953 an der Yale-Universität wirkte. Hatte er nach dem Zweiten Weltkrieg seine Reisen wieder aufgenommen und 1947 zum erstenmal wieder in Europa dirigiert, wo er in der Folge immer wieder Gast war, so nahm er 1951 auch eine Berufung an die Zürcher Universität an. 1953 übersiedelte er endgültig in die Schweiz.

Als Hindemith am 28. Dezember 1963 in Frankfurt am Main starb, trauerte die Welt um einen der prominentesten Musiker seiner Zeit.

„Die Harmonie der Welt" heißt Paul Hindemiths letztes großes Bühnenwerk. Es wurde im August 1957 im Prinzregententheater im Rahmen der Münchner Festspiele 1957 uraufgeführt. Neuerlich griff Hindemith zurück in die Geschichte, diesmal ins 17. Jahrhundert. Den Text schrieb sich der Komponist wieder selbst. „Ungenügsam sucht' ich, mit Neugier, zu sehen, ob die geahnte Harmonie zur Tat gebracht, zur Regel werden könnt' ... Und muß sehn am End: die große Harmonie, das ist der Tod. Absterben ist, sie zu bewirken, Not – im Leben hat sie keine Stätte." Dies ist die Erkenntnis des sterbenden Johannes Kepler, des kaiserlichen Astronomen und Mathematikers, dessen Leben und Schicksal der Jahre 1608 bis 1630 Hindemith in seiner Oper „Die Harmonie der Welt" in den fünf Akten zu gestalten beschloß.

Kepler ist für Hindemith der große Sucher nach der Ordnung, und die Menschen um ihn verkörpern verschiedene Menschheitstypen: das Leben. Da ist etwa Wallenstein, der seiner Idee Ausdruck gibt, die von Kepler erträumte, in der Schöpfung sich regende Harmonie bewußt zu lenken und so „den Himmel auf Erden zu errichten".

Der Text des gedankenreichen Werkes ergibt keine handfeste Oper. Eine solche wollte Hindemith aber auch nicht komponieren. Einmal mehr ging es ihm darum, „das Gesetz der musikalischen Autonomie" walten zu lassen. Ein Musikdrama komponierte er nicht. In Keplers Tod hinein klingt die Musik der Sphären, das Bild wird zur barocken Allegorie, die Szene zum barocken Himmelsgemälde, die handelnden Personen erscheinen als Personifikationen der Planeten, gehen ein in die große Harmonie der Welt. Die Historie hat sich zu einer Art Mysterienspiel gewandelt.

So spannt sich von den provokativen frühen Einaktern der Bogen zu einem reifen, wenn auch musikdramatisch nicht vollblütigen Altersstil: das Schaffen des Meisters wird respektgebietend abgeschlossen.

Rückkehr zum Urklang: Carl Orff

Ein Moderner ganz anderer Art war Carl Orff, unmittelbarer Jahrgangskollege Hindemiths. Orffs kunstvolle Primitivität, seine spontane, dynamisch akzentuierte Musiktheatralik, Welttheater und Antike beschwörend, steht wie ein erratischer Block in der Musiktheaterszene unseres Jahrhunderts. Orffs Werk ist, wenn man von dem pädagogisch angelegten „Schulwerk" absieht, praktisch totaliter der Bühne verschrieben. Aus der visuellen Bild- und Bewegungsvorstellung heraus hat er, so bekannte er selbst, seine Werke konzipiert: aus der Mitte aller theatralischen und musikalischen Möglichkeiten.[150] Wort und Ton stehen hier in einem anderen Verhältnis zueinander als in der alten Oper, aber auch anders als im „Schauspiel mit Musik". Elementare Kräfte spielen ebenso eine Rolle wie Elemente des epischen Theaters.

Carl Orff wurde am 10. Juli 1895 in München geboren. An den Besuch eines humanistischen Gymnasiums schlossen sich Studienjahre an der Akademie der Tonkunst an. Orffs Liebe und Begabung zur Musik zeigten sich in frühen Jugendjahren, das Musizieren im Elternhaus gab Anregung, im Gymnasium gehörten nicht zuletzt die alten Sprachen, Latein und Griechisch, zu den Lieblingsfächern Carl Orffs; es sind für sein späteres Leben und Wirken symptomatische Interessengebiete. Es verwundert auch nicht, in der Biographie zu lesen, daß Orff bereits 1905 eine von ihm geschriebene Geschichte in einer Kinderzeitung veröffentlichte und die Musik zu seinen Puppenspielen erfand. Das Instrumentarium umfaßte Klavier, Violine, Zither, Glockenspiel; und sehr viel Donnergeräusch auf dem Ofenblech. Bereits vom Elfjährigen erschienen Lieder im Druck, und 1913 schloß Orff seine erste Opernpartitur ab: ein Musikdrama „Gisei, das Opfer".

Carl Orff widmete bald auch seinen Berufsweg dem Theater: 1915–1917 war er Korrepetitor und Kapellmeister an den Münchener Kammerspielen, wo er anregende Theatereindrücke und -erfahrungen sammelte. Und nach dem Heeresdienst kehrte er abermals ans Theater zurück (Mannheim, Darmstadt), allerdings nur für kurze Zeit. Ab 1921 studierte Orff bei Heinrich Kaminski in München, nachdem er sich inzwischen auch der Musikpädagogik zugewandt hatte.

Entscheidend wurde sodann die Begegnung mit Dorothee Günther, deren Schule ein ideales Experimentierfeld für Carl Orffs pädagogische und künstlerische Tendenzen darstellte. Es entstand in der Folge bis 1930 die erste große Konzeption des „Schulwerks", wobei Orff in Gunild Keetman eine unentbehrliche Assistentin fand. Dieses Schulwerk, in dessen Instrumentarium das Schlagwerk eine ganz wichtige Rolle spielt, soll dem Kind auf spontane Weise ohne technisch schwer zu handhabende Instrumente die Musik nahebringen. Vom „Schulwerk", in dem es um Animation der elementaren musikalischen Spielfreude des Kindes geht, zu anderen Kompositionen Orffs führt ein ganz natürlicher Weg.

Daneben beschäftigte sich Carl Orff Anfang der zwanziger Jahre mit alter Musik, mit Musik von Claudio Monteverdi insbesondere, und die Frucht dieser Beschäftigung sind die Bearbeitungen von Monteverdis „Orfeo" und „Tanz der Spröden" (Ballo delle Ingrate), 1925 uraufgeführt und 1940 in Neufassung herausgebracht, ergänzt durch die ebenfalls freie Neugestaltung des „Lamento d'Arianna".

Das ganz Entscheidende im Schaffen Carl Orffs aber geschah in den Jahren 1935/36: Er komponierte die „Carmina burana". Nach der Uraufführung dieses Werkes im Juni 1937 sagte der Komponist zu seinem Verleger: „Alles, was ich bisher geschrieben und Sie leider gedruckt haben, können Sie nun einstampfen. Mit den Carmina burana beginnen meine ‚gesammelten Werke'!"

Über seine Intentionen hat Carl Orff einmal folgendes geäußert: „Mein Ausgangspunkt war von Anfang an das Theater – wobei auch für alles Sprachliche immer die Musik der Urgrund war. Der Mensch in seinen elementaren Regungen ist für mich das zentrale künstlerische Problem. So stützen sich auch alle Figuren, die auf meiner Bühne agieren, auf Spiel, Gesang und Sprache und nicht auf das Orchester. Dem instrumentalen Part wird die Aufgabe zugewiesen, einen

Schöpfer eines Totaltheaters eigener Prägung wurde Carl Orff.

sinn- und wesensgemäßen Klangraum zu schaffen, in dem sich das Erleben der einzelnen Figuren abspielt. Es handelt sich also um eine von der Tendenz des 19. Jahrhunderts durchaus abweichende und völlig anders geartete ‚Musik'. Im 19. Jahrhundert ist die Musik in der Oper ja allmählich immer stärker ins Symphonische geglitten. Um den Menschen auf der Bühne wieder in den Mittelpunkt zu rücken, ihn in plastischer Gestalt und Lebensfülle allein aus seinen elementaren Empfindungen begreifbar zu machen und nicht aus der deutenden Sphäre instrumentaler Einbettung, blieb nichts anderes übrig, als das symphonische Orchester zu opfern."[151]

Diese Haltung gibt in der Tat allen Werken Carl Orffs das Gepräge: angefangen von den frühen Werken über die „Bernauerin" bis zu den Wiederbeschwörungen antiker Tragödien. Im einzelnen freilich zeigt sich die große Palette des Orffschen Stils, der dem Volkstümlich-Faßlichen ebenso verpflichtet ist wie der alten europäischen Theaterdichtung. Aber Orffs volksnahes Theater ist kein hanebüchenes Volkstheater, sein griechisches Theater keine Rekonstruktion auf Grund archäologischer oder musikhistorischer Forschungen, auch nicht auf Grund ähnlicher Fiktionen vom gesungenen Drama der Antike, wie sie seinerzeit im Kreise der Florentiner Cameratisten zur Schöpfung der Oper geführt haben.

Vitale Naturbegabung und zugleich tiefschürfendes Denken haben die Aktivitäten des Theatermannes Carl Orff geprägt. Es ginge ihm nicht um musikalische, sondern um geistige Auseinandersetzungen, hat er einmal gesagt.

Der Meister sah unsere Epoche aber auch als eine Endzeit. Daraus leitet Andreas Liess[152] eine künstlerische Konsequenz ab: „Wie der einzelne Mensch im Alter, so neigen auch die Kulturen in ihrer Spätzeit sich auf ihre Jugend zurück. Die frühere Naivität des Schaffens ist nicht mehr möglich; ihr setzt sich ein bewußtes Wissen um die Dinge und das Gestalten entgegen. Es kommt im Schaffen zu einem Bilde der Überlagerung von naiven und bewußten Kräften."

Bei aller Bewußtheit eignet Orff zugleich auch die Macht des Magischen. Sein Historismus wurzelt im Kraftfeld des Archaischen, dem das Wesen des Komponisten spontan zuneigte. Neue Techniken, wie insbesondere jene der Dodekaphonie und ihrer Folgen, hat er sich nicht zu eigen gemacht. Schließlich: „Endzeit" bedeutete ihm, „bei aller Überspülung des Naiv-Schöpferischen vom Bewußtsein, nicht etwa Verfall, sondern bewußte Um- und Überschau über das Erbe, bewußte Abgrenzung auch auf das, was ‚Tradition' ist".[153]

In dieser Traditionsbewußtheit kam insbesondere der Antike ein hoher Stellenwert zu. Orffs ausgeprägter Personalstil behütete ihn jedoch davor, einer der üblichen Neoklassiker zu werden, so wie er, trotz romantischer Züge da und dort, keineswegs auch nur entfernt den Romantikern zugeordnet werden könnte. Orffs Denken, sein Verhältnis zum Theater, zur Magie des Theaters sind von substanzstarker Eigenart, seine Geistigkeit und Theaterkunst haben freilich auch immer wieder zu einer Deutung angeregt, die, so klug ihre philosophische Üppigkeit gemeint ist, den Blick auf das Orffsche Werk eher durch Kompliziertheit verdunkelt, als durch lapidare Formulierungen erhellt.

Dem episch-statischen Theater Orffs entspricht eine statische Musik. Das heißt keineswegs, daß es nicht auch eine lebendige Musik wäre. Aber sie „entwickelt" sich anders als bisherige Musik. In ihrem Wesen ist die Musik „monophon", also einstimmig bzw., wie es Liess bezeichnet hat, einströmig in klanglicher Mixturerweiterung; nur Bordune (tiefe Brumm- und Haltetöne), Ostinatofiguren, Orgelpunkte oder Mixturspaltungen setzen gewisse Formen von Gegenstimmen. Was diese Mixturen betrifft, so erzielt Orff auch hier ganz eigenartige Klangwirkungen, die sich von der funktionellen Harmonik (Dur-Moll) abheben. Diese bleibt für Orff dennoch von entscheidender Bedeutung. Denn seine Klangwelt ist nicht das, was man atonal nennt. Die Brücken zur tonalen Musik werden nicht abgebrochen, wenngleich sich das Orchester in späteren Werken immer mehr auf Perkussionsfunktionen konzentriert.

Wichtig ist vor allem der Verzicht auf einen funktionell-harmonischen Unterbau. Der Schwerpunkt der Orffschen musikalischen Aussage liegt im Vokalen, der menschlichen Stimme. Neben dem Rhythmus ist es das Melos, in dem er seinen Ausdruck verwirklicht. Das formale Bild fügt sich – mit Vorliebe auf ostinatem Fundament – aus knappen „Urbausteinen", die, etwa einen Takt bzw. einen Zwei- oder Viertakter umfassend, in Wiederholungsreihung oder variationsmäßiger Abwandlung einen ganzen Satz tragen. Steigerungen erfolgen terrassenförmig durch Instrumentations- bzw. Figurationsverstärkung.

Ein essentieller Teil der Form- und Aufbautechnik Orffs

ist ferner die Repetitionstechnik, also die Praxis, bestimmte Wendungen mehr oder weniger oft zu wiederholen. Wir finden diese Technik in den „Carmina burana" ebenso wie im letzten Werk, im „Spiel vom Ende der Zeiten". Ein besonders extremes Beispiel für diese Technik der Wiederholung liefert die Klage des Bauern in der „Klugen" („Oh, hätt' ich meiner Tochter nur geglaubt ...").

All dies veranschaulicht, wie sich Orff auch in formtechnischen Belangen von der Romantik und deren Erbe entfernt hat. Er zeigt sich hier ebenso als Eigener wie in der Theaterauffassung an sich, die, obwohl das Prinzip des Gesamtkunstwerkes vertretend, ganz anders ist als jene von Wagner. Es fallen gleichsam die Grenzen zwischen Schauspiel und Oper. Ferner ist festzuhalten, daß Orffs Theaterideal nicht nur zum „Welttheater" neigt, sondern auch zur alten Mysterienbühne. Und nochmals sei betont, daß das Monologisch-Statische der Szenen ein Wesensmerkmal des Orffschen Theaters darstellt. Ein Einbruch des Epischen hat stattgefunden – jenes epischen Theaters, das betrachtendes, demonstrierendes, parabolisches, auch lehrhaftes Theater ist.

Eines aber ist Orffs Theater nicht: szenisches Oratorium. Orffs Ideal war die Stilbühne, jedoch eine, die das Naturalistisch-Sinnliche, das Vital-Sinnliche von Gestalten und Bildern nicht ausschließt. Nicht nur das Geistige war sein Anliegen: Das Komödiantische lag ihm – man erlebte es bei seinen eigenen Lesungen – im Blut.

Mit den „Carmina burana" beginnen, wie schon gesagt, Orffs „gesammelte Werke". Die 1935/36 komponierten und 1937 in Frankfurt am Main szenisch uraufgeführten „Cantiones profanae cantoribus et choris cantandae comitantibus instrumentis atque imaginibus magicis", die Lieder aus dem Benediktbeurener Liederkodex, gehören nur bedingt der Bühne an, zählen aber zu den meistaufgeführten Werken des 20. Jahrhunderts im Konzertsaal. Dennoch sind sie nicht von ungefähr auch auf der Bühne realisiert worden. Denn dem Musiker Orff ist in der Liederhandschrift der „Carmina burana" vor allem das komponierbar erschienen, was dem Szeniker Orff zuerst bildhaft als farbiges Tanz- und Liederspiel vor Augen stand. Der mimische Vorgang war der eigentliche Antrieb seiner rhythmisch unerhört prägnanten Erfindung. Das

Werk bietet die verschiedensten Möglichkeiten szenischer Realisierung.

In den Jahren 1937 und 1938 schrieb Orff dann sein „Kleines Welttheater": „Der Mond" nach einem Grimmschen Märchen. Die Uraufführung fand 1939 in München statt.

Petrus, die Menschen, die Toten sind die Akteure in diesem Stück, in dem ein Erzähler die Nähe zum epischen Theater nicht übersehen läßt. Neben dem Erzähler treten auf: vier Burschen, die den Mond stehlen, ein Bauer, ein Schultheiß, ein Wirt, ein anderer Bauer, Leute, die in der Schenke zechen und sich den Mond stehlen lassen, Leute, die sich über den gestohlenen Mond freuen und Tote begraben, ein alter Mann, der Petrus heißt und den Himmel in Ordnung hält, schließlich ein kleines Kind, das den Mond am Himmel entdeckt.

Schon dieser Wortlaut der Besetzungsliste gibt Hinweise auf die Handlung. Sie spielt sich auf einer Simultanbühne ab: Diese ist horizontal in zwei Hälften geteilt, in die Erde und in die Unterwelt; und außerdem teilt ein Haselstrauch in der Mitte die Erde in zwei Länder. In dem einen hängt der Mond an einem Eichenbaum, in dem anderen ist es finster. Die vier Burschen kommen aus dem Land, wo es in der Nacht immer finster war. Sie erfahren, daß der Mond um drei Taler gekauft wurde und der Schultheiß täglich Öl aufgießen und den Mond reinhalten muß, damit er immer hell brennt.

Bei nächster Gelegenheit stehlen die vier diese nützliche Lichtquelle und bringen sie heim in ihr Land, wo sie für die Instandhaltung des Mondes pro Person und Woche einen Taler verlangen und auch erhalten. Alt und jung freut sich über den Mond, der ihnen die Nacht erhellt … In ihrem Testament verfügen die vier Burschen, daß jedem sein Teil des Mondes mit ins Grab gegeben werden soll. Und so geschieht es. Der Mond, von dem nach und nach die einzelnen Viertel abgeschnitten werden, leuchtet immer schwächer, und schließlich tritt die alte Finsternis wieder ein. Dafür wird es unter der Erde lebendig. Denn die vier steigen aus ihren Särgen, leimen die Teile des Mondes zusammen, gießen neues Öl auf und hängen ihn an der Decke des Grabgewölbes auf. Und da erwachen auch die anderen Toten. Sie beschließen, das Grablokal in ein „Freudenarsenal" zu verwandeln, in ein Wirtshaus, wo gezecht und gespielt wird. Es entfaltet sich ein deftiger Breughel-Tanz von makabrer Frivolität, der sich schließlich so sehr steigert, daß Petrus eingreifen muß. Er macht scheinbar zustimmende Miene zum ausgelassenen Spiel. Doch während er die Zecher zum Trinken auffordert, geht ein magischer Zauber von ihm aus, meditierend singt er die Toten in den Schlaf, und diese kriechen wieder in ihre Gräber. Petrus aber nimmt den Mond und hängt ihn oben am Himmel auf.

Jener Petrus, den Orff in seinem „Kleinen Welttheater" auftreten läßt, ist keine eigentliche Heiligenfigur, sondern eine Art Schlaf- und Weltenhüter, der tief hineinsieht in das Weltengetriebe, ein getreuer Eckart, der mit gütigem Wissen um Menschennatur und Menschenwelt Ordnung hält: ein Philosoph gleichsam, der vom hohen Himmel aus das Weltengewimmel beobachtet, sieht, „wie das Weltenrad sich dreht, alles kommt und alles geht ... wie die Tage und die Zeiten ihren ew'gen Kreis abschreiten". Solche Gedanken sind es, die den Welttheatercharakter des naiv-simplen Märchens unterstreichen.

Mit ausgeprägtem Sinn fürs Theater hat Orff diesen Stoff auf die Bühne gebracht. Der Text zeigt volksstückhaften Ton. Ursprünglich hatte Orff den Stoff als Marionettenspiel gestalten wollen, dann wurde aber doch eine Oper daraus. Der Terminus „Oper" ist auf dieses „Kleine Welttheater" nämlich durchaus anwendbar. Freilich ist's eine Oper, die sich ganz dem Geiste von Orffs Musiktheatertypus verpflichtet zeigt. Die Art und Weise des Zusammenwirkens von Dichtung, szenischer Vision und Musik steht im Zeichen des ausgeprägten Personalstils. Die „Mond"-Musik ist gleichsam ein Kompendium für Orffs Art, Musiktheater zu machen. Neben Persiflage und Ironie, neben Handfest-Volkstümlichem stehen hier auch sehr poetisch-romantische Momente. Die Musik der Totenszene mit ihrem frechen Parlando und ihren deftigen Chören kontrastiert zur Finalszene, wo die Musik zur Weltweisheit des Petrus den entsprechenden Hintergrund abgibt. Auch die melodische Diktion, die Wiederholungstechnik zeigen im „Mond" den echten Orff.

Als nächstes Opus folgte der Einakter „Die Kluge" (1943 uraufgeführt): „Die Geschichte von dem König und der klugen Frau". Auch diesmal verfaßte Orff den Text selbst; wie-

*Am populärsten von Carl Orffs Werken ist „Die Kluge“, die auch
an der Württembergischen Staatsoper eine gelungene
Inszenierung erlebt hat.*

der nach einem Märchen, doch nicht nur nach Grimm, denn
das Thema ist ein in verschiedenen Himmelsrichtungen be-
heimateter Märchenstoff. Ihn gestaltete Orff „zu einer Satire
auf unverhohlene Rechtsbeugung durch absolute Potentaten
und frohgemut-selbstbewußtes Gaunertum derjenigen
Machtlosen, die – teils resignierend, teils phlegmatisch – herrschende Unmoral hinnehmen und durch geschicktes Taktie-
ren ihren persönlichen Vorteil suchen“.[154]

Der Bauer, den wir am Beginn eingesperrt sehen, hat
beim Pflügen einen goldenen Mörser gefunden, jedoch ohne
Stößel, und ihn, entgegen dem Rat seiner klugen Tochter,
dem König gebracht, der nun, wie von der Tochter befürch-
tet, annimmt, der Stößel sei unterschlagen worden. Als der

Bauer dem König von seiner Tochter erzählt, wird ihm befohlen, die Kluge an seinen Hof zu bringen. Sie löst drei Rätsel, die ihr der König aufgibt, und – wird Königin. Ein kluger Rat, den sie später einem anderen gibt, erbost den König. Er weist die Frau aus dem Lande, doch gestattet er ihr mitzunehmen, was ihr am liebsten ist. Da mischt sie dem König einen Schlaftrunk und fährt den Schlafenden aus dem Schloß. Als er aufwacht, gibt er sich besiegt: „Du bist die Kluge, bist die Klügste." Doch sie entgegnet, das sei nur Verstellung gewesen, denn „klug sein *und* lieben kann kein Mensch auf dieser Welt".

Das also ist die Geschichte vom König und von der klugen Frau, ein Märchenstoff, der geistverwandt ist mit der Commedia dell' arte, der Opera buffa, gestaltet allerdings mit der Orffschen Theaterphantasie, der wir die Hinzuerfindung der Gestalten der drei Strolche danken (die ihrerseits ein wenig an die Rüpel bei Shakespeare erinnern). Was den Erfolg der „Klugen" entschieden hat, das ist die Tatsache, daß es sich um eine echte Volksoper handelt. Volksoper im Geist des Orffschen Totaltheaters und mit dessen spezifischen Klangmitteln; eine Spieloper auch, die abermals Freude am Parodistischen offenbart, in der Musizierlaune bis zum Bänkelsängerischen ausholt (Saufszene mit dem Lied „Als die Treue ward geboren" der drei Strolche). Manch lehrhaftes, kritisches Wort (über Macht, Recht und Moral, Mann und Frau) steckt in dem Text, doch wird der Zeigefinger so launig erhoben, daß es der Frische des Ganzen keinen Abbruch tut. Der Spielopercharakter tritt auch im Dramaturgischen zutage, wo das Spielerische vor das Naturalistische gestellt wird.

Alles in allem kann man von einer Oper von echtem Schrot und Korn sprechen, zumal Gestik und Stimmungsakzente durchaus im Geiste der Operntradition präsent sind. Ein schönes Beispiel poetisch-romantischer Stimmung gibt das Schlummerlied der Frau in der neunten der insgesamt zwölf Szenen. In diesem Lied wird zugleich auch die Einfachheit der Musik dieses Werkes demonstriert. Und einmal mehr sind es in der „Klugen" die Wiederholungen kleiner Melospartikel, die die musikalische Struktur entscheidend bestimmen. Die gestisch geprägte Musik hat, wie es dem Stil Orffs entspricht, meist nur die Funktion eines „Untergrundes" zur gesanglichen Deklamation. Hinsichtlich der Architektonik bestimmen wieder die ostinato- und rondohaft, im Sinne der Wiederholungstechnik Orffs gereihten Bauelemente das musikalische Bild.

Man kann sich dem Reiz der kunstvollen, der kunstvoll-magischen Primitivität bei Orff nicht entziehen. In der „Klugen" ist das alles vielleicht am unmittelbarsten ausgeprägt, und es teilt sich entsprechend spielerisch mit. Daher der große Erfolg von Europa bis nach Japan. Die Verbreitung wäre noch leichter, hätte Orff nicht auch hier ein großes Instrumentarium (dreifach besetzte Holzbläser, vier Hörner, je drei Trompeten und Posaunen u. a. m.) verlangt.

Die „Catulli carmina", als „Ludi scaenici" bezeichnet, entstanden 1942. Im darauffolgenden Jahr erfolgte die Uraufführung an den Städtischen Bühnen Leipzig. Das Werk greift allerdings auf jene Chöre zurück, die schon 1930 entstanden waren. Es wurde ihnen nun eine Rahmenhandlung hinzugefügt.

Der Zyklus fußt auf den berühmten Lesbia-Gedichten des römischen Dichters Catull (1. Jahrhundert v. Chr.), die Rahmenhandlung, zu der Orff selbst den Text in lateinischer Sprache verfaßte, gibt die Motivation zum Vortrag der Catullschen Gesänge. Auf der Bühne sitzen Mädchen und Jünglinge einander gegenüber und rufen einander Worte der Liebe zu, die in der Mitte zwischen ihnen sitzenden Greise warnen die Jungen vor dem Liebeswahn und lassen zum Beweis ihrer Behauptung das Liebesleben des unglücklichen Catull auf einem Podium in der Mitte der Bühne darstellen.

Diese Darstellung wird von Pantomimen ausgeführt, während die Sänger – zwei Solisten (Sopran und Tenor) sowie der Chor – im Orchestergraben placiert sind.

Am Ende müssen die Greise jedoch zur Kenntnis nehmen, daß alle ihre Warnungen von den Jungen in den Wind geschlagen werden und diese sich erneut Worte der Liebe zurufen. Zu dem gleichsam intimen Theaterspiel um Catull schweigen die Schlaginstrumente, wogegen sie zum Einleitungs- und zum Schlußchor eingesetzt sind. Das ganze Stück umfaßt drei kurze Akte, flankiert von Praelusio und Exodium. Das „Innendrama" wird also, was die Musik betrifft, rein vokal gestaltet: Es sind A-cappella-Sätze, aus denen sich immer wieder die Stimme eines Solosoprans bzw. eines Solotenors herauslöst. Das Instrumentarium, das in den Ecksätzen Verwendung findet, besteht ausschließlich aus Schlagzeug, zu dem auch vier Klaviere zählen. Der Dramaturgie nach lassen die „Catulli carmina" Orffs eine Verwandtschaft zur Madrigalkomödie der Renaissance erkennen. Das statische Theater Orffs zeigt sich hier in einer neuen Variante. Eine Eigenart besteht darin, daß die Statik den Bewegungsantrieb der Musik keineswegs ausschließt.

Der „Trionfo di Afrodite", ein „Concerto scenico", ergänzte die „Carmina burana" und die „Catulli carmina" zum „Triptychon". Die szenische Uraufführung dieses erst um einiges später, nämlich 1950/51, geschriebenen Werkes fand 1953 an der Mailänder Scala unter der Leitung von Herbert von Karajan statt. Die Aufführung war zugleich auch die Uraufführung des Triptychons „Trionfi". Gedichte von Catull (Szenen 1, 4 und 5) und Sappho (Szenen 2, 3 und 6) sind, ergänzt durch einen Chor aus Euripides' „Hippolytos" (Szene 7), zur Schilderung einer antiken Hochzeitsfeier zusammengefügt. Griechische Texte stehen somit neben lateinischen.

Siebengliedrig ist der „Trionfo di Afrodite" angelegt: Wechselgesang der Jungfrauen und Jünglinge an den Abendstern, während man auf Braut und Bräutigam wartet; Hochzeitszug und Ankunft von Braut und Bräutigam; Szene Braut und Bräutigam; Anrufung des Hymenaios und Preislied auf ihn; hochzeitliche Spiele und Gesänge vor dem Brautgemach; Gesang der Jungvermählten in der Hochzeitskammer; die Erscheinung der Afrodite.

Rein äußerlich werden wir an Strawinsky und dessen „Les Noces" erinnert, wo es sich ja ebenfalls um die Darstellung eines Hochzeitsfestes handelt. Orff verwendet im „Trionfo di Afrodite" im großen und ganzen das traditionelle Orchester. Will man den Weg von den „Carmina burana" zum „Trionfo" charakterisieren, so könnte man sagen: Er führe „von extrovertierter Ekstatik zu introvertierter Hymnik".[155]

„Concerto scenico" ist die Titelbezeichnung des „Trionfo". Das weist auf die hier existente Form hin: die Mischung von konzertant-oratorischen und szenisch-musiktheatergerechten Elementen.

Rein chronologisch gesehen bedeutet die Erwähnung des

„Trionfo" einen Vorgriff im Schaffen Orffs. Denn auf die „Catulli carmina" folgte zuerst „Die Bernauerin", dann die „Antigonae". An den „Trionfo" schlossen sich das Osterspiel „Comoedia de Christi Resurrectione" (Uraufführung 1957) und das Weihnachtsspiel „Ludus de Nato Infante Mirificus" (Uraufführung 1961) an.

Orffs „Bernauerin" basiert auf genauen Studien des historischen und sprachlichen Milieus. Der Komponist hat, bevor er seinen Text gestaltete, Einsicht in Augsburger Urkunden und Dokumente genommen, eine Handschrift von 1471, das „Liederbuch der Clara Hätzlerin", benützt, eine Sammlung von rund 2000 Dichtungen und Gedichten jener Zeit, eine wichtige Quelle für das Lied im späten Mittelalter. Und er hat auch das Bayerische Wörterbuch des Germanisten Johann Andreas Schmeller (1785−1852) herangezogen, unter dessen Herausgabe alter deutscher Literatur wie „Heliand" und „Muspilli" wir die „Carmina burana" finden.

Zur Schmellerschen Arbeit schrieb der Komponist: „Ich studierte das umfassende Werk nahezu Zeile für Zeile mit wachsender Begeisterung, wobei sich mir der altbairische Dialekt ... in seiner Kraft, in seiner Anschaulichkeit und Bildhaftigkeit und nicht zuletzt in seinem unerschöpflichen Vokalreichtum als eine neue Klangwelt erschloß." Diese Klangwelt sei, so betonte Orff, „das Entscheidende für das ‚bairische Stück', das durchwegs für Schauspieler gedacht war: Musik aus der Sprache, gesprochene Musik". Er schreckte dabei aber auch vor neuen Wortbildern nicht zurück, und „so entstand aus einzelnen alten, längst vergessenen Worten und Wortbildern Szene für Szene".

Orffs „Bernauerin", ein „bairisches Stück", wie die Genrebezeichnung lautet, wurde 1944/45 komponiert und 1947 am Württembergischen Staatstheater Stuttgart uraufgeführt. Es ist, wie schon gesagt, ein Sprechstück für Schauspieler – und dennoch mehr: ein Theaterstück mit Musik. Die Bezeichnung „Oper" wäre hier völlig falsch; wenngleich die „Bernauerin" einen weit größeren Instrumentalapparat verlangt, als für eine Bühnenmusik normal ist. Verwendet werden Holz- und Blechbläser sowie viel Schlagwerk – typisches Orff-Instrumentarium. Das Ganze ist ein theatralisches „Gesamtkunstwerk" Orffscher Prägung. Andreas Liess hat die

„Bernauerin" als monologisch-statisches Welttheater bezeichnet[156], das auf Grund der Reihung „lebender Bilder" die Ähnlichkeit mit der alten Mysterienbühne sinnfällig mache. Dieser entsprechen die drei Bereiche, die in der „Bernauerin" sichtbar werden: Erde, Hölle (in der Hexenszene) und Himmel (Apotheose der Ermordeten). Die betrachtende und kommentierende Funktion des Chors neigt zu einer Ähnlichkeit mit dem antiken Drama, dem sich Orff nach der „Bernauerin" ja auch intensiv zuwandte.

Die erwähnten Mysterienspielelemente sind dadurch eingegrenzt, daß es sich bei dem Sujet um einen historischen Stoff handelt. Agnes Bernauer war bekanntlich die Tochter eines Baders zu Augsburg, welche der spätere bayerische Herzog Albrecht III. (1401—1460) im Jahre 1432, vorerst ohne Wissen seines Vaters, heiratete und auf sein Schloß in Straubing führte. Der regierende Herzog Ernst mißbilligte aus Gründen der Staatsräson diese Ehe, ließ Agnes verhaften und 1435 als Zauberin ertränken. Ein langes Zerwürfnis mit seinem Sohn war die Folge der Tat des alten Herzogs, die dem dynastischen Denken seiner Zeit entsprach. Allerdings spielte eine Rolle, daß die Standesunterschiede in diesem Fall besonders groß waren. Der Vater der Agnes betrieb nämlich eine Badestube von sehr zweifelhaftem Ruf – was natürlich für die Anordnung des Herzogs und deren grausame Durchführung keine Rechtfertigung darstellen kann.

Die Szene der Hinrichtung wird bei Orff in der Hexenszene geschildert, und zwar in einer besonders grandiosen Szene dieses Werks. Die Hexen – sie werden von Männerstimmen gesprochen – steigen aus dem Boden der Vorderbühne auf, es sind „halb Shakespearsche Macbeth-Gespenster, halb von den Schiachen Perchten abstammende Dämonen".[157] Sie schildern und kommentieren den Ertränkungstod der Agnes. Die Fluch- und Schimpforgien der Hexen sollen auf alte Litaneien des Bösen, Besprechungen und Verwünschungen zurückgehen. Die Musik zu dieser rhythmisierten Sprechszene erhält durch das Schlagwerk ihr Gepräge, groteske Akzente in der Sprechdeklamation unterstreichen das Infernalische der Szene. Diese belegt auch, wie hochdifferenziert das rhythmische Element bei Orff eingesetzt und behandelt wird (in der Sprache ebenso wie im Einsatz des Schlagwerks; wo-

Das Wesen von Orffs Theater wird nicht zuletzt durch die Schlußszene aus der Uraufführung von Orffs „Bernauerin" im Nachkriegsjahr 1947 im Großen Haus der Württembergischen Staatstheater Stuttgart veranschaulicht.

mit dem Komponisten eine ungeheuer zwingende, plastische Verdeutlichung der Stimmung, der Begebenheit gelingt).

In der ersten Szene führt Orff in die Badestube des alten Bernauer, wo er es an handfester Milieuschilderung nicht fehlen läßt. Da erklingen das Lied eines Spielmanns, der Sang „Ein Haupt vom Böhmerland", der Chorsatz „Willt du mir ein Ailein geben?" mit der für Orff signifikanten Repetitionstechnik. In diese vital-sinnenhaften Teile des ersten Bildes ist nicht nur die kupplerische Rede des alten Bernauer eingeblendet, sondern auch Agnes' Begegnung mit dem Herzog: eine Simultandarstellung von ausgeprägter Kontrasthaftigkeit, sehr charakteristisch für die dramaturgische Technik

Orffs, der die „Bernauerin" mit einer Instrumentalintrada und den Worten eines Ansagers eingeleitet hat. Letztgenannter führt (Trend zum epischen Theater) in die Ausgangssituation des Stücks ein. Bei der Intrada mögen Orff barocke Bilder vorgeschwebt haben.

Das zweite Bild wird wohl von einem Summchor umrahmt, ist aber sonst eine Sprechszene. Münchener Bürger sitzen am Wirtshaustisch und diskutieren: „Des Amixl hat g'sungen" – so kommt das Gespräch auf ein aktuelles Thema, auf die Bernauerin und ihre Liaison mit dem jungen Herzog, wovon wir nun Details erfahren und die Meinungen pro und kontra hören. Es ist nicht nur ein zweckmäßig erläuternder Dialog, sondern auch ein durchaus dichterischer. Und wieviel dichterische Kraft hinter der kunstvollen Volkstümlichkeit bayerischen Timbres in dem Text steckt, das zeigen nicht nur die Agnes-Szenen im zweiten Teil. Es offenbart sich nicht minder in der dritten Szene des ersten Teils, der großen Liebesszene zwischen Albrecht und Agnes, in welcher der junge Herzog die Geliebte hineingestellt sieht in die Zauber der Natur und eine Vision schildert: die Vision, wie er Agnes zu Pferd heimholt in seine Stadt und dort mit ihr einzieht – mit der Duchessa. Diese Szene ist gleichsam ein tönendes Bild. Lyrische Klänge von eigenartiger Färbung und das Melos des Tenorsolos bringen die zauberhafte Stimmung dieser Liebesszene zum Ausdruck. Ihre Finalsteigerung erhält sie durch den „Glockenchor", der teilweise auf Orffs A-cappella-Chorsatz „Sirmio" basiert, einer „schwingend-ekstatischen Liebestraummusik ... erfüllt von südlichem Schönheitsrausche".[158]

Im zweiten Teil, wieder durch die Intrada und Worte des Ansagers eingeleitet, informiert zuerst der Dialog zweier Bürger über den Fortgang der Handlung. Dann folgen ein poesievoller Monolog der Agnes, wie in Dämmerlicht getaucht, überglänzt vom Zauber unaussprechlicher Liebe, und der Abschied von Albrecht, wieder mit statischer Liebeslyrikmusik.

Zur folgenden Szene der Urteilsverkündung und der Volksaufhetzung schweigt die Musik (von Trommelwirbeln abgesehen), sie kommt erst wieder in der Überleitung zur nächsten Szene zum Zug. Es ist die todesbange Szene der Agnes, die hier ihre einzige (einfache) Melodie singt: „Hab ich Lieb, so hab ich Not, Meid ich Lieb, so bin ich tot. Nun eh ich Lieb durch Leid wollt lan, Eh will ich Lieb in Leiden han!" Entschlossen, im Bewußtsein, moralisch im Recht zu sein, tritt Agnes ihren Häschern entgegen und wird abgeführt.

Nach der Hexenszene folgt das Finale, eingeleitet durch dumpfe Glockenklangmusik, eine Art Chorballade, oratorisch und doch dramatisch. Der nach der Bernauerin rufende junge Herzog erfährt vom Volk, was geschehen ist, und schwört Rache. Da bringt der Kanzler die (in diesem Zusammenhang nicht historische!) Nachricht von Herzog Ernsts Tod. Nun ist Albrecht Herzog in Bayern … Zur Apotheose der Toten erklingt die „Liebesmusik", in ihre Schlußtakte mischt sich als Kontrast die psalmodierende Rezitation der Worte „Agnes Bernauerin". Der Aufbau dieses Finales mit der Reihung kontrastierender Glieder ist ungeheuer wirksam. Man muß nicht zuletzt dieses Werk in seiner Einheit von Wort, Ton, Geste und Bild begreifen, um Orffs Theater zu erkennen. Sein Kunstwerk zeigt sich einmal mehr ganz anders als die psychologisierende und symphonisch gearbeitete Oper der Spätromantik, zu der Orff eben eine persönliche Alternative zu bieten hatte, um welche sich andere in diesem Jahrhundert vergeblich bemüht haben. Die Musik ist von Szene und Wort losgelöst kaum denkbar, das Ganze kommt aus dem Instinkt der geborenen Theaternatur, und in seiner Gesamtheit wirkt das Werk neu, obwohl das musikalische Material, für sich betrachtet, keineswegs neu und schon gar nicht avantgardistisch ist. Aber die Musik ist von elementarer Stimmungskraft. Immer holzschnittartig scharf umrissen, durchzieht sie das Dichtwerk, das neben dem alten Mysterienspiel auch auf die Fastnachtsspiele des Hans Sachs ebenso wie auf die farbige Fülle bayerischer Barockstücke zurückweist.

Wie ein Satyrspiel zu den Tragödien wirkt die bayerische Komödie „Astutuli" (Uraufführung 1953), die Geschichte der von einem Gaukler hinters Licht geführten Bauern: eine „Partitur", die, im Instrumentalen auf Schlagwerk reduziert, nur fallweise (in zwei Chören) der Notierung im Fünfliniensystem bedarf.

Die Salzburger Festspiele brachten 1949 die Uraufführung von Orffs „Antigonae". Die Handlung der „Antigonae" schließt an die Ödipus-Tragödie an. In Theben hätten sich ursprünglich die beiden Ödipus-Söhne Eteokles und Polyneikes die Herrschaft teilen sollen, doch Eteokles vertrieb den Bruder, dieser suchte und fand Kampfgenossen. Vor dem „Zug der Sieben" gegen Theben versuchten beide Brüder, Eteokles und Polyneikes, ihren Vater für sich zu gewinnen; denn ein Orakel hatte prophezeit, jener werde siegen, der Ödipus für sich habe und nach Theben zurückbringe. Ödipus aber fluchte seinen pflichtvergessenen Söhnen: Sie würden sich gegenseitig töten.

Und das geschah dann auch vor den Toren Thebens, wo nun Kreon, der Bruder Jokastes, die Herrschaft übernahm, Eteokles feierlich bestatten ließ, während er bei Todesstrafe verbot, Polyneikes' Leichnam zu beerdigen.

Hier setzt die Antigone-Handlung bekanntlich ein. Antigone kann es nicht ertragen, daß ihr Bruder unbestattet bleiben soll, und handelt Kreons Befehl zuwider. Von den Wächtern ertappt, wird sie von Kreon verurteilt, lebendig begraben zu werden, obwohl sie die Braut des Kreon-Sohns Hämon ist und dieser für das Leben Antigones bittet. In dem unterirdischen Gewölbe, wo sie eingeschlossen ist, erhängt sich Antigone, und auch Hämon geht aus Verzweiflung in den Freitod. Ebenso Kreons Gattin Eurydike. Kreon bleibt allein zurück, beladen mit der Schuld für seine unmenschliche Härte.

„Antigone" ist eine der großen Tragödien des Sophokles, Carl Orff verwendete den Text in der Fassung Friedrich Hölderlins (1770−1843). Das 442 oder 440 v. Chr. geschriebene bzw. bei den Großen Dionysien in Athen erstaufgeführte Drama gehört zu den unvergänglichen Werken des Theaters, nicht zuletzt deshalb, weil die zeitgebundene Handlung eine zeitlose Aussage hat. Antigone steht für den Menschen, der unbedingt handelt, der bewußt seinen Weg geht, obwohl er weiß, daß es ihm den Tod bringt. Vor allem gilt es, den Gesetzen der Götter eher zu gehorchen als jenen der Menschen, die Humanität, die sich in „Antigone" in der zeremoniellen Bestattung des Gefallenen kundtut, wiegt mehr als das Gebot (bzw. Verbot), das der Staat, verkörpert durch Kreon, erläßt. Der Prinzipienstreit zwischen Staatsräson und Familienliebe, der im Konflikt zwischen Kreon und Antigone ausgetragen

*Wieland Wagner inszenierte in Stuttgart die „Antigonae"
von Carl Orff. In einer Wiederaufnahme nach dem Tod
des Regisseurs sangen und agierten u. a. Sylvia Anderson,
Carlos Alexander und Herold Kraus.*

wird, kann über das Private hinaus begriffen werden: Antigones Entscheidung gibt ein Beispiel überzeugungsmutiger
Auflehnung gegen Staatswillkür und Gesetzesfanatismus.

Hölderlin, dessen „Antigone"-Nachdichtung Orff verwendete, hat die Tragödie komplizierter gesehen: als Tragödie aus der Begegnung von Mensch und Gott. Hölderlin habe
auch, so meint Thrasybulos Georgiades[159], „die sphinxhafte
Starrheit, die in sich ruhende Statik der griechischen Tragödie mit versengendem Finger berührt und in glühenden Strom
– das heißt in abendländische Sprache – verwandelt" und „die
Schleusen, die der Grieche hermetisch geschlossen hielt,…

aufgetan". Gerade diese Übersetzung eröffne uns „einen kostbaren Zugang von der abendländischen Geistigkeit her zum Sophokleischen Werk; sie ermöglicht eine Interpretation der Antigone".

Vom romantischen Pathos Hölderlins ist manches in die Sprache seiner Exegeten eingeflossen. Carl Orff rückte, obwohl er den Hölderlinschen Text wählte, davon wieder etwas ab, indem er, so Wolfgang Schadewaldt, prominenter klassischer Philologe unseres Jahrhunderts, „durch seine musikalische Gestaltung vieles Dunkle bei Hölderlin aufklärte, manches zeitbedingt Romantische härter faßte und manches Abseitige in Hölderlins einsamem Gotterleben in eine hellere Nähe rückte". Orff selbst äußerte dazu: „Ich sah von allem Anfang an meine Aufgabe darin, nichts zum Werke des Sophokles hinzuzutun, sondern es nur mit heutigen Mitteln zu interpretieren … Die Antigonae ist kein Repertoirestück für das Operntheater, sie ist ein Festspiel und kultisches Theater. Ich betrachte mein Werk nur als zeitgebundene Interpretation der sophokleischen Antigone. Es geht nicht um mein Werk, sondern um Sophokles – und dahinter steht eine Welt."

Und zu dieser Welt des Sophokles gehört, wie schon gesagt, die Sphäre der geistigen Auseinandersetzung zwischen Humanität und starrer Staatsräson. Im Gegensatz zu Antigone steht aber auch Ismene, die in ihrem Verhalten zuerst von Ratio, von Vernunft bestimmt ist und dann, als sie, als Mitwisserin festgenommen, die Schuld Antigones mittragen will, von dieser zurückgewiesen wird: „Du hattest Leben, ich den Tod erwählt" (bzw. bei Hölderlin/Orff: „Dein Teil ist ja das Leben, meines Tod … du lebst, doch meine Seele, längst ist sie tot, so daß ich Toten diene.").

Kreon aber und dessen These: „Nie ist der Feind, auch wenn er tot ist, Freund", stellt Antigone ihre Ansicht konträr gegenüber: „Nicht mitzuhassen, mitzulieben bin ich da" – dies ist allerdings nur eine der Seiten von Sophokles' Weltanschauungsaspekten. „Vom zuvorgesetzten Verhängnis hat kein Sterblicher Befreiung", sagt der Bote in der letzten Szene zu Kreon, der vor dem Scherbenhaufen seiner familiären Existenz steht. Noch pessimistischer ist Sophokles' Weltsicht in „Ödipus auf Kolonos": „Nie geboren sein, ist das beste Erdenkliche; das Nächste: wenn man geboren ward, nur eilends wieder dorthin, von wo man kam."

Aber auch in „Antigonae" kündet der Chor, der das „siebentorige Theben" preist und immer wieder das Geschehen kommentiert, ein dunkles tiefes Wissen vom Menschen: „Ungeheuer ist viel. Doch nichts ungeheurer als der Mensch" – der Mensch, der soviel vermag und damit so häufig ins Unglück führt. Der Text der Sophokleischen Dichtung war eine Herausforderung an das Publikum. Eine Herausforderung zum Nachdenken, zum emotionellen Gepackt-Sein; womit auch eine kathartische, d. h. läuternde Wirkung verbunden war.[160] Und eine Herausforderung ist auch Orffs Bühnenwerk, nämlich insofern, als es sich weder um eine kulinarische Oper noch überhaupt um eine Oper handelt. „Antigonae" ist und bleibt für Orff „ein Trauerspiel des Sophokles", das er, in der Sprachgestaltung Hölderlins, durch die Vergesellschaftung mit Musik eindringlicher interpretieren wollte. Die dabei verwendeten „heutigen Mittel" aber stehen ganz im Zeichen des unverwechselbaren Personalstils des Komponisten.

Die Tendenz zum Schlagzeuginstrumentarium ist in der „Antigonae" stärker denn je bei Orff. Neben vier Harfen, neun Streichbässen, je sechs Flöten und Oboen sowie sechs Trompeten mit Dämpfer werden verwendet: sechs Klaviere, die auch mit Schlägeln und Plektron gespielt werden, Pauken, Steinspiel, mehrere Arten von Xylophonen, Marimbaphon, kleine Holztrommel, große afrikanische Holzschlitztrommel, zwei Röhrenglocken, Glockenspiel, Zimbeln, Ständer- und Schlagbecken, ein kleiner Amboß, drei Triangeln, zwei große Trommeln, Tambourins, Kastagnetten, sechs große javanische Buckelgongs.

Die „Antigonae"-Partitur stellt eine konsequente Weiterbildung des musikalischen Vokabulariums von Orff dar. Psalmodisch und expressiv ist der Duktus der Singstimmen, der Orchesterpart nicht symphonisch entwickelt, sondern wie aus Ur-Bausteinen zusammengefügt – ein Mittel zur lapidaren dramatischen Akzentuierung, zu der sich auch die Repetitions- und Klangtechnik Orffs hervorragend eignete.

Gleich die ersten Takte zeigen deutlich die Eigenschaften der psalmodierenden Rezitation, die bald eine Textstelle eindringlich herausmeißelt, bald lange an einem einzigen Ton festhält, aber auch manche sprachliche Hebung und Senkung der Deklamationslinie nachvollzieht und dabei zu kadenzartigen Wendungen findet, die wie musikalische Interpunktionen wirken. Eine Intensivierung erfolgt durch große Intervallsprünge wie etwa im ersten Dialog Antigone – Ismene, wo erstgenannte nicht weniger als 19 Takte hindurch auf einem Ton (e) rezitiert, von diesem dann in die Oktave und schließlich in die Dezime hinaufspringt.

In einer Studie über „Das melische Ausdrucksprinzip Carl Orffs" hat Andreas Liess mit Recht auf diese Nuancen deklamatorischer Ausdruckssteigerung hingewiesen[161], u. a. mit der Feststellung, es gebe „zu denken, daß Orff, ebenso wie die Primitiven, bei größerer Erregung der Aussage die Rezitation in die höhere Oktave umschlagen läßt". Ein besonders treffendes Beispiel hierfür gibt der Komponist an der berühmten „Antigonae"-Stelle: „Aber gewiß. Zum Hasse nicht, zur Liebe bin ich", wo die Spannung sogar noch durch einen Doppeloktavsprung gesteigert erscheint.

Neben monoton-psalmodischen Passagen und solchen expressiver Akzentuierung, wo einem jäh aufsteigenden Intervall im melodischen Duktus ein ebenso jäher Abfall folgt, finden sich auch ausgezackte melische Wendungen. Ebenso trägt das Nebeneinander von diatonischen und chromatischen Deklamationswendungen zur Erweiterung der melischen Palette in diesem Werk Carl Orffs bei. Melismen kommt unter anderem die Aufgabe zu, der Verstärkung von Akzentsetzung zu dienen bzw. einer Partie eine besondere „Farbe" zu geben, wie das im Fall der Partie des warnenden Teiresias der Fall ist; ein Melisma, das hier am Beginn jedes Abschnitts der Rede des Sehers wiederkehrt, stellt sogar ein formbildendes Element dar.

Ein weit ausgespanntes Melisma bringt aber auch die Abschiedsszene Antigonaes („O des Landes Theben väterliche Stadt"), wo der Klagecharakter des Melismas durch das folgende Verharren der Deklamation auf einem Ton unterstrichen wird.

Von der Spannweite und Vielfalt der deklamatorischen Möglichkeiten im „Antigonae"-Stil Orffs gibt ferner der vom Chor flankierte Monolog der Titelfigur (zweite Szene des dritten Aktes) Zeugnis. Es darf auch nicht der Hinweis vergessen werden, daß eines der großen Soli Antigonaes („O Grab! o Brautbett! unterirdische Behausung, immerwach!") einen deutlich ariosen Charakter trägt.

Nicht zuletzt hier zeigt sich die stützende, auf ostinaten Wendungen ruhende Funktion des Orchesters mit seinem besetzungsbedingt eigenartigen Klangtimbre: etwa der signifikanten Mischung von Klavier- und Beckenklang mit jenem von Stein- oder Glockenspiel. Umfangreich sind die dem Klavier zugewiesenen Aufgaben, u. a. in der soeben erwähnten „Arie" Antigonaes, wo es zuerst nur als stützendes „Rhythmusinstrument", dann melodiebegleitend hervortritt. Harfen spielen im Instrumentarium dieser großen Solostelle Antigonaes eine subtile Rolle. Den starren Rhythmen des Klaviers assistieren zuerst Becken, große Trommel, Pauken und Kontrabässe, eine markante knappe motivische Wendung („Nun Polynikes, ...") wird anfangs nur vom Klavier, dann auch vom Glockenspiel vorgetragen, den Schlußabschnitt hat Orff mit Harfen, Klavieren und Glockenspielen instrumentiert, im Perkussionsinstrumentarium treten neben Becken, großer Trommel und Pauken noch die Zimbeln hinzu. In der Teiresias-Szene wird ein eigenartiger Klang durch die Kombination von Kontrabaß (im Flageolett), Trompeten (mit Dämpfer), Klavier, Harfen und Becken (teils mit Holzkopf-, teils mit Gummischlägel) erzielt, die folgende Gesangspassage erscheint durch Becken und einen ostinat wiederholten Klavierton (mit Filzschlägel) grundiert.

An dieser Stelle ist es am Platz zu sagen, wie an sich tonal manches in der „Antigonae" klingt. Das Largo „O Grab! o Brautbett! ..." könnte durchaus auch funktionell-tonal begleitet werden, doch entspricht dies eben nicht der Struktur des Orff-Klanges, der eine „Entwicklung" im Sinne traditioneller Modulation und harmonischer Fortspinnung nicht kennt. Wohl gibt es Klänge, die den Anschein reiner Tonalität erwecken, sie sind es jedoch ihrem Wesen nach ebensowenig wie jene, die sich zu Clustern (Tontrauben) zusammenballen.

Im Gegensatz zum Klavier und zu dem reich sortierten Schlagzeug werden die Bläser relativ selten verwendet. Die Chorgestaltung, die der wichtigen Stellung des Chors in der antiken Tragödie entspricht, vermittelt ebenfalls eine Fülle von Eindrücken. Monophon rezitierende Deklamation dominiert zwar (und erweckt in uns den Anschein authentischer Deklamation antiker Chöre), doch ist gleich der erste Choreinsatz mit einem weitgesponnenen (allerdings kleinräumigen) Melisma verbunden, und neben der psalmodierenden Rezitation (wie u. a. im schlagwerkbegleiteten Chor „Ungeheuer ist viel …") finden wir immer wieder auch mehrstimmige Gebilde, die aber wie die Dur- und Moll-Klänge im Chor am Beginn des dritten Aktes („Glückselige solcher Zeit, da man nicht schmecket das Übel …") wiederum nichts mit konventioneller Tonalität zu tun haben.

Gewiß ist in Orffs „Antigonae" die Musik eine Dienerin der Sprache, des Dramas als Ganzen. Alles soll, den Intentionen des Komponisten gemäß, „der Leuchtkraft des Wortes dienen".[162] Und doch ist es nicht nur Wort- und nicht nur szenisches Theater, sondern auch Musiktheater, in dem die Musik ein starker Ausdrucksfaktor ist.

Fortgesetzt wurde Orffs „Antigonae"-Stil in einem weiteren „Trauerspiel des Sophokles in der Version von Friedrich Hölderlin": in „Oedipus der Tyrann". Geschrieben in den Jahren 1957/58, ist dieses Bühnenwerk der Philosophischen Fakultät der Universität Tübingen gewidmet, und zwar aus Anlaß der Verleihung des Ehrendoktorates zu Orffs 60. Geburtstag. Die Uraufführung aber fand 1959, wieder am Württembergischen Staatstheater Stuttgart, statt.

Der Stil des „Oedipus" ist jenem der „Antigonae" verwandt und dennoch nicht gleich. Anstelle breiter Musikalisierung tritt das gesprochene Wort stärker in Erscheinung, der weitgehend gesungene, psalmodierende Ton der „Antigonae" wird sehr oft von reinem Sprechen und Rezitieren abgelöst, eine Musikalisierung der Deklamation hat dann aber um so stärker den Charakter einer Steigerung. Wir finden Passagen mit einfach rhythmisiert aufgezeichneter Sprechstimme, ferner das frei gesprochene Wort auf Klanggrundlage (Teiresias-Szene), melodramatische Formen und sogar die „Sprech-Arie" (Kreon, Beginn des dritten Aktes). Der Kontrast der einzelnen Sprecharten wird ebenso genützt wie der Kontrast von Sprechen und Singen. Der Wechsel kann großflächig, aber auch rasch sein, der Chorpart zeigt ebenfalls einen diesbezüglichen Wechsel, etwa wenn am Ende des ersten Aktes die Rezitation in den gesungenen Ausruf „Vater!" umschlägt. Der Chortext wird nicht stets chorisch vorgetragen, sondern bisweilen einzelnen Stimmen anvertraut. Die Art und Weise des Wechsels von rhythmisch fixierter und der Tonhöhe nach genau festgelegter Deklamation illustriert u. a. die Rede Jokastes im dritten Akt. Immer wieder greift die gesangliche Deklamation expressiv aus, z. B. an einer besonders charakteristischen Stelle des Oedipus-Parts im ersten Akt („Denn alles werd' ich thun, entweder glücklich erscheinen mit dem Gotte wir oder stürzen"), einer in der gesanglichen Gestik völlig unkonventionellen Stelle, vom Tenor (Oedipus) in falsettiertem Piano zu singen: Das ist eine der vielen Nuancen, wie wir sie auch im verfeinerten Klang des riesigen Orchesters mit seinen abermals nicht fehlenden Schlagwerkattacken beobachten.

Abermals ganz anderer Art ist Orffs „Prometheus", und dies nicht nur deshalb, weil den deutschen Nachdichtungen antiker Tragödien nun ein Werk in altgriechischer Sprache folgt. Komponiert wurde dieses Werk in den Jahren 1963−1966, die Uraufführung fand wieder am Württembergischen Staatstheater in Stuttgart statt (1968). Das Schlagwerkarsenal, das zu vier Klavieren (mit acht Spielern), je sechs Flöten, Oboen, Trompeten und Posaunen, vier Banjos, vier Harfen, elektrischer Orgel und neun Kontrabässen tritt, ist geradezu international sortiert: Neben dem gängigen Schlagzeug wie Pauken, Becken oder Xylophon werden nicht nur Marimbaphone und Metallophone, sondern auch exotische Perkussionsinstrumente verwendet.

„Prometheus" – das ist eine Vertonung von Aischylos' „Gefesseltem Prometheus", um 475 v. Chr. entstanden (nach anderer Annahme 472−465). Aischylos (525−456) war bekanntlich der erste der großen griechischen Tragödiendichter; das mythische Theater, das dramatisierte „Stück menschheitlicher Urgeschichte" (Wolfgang Schadewaldt) wird von Orff mit Mitteln des 20. Jahrhunderts beschworen, die dennoch das originale archaische Kolorit vermitteln sollen.

Aischylos lieferte Orff im Originaltext den mythischen Urlaut, aus dem er die Gestalten und Rhythmen der Deklamation entwickelte. Der humanistisch gebildete, dem antiken Erbe verschworene Komponist will in den rein rhythmisierten Reden den originalen Sprachklang verwirklicht sehen, indem er größtenteils keine Tonhöhen fixiert. Der altgriechische Sprachlaut mit seinem reichen, vollen Vokalismus, seiner dynamischen Rhythmik, seinen substanzkräftigen, prallen Wortgebilden, seiner durch und durch architektonischen Syntax forderte Orff zu deklamatorischer Realisierung förmlich heraus.

Keineswegs erleichtert bzw. ermöglicht die Verwendung der altgriechischen Sprache eine Textrezeption durch das heutige Publikum. „Was nicht Wort für Wort, Silbe für Silbe in seiner sprachlichen Bedeutung aufgefaßt werden kann, rückt in die Konzeption des absurden Theaters ein, obwohl dieses gar nicht da ist", meinte Harald Kaufmann diesbezüglich in seiner Orff-Studie.[163] Dem Uneingeweihten wird es dabei entgehen, wie eigenwillig Orff das Metrum der Sprache teilweise umgeformt hat, so daß – bei aller Nähe der klanglichen Identität – „sich die Deklamation Orffs von der Sprache des Aischylos nicht unwesentlich unterscheidet".[164]

Wieder gibt es wie in „Antigonae" oder „Oedipus" auch melisch fixierte Passagen, doch sind sie stark zurückgedrängt, freilich abermals von artifizieller Kompliziertheit. Dies gilt nicht minder für den Chorsatz, wo clusterartige Bildungen ebenso vorzufinden sind wie im instrumentalen Klang. Dieser ist aber immer wieder auch im Sinne einer „schwebenden Tonalität" deutbar, etwa im Sinne einer „Akkordorganisation in Terzenaufbau", die man als „eines von Orffs Stilprinzipien" (Kaufmann) analysiert hat. Unter diesem Aspekt bedeutete für Orff der Cluster ein durch Alterationen gleichsam zusammengedrücktes, engmaschig gewordenes Terzenakkordgewebe. In der Realität wird man darüber nicht hinwegkommen, daß in Orffs „Prometheus" die Urklangwirkung an sich, der Eindruck des Archaischen, Mythischen dominiert.

Stärker als in „Antigonae" oder „Oedipus" wird im „Prometheus" auf die klanghafte Musik verzichtet, auch der reine Rhythmus, auch das Geräusch bedeutet hier bereits „Musik". Wir hören lange psalmodierend gesprochene Reden und Berichte (der Sänger hat sie, wie schon gesagt, ganz aus dem originalen Wortklang nachzuvollziehen), an bedeutungsvollen Stellen, manchmal nur wenige Takte lang, erhebt sich der Ausdruck in den Gesang. Daneben stehen Wechselgespräche

(Vers um Vers, manchmal von dem einen gesprochen, von dem anderen gesungen), auch Chöre. Das Orchester setzt im wesentlichen wiederum nur Akzente und hat nicht die Funktion instrumentaler (oder gar harmonischer) Stützgebung.

Wie eine archaische Intrada muten die Initialklänge an, worauf der Dialog von Kratos und Hephaistos bereits mit voller Schärfe den sprachdeklamatorischen Stil exemplifiziert. Im folgenden Monolog des (an den Felsen geschmiedeten) Prometheus vernehmen wir die Spannweite bis zum Melismatisch-Gesanglichen hin. Prometheus erhebt Klage und Anklage, und die Okeaniden (die Töchter des Okeanos) beweinen das Schicksal dieses Aufrührers wider die Götter. Sie bekennen sich gleichsam als Prometheus' Mitleidende. Diese Okeaniden-Szene steuert neue Klangeindrücke bei, und zwar im vokalen wie im instrumentalen Bereich.

In der vierten Szene, der Auseinandersetzung zwischen Prometheus und Okeanos, der dem Titanen vergeblich zur Aufgabe des Trotzes, zum Nachgeben zuredet, dominiert wieder das frei rezitierte Wort. Den Okeaniden, die in der fünften Szene erneut Prometheus' Schicksal beklagen, berichtet dieser dann, was er für Götter und Menschen getan.

Eine zentrale Szene ist jene mit Io, der Tochter des Flußgottes Inachos, einer Frau, die, ähnlich Prometheus, von den Göttern verfolgt wird. Mit Wahnsinn geschlagen, irrt sie durch die Länder, dazu bestimmt, Zeus einen Sohn zu gebären, der Prometheus' Rächer sein und ein neues Geschlecht begründen soll. Hermes, der Götterbote, allerdings kündet Prometheus weitere, schlimmere Leiden an, wenn er in seinem Trotz verharrt. Was er auch tut. Und so wird er in der Schlußszene unter Blitz und Donner in die Unterwelt hinabgestoßen. In der Io-Partie finden wir Momente höchster Expressivität, gleichsam musikalisch gesteigerte Interjektionen, die diese Partie zu einer der schwierigsten machen, die Orff geschrieben hat.

„De temporum fine comoedia", Carl Orffs „Spiel vom Ende der Zeiten", wurde bei den Salzburger Festspielen 1973 uraufgeführt. Dieses Spiel vom Ende der Welt ist eine Auseinandersetzung mit den letzten Dingen der Menschheit. In drei Teilen bietet Orff seine Vision vom Ende der Zeiten dar: Die Sibyllen künden von schreckensvoller Zukunft, die Anachoreten, die Asketen in der Wüste, setzen dem ihr Nein entgegen, und im dritten Teil treten die letzten Menschen auf, von Angst und Grauen erfüllt. Der Himmel ist eingestürzt. Kyrie! mach ein Ende! – so schreit die gesichtslose Masse auf. Erst als Lucifer nach seinem dreimaligen Bekenntnis „Pater, peccavi" wieder der Lichtbringer von einst wird, da hat sich der Akt der Apokatastasis, der Wiederherstellung des Urzustandes, der Zurückführung des Weltalls zur ursprünglichen Vollkommenheit, vollzogen. Der Kernsatz von Carl Orffs Vision de temporum fine ist dies: „Das Ende aller Dinge wird aller Schuld Vergessung sein."

Orff folgt hier den Gedankengängen des griechischen Kirchenschriftstellers Origenes (Anfang des 3. Jahrhunderts), doch entspricht – dies darf man nicht übersehen – die Ansicht von der Vergessung aller Schuld, der Schuld *aller,* nicht der katholischen Exegese des Neuen Testaments. Zwar ist in der Apostelgeschichte (3,21) von der „Wiederherstellung aller Dinge" die Rede, doch wird im Neuen Testament eindeutig nicht nur von der unendlichen Barmherzigkeit Gottes, sondern auch von ewiger Schuld gesprochen, so etwa bei Matthäus 25,45−46: „Was ihr einem dieser Geringsten da nicht getan habt, das habt ihr mir nicht getan. Und diese werden eingehen in die ewige Pein, die Gerechten aber in das ewige Leben." Die These von der Restitutio des Lucifer ist also, aus der Sicht katholischer Theologie, falsch. Aber Orff wollte ja auch kein theologisches Werk schreiben. Das „Spiel vom Ende der Zeiten" ist Schlußstein in seinem „Welttheater", und so nimmt man Orffs „Endspiel" nicht als kirchlich-dogmatisch begründete, vielmehr als persönliche Auseinandersetzung mit den letzten Dingen auf. Während die sibyllinischen Weissagungen die Prophetie eines ewig zürnenden Gottes sind (der die Gottlosen für ewig verdammt), so stehen die Anachoreten der zweiten Szene von Orffs „Spiel" für die Gegner einer solchen Auffassung. Aus ihnen spricht Orffs eigenes Denken. Die Sibyllenszene mit ihren psalmodischen, erregten und melismatischen Rezitationen, auch ihrem Rückgreifen auf das Melos der griechischen Sprache mündet in Vae-Schreie dieser „Kraken des Unheils, die unsere Urängste formulieren und Stimmen sind für unsere existenzielle Unsicherheit" (August Everding).

Für diese Sibyllenszene verwendete Orff Texte aus den „Sibyllinischen Weissagungen", spätantiken Texten in griechischen Hexametern. Das Griechische wird hier „zum mythischen Wort". Erst am Schluß tritt das Lateinische hinzu. In der Anachoretenszene wiederum fließt das Deutsche zum Lateinischen in den Text ein.

Diese Anachoreten können, wie schon angedeutet, die Drohung mit dem ewigen Feuer nicht glauben. Für sie ist ewige Verdammnis unvorstellbar. Zwar gehe, so meinen sie, der Teufel um, er verführe viele, aber auch das habe der Allmächtige gewollt oder zugelassen; und da alles aus Gott und zu Gott komme und somit Gott alles sei, könne der Teufel nur eine „zeitlose Funktion" sein, jede Sünde erfolge „hic et nunc". Und dann betritt im dritten und letzten Bild die angsterfüllte Menschheit die Szene. Dieser dritte Teil des Spiels wirkt am unmittelbarsten und stärksten. Die Klang- und Deklamationsregister Orffs, dazu seine neuerlich angewendete Wiederholungstechnik vermögen intensivst die apokalyptische Stimmung zu beschwören. Der Theatermann Orff zeigt seine ganze Kraft als Szeniker und Musiker. Er findet aber auch die richtigen Töne für den erlösenden, verklärenden Schluß.

Auch in diesem Bühnenwerk Orffs manifestiert sich nicht der Typus Oper. Ebenso kommt man – einmal mehr – mit dem Begriff eines szenischen Oratoriums nicht an den Kern der Sache heran. Es ist eben, wie schon gesagt, ein „Welttheater", in dem Sprache, musikalischer Klang und szenische Vision einander voll durchdringen: ein Spiel in universellstem Sinn.

Die Partitur zeigt die Handschrift Orffs in ihrer Spannweite von fesselndsten Formulierungen bis zu solchen, die bisweilen zu sehr zur Stilmanier dieses Komponisten geworden waren. Gesprochenes, skandiertes und gesungenes Wort lösen einander ab, im Solo wie auch in den Chören. Das eigenwillige Skandieren und die Wiederholungstechnik, Text wie musikalische Wendungen betreffend, das ist typischer Orff. Der Meister holte hier außerdem weit aus bis zu alten Psalmodien; die musikalische Deklamation, die auch der Melodie nicht ganz entsagt, zeigt daher eine kunstreiche Vielfalt. Und neuerlich ist es das für Orff typische reiche Schlagzeugarsenal, das weithin das Klangbild bestimmt. Wieder sind exotische Schlaginstrumente darunter. Unter den konventionellen Instrumenten fehlen abermals die hohen Streicher, bei den Bläsern finden wir je sechs Flöten, Klarinetten, Hörner und Posaunen, ein Kontrafagott, acht Trompeten. Je drei Harfen und Klaviere sowie eine elektrische Orgel werden eingesetzt. Eine besondere Rolle spielt ein Quartett von Violen (Alt-, Kontraalt-, Tenor- und Baßviola) am Ende des Werkes, das uns mit dem Eindruck einer ruhigen, vollendeten Harmonie entläßt: Mit dem Schuldbekenntnis hat sich die Welt in Geist aufgelöst, will der Meister in diesem seinem zwischen 1962 und 1972 geschriebenen Alterswerk sagen.[165]

Es ist der Schlußstein von Carl Orffs Schaffen. Der Komponist starb am 29. März 1982 in München.

Zeitgenossen Hindemiths und Orffs

Die unmittelbaren Altersgenossen Hindemiths und Orffs und jene Komponisten, die im zeitlichen Umfeld, also zwischen 1890 und den ersten Jahren des 20. Jahrhunderts, geboren wurden, haben nicht einfach eine festumrissene Stilrichtung eingeschlagen. Vielmehr offenbart sich in dieser Generation ein erstaunlich ausgeprägter Pluralismus, der Spätromantik ebenso einschließt wie den Song-Stil eines Kurt Weill. Der älteste von den in diesem Kapitel zu nennenden Komponisten war Manfred Gurlitt (1890–1972), der einen zweiten „Wozzeck" für die Musikbühne schrieb. Das Werk wurde im April 1926, also nur rund vier Monate nach der Premiere der Bergschen Oper, am Stadttheater Bremen uraufgeführt.[166]

Manfred Gurlitt war ein Vetter des bekannten deutschen Musikforschers Willibald Gurlitt und Enkel des Landschaftsmalers Louis Gurlitt. Der in Berlin Geborene studierte Komposition bei Engelbert Humperdinck und genoß auch eine fundierte Kapellmeisterausbildung. Er begann dann seine Laufbahn als Korrepetitor, war 1911 Assistent in Bayreuth, und Kapellmeisterengagements führten ihn weiter nach Essen, Augsburg und Bremen, schließlich wurde er Generalmusikdirektor in Berlin sowie Lehrer an der dortigen Musikhochschule. Die nationalsozialistische Ära nötigte Gurlitt zur Emigration, ab 1939 war er in Japan tätig. Neben Instrumentalmusik in verschiedener Besetzung komponierte Manfred Gurlitt nach dem „Wozzeck" noch die „Soldaten" (nach Lenz, 1930), „Nana" (nach Zola, 1933) sowie eine „Nordische Ballade" (nach Selma Lagerlöf, 1944). Obwohl eine beachtliche Talentprobe, konnte sich Gurlitts musikalische Tragödie nach Georg Büchners Fragment neben Alban Bergs Meisterwerk nicht durchsetzen.

Schon Walter Schrenk hat in seiner klugen Premierenkritik[167] den seltsamen Fall hervorgehoben, daß Büchners Fragment fast zur selben Zeit und ohne Kenntnis von der Absicht des anderen von zwei Komponisten auf die Musikbühne gebracht worden ist. Der Rezensent wertete dies als Beweis dafür, wie sehr die Dichtung, die den Passionsweg einer Seele in ergreifendes bühnensinnliches Geschehen umsetzt, zu unserer heutigen Generation spricht. Schrenk sah darin aber auch „ein Zeichen für den latenten musikalischen Gehalt" und hat im übrigen sehr klar die wesentlichen Stilmerkmale der Gurlittschen Oper erkannt: Daß sich der Ausdruck aus der Spannung weniger konstitutiver (d. h. zusammengesetzter, kombinierter) Stimmen ergebe, die nach kontrapunktisch linearen Gesetzen häufig rücksichtslos hart gegeneinander geführt werden. In der Betonung des Linearen liege überhaupt ein wesentlicher Unterschied zu Alban Berg.

Interessanterweise zeigt auch diese Oper, obwohl sie nicht von Bergs Komposition beeinflußt worden sein kann, die Anwendung von Formen des musikalischen Ostinato und der Passacaglia. H. F. Redlich schloß sogar daraus, daß die von fixen Ideen beherrschte Figurenwelt des Dramas einem präsumtiven Wozzeck-Komponisten die Wahl ostinater Mischformen nahezulegen scheine. Überraschend ist auch, daß der Bibel-Monolog Maries hier wie dort mit einem auf g einsetzenden Fugenthema beginnt. Die Titelpartie wurde bei Gurlitt ebenfalls einem Baßbariton anvertraut, die Partie der Marie einem Sopran. Was die Instrumentalbesetzung von Gurlitts „Wozzeck" betrifft, so ist sie – meistens „Kammerorchester" – in jeder Szene verschieden, im Ganzen aufwendig in mittlerem Grad (Holzbläser inklusive Piccoloflöte, Englischhorn, Baßklarinette und Kontrafagott, vier Hörner, je drei Trompeten und Posaunen, Baßtuba, Streichquintett, dazu Schlagzeug, Pauken, große und kleine Trommel, Bekken, Triangel, Glocken, Harfe, Celesta, Klavier).

Deutlich wird bei Gurlitt die sozialkritische Komponente betont, indem Wozzecks Klage „Wir arme Leut'" gleichsam leitmotivische Bedeutung erhält. Diese Worte werden in der ersten Szene von einem unsichtbaren Chor angestimmt und im Epilog („Klage um Wozzeck") wiederholt. Im übrigen ist Gurlitt der Büchnerschen Vorlage pedantischer gefolgt als Berg. Aber schon aus dem Untertitel „Musikalische Tragödie in 18 Szenen und einem Epilog" geht hervor, daß auch Gurlitt

Die Präsenz Arnold Schönbergs in Berlin, wo er am Jahrhundert-
anfang und später ab 1925 wirkte (und auch die Oper
„Moses und Aron" entstand), stellt die Verbindung von der Zweiten
Wiener Schule zum Musikleben Deutschlands vor 1933 her.

nicht alle Szenen des Büchnerschen Fragments komponiert
hat. Es sind jedoch zum Teil andere als bei Berg. Es wurden
nicht nur wie bei diesem die Szenen vor der Jahrmarktsbude
und in deren Innerem ausgelassen, sondern es fehlt auch die
Szene mit dem Doktor. Die übrigen Szenen laufen bis II/3 bei
Berg bzw. VII bei Gurlitt parallel. Dann erst werden die Ver-

schiedenheiten der Szenenauswahl größer. So hat Gurlitt die Rollen der beiden Handwerksburschen eliminiert, die Wirtshausszene setzt gleich mit dem Chor „Ein Jäger aus der Pfalz" ein, sie ist im ganzen bei Gurlitt knapper gehalten. Die Auseinandersetzung zwischen Wozzeck und dem Tambourmajor findet im Kasernenhof (Szene XII bei Gurlitt) statt. Auf eine wichtige Szene, die auch Berg gerne komponiert hätte, die sich jedoch in seine formale Konzeption nicht einfügen wollte, hat Gurlitt nicht verzichtet: auf die Szene im Kramladen des Juden, wo Wozzeck das Mordmesser kauft. Das Wachsen von Wozzecks Mordgedanken soll deutlich motiviert werden.

Wie bei Berg finden wir bei Gurlitt die Bibellesung in Maries Kammer; auf musikalische Parallelen wurde schon hingewiesen, in Einzelheiten ist diese Szene allerdings doch sehr verschieden gestaltet. Die Erzählung vom armen Kind, das keinen Vater und keine Mutter hat, wurde bei Berg in diese Szene III/1 andeutungsweise eingebaut, Gurlitt hält sich genauer an Büchner: an eine Szene mit den Kindern und der Großmutter, die von diesem armen Kind erzählt. In einer Kasernenszene Andres – Wozzeck erfahren wir die genauen Personalia der Titelgestalt: Friedrich Johann Franz Woyzeck, Wehrmann, Füsilier im 2. Regiment, 2. Bataillon, 4. Kompanie, geboren Mariä Verkündigung, den 20. Juli. Heut 30 Jahr, 7 Monate und 12 Tage alt …

Der Mordszene am Teich läßt Gurlitt gleich die Todesszene Wozzecks am Teich folgen. An den Dialog der beiden Bürger („Das Wasser ruft. Es ist schon lange niemand ertrunken …") schließt die „Klage um Wozzeck" an. Der Vorhang hebt sich über einem kurzen Finale, man sieht die Leute am See versammelt, „zum Teil bewegungslos in gedrückter Haltung". Der Chor singt das gedankliche Leitmotiv „Wir arme Leut'", eine Altstimme aus weiter Ferne wiederholt diese Worte. Das ergibt einen sehr ergreifenden, stimmungs- und gehaltvollen Schluß (in es-Moll).

Dieser Chor liefert also sozusagen einen Kommentar zur „Moral aus der Geschichte". Der Chorpart des Werkes setzt außerdem mit Vokalisen in der ersten Szene einen Stimmungsakzent, ähnlich wie das die im Orchester postierte Sopranstimme in Szene XV bei der Erzählung der alten Frau, d. h. der Großmutter, tut. Mit dem Einsatz von zehn Sopranen in derselben Position wird in der vierten Szene (Marie verfällt dem Tambourmajor) mit Vokalisen und Heiajaha-Rufen das Klima der sinnlichen Begehrlichkeit unterstrichen.

Dem Chor ist in Gurlitts „Wozzeck" aber noch eine wirksame Stelle anvertraut: Nach der Mordtat erklingt, gleichsam als Aufschrei des Gewissens, der zweifache Ruf „Mörder!", und zwar einerseits in dreifachem Forte gesungen, andererseits so weit hinter der Szene, daß die Wirkung „piano" ist. Hier wie auch sonst oft zeigt sich des Komponisten Sinn für operndramatische Wirkung. An der Stelle, wo vom Abgründigen im Menschen die Rede ist, reicht Gurlitts Musik allerdings nicht an Bergs suggestive Tonsprache heran, ebenso in Wozzecks Todesszene. Doch gelang es dem Komponisten andererseits, so mancher Szene oder zumindest entscheidender Passage ein scharfes Profil zu geben. Es liegt eine Tragik darin, daß ein so niveauvolles, von starker Begabung zeugendes Werk durch ein epochemachendes, geniales in den Schatten gestellt worden ist.

Im Gegensatz zur Bergschen Atonalität bleibt Gurlitt grundsätzlich noch in der Spätromantik beheimatet. Aber auf Grund der erwähnten linearen Stimmführungstendenzen und infolge einer Ausdrucks- und Stimmungsharmonik gibt es tonal freizügige Stellen neben tonal gebundenen, somit viele sehr spröde Klangverbindungen. Von der spätromantischen Klanghypertrophie hat sich Gurlitt abgewendet. Die Deklamation in diesem „Wozzeck" ist nicht unmelodisch, vor allem häufig sehr expressiv. Bei den Worten „Es ist alles eins!" jubelt Marie, echt opernhaft, ein hohes C heraus. Auffallend ist, daß auch Gurlitt in der ersten Szene, in der Partie des philosophierenden Hauptmanns, den Falsetteffekt verwendet. Man hört förmlich, wie der Hauptmann den Zeigefinger moralpredigend erhebt. Nicht minder gelungen erscheint die originelle, den Groteskcharakter suggerierende Deklamation in der Szene VI (Straße. Hauptmann, Doktor, Wozzeck). In der Wirtshausszene erzielt Gurlitt, ähnlich wie Berg, den Effekt einer verstimmten Bühnenmusik, die Szene im Kramladen des Juden hat fast den Charakter eines nächtlich-makabren Scherzos, die Erzählung vom armen Kinde ist von dunkler Klangpoesie, der instrumentale Epilog eine Klage ohne Pathos.

In diesem Kapitel ist sodann Ottmar Gerster (1897—1969) zu erwähnen. Dieser machte am meisten durch seine Oper „Enoch Arden" (1936) von sich reden. Außerdem komponierte Gerster, der als Instrumentalist und Musikpädagoge wirkte (u. a. in Leipzig), die Opern „Madame Liselotte" (1933), „Die Hexe von Passau" (Text von Richard Billinger, 1941), „Das verzauberte Ich" (nach Raimunds „Alpenkönig und Menschenfeind", 1949) und das musikalische Lustspiel „Der fröhliche Sünder" (1963). Die „Hexe von Passau", ein Bild aus der Zeit der deutschen Bauernkriege um 1525, ist die Geschichte einer zu Unrecht Verfolgten. „Enoch Arden" (Text nach Alfred Tennyson von Karl Michael von Levetzow) schildert die Tragödie des schiffbrüchigen, nach vielen Jahren unerkannt heimkehrenden Seefahrers. Die „Hexe von Passau", „Trutzlied aller Geknechteten", enthält echte, wirkungsstarke Opernmusik.[168]

Der Jahrgang 1900 ist insbesondere durch Hermann Reutter repräsentiert, einen gebürtigen Stuttgarter, der Anfang der zwanziger Jahre im Umkreis der damaligen Avantgarde stand (Donaueschingen, Baden-Baden), in seiner Heimatstadt sowie in Frankfurt und München an den Musikhochschulen wirkte und nicht zuletzt durch sein umfangreiches Opernschaffen bekannt wurde: Es setzt mit dem Einakter „Saul" (nach Alexander Lernet-Holenia, 1928, zweite Fassung 1947) ein. Es folgen „Der verlorene Sohn" (nach André Gide, 1929; Neufassung als Kammeroratorium in fünf Szenen: „Die Rückkehr des verlorenen Sohnes", 1952) sowie das Mysterienspiel „Der Lübecker Totentanz" (1948), worin Verse nach alten Tafeln der Lübecker Marienkirche Verwendung finden. Die dreiaktige Oper „Doktor Johannes Faustus" (Text von Ludwig Andersen) zeigt einmal mehr, wie Reutter, stets um Vollendung und Erneuerung bemüht, eigene Bühnenwerke immer wieder umgestaltet hat. Die Erstfassung des Reutterschen „Faustus" hatte 1936 Premiere, die Neufassung kam 1955 heraus. Weitere Opern: „Odysseus" (dreiaktig, Dichtung von Rudolf Bach, 1942), „Der Weg nach Freudenstadt" (Ballade der Landstraße in fünf Bildern, Text von Sonja Korty, 1948), „Don Juan und Faust" (nach Christian Grabbe, eingerichtet von L. Andersen, 1950), „Die Witwe von Ephesus" (1954, umgearbeitete Fassung 1966), „Der

Ein angesehener Komponist aus der Generation der an der Jahrhundertwende Geborenen: Hermann Reutter.

Tod des Empedokles" (Concerto scenico nach Hölderlin, 1966), „Die Brücke von San Luis Rey" (Szenen nach der berühmten Novelle von Thornton Wilder, 1954) und „Hamlet" (frei nach Shakespeare in der Schlegelschen Übersetzung, 1980). Die Sujets sind also weit gefächert, wie das im übrigen auch hinsichtlich der formalen Gestaltungen der Fall ist.

Reutters größter Erfolg war der „Doktor Johannes Faustus", dessen Textfassung durch Ludwig Andersen auf das alte Puppenspiel (in Karl Simrocks Fassung) zurückgreift. Wichtig ist, daß Reutter nicht bloß die konventionelle Form der Oper weiterspann, sondern auch nach neuen Wegen suchte, sich dabei dem epischen Theater näherte. In „Odysseus" wie in der „Brücke von San Luis Rey" wirkt der Chor beobachtend und kommentierend mit, die Affinität zum Oratorium zeigt sich etwa im „Verlorenen Sohn", während im „Lübecker Totentanz" die Tendenz zum szenischen Bild zu registrieren ist. Dieser „Totentanz" ist das knappste von Reutters Bühnenwerken (18 Minuten Aufführungsdauer). Andere Werke beanspruchen knapp eine Stunde Aufführungsdauer, etliche sind abendfüllend. Der Bühnenbildaufwand steigert sich von der einen Szenerie der Frühwerke zu fünf Bühnenbildern im „Faust", neun im „Odysseus" und 16 im „Hamlet". In den beiden letztgenannten Werken ist auch das Darstelleraufgebot am größten. Im „Weg nach Freudenstadt" (40 Minuten Aufführungsdauer) wagte Reutter den Schritt zum Zeitstück der Nachkriegsgegenwart.

Hermann Reutter hat im musikalischen Drama, im Oratorium und in der sonstigen Orchesterkomposition nicht nur eine „ihm eigentümliche Eleganz und Transparenz, sondern vor allem durch immer neue Gestaltungsmittel – interessante Klangfarbenspektren, tonale, polytonale und zwölftönige Experimente und rhythmische Neuprägungen – aufhorchen gemacht".[169] Die Mittel des Tonsatzes souverän beherrschend, setzt Reutter die verschiedensten Möglichkeiten musikdramatischer Gestaltung ein und weiß so „über das Rezitativ, die Psalmodie, das Melodram und das Arioso bis zum breit entfalteten hymnischen Gesang eine ganze Skala vokaler Wirkungsmöglichkeiten aufzubauen und auszuschöpfen".[170]

Jahrgang 1901 war der deutsch-elsässische Komponist Leo Justinus Kaufmann, der, als er im Bombenkrieg 1944 starb, eben erst als Opernkomponist hervorgetreten war: mit der „Geschichte vom schönen Annerl" (nach Clemens von Brentano, 1943) und „Das Perlenhemd" (1944). Kaufmanns Lehrer, Philipp Jarnach, bezeichnete letztgenanntes Werk als „eine musikalische Kostbarkeit und zugleich das Muster eines neuen, gültigen Stils der Kammeroper". Als „Stück für Sänger, Musiker, Schauspieler und Tänzer" zeigt das „Perlenhemd", daß Kaufmann (und sein Librettist E. Bormann) nicht bloß in der traditionellen opernromantischen Formenwelt verhaftet blieben.

Dem Jahrgang 1902 entstammt Mark Lothar, ein aus Berlin gebürtiger Schreker- und Wolf-Ferrari-Schüler, der lange Zeit als musikalischer Leiter der Staatstheater in Berlin und München wirkte und in dessen kompositorischem Schaffen die Oper (neben Bühnen-, Hörspiel- und Filmmusiken) sehr stark vertreten ist: mit „Tyll" (1928), einer Eulenspiegel-Oper, mit „Lord Spleen" (1930), „Münchhausen" (1933), „Schneider Wibbel" (1938), „Rappelkopf" (1958), dazu der Opera piccola „Der Glücksfischer" (1962), der heiteren Legende „Der widerspenstige Heilige" (1968) und der Kinderoper „Momo" (1978). Schon die Titel belegen Mark Lothars Neigung zum heiteren Genre, womit er in der Entwicklungslinie der deutschen Spieloper seinen Platz hat. Der „Rappelkopf" ist natürlich nach Raimund gestaltet (zwei Akte, sechs Bilder) und im übrigen als „Volksoper" bezeichnet. Der Textautor Wilhelm Michael Treichlinger hat sich gegenüber der dichterischen Vorlage manche Freiheit genommen. Betont wird in der Handlung von Lothars Raimund-Oper die Verbundenheit mit der Natur. Die Musik ist in Rezitative, Lieder, Arien und Ensemblesätze gegliedert und immer wieder illustrativ. Manche Kritiker der Premiere fanden zuviel Illustration in der ausgezeichnet instrumentierten Partitur, hinsichtlich der Volkstümlichkeit der Musik waren die Meinungen geteilt.[171]

Ein Jahr jünger als Mark Lothar war Rudolf Wagner-Régeny (1903–1969), ein Deutsch-Siebenbürgener, der in Deutschland studierte und wirkte, u. a. die kleinen Opern „Der nackte König" (nach einem Andersen-Märchen, 1928) und „Sganarelle" (1929) schrieb, sodann größere Werke: „Der Günstling" (1935), „Die Bürger von Calais" (1939), „Johanna Balk" (1941), „Prometheus" (1959) und „Das Bergwerk von Falun" (1961). Im NS-Staat war Wagner-Régeny nicht a priori Persona grata, er wurde dann jedoch zu den förderungswürdigen Talenten gezählt.[172] Unter anderem erhielt er den Auftrag zu einer neuen „Sommernachtstraum"-Musik, die ein „gefälliges Werk" wurde.[173] Wagner-Régeny komponierte nicht so modern, daß er – obwohl ein Bewunderer Bertolt Brechts – für die NS-Ideologen untragbar gewesen wäre. Den Wienern war er allerdings zu modern, bei der Uraufführung der „Johanna Balk" gab es einen Theaterskandal. Hingegen war die Oper „Der Günstling" ein Publikumserfolg: An 17 Bühnen erreichte das in Dresden uraufgeführte Stück insgesamt 73 Aufführungen in der Saison 1935/36. Wagner-Régenys „Günstling" brachte in einem musikalischen Mischstil ein Intrigenspiel um und von Königin Maria Tudor von England auf die Bühne. Librettist Wagner-Régenys war damals Caspar Neher (1897–1962), der prominente und fruchtbare Bühnenbildner, der auch den Text für Kurt Weills „Bürgschaft" verfaßte und nicht gerade beliebt im NS-Staat war. Die Oper „Die Bürger von Calais", alles in allem ein mittelmäßiger Erfolg, paßte den Machthabern immerhin dazu, als „Lehrstück in Ideologie" zu fungieren, wie in Zeitungen zu lesen war: Es sei „ein Stoff, würdig als Unterlage einer Oper im Sinne des neuen Deutschlands, mit hohem Ethos, Heimatliebe, Dulden und Opferbereitschaft". Der Komponist rolle „eine Grundlage unseres Daseins auf: Individualität und Gemeinschaft ... Das Opfer des Einzelnen bedeutet nichts. Das Opfer der Gemeinschaft bedeutet alles."[174]

Dieser Stoff, die Geschichte von dem Opfergang der sechs Bürger von Calais, ihrer Bereitschaft, durch ihr Handeln die 1347 belagerte Stadt zu retten, ist ein erprobter literarischer Stoff; so gestaltete ihn Georg Kaiser in einem Drama (1941). Formal nähert sich diese Oper wie der „Günstling" dem epischen Theater, und „ihr antiromantischer und pathosfeindlicher Ton wirkte damals überaus modern".[175] Der Vereinfachungswille, der den musikalischen Stil mitbestimmt, gefiel den nationalsozialistischen Kulturpolitikern offenbar. Bedenken erregte hingegen an offizieller Stelle das Sujet von Wagner-Régenys nächster Oper, „Johanna Balk". Man fürchtete, es würde darin die politische Vergangenheit Ungarns diffamiert, und deshalb mußten – wir wissen dies aus einem Brief Oscar Fritz Schuhs[176] – über Nacht alle Namen geändert werden; aus Hermannstadt wurde Altenstadt, aus dem Fürsten Bathory ein Fürst Balthasar usw.

Siebenbürgener Geschichte bildet also den Hintergrund. Die NS-Propaganda deutete das Stück auf ihre Art: „... geradezu als Verherrlichung der deutschen Frau, obwohl Johanna Balk nur durch Verkettung mehrerer Umstände und nicht durch eine befreiende Tat den Aufstand auslöst, der den ‚fremdstämmigen' Despoten stürzt." Es geht in der Handlung somit um den Sturz eines Tyrannen, um die Wiederherstellung von Ordnung, Recht und Frieden im Gemeinwesen. Die „Rettungsoper" mußte nicht unbedingt als antinationalsozialistisch empfunden werden, der erwähnte Skandal bei der Uraufführung war denn auch primär musikalisch bedingt.

Nach dem Krieg wurde Wagner-Régeny in der russischen Besatzungszone, der späteren Deutschen Demokratischen Republik, ansässig; zuerst in Rostock, dann in Berlin (Ost), wohin man ihn als Professor für Komposition an der Musikhochschule berief. 1955 erhielt der Komponist einen Nationalpreis der DDR; man trug ihm politische Nuancen in seinem Leben und Schaffen während der NS-Zeit nicht nach. Man anerkannte den Künstler.

Die nächsten Opern Wagner-Régenys erlebten ihre Premieren aber nicht in der DDR, sondern im „Westen": Die Oper „Das Bergwerk von Falun" wurde 1961 bei den Salzburger Festspielen uraufgeführt, in Kassel war „Prometheus" (frei nach Aischylos) vorangegangen. In diesem zum szenischen Oratorium neigenden Werk wird die mythische Figur „als Feind der Diktatur schlechthin, als Aufrührer gegen himmlische Gewalten"[177] gezeigt. Die Musik schien zwar nicht stark genug, um einen dramatischen Theaterabend zu tragen, befriedigte aber doch selbst avantgardistisch eingestellte Kritiker wie Claus-Henning Bachmann einigermaßen.[178]

Die Oper „Das Bergwerk von Falun" basiert auf Hugo von Hofmannsthals Trauerspiel (1899). Das Sujet hat eine längere Geschichte, die von einer wahren Begebenheit ausgeht: In einem Bergwerk zu Falun in Schweden hatte man die vor Jahren verschüttete Leiche eines Bergmannes gefunden, die durch Einwirkung von Vitriolwasser unversehrt geblieben war und nun von einer Greisin als die ihres einstigen Bräutigams erkannt wurde. Johann Peter Hebel nahm die Geschichte in sein „Schatzkästlein" (1811) auf, sie lieferte Stoff für Balladen, E. T. A. Hoffmann schrieb eine Novelle, und keinen Geringeren als Richard Wagner regte der Stoff zu einem Opernentwurf (allerdings für den Komponisten Joseph Dessauer, 1842) an.

Wagner-Régeny hat Hofmannsthals ersten Akt ungekürzt komponiert, die übrigen vier Akte jedoch komprimiert.[179] Von Hofmannsthal wurde viel Mystisches in das Sujet hineinprojiziert. Wagner-Régeny seinerseits wollte, wie er selbst ausgeführt hat[180], durch musikalische Zusammenhänge die Bezüge des Realen und Irrealen in Hofmannsthals Werk herstellen.

Wagner-Régenys „Bergwerk" ist vom ersten bis zum letzten Takt in Reihentechnik komponiert, und zwar in der Überzeugung, die „gleichnishafte Kongruenz zwischen Text und Musik durch konstruktive Verwendung des in der Reihe enthaltenen Materials" zu erreichen. Wagner-Régeny hat hierbei aber auch von der Möglichkeit von Mutationen und Freiheiten der Reihentechnik Gebrauch gemacht.

Zu den kurz nach der Jahrhundertwende geborenen deutschen Komponisten gehören ferner Ludwig Roselius (1902−1977) mit den Opern „Doge und Dogaressa" (nach E. T. A. Hoffmann, 1928), „Godiva" (1933) und „Gudrun" (1939) sowie Erwin Dressel (Jahrgang 1909), u. a. mit den Opern „Armer Columbus" (1928), „Der Rosenbusch der Maria" (1930) und „Die Laune der Verliebten" (1941). Zu nennen ist sodann Richard Mohaupt (1904−1957), der aus Breslau stammende Komponist, Pianist und Theaterkapellmeister, der unter dem nationalsozialistischen Regime nach Amerika emigrierte. Seine Oper „Die Wirtin von Pinsk" (nach Goldoni) kam noch 1938 in Dresden heraus und erlebte später eine Neufassung (Berlin 1956). Außerdem schrieb Mohaupt neben Balletten weitere zwei Werke für die Musikbühne: „Die Bremer Stadtmusikanten" (1949) und „Der grüne Kakadu" (1958). Für sein letztes Werk, dessen Uraufführung er nicht mehr erlebte, verwendete Mohaupt das in der Pariser Revolutionszeit von 1789 spielende Stück Arthur Schnitzlers. Pahlen[181] nennt dieses Opus „eine echte, im guten Sinn moderne Oper voll starker Wirkungen", doch gilt Mohaupts Musik im allgemeinen als „selten wirklich profund und originell".[182]

Ein Opfer des Zweiten Weltkrieges wurde der 1906 in Breslau geborene Edmund von Borck (gefallen 1944 bei Nettuno in Italien), der an den Expressionismus von Hindemith anknüpfte, ohne die Wende zu Neobarock und Neoklassizismus mitzumachen. Borck schrieb neben Instrumentalmusik eine Oper „Napoleon" (Uraufführung 1942).

Mit einem Werk ganz anderen Stils, nämlich mit der liebenswürdigen (und oft gespielten) Märchenoper „Schwarzer Peter", trat Norbert Schultze (Jahrgang 1911) in Erscheinung (1936). Besonders berühmt wurde der gebürtige Braunschweiger freilich durch das Lied „Lili Marlen", das Lale Andersen interpretierte.

Zum Originellsten, Profiliertesten in der Musik des 20. Jahrhunderts gehören die Songs von Kurt Weill (1900−1950). Der Busoni-Schüler, der neue Ideen verfocht, zählte wie Hindemith zu den Avantgardisten der zwanziger Jahre. Gemeinsam mit Bertolt Brecht kreierte Kurt Weill den Stil eines epischen Musiktheaters mit sozialkritischer Tendenz. Die „Dreigroschenoper" (1928), außerdem „Mahagonny (1927) bzw. „Aufstieg und Fall der Stadt Mahagonny" (1930) sind die Marksteine auf diesem Gebiet. Berühmt geworden ist aber auch das Ballett „Die sieben Todsünden" nach Brecht (1933). Das Lehrstück „Der Flug Lindberghs" ist ebenfalls zu erwähnen.

Der Oper hatte sich Kurt Weill zuerst in Zusammenarbeit mit dem Dramatiker Georg Kaiser (1878−1945) zugewendet: „Der Protagonist" (1926), „Der Zar läßt sich photographieren" (1928). Weitere Werke: „Royal Palace" (1927), „Happy End" (1929), „Die Bürgschaft" (1932), „Der Silbersee" (1933), „Marie galante" (1934), „A Kingdom for a Cow" (1935), „Knickerbocker Holiday" (1938), „Lady in the Dark" (1940), „One Touch of Venus" (1943), „Street Scene" (1947), „Down in the Valley" (1948), „Lost in the Stars" (1949). Die Werke ab 1934 entstanden alle im Ausland, meist in Amerika; denn Kurt Weill gehörte ja zu jenen, die emigrieren mußten.

„Seitdem mir schon mit 19 Jahren", schrieb Kurt Weill einmal, „klar geworden war, daß mein spezielles Betätigungsfeld das Theater sein würde, habe ich unausgesetzt versucht, die Formprobleme des musikalischen Theaters auf meine eigene Weise zu lösen, und im Laufe der Jahre bin ich diesen Problemen von allen Seiten zu Leibe gegangen."[183]

Die schon erwähnte Zusammenarbeit mit Brecht hat diese Auseinandersetzung mit der Oper bzw. dem Musiktheater entscheidend geprägt. Im Gegensatz zu Hofmannsthal und Strauss, die keine grundsätzliche Neubestimmung der Opernform diskutierten, war Weill, ebenso wie Brecht, von der Notwendigkeit einer Erneuerung der formalen Grundlagen der Gattung Oper überzeugt. Weill machte sich aber auch die Ansicht Brechts zu eigen, daß das moderne Theater das epische Theater sei.[184] Dabei betonte er freilich immer den Primat der Musik und strebte in diesem Sinn die restlose Verschmelzung aller Ausdrucksmittel der Bühne mit den Ausdrucksmitteln der Musik an.[185] Die Form der Oper sei ein Unding, meinte Weill, wenn es nicht gelinge, der Musik im Gesamtaufbau und in der Ausführung eine vorherrschende Stellung einzuräumen. Dabei plädierte der Komponist für eine aufgelockerte Opernform und damit gegen die ständige Durchdringung von Wort und Musik wie in der durchkomponierten Oper. Diese Thesen sind natürlich gegen die traditionelle romantische Oper und das Wagner-Erbe gerichtet.

Zu Weills Thesen gehört, daß er der Musik jede Möglichkeit einer realistischen Wirkung absprach. Unter diesem Aspekt setzte er der realistischen Handlung der „Dreigroschenoper" die Musik dagegen, es wurde die Handlung entweder unterbrochen, um Musik zu machen, oder bewußt zu einem Punkt geführt, wo einfach gesungen werden mußte. Durch die Position der Musik als Einlage oder innerhalb der Handlung in der Form von Songs im Dienst von Affektentladung ergab sich gewissermaßen ein Rückgriff auf Mittel der Oper des Hochbarocks (Kombination von Handlung und Rezitativ bzw. von Arie und Affektausbreitung). Etwas widersprüchlich erscheint Weills Ansicht, daß die Musik keine psychologischen und charakterisierenden Fähigkeiten habe, jedoch an der Darstellung der Vorgänge aktiv beteiligt sein, den „Gestus" wiedergeben müsse, der den Vorgang auf der Bühne veranschaulicht.[186]

Neben Weills Song-Spiel „Mahagonny" (dem „Kleinen Mahagonny") standen am Uraufführungsabend noch Hindemiths Sketch „Hin und zurück", Tochs „Prinzessin auf der Erbse" und zwei „opéra minutes" von Milhaud auf dem Programm. Das Werk Weills ging dank seiner melodiösen, volkstümlichen und originellen Songs am meisten unter die Haut. Aber auch die zweite Fassung („Aufstieg und Fall der Stadt Mahagonny") war eine Sensation. Es wird berichtet, daß nach jener Premiere ein Mann beobachtet wurde, der gleichzeitig applaudierte und „Pfui!" rief und somit genau die ambivalente Wirkung des Werkes auf das Publikum ausdrückte.[187]

Das Stück übt scharfe Gesellschaftskritik: In einer abgeschiedenen Phantasiestadt, Mahagonny, von drei gescheiterten Existenzen gegründet, vollzieht sich der totale Niedergang der Moral, triumphiert der zügellose Genuß, und für die Justiz von Mahagonny gibt es nur *ein* Verbrechen: kein Geld zu haben. Deswegen wird der Zuwanderer Johann Ackermann zum Tode verurteilt. Der Untergang Mahagonnys, eines Zerrbilds menschlicher Gemeinschaft, ist nicht aufzuhalten … Die Musik ist primitiv und raffiniert zugleich, die „Partitur enthält das Brutalste und das Feinste, das Weill geschrieben hat".[188] Zu den berühmtesten Stücken gehören der Alabama-Song und die Moritat „Wie man sich bettet, so liegt man".

Zwischen den beiden „Mahagonny"-Versionen entstand die „Dreigroschenoper". Die Premiere im Berliner „Theater am Schiffbauerdamm" wurde ein Riesenerfolg, rund 250 Aufführungen gab es in Berlin, Hunderte bald darauf in anderen Städten. Das hatte die zündende Prägnanz und Originalität von Weills Musik, von Weills Songs bewirkt. Die neue „Bettleroper" war ebenso ein Erfolg beim Volk wie einst im London von 1728 ihr englisches Vorbild: „The Beggar's Opera" von John Gay und John Christopher Pepusch. Manche Formulierungen aus der „Dreigroschenoper", die im Milieu der Bettler, Ganoven und Freudenmädchen spielt, sind geradezu sprichwörtlich geworden: „Nur wer im Wohlstand lebt, lebt angenehm", „Erst kommt das Fressen, dann die Moral", „Nur davon lebt der Mensch, daß er es gründlich vergessen kann, daß er ein Mensch doch ist". Ein Stück wie die Moritat „Und der Haifisch, der hat Zähne …" ist ein „Schlager" geworden. Ähnliches gilt für die Ballade von der Seeräuberjenny. Brecht soll geäußert haben, daß er einige oder alle Melodien zur „Dreigroschenoper" beigesteuert habe.[189] In dieser Ausschließlichkeit ist das natürlich eine Übertreibung, „aber im Einzelfall mag es gewiß zutreffen; auch Lotte Lenya

*Das Musiktheater von Bertolt Brecht und Kurt Weill gehört zu den
markantesten Phänomenen der deutschen Operngeschichte.
Nicht zuletzt „Aufstieg und Fall der Stadt Mahagonny"
hat immer wieder zu provokativen Neuinszenierungen
herausgefordert.*

(Weills Gattin) bezeugt Brechts Anregungen". Um Anregungen handelte es sich primär; sie waren der „Rohstoff", „der durch Weill die musikalische Substanz erhielt".[190] Denn die Formulierung des Ganzen zeigt Weills Handschrift.

Die Ouvertüre parodiert den steifen höfischen Stil der Barockoper. Bänkelgesang, Tanzrhythmen (wie Tango, Foxtrott oder Shimmy), Kabarettchanson und Instrumentation (nicht zuletzt à la Jazz) – das sind weitere Nuancen der „Dreigroschenoper"-Palette, in der Aggressives und Sentimentales, Jazz und Liedhaftes, Lyrisches und Melodramatisches gemixt sind. Ob das Stück mit seiner Darstellung von Amoral und Nihilismus tatsächlich eine Moral hat – darüber mag man streiten, je nach ideologischem Standpunkt. Nichtsdestoweniger: In ihrer Art ist die „Dreigroschenoper" genial. Der Sound des Weillschen Songs ist jedenfalls unverkennbar – eine „wortnahe, schlagkräftige Liedmelodie zu tonaler, mit fremden Reizklängen durchsetzter, mit Jazzkolorit übermalter Begleitung".[191]

Als weiterer Höhepunkt des Weillschen Schaffens wird die Oper „Die Bürgschaft" bezeichnet. Caspar Nehers Text wurde durch Johann Gottfried Herders Parabel „Der afrikanische Richtspruch" angeregt. Es ist ein Lehrstück zu einem Grundproblem: Verderbnis der menschlichen Gesellschaft durch Geld und Macht. Daraus erwächst alle Tragik. Der Gegensatz zwischen Reichtum und Armut, Überfluß und Not, der Verrat des Menschen am Mitmenschen, all das wird in dieser Oper (Vorspiel und drei Akte) im wahrsten Sinne des Wortes zur Diskussion gestellt. Denn die von Weill gewählte dramaturgische Form ist auch hier jene des epischen Theaters. Die Akteure sind typisiert, ein Chor glossiert und kommentiert die Handlung mit kurzen, plakathaften Sätzen, formuliert den marxistisch inspirierten Leitgedanken der Dichtung: „Es ändert sich nicht der Mensch. Es sind die Verhältnisse, die seine Haltung verändern."

Musikalisch tritt in dieser Oper der Song zurück. Ariose Gebilde, Ensembles, Chöre, Finales stehen in der zur Nummernoper zurückkehrenden Partitur mit ihrer entromantisierten, motorisch belebten, neobarocken Neigungen zugewandten Tonsprache. Weill akzentuiert kräftig, zeigt aber auch Sinn für reizvolle, für lyrische Nuancen.

Der tragische Klang dominiert in dieser Oper. Durch den Nationalsozialismus aus Deutschland vertrieben, konnte Kurt Weill in weiteren Opern den eingeschlagenen Weg nicht fortsetzen, er wurde gezwungen, sich den Umständen anzupassen. „Ab und zu blitzt es, aber es zündet nicht mehr ... Konfektionsware: eine Legierung aus Puccini und Menotti, Gershwin, Musical und Operette".[192] Das ist die oft vertretene Meinung, die jedoch nicht von allen geteilt wird.[193] Auch Melodien aus der späteren Zeit Weills haben große Popularität erlangt, nicht zuletzt deshalb, weil er eben auch das amerikanische Publikum ansprechen konnte. Sein Textautor, der Negerdichter Langston Hughes, hat diesbezüglich geäußert: „Weill war ein großer Volkskünstler ... ein großer Meister musikalischer Kommunikation. Er hatte etwas zu sagen, und er sagte es auf die einfachste und geradlinigste Weise, in der allgemeinverständlichen Sprache eines jeden Landes, in dem er lebte, in Wirklichkeit in der universalen Sprache jener Welt jenseits unserer Welten, mit der alle menschlichen Seelen verbunden sind." Gehörte der „Amerikaner" Weill somit nicht mehr in dieses Buch? Doch. Denn das, was der „Deutsche" Weill geschrieben hat, ist bedeutend und originell genug, ihm auf der deutschen Opernszene des 20. Jahrhunderts eine wichtige Position zu sichern.

Maßvolle Moderne: Werner Egk

Sowohl an die romantische Tradition als auch an atonale Tendenzen schlossen sich immer wieder Komponisten an, deren Stil im Zeichen einer maßvoll modernen oder einer „freien Tonalität" steht. Die Skala der Möglichkeiten, der Zwischenstufen ist natürlich groß.

Was ist maßvolle Moderne? Was „freie Tonalität"? Entscheidend erscheint hier das Ausmaß der Lockerung der tonalen, d. h. im Sinne von Dur und Moll funktionellen Beziehungen im melodischen und harmonischen Gefüge der Komposition. Die einfachen und zugleich strengen Zusammenhänge in der Harmonik, wie sie sich etwa in der Kadenz am deutlichsten, handfestesten manifestieren, sind seit der Klassik immer mehr erweitert worden, nicht zuletzt durch die Kräfte der Chromatik, der „Umfärbung" der siebenstufigen diatonischen Skala durch Halbtöne. Das Tonalitätsgefühl als Ganzes weitete sich immer mehr, so daß schließlich selbst (im tonalen Sinn) funktionslos nebeneinanderstehende Töne bzw. Akkorde (wie etwa bei Debussy) doch als zusammengehörig aufgefaßt werden. Die scharfe Grenze zwischen erweiterter und schwebender Tonalität bzw. Atonalität ist oft nur schwer zu ziehen.

Zum rein theoretischen Aspekt kommt noch etwas anderes: Das Vermögen, funktionsfreie harmonische Klangfolgen noch als tonal zu erfassen, ist subjektiv verschieden. Vieles von dem, was bei erster Begegnung atonal erscheint, wird nach einiger Zeit eher als tonal empfunden. Das Tonalitätsempfinden hat sich gewandelt. In der von den alten funktionellen Beziehungen gelösten Harmonik verliert insbesondere das Intervall der Terz zugunsten von Quart, Sekund oder Septime an Bedeutung, die Dissonanz ist nicht mehr Spannungselement im alten Sinn.

Zu jenen deutschen Musikdramatikern, die, der Generation der um 1900 Geborenen angehörend, den Typus der maßvollen Moderne repräsentieren, gehörte nicht zuletzt Werner Egk: einer der namhaftesten Repräsentanten der deutschen Musik unseres Jahrhunderts. Insbesondere der Opernmusik. Im Sinne der Originalität des Stils und der theatralischen Konzeption reicht Egk zwar nicht an Orff heran, doch ist er stets als „Mann des Theaters" anerkannt worden: als einer, der um die Theaterwirkungen wußte. „Gestalten und Situationen bedingen Form und Sprache der Musik, und das war schließlich zu allen Zeiten Signum der geborenen Dramatiker", betonte Kurt Honolka gerade auch in Zusammenhang mit Werner Egk[194], in dessen Musik nicht zuletzt das tänzerische Element eine große Bedeutung gewonnen hat. Sinnvoll stellt daher Ernst Krause drei Zitate von Aussprüchen des Komponisten an die Spitze seines Werner-Egk-Buches:[195]

„Geht man vom Wesen der Oper als Gattung und Form aus, wird deutlich, daß sie einen wahrhaft königlichen Rang innerhalb aller möglichen Formen des musikalischen Theaters einnimmt." Sodann: „Tanzen bedeutet Triumphieren, und überall auf der Welt entspringt die Leidenschaft für den Tanz dem Enthusiasmus für die Freiheit." Und schließlich: „Ein Libretto ist eine Dichtung, in der die dramatische Konzeption und die sprachliche Vorstellung des Zusammenwirkens von dramatischer Handlung und Musik bestimmt wird."

Ein andermal meinte Werner Egk: Die Oper erscheine wie alle Künste von einem rationalistischen Standpunkt aus als eine Art Luxus, sie sei aber in Wahrheit eine der zielstrebigsten Einrichtungen unseres Kunstbetriebes.[196] Der Sinnenreiz des Musiktheaters sei ein Deckmantel für dessen ungeheure Symbolkraft, und die magische Form lebe auf sehr menschliche und natürliche Weise aus der Paarung: der Paarung von Wort und Ton, von Musik und Drama. In dieser Überzeugung hat Werner Egk immer wieder die Meinung bekämpft, daß die Oper tot sei und nicht mehr zu neuem Leben erweckt werden könne. Er wandte sich auch gegen die Ansicht, die Oper sei ein fossiles Überbleibsel bürgerlicher Konventionen; gesellschaftliche Veränderungen beträfen nicht die Existenzberechtigung der Oper, nicht den Typus insgesamt, sondern nur seine spezielle Ausprägung innerhalb einer

Werner Egk wurde ein Repräsentant maßvoller Moderne.

Epoche oder spezielle gedankliche Inhalte oder auch nur den architektonischen Stil der Opernhäuser. Was gegen den illustrativen Musikbrei, den schillernden Tonsumpf der ins Bombastische aufgeblähten Opern der Spätromantik gesagt wird, das treffe, so Egk, „den Jugendstil und die Spätromantik, aber nicht die Oper als Begriff".

Werner Egk bekannte sich also nicht zum Traditionalismus, nicht zur Spätromantik. Er war aber auch kein Avantgardist. Krause empfindet „die Ausgangsposition des Komponisten als heftigen Schock gegenüber allen Erscheinungen einer uferlosen, geheimnistriefenden Spätromantik mit ihrer leidbestimmten und weltflüchtigen Tendenz".[197] Egk gab sich aber ebensowenig den Neigungen zur „Neuen Sachlichkeit" hin, er bekannte sich immer zur „blutvollen Ausdruckssprache". Doch zugleich zur Klarheit, zur Faßlichkeit. „Während Hindemith die deutsche Klassik und Hochromantik mit polyphonen Mitteln und Schönberg die Spätromantik mit der Erfindung des Zwölftonprinzips zu überwinden trachteten, sehen wir den Jüngeren mit dem klaren Blick für die ‚Realität‘ auf den Spuren einer ‚clarté‘, die ein Höchstmaß an Farbe mit geistiger Lebendigkeit und Unmittelbarkeit verbindet.“

Diese Unmittelbarkeit der Musik Werner Egks ist selten übersehen worden. Beispielsweise hat der schweizerisch-französische Komponist Arthur Honegger geäußert: „Die Musik von Werner Egk ist vor allem lebendig, kraftvoll und farbig“, sie begnüge sich „keineswegs mit der Rückwendung zu neoklassizistischen Formeln, die uns so häufig enttäuscht haben“, sie „ist direkt, manchmal urwüchsig, häufig voll Charme, sie berührt den Hörer unmittelbar und ist allgemein verständlich“.[198] Von Stuckenschmidt wurde Egk als „eine zusammengesetzte Persönlichkeit, eine komplexe Begabung“ charakterisiert, als ein Künstler, der seine Anregungen immer aus einer Art Zwischenreich empfängt, welches „die Gebiete der Musik, des Theaters, der Literatur und der bildenden Kunst trennt und auf diese Weise auch verbindet“.[199] In diesem Sinne offenbarte sich Egks Begabung nicht nur im Musikalischen, sondern ebenso auf schriftstellerischem Gebiet (Texte, Betrachtungen, Essays) und in der bildenden Kunst (Zeichnungen aus den zwanziger Jahren). Egks Libretti, von ihm selbst geschrieben, erheben sich über die Ansprüche alter Textbuchkonvention und -poeterei. Was die Sujets seiner Opern betrifft, so reizten Egk „symbolhaft gewordene Gestalten“. Im Vorwort zum „Columbus“ hat er über das Prinzip seiner Stoffwahl Auskunft gegeben: „In der Geschichte der Menschheit gibt es eine kleine Anzahl von Gestalten und Stoffen, die sowohl die Dichter wie auch die Musiker zu immer neuer Auseinandersetzung gezwungen haben. Es sind dies Gestalten, deren Schicksal den Menschen aller Zeiten etwas Allgemeines und Bedeutungsvolles enthüllt.“ Egk, der sein Opernschaffen mit der volkstümlichen „Zaubergeige“ begonnen hat, ging es immer wieder um den suchenden, den ringenden Menschen, nicht um pathologische Sonderfälle, wie sie im Bereich der Spätromantik und des Expressionismus keineswegs selten waren.

Werner Egk war aber kein Anti-Romantiker. Er hatte durchaus eine starke Neigung zum Phantastischen und Geheimnisvollen, zu Märchen, Sage und Historie. Er war jedoch auch ein Realist, so wie er ein Humanist in seinem Denken war. Nicht zuletzt die ideellen Ansprüche Egks führten dazu, daß er sein eigener Librettist wurde; zumal er über die Gabe der poetischen Fassung einer dramaturgischen Idee verfügte.

Werner Egk, der Sohn eines Lehrers, 1901 in Auchsesheim in Bayern geboren, erhielt seine erste Ausbildung in Augsburg, absolvierte dann Musikstudien in Frankfurt am Main und in München. Frühe Arbeiten entstanden für den Rundfunk, zuerst in Berlin, dann in München, wo Egk Anschluß an die „Vereinigung für zeitgenössische Musik" fand und u. a. Singspiele für Kinder („Der Löwe und die Maus", „Der Fuchs und der Rabe", nach La-Fontaine-Fabeln) schrieb. Verlegerische Förderung ermöglichte das Entstehen von Egks erster abendfüllender Oper: „Die Zaubergeige", die der Komponist an zahlreichen Bühnen dirigierte, auch an der Staatsoper Berlin, wo er für längere Zeit als Kapellmeister verpflichtet wurde.

Daß Egk im Hitler-Staat die Leitung der Fachschaft Komponisten in der Reichsmusikkammer übernahm, trug ihm auf der Gegenseite den Vorwurf der Kollaboration ein. Gewiß hat der Komponist auch manches unbedachte politisch bezogene Wort gesagt, den Auftrag für eine Festmusik zu den Olympischen Spielen 1936 erhalten und die Musik zum Ufa-Film „Jungens" (mit einem „Marsch der deutschen Jugend") komponiert – doch ein Mann des Regimes war er nicht; obwohl Hitler der „Peer Gynt" gefiel und im wesentlichen erst diese Reaktion zu einer günstigeren Beurteilung in der systemtreuen Presse führte. Krause betont nachdrücklich, daß selbst Egks damalige Gelegenheitswerke „dem braunen Zeitgeist recht wenig gemäß" gewesen seien.[200] Stuckenschmidt weist darauf hin, daß Egk „ein liberaler Individualist" war, der mit Skepsis die Ausbreitung des Hitler-Geistes gesehen habe und „in München als linker Mann und Kulturbolschewist galt".[201]

Spricht also die eine Seite von Liberalität, von Distanz und auch davon, daß sich Egk nur zu den allernotwendigsten Zugeständnissen an die Nazi-Macht habe bewegen lassen, so zögerte insbesondere Prieberg[202] nicht, die nationalsozialistische „Schlagseite" im Leben Werner Egks hervorzuheben.

Jedenfalls wurde der Komponist, der sich in den letzten Kriegsjahren nach Lochham zurückgezogen hatte, nach 1945 bald völlig rehabilitiert und konnte nun ein umfangreiches öffentliches Wirken entfalten, u. a. als Präsident der GEMA (Vereinigung für musikalische Aufführungsrechte), an der Berliner Oper und an der Berliner Musikhochschule. 1953 verließ er Berlin, um sich neuen Aufgaben zu widmen. Sein Tusculum fand Egk am bayerischen Ammersee.

Seinen Ruf als Opernkomponist hatte Egk mit der „Zaubergeige" (1935) begründet. Es folgten „Peer Gynt" (1938), die Bühnenfassung des „Columbus" (1942), „Circe" (1948), „Irische Legende" (1955), „Der Revisor" (1957) und „Die Verlobung in San Domingo" (1963). Neben diesen Werken für die Musikbühne hat Werner Egk auch mehrere Ballette komponiert: „Joan von Zarissa" (1940), „Abraxas" (1947), „Die chinesische Nachtigall" (1953), „Casanova in London" (1969).

Der Text zur „Zaubergeige", den der Komponist gemeinsam mit Ludwig Andersen schrieb, basiert auf einer Puppenkomödie des Grafen Franz von Pocci (1807—1876), die Egk in München sah. Aber auch Pocci hatte das Sujet nicht erfunden, das vielmehr auf einen alten Märchenstoff zurückgeht. Es ist die Geschichte von dem Bauernknecht Kaspar, der sich zu Höherem geboren fühlt und hinaus in die Welt zieht. Eine Zaubergeige, die ihm der Erdgeist Cuperus schenkt, verspricht ihm die Erfüllung aller Wünsche, bringt ihn aber auch in größte Schwierigkeiten. Durch die Erlebnisse geläutert, verzichtet Kaspar am Schluß auf die Zaubergeige und wünscht sich nur eines: mit seiner geliebten Gretl ein Leben lang gesund und zufrieden beisammen zu bleiben. Denn – so die Moral aus der Geschichte – „der Reichtum, die Ehre, die können vergehn, die Lieb' und die Treue muß ewig bestehn". Mit einer Ensembleszene, in der, so die Szenenvorschrift, die Sonne über der Landschaft strahlend aufgeht, endet diese dreiaktige Volksoper. Das Volkstümliche ist vom Text wie von der Musik her gegeben. Und vor allem zeigt das Werk die sichere Hand, den sicheren Blick Egks für die Musikbühne. Die Form der Aussage ergibt sich wie von selbst aus den Bedürfnissen handfesten Theaters. Es ist eine Partitur, in welcher Rezitativ und Melodie ebenso wie die instrumentale Akzentuierung und Musizierfreude stets am richtigen Platz sind. Egks gemäßigt moderne Diktion verbindet sich dabei ungezwungen mit volkstümlichen Elementen. Daß der Rhythmus kräftig ausgeprägt ist, gehört zu den Wesenszügen der Musik dieses Komponisten. Zu den schönsten volkstümlich getönten Stellen zählen das Abschiedsduett Kaspar – Gretl („Ich bitte deinetwegen von Gott dir so viel Segen, als Fisch im Meere gehn, als Stern am Himmel stehn ...") und das Finale („Die Sonne muß scheinen, die Wolken verwehn ..."). Es gibt in der „Zaubergeige" auch sangliche Ensembles in verschiedener Besetzung sowie ariose Passagen, ferner Stellen, wo Egk seiner Freude an Pointierung huldigt. Voll köstlicher parodistischer Komik ist das Couplet der zwei Spitzbuben Fangauf und Schnapper. Manchmal hört man Passagen, wo die Klangmixturen sperriger werden, die Melodik spröder erscheint, als in einer Volksoper gemeinhin angenommen wird (Beispiel: die Singstimme der verführerischen Ninabella in der vierten Szene des dritten Aktes). Spröde Mixturen sind insbesondere in der Harmonik ein Stilmittel, das bei Egk nur selten artifiziell wirkt.

Im wesentlichen ist die Intention des Komponisten realisiert: eine Oper zu schreiben für jene, „die das Einfache lieben, das Rührende als rührend, das Komische als komisch, das Gute als gut und das Schlechte als schlecht empfinden", ein Stück, „an dem sie sich freuen sollen". Und so ist Egks „Zaubergeige" nicht zufällig die meistaufgeführte Oper dieses Meisters geworden, der hier eben mit einer bunten Palette aufwartet, volkstümlich musiziert und dabei die Harmonik doch auch bis zum Dissonant-Urwüchsigen schärft, handfeste und differenzierte Register zieht. In einer späteren Neufassung (1954) hat Egk gestrafft, einiges noch präziser, transparenter formuliert.

Grundlage für Werner Egks nächste Oper, den „Peer Gynt", bildete natürlich das fünfaktige dramatische Gedicht Henrik Ibsens (1867 entstanden, 1876 in Oslo uraufgeführt), der „nordische Faust", wie das Werk oft genannt worden ist: Die Dichtung knüpft an die skandinavische Sagenwelt an, verbindet Realismus und Märchen, ihr Held ist der Phantasiemensch mit seinem Streben, seinen Träumen, seinen Verirrungen; er zieht durch die Welt, getrieben von Sehnsüchten und Wünschen, und findet erst nach einer Odyssee, nach Verstrickungen und Verfehlungen heim wie ein verlorener Sohn – zwar nicht zum Vater, doch zur reinen, liebenden Frau.

Die Dichtung Ibsens konnte nur eine Grundlage für Egks Oper bilden. Eine (auch bloß annähernd) komplette Vertonung ergäbe ja so etwas wie eine Tetralogie, ein Opernungeheuer. Die Fülle der Bilder und Personen, so mancher Gedankengang mußte daher eliminiert werden; denn die Oper hat ihre eigenen Dimensionen, komplizierte gedankliche Formulierungen, Philosophie auch, gehen in der Musik unter. Aber schon Ibsen erwartete sich „große Wirkung ..., namentlich wenn dieses Stück von guter Musik begleitet ist". Der norwegische Komponist Edvard Grieg hatte seinerzeit nur wenige Szenen komponiert, eine Bühnenmusik geschaffen, keine Oper. Daß „Peer Gynt" wie Goethes „Faust" ein phantastisches Drama in gebundener Rede sei, voll von Szenen, die einen Komponisten zwingen müßten, ihnen musikalischen Ausdruck zu verleihen, das hat übrigens niemand Geringerer als George Bernard Shaw einmal geäußert.

Werner Egk kommt mit zehn Szenen aus. Er hat in erster Linie Stimmungen, Gefühle, Farben komponiert. Er hat „versucht, in der Verwandlung des Dramas zur Oper die Dichtung in einer neuen Form neu und unverfälscht entstehen zu lassen".[203] Den Komponisten fesselten, wiederum nach eigener Aussage, „die einzigartigen Bildkräfte des Gedichts, die Visionen, die grell aus der Nacht, die uns umgibt, beleuchtet vom Blitz der Erkenntnis, aufscheinen", und nicht minder „die Aufrichtigkeit, Wahrheit und Bedeutung der Gestaltung der aus den Abgründen des Mythos beschworenen, ganz nahe an unser Wahrnehmungsvermögen heranrückenden Archetypen" – insgesamt „unschätzbare Vorzüge für ein musikalisches Bühnenwerk".[204] Kurz und gut: Egk fesselte das Menschheitsgleichnis.

Als Egk den Text schrieb, hat er die notwendige Straffung des Ibsen-Stückes mit persönlichen Gestaltungszügen verbunden. Egks Peer Gynt taumelt, von den Trollen verfolgt, genötigt und genarrt, von einer schicksalhaften Verkettung in die andere, sein Weg wird von den bösen Gewalten aus dem Reich der Trolle förmlich diktiert, bis er sich endlich von der Umklammerung durch die finsteren Gewalten freimacht. Es

Eine Münchener Inszenierung des „Peer Gynt" erinnerte an die Bedeutung dieser Oper von Werner Egk.

erfolgt in dieser Oper eine „Aktualisierung" der Trollwelt. Es sind keine märchenhaften Berggeister mehr, sondern Wesen der menschlichen Unterwelt. Die Rothaarige wird zu einer nordischen Venus, zum Symbol permanenter Versuchung, wogegen die Gestalt der Mutter Aase zur Nebenfigur schrumpft.

Die Nordafrika-Szenen Ibsens sind bei Egk, um romantische Exotik zu vermeiden, also des schärferen, typischeren Kolorits wegen, nach Mittelamerika verlegt: in eine Umgebung, in der Korruption und Verworfenheit glaubhaft sind. Nicht zuletzt diese, auch musikalisch mit großer Drastik ausgestatteten Szenen zeigen Egk als einen Modernen auf der Musikszene *seiner* Zeit. Dies wird noch durch mancherlei unterstrichen; etwa durch Wendungen, die geradezu an Brecht und Weill erinnern: die im stilisierten Leierkastenton und mit vulgären Schleifern komponierten Strophen „Wenn das Gras in Saft und Blüte steht, sieht es aus, als würd' es nie gemäht" (Szene im zweiten Bild des ersten Aktes: Der Alte und die Rothaarige).

Das Mittelamerika-Klima wird durch einen Tango signalisiert. Dieser Tanz, der seit dem zweiten Dezennium des Jahrhunderts die große Mode war, wird zum Klangsymbol fremdländischer Verführungskunst, zugleich auch zum Charakteristikum vulgärer Sinnlichkeit. Und insbesondere auch die große Troll-Szene (erster Akt, drittes Bild) mit ihrer aggressiven Parodistik, ihrer rhythmischen Schärfe, ihrer wilden Motorik, ihrem „Höllenballett" zeigt Egk keineswegs als zahmen Komponisten seiner Zeit. Es ist gleichsam ein Pandämonium, das sich da auftut: Der „Saal im Berg des Alten" stellt kein Felsengewölbe dar, sondern einen richtigen Raum, an dessen rohgezimmerter Tafel der Alte thront, rechts und links die Würdenträger des Trollhofes, mit grotesken Tierkopfmasken vor sich. Sie dürfen, so besagt die szenische Anweisung, „keineswegs als Fabelwesen wirken, trotzdem sie alle mit einem beliebigen Tierschwanz geschmückt sind, sondern als erschreckende Verkörperung menschlicher Minderwertigkeit. Man muß sich in eine Versammlung von Strebern, Pedanten, Beschränkten, Rohlingen, Sadisten und Gangstern aller Schattierungen versetzt glauben. Sie tragen heruntergekommene menschliche Gewänder, zum Teil Bestandteile bürgerlicher Kleidung, zum Teil veraltete abgelegte Amtstrachten oder Uniformstücke." Ein Ziegenbock umtanzt eine Kuh ... Derlei Kraßheit ist am heutigen Theater nichts Fremdes mehr. Damals jedoch, in den dreißiger Jahren, war sie nicht selbstverständlich. Im Gegenteil. Unter dem Aspekt der zeitbezogenen Parodie kann man diese Szene am Trollhof durchaus auch als „Zeugnis des Widerstandes gegen eine allmächtige Diktatur, handgreifliche Satire auf die in den schäbigen Gestalten des Troll-Reiches persiflierten Machthaber" deuten; den dramaturgischen wie den musikalischen Mitteln nach als „ein damals existenzgefährdendes Bekenntnis zur

Kunst der allgemein verurteilten ‚Systemzeit', zu Brecht, Weill, Prokofieff und Strawinsky".[205] Man tuschelte sogar, mit dem Ziegenbock, der eine Kuh umtanzt, sei der gerne um Filmschönheiten balzende Propagandaminister Joseph Goebbels gemeint gewesen. Göring mißfiel das Stück, und so entstand die Fama, Hitler habe den „Peer Gynt" nur deshalb bejaht, um dem Reichsmarschall eins auszuwischen. (So hat es zumindest Egk später dargestellt.)

Jedenfalls: den Zeitgenossen mußte das Werk förmlich als ein Inbegriff der Moderne gelten. „Je nach Temperament und politisch-ästhetischem Standort rühmte der eine Berichterstatter unerhörte Klangmischungen, rhythmische Kühnheiten, die jazzig gestopften Trompeten und Posaunen oder die Sekund- und Nonenballungen, und andere tadelten eben dies."[206] – „In den mit großartiger Realistik gezeichneten Vertretern der Trollwelt, im Dovre-Alten und in der Rothaarigen lebt das Theater in seiner ganzen Phantastik und Dämonie, die sich zu Wedekindscher Abgründigkeit steigert", schrieb ein zeitgenössischer Kritiker, der sogar – damals nicht selbstverständlich – den Tango akzeptierte: Er sei „noch kein ‚Rauschgift entarteter Musik', sondern die den Stimmungsgehalt sinnfällig erfüllende Form".

Heute wäre eine Auffassung als „Totentanz" der bürgerlichen Gesellschaft eine der Deutungsmöglichkeiten, welche die Troll-Szene des „Peer Gynt" bietet. Doch bedürfte es solcher Interpretationen keineswegs. „Peer Gynt" ist einfach ein gutes, wirkungsträchtiges Stück von menschlich berührender Relevanz. Und so fand die Oper Egks auch nach 1945 einige Beachtung, sogar in Amerika. 1969 überarbeitete der Komponist einige Stellen. Inzwischen aber ist es unverdient still um das Werk geworden, obwohl wir es als bedeutendste, für Egk durch und durch signifikante Oper bezeichnen dürfen.

Lassen wir kurz die Handlung Revue passieren. Sie beginnt mit einem kurzen Prolog. Er spielt in einer kahlen Berglandschaft, zeigt uns den Phantasten Peer Gynt, der auf einer der vorbeiziehenden Wolken in die Ferne getragen werden möchte; den Außenseiter, den andere als Taugenichts bezeichnen, den der Schmied hänselt, weil Ingrid, sein Schatz, mit dem Dummkopf Mads Hochzeit macht. Zu dieser Hochzeit führt das erste Bild des ersten Aktes. Peer Gynt erscheint als ungebetener Gast. Für ihn sind alle rundum nur „verdammtes Pack, Gelichter und Geschmeiß". Solveig jedoch, auch in der Oper Inbegriff weiblicher Reinheit, zieht ihn in ihren Bann, ist aber vorerst von Peer Gynts Wesen abgestoßen. Daraufhin entführt er Ingrid. Mutter Aase bittet Gott, den Sohn zu schützen. Sie und Solveig gehen später auf die Suche nach Peer, den die Leute jetzt wie ein wildes Tier jagen. Peer ist Ingrids bald überdrüssig geworden, stößt sie von sich und läßt sich vom Dovre-Alten und dessen Tochter verführen. Dies begibt sich im zweiten Bild des ersten Aktes, in einer Hochgebirgslandschaft in der Hitze eines Hochsommertags. Der Alte, das ist der König der Trolle, nordischer Dämonen, sieht aus wie ein verkommener Landstreicher, die Rothaarige, seine Tochter, wie ein häßliches, schlampig angezogenes Weib. Sie singen eine bänkelsängerische Melodie. Und mit ihnen steigt Peer dann hinab in das Reich der Trolle, das die Szenerie des dritten Bildes des ersten Aktes bildet: eine tolle, wilde, skurrile, gespenstische Welt. Als sich Peer weigert, sein menschliches Antlitz aufzugeben, erregt er den Zorn der Trolle. Da ruft er den Namen Solveigs – und der ganze Spuk zerstiebt. Wir sehen Peer wieder im Hochgebirge (erster Akt, viertes Bild), wo ihn Solveig findet. Wind, Wolken, die Sterne, jeder Traum haben ihr die Botschaft gebracht. Doch auch die Rothaarige hat Peers Refugium entdeckt, so daß er flieht und Solveig allein läßt.

Peers nächste Station in dem Bilderbogen von Egks Oper ist ein Gasthof am Kai eines mittelamerikanischen Hafens. Peer hat sich skrupellos hinaufgearbeitet, verliert aber mit einem Schlag sein Vermögen, gerät in Halbweltmilieu, wo ihm der Dovre-Alte und die Rothaarige als Wirt bzw. Animierdame erscheinen und eine Traumvision vorgaukeln: den Dressurakt der rothaarigen Dompteuse mit den ihr hörigen Männern im Zirkus Mensch.

Im dritten Akt (siebentes Bild) ist Peer Gynt wieder daheim. Drei schwarze Vögel, auf verkohlten Baumstämmen hockend, sprechen zu ihm von der Nichtigkeit des Lebens, ein unbekannter, unheimlicher Fremder möchte seinen (Peer Gynts) Leichnam mitnehmen („Ihr seid für tot erklärt ..."). Aber dann führt er den Gestrandeten nochmals ins Reich der Trolle, in den Berg des Alten (achtes Bild), wo Mads, Mutter

Aase und die Kaufleute aus der Mittelamerikaszene ein sehr unterschiedliches Zeugnis über sein Leben abgeben. Im letzten Bild findet Peer Gynt heim zu Solveig; von dem Unbekannten geleitet, der angesichts der Reinheit und Treue des Mädchens sein Spiel um die Seele Peers aufgibt. Als Sünder tritt er vor Solveig hin, die ihn ohne ein bitteres Wort aufnimmt: „Die ganze lange Zeit warst immer du in meinem Glauben hier, in meinem Hoffen, Lieben stets bei mir."

Mit Solveigs Gesang klingt das Werk wunderbar aus: „Schlaf nun und ruh dich aus, du Mann und Kind ... ruh dich nur aus und leg die müde Stirn in meine Hand; ich hüte deine Ruh, du bist zu Haus!"

Starke Stimmungsmomente sind gegeben. Einfallsreich, mit sicherer musikdramatischer Hand erfaßt und vermittelt der Komponist diese Szenen. Neben der grotesken Phantastik und Wildheit der Troll-Szenen und dem milieuechten Kolorit, das die Tangomusik vermittelt, sind auch die lyrischen, die poetischen Stimmungen nicht minder ausgezeichnet getroffen; Melodie, Klang, Orchestrierung – alles steht im Dienste deckender musikalischer Darstellung des Stücks. Abwechslungsreich differenziert ist auch die Harmonik (die vom Dur-Moll bis zur Polytonalität reicht und sogar bis zur Atonalität vorstößt).

Was Egk gemieden hat, das sind folkloristische Elemente (Kennzeichen norwegischer Melodik wie bei Grieg); eine einzige Passage (in der Hochzeitsszene des zweiten Bildes) geht auf skandinavische Thematik zurück; ansonsten soll durch diesen Verzicht der „Peer Gynt" als „allgemein gültiges Sinnbild, nicht als Kind eines bestimmten Landstrichs vor Augen geführt werden" (Karl Schumann).

Alles in allem manifestiert sich die musikdramatische Begabung des Komponisten hier in überzeugender Weise; man kann die Treffsicherheit in der Charakteristik, in der „Farbgebung" Szene für Szene, Bild für Bild belegen. Die Stimmung wird vom ersten Takt an präsent gemacht, der Ausklang entläßt einen ergriffen. „Peer Gynt" verdient als bedeutendes Zeugnis des Musiktheaters in unserem Jahrhundert genannt zu werden, und dies, obwohl das Werk an die Technik der romantischen Oper anknüpft.

Werner Egks Arbeiten für den Rundfunk gipfelten 1932

in der Funkoper „Columbus", die – als Ergebnis eines Vertrages mit der Stadt Frankfurt – eine Bühnenfassung erhielt (Uraufführung 1942). Das Werk trägt den Untertitel „Bericht und Bildnis" und ist nicht der herkömmlichen Opernform verpflichtet. Der Komponist selbst hat es als „musikalische Reportage" apostrophiert. Die Bezeichnung einer episch-illustrativen Form, ausgedrückt durch den genannten Untertitel, umschreibt sehr gut die Zwischenstellung zwischen Oratorium und Oper. In gewissem Sinne ist es episches Theater – und dennoch vom lehrhaften epischen Theater Brechts und Weills ebenso weit entfernt wie vom romantischen Affekttheater.

In knappen, abwechslungsreich gestalteten Abschnitten wird das Schicksal des Entdeckers der Neuen Welt gestaltet. Der wiederum vom Komponisten stammende Text ist historisch fundiert. Solisten, Chor, Sprecher und Orchester bilden das Ensemble. Der musikalische Aufwand ist zwar vorherrschend, der Anteil des gesprochenen Wortes für ein Werk der Musikbühne jedoch ungewöhnlich stark, die Musik „teils sachlich referierend, teils von dramatischer Schlagkraft, immer rhythmisch spannend".[207] Der Abwechslungsreichtum betrifft die Chöre ebenso wie die Solopartien mit ihren Ariosi, Duetten und Rezitativen. Im Orchesterpart tauchen prägnante, bildhafte Themen auf, kleine Ostinati und dramatische Ausdruckswendungen haben nicht minder vorteilhafte Wirkung. In dem klug erarbeiteten Werk stehen archaisierende und exotisierende Passagen neben der Farbigkeit bunter Volksszenen und einem sakralen Tedeum: illustratives, faßliches, kontrastreiches und zugleich im Effekt maßhaltendes „Welttheater". Der Orchestersatz zeugt von trefflicher Beherrschung der Mittel. Strenge steht in diesem Musikepos neben Dynamik. Es gibt in diesem Sinne auch kraftvolle Steigerungen, exponierten Schlagwerkeinsatz, wuchtige, feierliche Bläserchoräle. Alle diese Elemente der musikalischen Reportage erscheinen, ungeachtet einiger eklektizistischer Elemente, eingeschmolzen in einen durchaus persönlichen Stil. Dem Regisseur liefert Egks „Columbus" interessante Aufgaben.

Egks erstes neues Werk nach Kriegsende war das Ballett „Abraxas" (eine Bearbeitung des Faust-Stoffes nach der

Deutung Heinrich Heines). Dann kam die Oper „Circe" heraus, an welcher der Komponist schon während des Krieges gearbeitet hatte. Die Grundlage für dieses Werk, das 1948 in Berlin unter der musikalischen Leitung des Komponisten uraufgeführt wurde, bildete Calderons „El mayor encanto amor" (Über allen Zaubern Liebe), worin die antike Sage, mit phantastischen Zutaten ausgeschmückt, in den Bereich des Barocktheaters transferiert worden war. Egk lag daran, an diesem Beispiel aus der Antike den ewigen Kampf der Geschlechter zu demonstrieren. Die Zauberin Circe, „die schöngelockte, die hehre melodische Göttin" (wie es bei Homer heißt), ist eine Verkörperung des ewig-verführenden Weiblichen, und „in die knisternde Atmosphäre dieser Liebeskomödie, die gleichsam auf dem Seil über Abgründen letzter Tragik jongliert, hat Egk buffoneske Szenen eingebettet". Es gibt Arien, Duette und andere geschlossene Musiknummern, die musikalische Palette reicht vom Lyrischen bis zu drastischen Buffoszenen mit Jazz- und Jahrmarktklängen.[208]

Egk zog diese Oper allerdings zurück und schuf Jahre später eine ganz neue Version unter dem Titel „Siebzehn Tage und vier Minuten" (1966): eine Semibuffa, eine Art Homer-Travestie. Hierbei entfernen sich die „ästhetischen Ein- und Zugriffe des poetisch Unterkühlten wie des polemisch Frechen vom Geiste des Urbildes, in ihrem offenen Witz mehr Kabarett als Literatur". Die Reize der Musik liegen „in ihrem theatralischen Instinkt, ihrer Sicherheit im Lyrisch-Artifiziellen wie Volkstümlich-Drastischen".[209]

In den Werken des irischen Dichters William Butler Yeats (1865—1939), dessen dramatische Gedichte auf dem Boden der keltischen Sagenwelt gewachsen sind, fand Egk den Stoff, den er als „Irische Legende" bearbeitete (Uraufführung 1955 bei den Salzburger Festspielen). Es ist dies eine phantastische Geschichte um eine Gräfin Cathleen, in der Handlung agieren Dämonen und Engel, Tier gewordene Menschen und Mensch gewordene Tiere usw.

Egk selbst nannte die „Irische Schaubühne", woraus er den Stoff zur „Irischen Legende" schöpfte, ein „bedeutendes Buch" der irischen Literatur. Wenn Egk in jenem Inselland eine besondere Begabung zur Vision sah, so bezog er sich dabei direkt auf Worte von Yeats: daß Irland, noch immer vorwiegend keltisch, sich nebst anderen, weniger vortrefflichen Dingen eben diese Begabung zur Vision bewahrt habe, die bei hastigeren und erfolgreicheren Völkern ausgestorben sei. Es sei, so Egk, „die Vision selbst, die uns aus der irischen Volkssage und dem Werk von Yeats entgegentritt, viel größer und umfassender als etwas, was vielleicht nur für ein Land oder ein Volk bedeutungsvoll sein könnte. Aus der irischen Sage und dem daraus gewachsenen Werk von Yeats stehen mit ungebrochener Gewalt und bestürzender Fülle die Urbilder und Urgestalten auf, die von je unveränderlich in des Lebens Grund wirksam sind und die alle frühen lebensvollen Zeitalter der Menschheit erfüllen."[210]

Die „große, reiche und ursprüngliche Bilderwelt" der irischen Sage bewegte Egk also unmittelbar, so daß der Gedanke, einen von dort her bezogenen Stoff in die Form des musikalischen Theaters umzugießen, in ihm immer bestimmtere Gestalt gewann. Es waren ja, so betonte er, fast alle Stoffe, die ihn bis dahin beschäftigt hatten, mythischen Vorstellungen entsprungen oder doch stark mit solchen verbunden gewesen, angefangen von der „Zaubergeige" und dem Ballett „Joan von Zarissa" (Don-Juan-Stoff) bis zu „Peer Gynt", „Circe" und vor allem „Abraxas".

Des weiteren erläuterte Egk in diesem Zusammenhang, daß er bei der Bearbeitung des Stoffes auch hier nur habe Urbilder sprechen lassen, nicht aber das spezifische Kolorit; weshalb weder das Buch noch die Musik auch nur eine Spur von dem enthält, was man allgemein unter Folklore versteht. Der meist in kurze Zeilen gegliederte Text (wieder von Egk selbst) steht, betrachtet man ihn formal, der Prosa weit näher als einer rhythmisch geordneten Lyrik oder dramatischen Versform.

In fünf Bildern schildert die „Irische Legende" den Ansturm des Bösen auf die Welt und seine Bezwingung durch das Opfer der schönen Gräfin Cathleen.

Erstes Bild: Im Dämonenwald versammeln sich die bösen Geister: der Tiger, zwei Eulen, der Geier, zwei Hyänen in Gestalt von Kaufleuten und die Schlange. Sie beschließen, Hunger und Elend über die Welt zu bringen, um so die Seelen der Menschen reif zu machen für die Verdammnis. Der Engelchor, der den finsteren Mächten gegenübersteht, prophezeit, daß „viele, aber nicht alle" davon betroffen sein werden.

Das zweite Bild führt ins Haus der Gräfin Cathleen, bei der auch der Dichter Aleel weilt. Die große Not ist, wie Hirten berichten, bereits hereingebrochen. Zwei fremde Händler verkaufen den Hungernden Brot um den Preis ihrer Seele. Cathleen beschließt, ihr Vermögen für die Notleidenden zu opfern. Aleel schwört ihr Treue.

Drittes Bild: Die Dämonen lassen, um den Widerstand der Gräfin zu brechen, den Dichter einen Traum träumen, in welchem der verdammte Faust erscheint und Aleel zur Flucht rät.

Viertes Bild: Die Dämonen nisten sich in Cathleens Haus ein, deren Vermögen und Hilfskräfte durch Diebstahl bzw. Mord verlorengehen. Als dann auch Aleel die Gräfin verläßt, scheint der Sieg der Dämonen sicher. Doch gerade der materielle Untergang führt – im fünften Bild – zum moralischen Sieg Cathleens, die ihre Seele dem Untergang weiht, um die anderen zu retten, sie vom Unheil loszukaufen. Das Opfer erlöst aber auch sie. Die Engel entführen sie der Gewalt der Dämonen, die damit den Kampf gegen die Menschen verloren haben.

Der Gehalt ist zeitlos aktuell: Die Dämonen sind das Symbol für jene Kräfte, die in einer Welt der Angst und der Not durch organisierte Gewalt den Menschen die eigene Verantwortung abnehmen und die freie Entscheidung rauben wollen. Die Beschwörung der geistigen Autorität des Faust mag die Praktiken einer Propaganda symbolisieren, der jeder Begriff recht ist, um die niedrigsten Zwecke zu erreichen. An den Schluß stellt Egk den Sieg des Guten: die Erlösung aus der Gewalt der bösen Mächte, den Sieg der freien Entscheidung; der Entscheidung für das Opfer im Dienste der Menschheit; den Sieg des selbstlosen, sich auf die humanistische Verantwortlichkeit besinnenden Individuums. Die „Irische Legende" ist eine Bekenntnis- und Weltanschauungsoper, geprägt durch die „Verbindung eines metaphysischvisionären Weltbildes, das seine Abstammung von so mancher Fehlleistung deutscher Opernmystik nicht verleugnen kann, mit den typischen Ingredienzien Egkschen Theatersinns".[211]

Der Text bildet eine theatergerechte Grundlage, liefert dichte Stimmungselemente. Die Schwierigkeiten liegen in den Aufgaben der szenischen Darstellung. Und vermag Egks musikalische Realisierung den Tiefgang der Aussage auch zu suggerieren? Die Frage sei nur rhetorisch gestellt. Auf jeden Fall ist es gekonnte, ausgezeichnet instrumentierte Theatermusik, der Komponist beweist neuerlich den sicheren Sinn für dramatische Form und Deklamation. Bei aller Routine der Komposition waltet das vitale Element von Egks Begabung. Unwesentlich ist, welche Technik er verwendet. Auch die Nuancen einer „modernen" Technik treten nie als Selbstzweck auf.[212] Das Nebeneinander von funktionell gebundener Tonalität, von Tonartenmischungen und freien Dissonanzen, von melodisch und rezitativisch geführten Singstimmen, die deutliche Setzung rhythmischer Impulse und dramatischer Akzente (in scharfem Zupacken mit orchestralen Mitteln), das alles bleibt kennzeichnend für Egks Stil. Die gewisse Schroffheit der Tonsprache arbeitet vielfach mit motivischer Ausdrucksgestik, die der Sphäre der Dämonen weit mehr entspricht als jener der Erlösungsstimmung. Am stärksten vielleicht wirkt der Schluß des vierten Bildes, die Szene, wo Cathleen den Dichter zum Bleiben zu überreden sucht, aber schließlich von ihm verlassen wird. Die Musik der „Irischen Legende" sei, so erläutert Krause, „durch die 12tönige Disziplin geschult, ohne ihr zu folgen", und gewinne von den oft alle Töne der chromatischen Reihe erfassenden Akkorden die eigene Klangsphäre für die vielfachen Schichten des Mysteriums.

Auf die „Irische Legende" ließ Egk als Kontrast eine Buffa folgen, für die ihm Nikolai Gogols „Revisor" den Stoff lieferte. Die Uraufführung erfolgte bei den Schwetzinger Festspielen 1957.

„Der Revisor" ist das Beispiel für eine gelungene heitere Oper unserer Zeit. Herzfeld meinte dazu:[213] „Es wäre die alte Frage zu stellen, um was die Musik den Text bereicherte. Macht Egks Musik Gogols Revisor heiterer, verständlicher? Zieht er die lyrischen Konturen nach, verdeutlicht er die Charaktere? Auf keine dieser Fragen wird ein klares Ja möglich sein. Aber warum müssen wir stets ästhetische Probleme erörtern, anstatt uns an dem heiter-ironischen

Werk zu erfreuen?" Herzfeld artikuliert da eine vernünftige Auffassung.

Was Egk an dieser politisch-gesellschaftlichen Satire interessiert hat? Er sah die kostbarsten Qualitäten der Komödie nicht nur im Begreifen des Menschlichen bis auf den Urgrund, in der hinreißenden Lebenswahrheit und prallen Lebensfülle gegeben, sondern vor allem darin, daß „ihre Gestalten nicht verlorene, von uns abgetrennte, nur Gelächter und Ablehnung herausfordernde Wesen sind, sondern daß sie gleichzeitig Verständnis, Mitleid, ja sogar Sympathie erwekken. In der Bewegung des Zuschauers, die das Gelächter, die Rührung und Erschütterung einschließt", sei, so Egk, „die Nachsicht und Vergebung inbegriffen, die eine Seele der anderen schuldig ist, und eben das benachbart diese Komödie wertmäßig der Tragödie und stellt eine wohltätige Distanz her zu allem, was *nur* komisch oder *nur* lächerlich erscheint."[214]

Egk hatte vorher auch andere Stoffe ins Auge gefaßt, doch entsprach die fast mathematisch berechnete Konstruktion vieler Lustspiele, welche die Charaktere oft zu weitgehend determiniert, nicht seiner Vorstellung von einer Komödienmusik. Diese sollte nicht nur einer formalen Disposition entspringen, sondern ihre tiefere Wurzel in der Beschaffenheit der menschlichen Natur haben. Was Egk nun bei Gogol gegeben fand, da sich die Handlung durch den Zusammenprall der verschiedenen Charaktere entwickelt und „alles bei diesem Dichter von einer fast unfaßbaren ungebrochenen Vitalität und Fülle" sei, „welche die Entwicklung der Handlung, die Reaktionen der einzelnen Figuren und die Stimmung der Szenen wie in einem großen Strom mit sich führt".

Das also fesselte den Komponisten am Gogolschen Stoff, den er natürlich nicht Wort für Wort komponieren konnte. Es galt, die rund 24 Personen des Sprechstücks, dazu den ganzen Chorus von Damen und Herren, Kaufleuten, Kleinbürgern, Bittstellern usw. zu reduzieren: auf ein Dutzend Sänger und einige wenige Tänzer. (Die Bestechungsszene nahm den Charakter einer Pantomime an, ein Traumballett wurde eingefügt.)

Dem Aufwand nach wurde der „Revisor" quasi eine Kammeroper, denn das Instrumentarium besteht aus je fünf

Holz- und Blechbläsern, kleinem Streicherkörper, Schlagzeug, Klavier und Harfe. Formal verwandelte sich das Stück „in eine Nummernoper mit durchkomponierten und Secco-Rezitativen" (Egk). Um nicht ganz auf das russische Kolorit zu verzichten, placierte der Komponist „eine Anzahl von streng diatonischen Melodien, welche, wie die alte russische Volksmusik, tetrachordisch gebaut sind und nicht modulieren, ebenso ganze Szenen und Ensembles, denen solche Tonfolgen zugrunde liegen. Man findet aber selbstverständlich auch Musiknummern, die unabhängig von folkloristischen Vorstellungen und Einflüssen sind."

Zweifellos hat es Egk verstanden, Gogols „Revisor" (in einer Übersetzung durch Johannes von Günther) zu einer richtigen komischen Oper umzuformen, die köstlichen Charaktere und saftigen, originellen Gestalten der Gaunerkomödie rund um den betrügerischen Revisor Chlestakow in unverminderter Frische zu erhalten.

Die „Revisor"-Musik Werner Egks ist, soweit sie dem Orchester anvertraut wurde, mehr oder weniger eine Theatermusik mit ausgesprochenem Begleitcharakter. Ihre Substanz kann ohne Bühne kaum genügen oder bestehen, hat aber in diesem Sinn eine Illustrationskraft und stückgemäße Drastik. „Mit wachem Sinn nutzt Egk jede Chance des Unterstreichens, Aufpulverns und Glossierens der schon vom Stoff und seiner gesellschaftlichen Triebkraft her theatralisch wirksamen Szenen."[215] Der Rezitativstil der Oper (fünf 20-Minuten-Akte) zeigt sich flüssig, erlaubt den Sängern eine ausgezeichnete Wortdeutlichkeit. Auf einen Chor hat Egk diesmal verzichtet, doch gehört ein Ensemblestück wie das virtuos gemachte A-cappella-Nonett im Finalakt zum musikalisch Ansprechendsten dieser Oper; Krause würdigt es als „ein Meisterstück komischer A-cappella-Kunst".[216] Größere, blühendere melodische Einfälle haben in diesem Werk keinen Platz.

Egks Ansehen wird nicht zuletzt dadurch dokumentiert, daß die Uraufführung einer seiner Opern im Reigen der Premieren zur Wiedereröffnung des Münchener Nationaltheaters (November 1963) stattfand: „Die Verlobung in San Domingo". Das Textbuch basiert auf Heinrich von Kleists gleichnamiger Novelle (1811), die der Komponist sehr geschickt für seine Zwecke adaptiert hat.

*Der Wiederaufbau des Münchener Nationaltheaters wurde
1963 vollendet. Im Rahmen der Eröffnungspremieren erlebte
Werner Egks „Verlobung in San Domingo" ihre Uraufführung.*

Die Handlung spielt Anno 1801 auf Haiti (San Domingo),
also einer Antilleninsel, zur Zeit eines grausam-blutigen Auf-
standes der Neger gegen die Weißen. Ein Offizier der Franzosen, aber deutscher Abkunft, gerät auf der Flucht in das Haus
eines fanatischen Negers (Congo Hoango) und seiner Ge-
fährtin, der Mulattin Babekan, deren fast hellhäutige Tochter
die Aufgabe hat, die weißen Opfer ins Haus zu locken. Sie tut
dies auch im Falle dieses Offiziers. Da sie aber in wirklicher
Liebe zu ihm entbrennt, beschließt sie, ihn zu retten. Sie sen-
det heimlich um Hilfe, während sie den Geliebten im Schlaf
ans Bett fesselt, um sich durch die scheinbare Feindseligkeit
die Möglichkeit zur Verzögerung der Ermordung des Weißen

zu verschaffen. Dies gelingt ihr auch. Der Offizier durchschaut jedoch nicht die Zusammenhänge und knallt das Mädchen nieder. Dann erst erfährt er die Wahrheit – doch zu spät: Jeanne, wie in der Oper Kleists Toni heißt, stirbt in seinen Armen.

Egk hat ein anderes Finale gestaltet als Kleist, bei dem – in dieser „Tragödie des Mißtrauens" – der Offizier die Konsequenz des Selbstmordes zieht. Ein Vorspiel, in welchem ein Schwarzer und ein Weißer die im haitischen Rassenkonflikt verübten Greueltaten – jeder von seiner Seite – beleuchten, leitet die Oper ein. Das Geschehen wird dann rückblendend gezeigt.

Man könnte diese Oper als eine Spätblüte des Verismo bezeichnen. Auch als einen Reißer mit tiefem menschlichem Hintergrund. Aus dem Sujet ergab sich handfestes Musiktheater. Die dramatische Gestik hält an jenen Ausdrucksprinzipien fest, die zu Zeiten eines Puccini oder Richard Strauss üblich waren, doch ist Egk kein Nachahmer. Er verwendet *seine* Tonsprache; eine expressive, keine gefällige Tonsprache. Im Formalen kristallisieren sich Passagen heraus, die den Charakter von Arie, Duett oder Ensemble tragen. Und wieder zeigt sich der geschickte Könner.

Avantgardistischer Tendenz hatte sich Egk auch diesmal nicht verschrieben. Von „modischer Linientreue" hielt er nicht viel. Er war überzeugt, daß es unwesentlich sei, wenn man die Zeitnähe an einer bestimmten musikalischen Technik ablesen könne, die unser Jahrhundert entwickelt hat und die von einigen ihrer Anhänger zu einer Weltanschauung mit Totalitätsanspruch erhoben wird. Unter echter „Zeitnähe" sei, so meinte Egk, nur „ein tieferer Kontakt mit den Lebensfragen der Epoche zu verstehen".

Werner Egks Schaffen reicht weit über das Jahr 1945 hinaus. Und doch war er kein Moderner der ganz neuen Wege. Er war vielmehr so etwas wie ein „Moderner zwischen den Zeiten". Sein Wirken ist in dieser Darstellung daher vor dem Kapitel über die Entwicklung nach dem Zweiten Weltkrieg eingeordnet. Und auf Grund seiner Bedeutung kam ihm ein eigenes Kapitel zu wie Hindemith und Orff, diesen eigenständigen Persönlichkeiten, die schon vor, aber auch nach 1945 in Erscheinung getreten sind.

Nach dem Ende des Zweiten Weltkrieges

Mehr denn je zuvor im 20. Jahrhundert standen die Komponisten nach dem Ende des Zweiten Weltkrieges, in einer Zeit neuen politischen und auch geistigen Aufbruchs, vor wichtigen Entscheidungen: sowohl hinsichtlich des klanglichen Materials als auch hinsichtlich von Problemen der Form. Das Prinzip der Dodekaphonie, des Komponierens mit zwölf nur aufeinander bezogenen Tönen, das Schönberg schon Anfang der zwanziger Jahre „erfunden" hatte und das von den nationalsozialistischen Kulturideologen als „entartete Kunst" verdammt wurde, war aufzugreifen und weiterzuentwickeln. Ebenso die „freie Tonalität". Dabei ergab sich die Notwendigkeit eines tiefgreifenden Umdenkens ebenso wie einer Symbiose mit der Tradition. Über allem steht, zumindest was die Rezeption durch das Publikum betrifft, die Frage der ästhetischen Einstellung. Hier ist ein ungeheures Spannungsfeld wirksam: zwischen klassisch-romantischem Schönheitsideal und jener von Schönberg artikulierten Auffassung, die besagt: „Die Schönheit gibt es erst von dem Moment an, in dem die Unproduktiven sie zu vermissen beginnen. Früher existiert sie nicht, denn der Künstler hat sie nicht notwendig. Ihm genügt die Wahrhaftigkeit. Ihm genügt es, sich ausgedrückt zu haben. Das zu sagen, was gesagt werden mußte; nach den Gesetzen seiner Natur."

Die Auseinandersetzung der Öffentlichkeit mit der modernen Musik und daher auch mit der modernen Oper ist nun in hohem Maße bestimmt durch ästhetische Komponenten, die in den Erscheinungsformen des Kunstwerks begründet sind. Dabei darf man nicht übersehen, daß das Hören ausgeprägt moderner Musik auch physiologische Probleme aufwirft: die Frage von den möglichen Grenzen der Physiologie des Hörens, die klar zu trennen ist von der Psychologie des Hörens.

Signifikant für das hier zur Debatte stehende Genre erscheint es, daß der Begriff „Musiktheater" (auch „musikalisches Theater") üblich geworden ist, weil die Vielheit der Verbindungen von Wort, Szene und Musik im 20. Jahrhundert durch die Gattungsbezeichnung „Oper" (samt ihren überlieferten Formbegriffen) nicht mehr erfaßt werden kann. Der Begriff „Musiktheater" schließt eine Summe von Möglichkeiten ein, allerdings auch die im alten Sinne des Wortes weiterbestehende Form der Oper. Dazu kommen episches und oratorisch beeinflußtes Theater, vertontes Schauspiel, Funkopern, Fernsehopern – alle mit ihrer eigenen Dramaturgie – und schließlich verschiedenste experimentelle Formen, zu denen man auch das „instrumentale Theater" zu zählen hat; jenen Typus, den der aus Argentinien stammende Musikavantgardist Mauricio Kagel (Jahrgang 1931) definiert hat: Er beabsichtige, „das Spiel der Instrumentalisten mit einer schauspielerischen Handlung eins werden zu lassen". Auch diese Form bei Kagel („Sur scène", 1959/60, „Match für drei Spieler", 1964) ist wie andere neue Formen eine Reaktion auf erstarrte und ritualisierte Konvention. Zwischen radikalem Niederreißen und musealem Bewahren gibt es eine reiche Skala der alternativen Möglichkeiten, die im Laufe der Zeit in verschiedener Weise genützt worden sind. Daß kommunikationswissenschaftliche Aspekte in der Diskussion um alternative Theaterformen sehr entscheidend sind, darf als bekannt und selbstverständlich vorausgesetzt werden.

Hand in Hand mit der Postulierung alternativer Theaterformen erfolgt die Propagierung von Veränderungen in der Form jenes Raumes, in dem Theater gespielt wird. Aber auch im räumlichen Ambiente der Pflege des historischen Repertoires zeigen sich Wandlungen. Für „Musiktheater im freien Raum" hat zum Beispiel der Regisseur Oscar Fritz Schuh schon früher plädiert[217], allerdings in der festen Überzeugung, daß diese Form des Theaters im freien Raum, älteren Datums als die Guckkastenbühne, vor allem bei Werken anwendbar sei, die dem Barock und der Klassik entstammen. Wichtige Ideen der inszenatorischen und bühnenbildnerischen Gestaltung wurden durch Adolphe Appia initiiert.[218] Auf ihnen fußt nicht zuletzt der Neobayreuther Inszenie-

Für die Entwicklung der Opernregie nach 1945 wurden die
Inszenierungen Wieland Wagners in Bayreuth richtungweisend,
wie etwa die legendäre „Meistersinger"-Inszenierung
am Grünen Hügel.

rungsstil von Wieland und Wolfgang Wagner. Insbesondere
Wieland Wagner (1917−1966) hat richtungweisende Ent-
wicklungsimpulse gegeben, die nicht nur gegen den „Denk-
malschutz für Wagner" gerichtet waren, sondern auch entscheidende Schritte in Richtung „Regietheater des 20. Jahrhunderts" bedeuteten. Wieland Wagner wandte sich (z. B. in
einem Vortrag vor der Gesellschaft der Freunde von Bayreuth[219]) dagegen, daß das nachwagnerische Bayreuth, vor allem aber Hans Pfitzner und seine eifernden Nachbeter, die

szenischen Vorschriften Wagners zum sakrosankten Bestandteil des Werkes selbst erklärt hatten. Doch seien die vieldiskutierten szenischen Anweisungen nur „als zusätzliche Beschreibungen für Partiturunkundige", als „Krückstöcke für die Leser des Textbuches" aufzufassen; als „zusätzliche ‚Dreingaben' des Komponisten zur Anregung der Phantasie mit literarischer Funktion". Kühne Versuche, gegen den sklavischen Buchstabengehorsam aufzubegehren und Formelemente des 20. Jahrhunderts – Expressionismus, Kubismus und Abstraktion – dem Werke Wagners dienstbar zu machen, konnten sich, so beklagte Wieland Wagner, lange nicht durchsetzen, und Bayreuth selbst begann nur zögernd, einen Mittelweg zwischen Appias Erkenntnissen (die Cosima Wagner ablehnte) und dem eigenen Leitbild der Pietät zu suchen. Die Ideen des Wagnerschen Werkes seien, betonte der Wagner-Enkel, zeitlos gültig, seine Bild- und Regievorschriften jedoch gelten ausschließlich dem zeitgenössischen Theater des 19. Jahrhunderts. Ihre „werktreue" Erfüllung sei, wenn sie überhaupt jemals theoretisch denkbar gewesen wäre, nicht mehr Kriterium einer Wagner-Aufführung. Bei dem Versuch, Wagners archetypischem Musiktheater auf der Bühne unserer Zeit Gestalt zu geben, zähle nun vielmehr nur die nachschöpferische geistige Leistung, die den Gang zu den Müttern, also zum Ursprung des Werkes, wagt. Von diesem Kern aus werde das Werk durch die Entzifferung der Hieroglyphen und Chiffren, die Wagner zukünftigen Generationen in seinen Partituren hinterließ, immer neu gestaltet werden müssen.

Wieland Wagner hat seine szenischen Interpretationen der Werke seines Großvaters immer in Übereinstimmung mit der Musik vollzogen. Nicht immer kann man dies über neue Lesarten von Opern durch Regisseure unseres Jahrhunderts sagen, und nicht jede eigenwillige Auslegung ist auch wirklich eine wesensgerechte Dechiffrierung. Sie wird, leider nicht selten, zur Paraphrase, deren Fabulier- und Interpretationsfreude vom Original wegführt. Der Widerspruch gegen neue Regiekonzepte, die nun einmal prägende Elemente in der Musiktheaterszenerie des 20. Jahrhunderts sind, wird daher bald zu Recht, bald zu Unrecht bestehen.[220]

Daß der Regisseur die Musiktheaterszene entscheidend

mitbestimmt, ist nicht zu leugnen. Historische Bedeutung hat inzwischen etwa Walter Felsenstein (1901−1975) erlangt. Die breite Diskussion, die den Fragen des modernen Regietheaters gewidmet wird, ist freilich auch ein Symptom dafür, daß man nicht selten der nachschöpferischen Tätigkeit eine größere Bedeutung zumißt als der schöpferischen, das heißt dem Kunstwerk selbst. Bisweilen wird behauptet, der Mangel an neuen Werken verleite dazu, der Erstarrung des Opernrepertoires entgegenwirken zu wollen: durch die Neudeutung alter Werke. Diese These mag etwas für sich haben. Andererseits ist ja letzten Endes nicht der absolute Mangel an Novitäten die Ursache für die Schrumpfung des Opernrepertoires. Diese ist vielmehr bedingt durch die zu geringe Rezeptionsbereitschaft seitens des Publikums, die ihrerseits darin begründet ist, daß es zuwenig auf breiter Front durchschlagskräftige Werke gibt und neue Opern meistens sowohl schwierig zu hören als auch schwierig aufzuführen sind.

Im 20. Jahrhundert stehend, blicken wir auf über 300 Jahre Operngeschichte zurück. Ganz bestimmte geistige, ästhetische und gesellschaftliche Voraussetzungen haben zum Entstehen der Gattung Oper und ihrer Weiterentwicklung geführt. Spätestens in der Mitte unseres Jahrhunderts begann man an der Zeitgemäßheit des Genres zu zweifeln. Der Weltgeist sei nicht mehr so recht mit der Oper, meinte Theodor Adorno.

Nichtsdestoweniger hat die Oper große Anziehungskraft, auch auf Regisseure und Bühnenbildner. Claus Helmut Drese hat in einem Vortrag[221] festgestellt, an vielen großen Häusern seien Kräfte tätig, die vom Schauspiel kommen, dem Schauspiel in seiner derzeitigen Verfassung den Rücken gekehrt haben oder sich zumindest gerne periodisch mit musikalischen Aufführungen beschäftigen. Namen wie Ruth Berghaus, Patrice Chéreau, August Everding, Hans Hollmann, Hans Neuenfels, Rudolf Noelte, Giorgio Strehler und Peter Stein, um nur einige zu nennen, belegten diese Tendenz, die Drese, etwas extrem, sogar von einer „Resignation im Schauspiel" sprechen ließ. Richtig ist jedenfalls, daß beide Kunstgattungen, Oper und Schauspiel, auf einen Austausch ihrer Erfahrungen angewiesen sind. Die heutige Oper sei, so Drese, „undenkbar ohne den Regisseur, der die Begriffe und das Handwerk szenischer Interpretation im Schauspiel gelernt hat".

Nicht zu ignorieren bleibt freilich, daß mit dem Wirken des Schauspielregisseurs auf der Musikbühne immer wieder die Gefahr eines Übersehens oder Mißverstehens der autonomen musikalischen Elemente in der Oper, zumindest latent, vorhanden ist.

Wie dem auch sei: „Sänger brauchen heute den Regisseur ebenso wie den Dirigenten; sie wollen nicht nur stimmlich ihre Partien meistern, sondern Menschen in bestimmten Situationen auf der Bühne darstellen, die Konzeption einer Aufführung mittragen. Es hat sich ein neuer Typ eines Sängerdarstellers entwickelt, der trotz der Absurdität des Singens die Realität eines musikalischen Werkes ernst nimmt."[222]

Die Einsatzbereitschaft von Sängern und Dirigenten für neue Opern steht im Gegensatz zur Skepsis Adornos. Die Fragen um die Zukunft der Oper sind jedenfalls noch (lange) nicht beantwortet und entschieden. Möglicherweise gehört eines Tages doch den Formen und Ideen eines „alternativen Theaters" die Zukunft. Aber auch wenn dem so ist, kann man die Geschichte nicht über Bord werfen. Schöpfen wir aus dem Vergleich mit der bildenden Kunst die Überzeugung, daß ein Opernhaus allein schon als Museum seine Existenzberechtigung weiterhin hat, so ist angesichts der noch immer vorhandenen Opernproduktion die Frage nach der Chance dieses Neuen zu stellen.

War die Auslese immer so hart? Oder geht es nur um Folgen des negativen Publikumsverhaltens gegenüber der modernen Oper, welche den Schöngesang schuldig bleibt? Ziehen wir einen historischen Vergleich: Vom 17. bis zur Mitte des 19. Jahrhunderts sind die jeweils neuen Werke deshalb aus dem Spielplan ausgeschieden worden, weil man wieder andere, neue hatte hören wollen. Heute werden, sollten sich Anzeichen eines Erfolges einstellen, die neuen Opern deshalb aus dem Repertoire eliminiert, weil man schleunigst zu den alten Stücken zurückkehren möchte.[223] Die Ansichten über „Anzeichen eines Erfolgs" sind freilich unterschiedlich, und der Meinung, daß das Nachspielen von Novitäten „entweder tabuiert oder mit dem Odium des nicht mehr genügend

Sensationellen behaftet zu sein" scheine, ist entgegenzuhalten, daß auch in früheren Zeiten die Mehrzahl der aufgeführten Werke nur kurzfristige oder räumlich beschränkte Verbreitung erfuhr.[224] Ins Kalkül zu ziehen sind inzwischen auch die enorm gestiegenen Ansprüche hinsichtlich des Textes wie auch des absoluten musikalischen Wertes (infolge des an der Geschichte, der geschichtlichen Erfahrung geschulten Wertbewußtseins). Dazu kommen, wie schon angedeutet, die enormen Anforderungen, die ein modernes Werk an die Ausführenden stellt. Schon Richard Strauss meinte: „In der Zeit, in der diese hundeschweren Neuheiten eingetrommelt werden müssen, um dann zu 98 Prozent nach zwei leeren Wiederholungen ebenso verschämt, wie sie vorher großmaulig angepriesen waren, wieder vom Spielplan zu verschwinden, hätte ein umsichtiger Direktor zwei bis drei Werke des stehenden Repertoires ... auffrischen und ihnen erneute, noch größere Zukunft sichern können.“[225]

Teilt man die Skepsis von Richard Strauss auch nicht, so wird die Praxis des Opernbetriebes dennoch von harten Tatsachen bestimmt, die einer weitgespannten Pflege des zeitgenössischen Repertoires im Wege stehen. Der ideale Spielplan eines führenden Opernhauses sähe folgendermaßen aus: Es umfaßte die Meisterwerke in Aufführungen von permanenter Premierenqualität, dazu eine Fülle von interessanten Raritäten und vor allem auch ein reiches, informatives Sortiment an Werken des 20. Jahrhunderts. Das ist Theorie. Dennoch: Hinsichtlich der Praxis der Novitätenpflege haben nicht zuletzt die deutschen Opernhäuser seit 1945 sehr viel getan. Die Aufführungschronik gibt davon ein klares und beredtes Zeugnis; ob es sich dabei nun um Berlin, Hamburg oder München, um Stuttgart, Frankfurt oder Nürnberg, um die Deutsche Oper am Rhein und all die anderen Städte zwischen Aachen und Kiel, Karlsruhe und Augsburg usw. handelt. Auch die Schwetzinger Festspiele wurden wichtig. Das Verdienst der Novitätenpflege wird dadurch nicht geschmälert, daß diese Novitäten im Gesamtspielplan weit in der Minderheit blieben, eben im Sinne der vorhin erwähnten Kluft zwischen Theorie und Praxis.

Peter Vujica, derzeit Intendant des österreichischen Avantgardefestivals „steirischer herbst" in Graz, hat allerdings auch zu dieser positiven Statistik schwerwiegende Vorbehalte angemeldet.[226] Er meint: Spreche man mit Opernfreunden, die sich mit dem Musiktheater nicht professionell, sondern eben nur nach Lust und Neigung auseinandersetzten, so lasse sich aus all den Gesprächen die ziemlich allgemein herrschende Meinung herausfiltern, daß es trotz ihrer Vielfalt die zeitgenössische Musikszene eigentlich nicht gebe. „Hart und realistisch formuliert: die Pflege der zeitgenössischen Oper ist eine Fleißaufgabe des subventionierten Kulturbetriebes." Die Aufführung eines neueren Opernwerkes gehört mehr oder weniger zum guten Ton, schrieb Vujica. Und bringt es eine Oper auf fünf, acht oder gar zehn Aufführungen auf einer mittleren Bühne, so gilt dies schon als Erfolg. Lobt die Presse (die der Moderne gegenüber aufgeschlossener ist als das Publikum), dann heiße das schon „durchschlagender Erfolg". Ein Werk, das an zwei oder drei Bühnen nachgespielt wird, erhalte den Ehrentitel „Hit", und wenn eine neue Oper da und dort auch im Ausland gespielt wird, so sei dies Anlaß, von einem Welterfolg zu sprechen. „Diese Konvention, die im Bereich des zeitgenössischen Musiktheaters nun einmal getroffen wurde …, hat die Maßstäbe, nach denen Erfolg und Mißerfolg zu messen sind, auf Liliput-Format reduziert und läßt ganz vergessen, daß der letzte wirkliche Welterfolg, den die deutschsprachige Musikszene zu verzeichnen hatte, 70 Jahre zurückliegt und von Richard Strauss und Hugo von Hofmannsthal mit dem ‚Rosenkavalier' erzielt wurde."

Auch diese Meinung gehört zur Diskussion um den Stellenwert des zeitgenössischen Musiktheaters in Deutschland.

Ein Beispiel zur Illustration der Lage: Die Saison 1977/78 brachte in Deutschland insgesamt 52 Ur- und Erstaufführungen sowie über 500 Neuinszenierungen von 230 verschiedenen Werken.[227] Die erste Gruppe der Novitäten schließt Musicals, Operetten, Kinderopern sowie Mischformen musikalischen Theaters ein, so daß nur etwa die Hälfte tatsächlich dem Operngenre angehört. Bei den Neuinszenierungen waren Operette und Musical mit 30 Prozent beteiligt. Weitere fast 30 Prozent entfielen auf fünf „Standardkomponisten": Mozart, Verdi, Wagner, Puccini, Strauss. Von den Komponisten des 20. Jahrhunderts war Strawinsky mit sechs, Orff mit fünf, Henze und Kurt Weill mit je vier, Hindemith und Ravel mit je drei Neuinszenierungen vertreten. Alle anderen mußten sich mit ein oder zwei Neuinszenierungen begnügen; das gilt für Alban Berg ebenso wie für Paul Dessau oder Wolfgang Fortner. Oder: für die Saison 1981/82 wurden in den deutschsprachigen Ländern (Bundesrepublik, Österreich, Schweiz) 16 Ur- und acht Erstaufführungen angekündigt. Diese umfaßten etwa zehn Prozent des gesamten Titelangebots (freilich nicht der Vorstellungen). Etwas mehr als 40 Opern (des Standardrepertoires) wurden an mehr als zehn Bühnen aufgeführt.

In der Deutschen Demokratischen Republik wurde bzw. wird der Pflege der neueren und zeitgenössischen Oper ebenfalls Aufmerksamkeit geschenkt; auch hier mit unterschiedlichem Erfolg und unterschiedlicher Breitenwirkung. Eine DPA-Meldung vom 12. Juni 1978 vermerkte: „In den letzten zehn Jahren entstanden in der DDR 50 neue Opern, größtenteils Auftragswerke der insgesamt 40 Opernhäuser des Landes. 1972—1976 wurden in der DDR 12 Opern uraufgeführt und 19 Opern erstaufgeführt, doch zeigt eine Bestandsaufnahme im Vergleich zu 1965—1972, daß zeitgenössische Opern, vor allem Uraufführungen, von anderen Bühnen kaum nachgespielt wurden." Im gesamten dominieren auch dort die alten Meister. Immerhin wurde in Dresden Udo Zimmermanns Oper „Schuhu und die fliegende Prinzessin" zwölfmal aufgeführt, während Schönbergs „Moses und Aron" sechs und Rainer Kunads Oper „Litauische Claviere" drei Aufführungen erreichte. Die Komponisten in der DDR verlieren zunehmend, wie die Ost-Berliner Zeitschrift „Musik und Gesellschaft" anhand von Aufführungsstatistiken und nach Informationen aus den Theatern festgestellt hat, das Interesse, eine Oper zu schreiben. Demnach habe es in der Spielzeit 1979/80 nur noch zwei Opernuraufführungen in der DDR gegeben, und zwar Paul Dessaus „Leonce und Lena" in Ost-Berlin und Karl-Ottomar Treibmanns „Der Preis" in Erfurt. Hingegen wurden in den sieben Jahren zuvor über 30 Opern in der DDR uraufgeführt, hieß es in der Agenturmeldung (AFP/APA, 18. Dezember 1982), die sich auf die genannte Zeitschrift stützte. Diese stellte als Ursache für die neueste Entwicklung fest: Die Zurückhaltung der Komponisten resultiere einerseits aus der Diskrepanz zwischen dem kompositorischen Aufwand für eine Oper und der oft dürftigen Resonanz bei Theatern und Publikum, und zum anderen sei ein „tiefgreifender Wandel musikkultureller Verhältnisse im Zeichen der Massenmedien" zu registrieren.

Hier wie dort muß man das Angebot, die Zahl der aufgeführten zeitgenössischen Werke langfristig sehen und beurteilen. Im übrigen hat Hans Heinz Stuckenschmidt in seinem Essay „Glanz und Elend der Musikkritik" (Berlin 1957) mit Recht festgestellt, daß es für die künstlerische Wertung eines Werkes nicht wichtig sei, wie viele Menschen es schätzen; denn dann müßte so manche populäre Schnulze allerhöchsten Rang haben.

Erwähnenswert ist im übrigen auch, daß den zahlreichen Studiobühnen, die in Deutschland existieren, eine große Bedeutung für das zeitgenössische Musiktheater zukommt. Diese Studio- und Werkstatt-Bühnen sind der legitime Schauplatz für das Experiment.

Alles in allem werden also doch heute noch viele neue Opern geschrieben und gespielt.

Ein Charakteristikum des Opernschaffens im 20. Jahrhundert ist die Affinität zur Literaturoper. Wenn des öfteren behauptet wird, daß Straussens „Salome", die Vertonung eines nicht a priori für die Musikbühne bestimmten Textes, ein Novum von weittragender Bedeutung gewesen sei, so ist dies dahingehend einzuschränken, daß schon der Russe Alexander Dargomyshskij (1813–1869) die komplette Don-Juan-Dichtung von Alexander S. Puschkin für seine Oper „Der steinerne Gast" herangezogen hatte (UA 1872 nach Fertigstellung des Werkes durch Cesar Cui und Nikolai Rimski-Korsakow); daß ferner auch Debussys „Pelléas und Mélisande" (1902) auf Maurice Maeterlincks Dichtung basiert und schließlich Alfred Bruneau (1857–1934) bereits um die Jahrhundertwende durch die Zusammenarbeit mit Emile Zola (1840–1902) wichtige Akzente im Bereich der realistischen französischen Oper setzte. „Salome" war freilich der markanteste Paukenschlag; die Kette von Opern, deren Text von hochrangiger Literatur geliefert wird, reißt nun nicht mehr ab. Der Text der „Literaturoper" kann hiebei der Text eines der Sprechbühne zugedachten Werkes sein (bald mehr, bald weniger dessen Wortlaut folgend, adaptiert durch Textkürzungen und -umstellungen, aber auch durch tiefgreifende Änderungen); oder es arbeiten Schriftsteller und Komponist gemeinsam eine Konzeption für ein neues Bühnenwerk mit Musik aus. Eine literarische Vorlage wird jedenfalls häufig zur Initialzündung für den Einfall des Komponisten, sie ist nicht zuletzt ein Symptom gestiegener Ansprüche dem Libretto gegenüber, wie das in der Kooperation Strauss–Hofmannsthal paradigmatisch zutage tritt.

Die Tendenz zur „Literaturoper" verstärkte sich im Laufe des Jahrhunderts. Man kann diesbezüglich Beispiele noch und noch finden. Herbert Eimert etwa schrieb in seiner Rezension über Wolfgang Fortners „Bluthochzeit", es spreche „einiges dafür, daß wir ins Zeitalter der ‚Literaturoper' eingetreten sind. Nicht daß die Opernlibretti in die Hände von Literaten gekommen sind (wären sie es nur!); gemeint ist vielmehr die fertige literarische Vorlage des Wortdramas, die dem Komponisten zum Opernanlaß wird. Und es ist klar, daß er sich eher an die Weltliteratur hält als an die mindere literarische Produktion, eher an Schiller als an Kotzebue."[228] Und Fortner selbst äußerte zu einem Zeitpunkt, als er es für fraglich hielt, daß er selbst einmal eine Oper schreiben werde, in einem Vortrag „Zur Situation des musikalischen Theaters": Er müsse bekennen, daß weder das Musikdrama noch der literarische Rückgriff auf die alte Musikoper (etwa in Hindemiths „Cardillac") für ihn den Typus des musikalischen Theaters darstelle, der ihn beglücken könnte. Er glaube vielmehr, daß die Erneuerung des musikalischen Theaters nicht von der Oper ausgehen kann, die von Strauss bis zu Alban Berg zu einem großen, vollendeten Abschluß gebracht wurde, sondern daß sie von einer Eroberung des Schauspiels durch den Musiker und Tänzer erreicht werden muß.

Es ging also darum, neue Formen zu entwickeln. Zu diesen gehört auch auf der Musikbühne das epische Theater, für das die „Geschichte vom Soldaten" von Ramuz und Strawinsky (1918) ein zeittypisches Beispiel darstellt. Der Einbruch des Epischen in das moderne Musiktheater erbrachte zwar etliche interessante, bedeutende Ergebnisse, jedoch keine „Lösung" des Musiktheaterproblems auf breiter Front. Der Charakter des Epischen wird auch nicht immer klar zutage treten.

Epischer Natur ist ein Drama (und eine Oper) jedenfalls dann, wenn ein erzählendes Element deutlich das dramaturgische Gefüge bestimmt, sich ein Ansager, Vorleser oder Erzähler bzw. auch der Chor direkt an das Publikum wendet.

Der Zweite Weltkrieg und insbesondere die Diffamierung der Moderne im Dritten Reich hatten eine Zäsur gesetzt. Die Thesen der Wiener Schule zeigten ihre Auswirkungen erst richtig nach 1945. Ein „Nachholbedarf" manifestierte sich sowohl in der musikalischen Produktion als auch in der Reproduktion. Freilich: Schönberg war und blieb in Amerika, Berg und Webern lebten nicht mehr. Werner Egk galt eher als Konservativer, Carl Orff war eine Sondererscheinung, und Hindemith zählte nicht mehr zur Avantgarde.

Zu den Wortführern der Moderne, die sich nun formierte, gehörte bald der gebürtige Leipziger Wolfgang Fortner (Jahrgang 1907), der zwar in Musikkreisen schon am Anfang der dreißiger Jahre aufgefallen war, aber erst jetzt einer der prominenten Repräsentanten der Neuen Musik in Deutschland wurde, u. a. bei den ersten Internationalen Ferienkursen für Neue Musik (auf Schloß Kranichstein bei Darmstadt) mit dabei war und bald begann, mit zwölftönigen Reihen zu arbeiten. Sein erstes Bühnenwerk, das Ballett „Die weiße Rose" (nach Oscar Wildes „Geburtstag der Infantin", 1950), ist, kompositionstechnisch gesehen, ein Resultat der Beschäftigung mit der Dodekaphonie. Melodisch und klanglich erscheint der Stil dieses Fortner-Werkes von Schönberg, rhythmisch jedoch von Strawinsky beeinflußt. In der Partitur herrscht das Prinzip kammermusikalischer Sparsamkeit; trotzdem zeigt sich „eine oft dämonisch wirkende Farbenphantasie", und „an wenigen Stellen verdichtet sich der Spinnwebton zum vollen Orchesterklang".[229]

Dem Ballett folgte 1953 die Pantomime „Die Witwe von Ephesos". Die erste Oper Wolfgang Fortners, der in Heidelberg eine Musica-viva-Konzertreihe ins Leben gerufen hatte und systematisch für die Wiener Schule eintrat, wurde 1957 in Köln uraufgeführt: „Die Bluthochzeit" – nach der Lyrischen Tragödie von Federico Garcia Lorca (1899–1936), dessen Dichtung 1933 entstanden war und erst Jahre später in deutscher Übersetzung vorlag.

In Köln fand die Uraufführung von Wolfgang Fortners "Bluthochzeit" statt. Die Waldszene ist vielleicht eine der stimmungsdichtesten Szenen dieses Werkes nach Garcia Lorca.

Garcia Lorcas Ballade von Liebe und Tod fordert förmlich zur Vertonung heraus. Das Stück ist prallvoll von Stimmungen und Emotionen. Wie eigenartig die Musik schon im Konzept des Dichters enthalten ist, erhellt eine Regieanweisung zum sechsten Bild: „Es erklingen zwei Violinen, den Wald ausdrückend." An dieser Stelle müsse, so hat Fortner empfunden[230], „die Funktion des Bühnenmusikers überschritten werden durch die Anweisung des Dichters"; Lorca verlange, „die geistige Wirklichkeit Wald zu komponieren". Die Violinen sollten demnach keine Stimmungsmusik zaubern, kein Rauschen der Bäume und Zwitschern der Vögel malen, sie sind vielmehr „der Wald wirklich. Sie sollen", so deutet der Komponist, „die gleiche Funktion erfüllen wie das Wort, den Wald aufzubauen, das dunkle Verstricktsein, das Ausgesetztsein der Liebenden, das Bedrohtsein der Flüchtigen vor ihren Häschern ausdrücken."

In dieser Waldszene, in welcher das Drama blutig endet, mischen sich suggestiv romantische und surreale Elemente: Der aufgehende Mond hat die Züge eines jungen Holzfällers, und ein altes Weib, eine Bettlerin, heftet sich dem Bräutigam an die Fersen – der Tod. Nicht nur von *einem* Premierenkritiker ist diese Szene als Kernstück der Oper Fortners bezeichnet worden.

Fortner komponierte die „Bluthochzeit", ohne an dem Text wesentliche Kürzungen vorzunehmen. Es ging ihm aber nicht um traditionelle „Veroperung" der literarischen Vorlage, sondern darum, ein Schauspiel umzuschmelzen zum musikalischen Werk. Überbrückt hat er die sieben Bilder des Stücks mit Orchesterzwischenspielen, welche die Funktion von Nachspielen zum vorangegangenen oder auch von Vorspielen zum folgenden Bild haben.

Auch andere musikalische Geschehnisse wie jene in der Waldszene sind vom Text her vorgezeichnet: ein Wiegenlied, die Brautgesänge. Besondere Bedeutung für die musikalische Konzeption Fortners gewann sodann der Wechsel von Prosa und Versen. Ihre Rhythmen deuteten dem Komponisten an, daß eine andere Stufe betreten, eine neue Steigerung erzielt werden sollte. Die Schlußszene, die Totenklage, zeigt die Grenze des Wortes: die Musik kann die Steigerung, die selbst einer hinreißenden Sprecherin möglich ist, noch überbieten; sie kann die Tragödie zu Ende singen.

Jedes der sieben Bilder sah Fortner von *einem* lyrischen Grundthema beherrscht. Dem spanischen Kolorit entsprach er „durch die Verwendung alter, originaler andalusischer Weisen, die Lorca zum Teil selber aufgezeichnet hat". Handfeste Folklore findet in diesem Stil aber keinen Platz. Fortner hat ja auch kein veristisches Musikdrama geschrieben. Die Verwendung der Zwölftontechnik und der Formen des Rondos und der Variation gehen Hand in Hand mit äußerster Knappheit der musikalischen Sprache. Gesprochene und gesungene Partien stehen dabei nebeneinander, fließen ineinander über. Expressive Momente werden erreicht, die subtile

Partitur zeigt Meisterschaft. „Die zarte Transparenz der Musik mit ihren verborgenen Nuancen der Angst, ihren dissonanten Kontrapunkten, den seltsamen Augenblicken des Verstummens stand in erregendem Gegensatz zur Handlung, sie bald ergänzend, bald überwölbend und in den symphonischen Zwischenspielen fortsetzend", schrieb H. H. Stuckenschmidt über die „Bluthochzeit"-Premiere.[231] Da und dort mag die durchsichtig und sparsam konzipierte Tonsprache Fortners, weil sie den heißen Atem der Spannung nicht hat, den Eindruck einer anämischen Dramatik erwecken. Spürt man aber die Dichte der Aussage auf, die in dieser – gewiß unromantischen – Musik steckt, so wird man begreifen, daß diese Oper Fortners zu einem der wichtigsten Werke des deutschen Opernschaffens nach 1945 geworden ist.

Der „Bluthochzeit" folgte als zweite Garcia-Lorca-Oper Fortners ein Werk für kleines Orchester, Kammerchor und sechs Solisten: „In seinem Garten liebt Don Perlimplin Belisa" (1962). Poesie liegt auch über diesem „erotischen Bilderbogen", in welchen Reminiszenzen an das alte spanische Theater und die Commedia dell'arte hineinklingen. Ganz anders als die starren, harten Gestalten der „Bluthochzeit" erscheinen hier die handelnden Personen, anders die Quellen der Tragik. Sind es elementare Schicksalsgewalten, die das Geschehen in der „Bluthochzeit" lenken, den ehemaligen Bräutigam wieder in Leidenschaft zur Braut verfallen lassen und ihn ins Messer des neuen Bräutigams treiben, so ist Don Perlimplins Tragik fast skurriler Natur. Dieser Mann, der seine junge Frau schon in der Hochzeitsnacht an einen anderen verliert und sie vor seinem selbstgewählten Tode in der Verkleidung eines jungen romantischen Liebhabers wiedergewinnt, ist ein psychoanalytisch verfeinerter Nachfahre des alten Dottore. Und über der tragischen Handlung liegt der Zauber von Andalusiens nächtlicher Gartenseligkeit.

Cembalo, Gitarre, ein fein koloriertes Orchester und ätherischer Chorgesang, alte Formen wie Kanzone, Kanon und Madrigal sind von Fortner für dieses eigenartige Stück aufgeboten worden.

Eine dritte Oper schließlich komponierte Wolfgang Fortner nach einem Drama von Matthias Braun: „Elisabeth Tudor", worin es um den historischen Konflikt zwischen Elisabeth von England und Maria Stuart, aber auch um den Kampf zwischen Fortschritt und konservativer Rückständigkeit geht. Die Uraufführung fand 1972 statt. Die Palette des Komponisten spannt sich einmal mehr vom gesprochenen Dialog bis zum ekstatisch-expressiven Gesang. Die Register der Partitur reichen von der strengen Disziplin des musikalischen Materials bis zur Collage-Technik.[232]

Für die beiden Königinnen hat Fortner sehr schwierige Partien geschrieben: Die Elisabeth erhielt eine mehr geschlossen-melodische, die Maria eine exaltierte Musiksprache zugewiesen – eine hochdramatische Koloraturpartie, deren Ausdrucksskala vom Zärtlich-Lyrischen bis zum Verzweifelt-Hysterischen reicht. Für eine der Männerrollen wird ein Countertenor verlangt, also eine jener männlichen Altstimmen, die im 16. und 17. Jahrhundert oft gefordert wurden. Besonderes Gewicht kommt in „Elisabeth Tudor" wieder den orchestralen Zwischenspielen zu. Außerdem schrieb Fortner eine Kurzoper: „That Time" (nach einem Text von Samuel Beckett). Aus Fortners Kompositionsklasse (er war 1954–1957 in Detmold, danach bis 1973 in Freiburg im Breisgau tätig) ist eine große Anzahl von Schülern hervorgegangen. Einer von ihnen ist im Zusammenhang mit dem Thema „Musiktheater" besonders wichtig: Hans Werner Henze, der sich zum 60. Geburtstag seines Lehrers exemplarisch geäußert hat. „Ich kann sagen, daß sich in meinen Arbeiten immer ein Ausdruck von ergebener Dankbarkeit für meinen großen Lehrer findet. Und auch wenn in Zukunft der Weg, auf dem ich mir folge, mich immer weiter fortträgt, wird in meinen Partituren etwas von jener Zeit sein."

Dem Alter nach in der Nähe von Fortner einzureihen sind Winfried Zillig (1905–1963) und Karl Amadeus Hartmann (1905–1963). Der aus Würzburg gebürtige Schönberg-Schüler Zillig war an verschiedenen Stätten als Dirigent tätig und starb in Hamburg. Mehrere Opern stammen von ihm: „Rosse" (1933), „Das Opfer" (1937), „Die Windsbraut" (1941), „Troilus und Cressida" (1951) und „Das Verlöbnis" (1963). Die „Rosse" (nach einem Drama des österreichischen Blut- und-Boden-Dichters Richard Billinger) zeigen Zillig als frühen Alban-Berg-Epigonen. Auch sein letztes Bühnenwerk basiert auf einem Billinger-Text, vereint somit bäuerliches

Handlungsklima mit Zwölftonmusik. Karl Amadeus Hartmann, der geborene Münchner, komponierte eine einzige Oper: „Des Simplicius Simplicissimus Jugend" (1935; szenische Uraufführung in Köln 1949, Neufassung 1955 unter dem Titel „Simplicius Simplicissimus").

Karl Amadeus Hartmann, der ein Schüler von Hermann Scherchen und später von Anton Webern war, genoß den Ruf eines sehr fortschrittlichen Komponisten (er schrieb u. a. acht Symphonien), weithin bekannt wurde die von ihm gegründete Konzertreihe „Musica viva" in München (1945). Stilistisch wird Hartmann zu den musikalischen Expressionisten gezählt. Fesselnd, vital, expressiv ist auch die Musik zu der genannten Kammeroper. Sie basiert auf dem berühmten Roman des Hans Jakob Christoffel von Grimmelshausen (ca. 1620−1676), in dem der deutsche Barockdichter an den abenteuerlichen Schicksalen seines Helden ein lebendiges und erschütterndes Bild des Dreißigjährigen Krieges gezeichnet hat. Und mit den Bildern aus jener Zeit, mit dem drei Szenen aus des Simplicius Simplicissimus Jugend, wirkte die Oper (Libretto Hermann Scherchen) „in den dreißiger Jahren und erst recht nach dem Zweiten Weltkrieg als Antwort auf die Zeit".[233]

Über die Musik Hartmanns schrieb Hans Werner Henze, er bewundere „deren besondere Geistigkeit, nämlich ihre spontane, ungebrochene Direktheit, ihre Ehrlichkeit und Geradlinigkeit". Und zu seiner Oper, in deren Partitur Einflüsse von Strawinsky und Berg durchaus eigenwillig verschmelzen, sagte der Komponist selbst: „Hält man der Welt den Spiegel vor, so daß sie ihr gräßliches Gesicht erkennt, wird sie sich vielleicht doch einmal eines Besseren besinnen. Trotz aller politischen Gewitterwolken glaube ich an eine bessere Zukunft: das soll die Schlußapotheose in meinem Simplicius ausdrücken."[234]

Karl Amadeus Hartmann war also ein positiv gestimmter Humanist, im „Simplicius" reicht die Ausdrucksform von der Schilderung der Kriegsfurie (in der Ouvertüre) bis zur ergreifenden Szene Simplicius–Einsiedel, die etwas von der Weihe und Milde der Parsifal-Stimmung hat. Hartmann liebte aber auch rhythmische Impulsivität, handfeste Charakterisierung von Situationen und Stimmungen, pflegte eine dramatisch dichte Art des Rezitativs. Ein interessantes Werk, formal auch mit epischen Elementen.

Angesehen und erfolgreich war Boris Blacher (1903−1975). Als Sohn deutsch-baltischer Eltern in der Mandschurei geboren, studierte er zuerst in Irkutsk (Rußland) und Charbin (China/Mandschurei), ab 1922 in Berlin, und hier und in Dresden wirkte er in der Folge als Kompositionslehrer. 1953−1970 war Blacher Direktor der Westberliner Musikhochschule.

Gemeinsam mit Werner Egk schrieb er die „Abstrakte Oper Nr. 1" (1953). Es handelt sich dabei um ein Experiment, das dem Wesen des handfesten Theatermannes Egk eigentlich widerspricht, aber auch für Blacher nicht unbedingt typisch ist. In Krebsform wird in dieser Oper eine Bilderfolge „Angst – Liebe – Schmerz – Verhandlung – Panik – Liebe II – Angst" aufgereiht. Sie soll menschliche Grundsituationen „an sich", eben abstrahiert, darstellen, und zwar durch Bildung von Worten, die, dadaistischer Natur, vom Klang, von der Phonetik her Assoziationen zur Sache ergeben sollen. Zum Beispiel Angst: *auauau* A-Gattta gatta gatta; oder Panik: A-zi-da-zant A-dy-na-zit. In der vierten Szene stehen zwei Personen (Amerikaner, Russe) einander gegenüber, denen Klicheesätze in ihrer nationalen Sprache, infantile englische und russische Vokabeln in den Mund gelegt werden.

Kennzeichnend für Blachers Musikstil insgesamt sind vor allem Klarheit und Knappheit, höchste Ökonomie der Mittel sowie rhythmische Vielfalt (variable Metren). Das Schaffen des Komponisten setzte 1929 mit „Jazz-Koloraturen" für Sopran, Saxophon und Fagott ein, bescherte eine Fülle von Instrumentalmusik in verschiedener Besetzung, das Oratorium „Der Großinquisitor" (nach Dostojewski), das Kammeroratorium „Romeo und Julia" (nach Shakespeare, 1949), womit aber zugleich auch eine Brücke zu den Opern des Meisters geschaffen worden ist: Denn „Romeo und Julia" wurde z. B. bei den Salzburger Festspielen (1950) auch szenisch aufgeführt. Dieses Werk mit seinen teils betrachtenden, teils handelnden Chören und alles in allem sparsam dosierter Musik wollte sich der Komponist sogar in einer Wiedergabe als Ballett vorstellen – mit Placierung von Solisten und Chor im Orchesterraum. (Blacher hat auch Werke geschrieben, die a priori Ballette sind: „Der Mohr von Venedig", 1955, „Demeter", 1964, „Tristan", 1965). Die Neigung zur Kammeroper lag im Stil Blachers begründet, auch „Die Flut", ein Einakter (1947), und „Die Nachtschwalbe", ein „dramatisches Nocturno" (1948), sind Kammeropern, und die Verbindung von Ballett- und Opernelementen manifestiert sich im Titel des „Preußischen Märchens": Ballettoper.

Waren die ersten Bühnenwerke Blachers das Tanzdrama „Fest im Süden" (1936) und „Harlekinade" (1939), so stellt die „Fürstin Tarakanowa" (1941) den Opernerstling dieses Komponisten dar, der die Tendenz zur „konzertanten Musikoper" zeigt.[235]

Außer den bereits genannten Opern komponierte Blacher noch „Rosamunde Floris" (nach Georg Kaiser, 1960), „Zwischenfälle bei einer Notlandung" (1966), „200.000 Taler" (1969) und „Yvonne, Prinzessin von Burgund" (1973). Die Sujets zeigen Abwechslungsreichtum. Die „Zwischenfälle", die auf einer „imaginären Urwaldinsel mit geheimem technischem Versuchsgelände in der Gegenwart" spielen, sind als „Reportage in 2 Phasen und 14 Situationen" bezeichnet; „200.000 Taler" ist eine gemütvoll-humoristisch erzählte Geschichte von Scholen Alejchem, mehr oder weniger eine Alltagsgeschichte in jüdischem Milieu, rund um einen (vermeintlichen) Losgewinn entwickelt. Blacher schrieb dazu eine für ihn signifikante Buffopartitur. Die erwähnte „Reportage" um die Notlandung eines Flugzeugs zeigt die Passagiere in zum Teil seltsamen, gefährlichen Situationen, vor allem in der Gewalt eines Professors, der Experimente mit Maschinen und lebenden Wesen macht. Ein „Zeitstück" – Warnung vor der lebenstötenden Übermacht der emanzipierten Technik! Blacher hatte hier Gelegenheit, Singstimmen, herkömmliche Instrumente und Klangmittel der Elektronik zu vergesellschaften.

„Die Flut" ist ein Vier-Personen-Stück, das an einem Strand neben einem Schiffswrack zwischen Ebbe und Flut spielt. Ein Mädchen und ein Fischer verlieben sich ineinander, das Mädchen aber läßt sich von dem Geld verlocken, das ein junger Mann einem von ihm erstochenen Bankier abgenommen hat. „Bedingt durch die Konzeption als Funkoper, mißt das Werk dem Chor eine besondere Rolle zu. Er kommentiert, erzählt, erläutert in Form von Szenenanweisungen und liefert auch das moralisierende Schlußwort, als der naive Fischer sich um seine Hoffnung betrogen sieht."[236] Wieder einmal zeigt sich also die Neigung zu epischer Operndramaturgie. Ähnlich wie in „Romeo und Julia", wo ein romantischer Stoff in antiromantischer Fassung erscheint, findet in diesem Einakter ein Miniaturorchester Verwendung. Blacher begnügt sich in der „Flut" mit Flöte, Klarinette, Fagott, Trompete, Posaune und Streichquintett; Hörner, Schlagzeug und Harfe sind ausgespart. Die „Vereinfachung ... des harmonischen Bildes ist bei Blacher eine bewußte Reaktion gegen den chromatischen Stil der Reger-Strauss-Pfitzner-Generation. Darin ist er der neueren französischen Musik stärker verpflichtet und näher verwandt als der deutschen. Sucht man Einflüsse bei ihm, so stößt man immer wieder auf Sprachmittel Strawinskis, Saties oder Milhauds".[237] Der Harmonik fehlt die funktionelle Logik, obwohl die Tonalität bei Blacher vorerst gewahrt blieb. Bald hat sich aber auch dieser Komponist mit der Dodekaphonie beschäftigt und versucht, die Schönbergsche Technik mit rhythmischen Strukturen zu verbinden. Das erste große Werk in Zwölftontechnik war das Ballett „Lysistrata", das formal eine Synthese von Oratorium und Tanzdrama darstellt.

Ein interessantes Werk Blachers ist die Oper „Rosamunde Floris" (Libretto von Gerhart von Westermann, nach dem gleichnamigen Schauspiel Georg Kaisers gestaltet): Rosamunde, die Titelfigur, ist ein seltsames romantisches Wesen, das eine Reihe verbrecherischer Handlungen begeht, in eine bürgerliche Familie Glück und Leid bringt und unter dem Sichelzeichen des Mondes schwärmerische Dialoge führt. Ihr Partner ist William, einst 21 Tage lang ihr Geliebter in einem Palmengarten, jetzt im fernen Land die gleichen Mondgespräche mit ihr träumend. Wanda, die Ex-Verlobte von Rosamundes Mann, kommt als Krankenpflegerin ins Haus und erfährt aus Rosamundes Traumgesprächen, was sich begeben hat. Sie wird zwar auch ein Opfer Rosamundes, die jedoch durch die Aufzeichnungen ihrer Rivalin zum Geständnis gezwungen wird. Rosamundes letzter Wunsch ist ein Mondgespräch mit William, das sie in der Todeszelle führen darf.

Auch dieses seltsame Sujet komponierte Blacher mit der

ihm eigenen Sparsamkeit in Aufwand und Struktur der Musik. Die Titelpartie wurde einem Koloratursopran anvertraut, die Form steht der traditionellen Nummernoper nahe, als Instrumentarium findet ein mittelgroß besetztes Orchester mit etwas erweitertem Schlagzeug Verwendung, und für einige Szenen bediente sich der Komponist einer Jazzband in der Besetzung des Modern Jazz Quartet.

Die wichtigste der musikalischen Grundgestalten, die in dieser Oper immer wiederkehren, ist ein zwölftöniger Akkord. Wie aus Tontupfen wird ein Klang- und Melodiebild zusammengesetzt, die Satzdichte ist häufig auf Ein- und Zweistimmigkeit beschränkt, nimmt aber mit der dramatischen Spannung zu. „Intervalle wachsen fächerförmig von der Sekunde zur Quarte und schließen sich rückläufig wieder zusammen."[238] Und „zu den angewandten Formungsmitteln gehört auch das der geordneten Dynamik, namentlich im Crescendo und Diminuendo".

Sparsamkeit und Dichte geben der eigenartigen Partitur gleichermaßen das Gepräge. Darin offenbart sich der eigene Stil Boris Blachers, der in einem Rundfunkgespräch mit Josef Rufer einmal gesagt hat, ein Komponist solle die klassische und vorklassische Technik zwar studieren, sich aber nie an sie verlieren, vielmehr bemüht sein, „in seiner Musik Dinge zu sagen, über die noch wenig oder gar nichts gesagt wurde, nicht aber wiederholen, was andere bereits gesagt haben". Die Methode der variablen Metrik (Aufbau metrischer Verhältnisse nach mathematischen Gesichtspunkten) bedeutete Blacher „eine starke Bereicherung auf dem Gebiete des Rhythmus und der Form".

Blachers relativ erfolgreichste Oper ist das „Preußische Märchen" (1950), eine Variante des Hauptmann-von-Köpenick-Sujets. Auch in dieser „Ballettoper" (Text: Heinz von Cramer) blendet der „Zauber der Montur": Eine Hauptmannsuniform verschafft dem entlassenen Büroschreiber Wilhelm Fadenkreutz das erträumte Ansehen. Die Familiengeschichte rundum und die Motive für die militärische Maskerade sind anders als bei Zuckmayers „Hauptmann von Köpenick". Jedenfalls: Dieser Wilhelm Fadenkreutz, der sich vor dem Verehrer seiner Tochter, einem schriftstellernden Assessor, als Hauptmann ausgibt, stellt sich, um zu imponieren, an die

Spitze eines Soldatentrupps, der ihm blindlings gehorcht. Die Amtskasse wird konfisziert, der Bürgermeister verhaftet – jener Bürgermeister, der den Schreiber und jetzigen „Hauptmann" wegen einer Kleinigkeit vor die Tür gesetzt hatte. Als aber Fadenkreutz im Trubel seinen Helm verliert, erkennt man ihn. Die Blamage ist da! Die Bürgermeisterin sorgt jedoch für eine kluge Lösung. Es war alles nur Scherz. Was hier passiert ist, wird besser verschwiegen ...

Die Lustigkeit und der Witz stehen Offenbach ebenso nahe wie Carl Sternheim. Das ist das eine Kennzeichen des Werkklimas. Das andere liegt in der Durchdringung des Darstellungsablaufes mit Ballettelementen. Daher die Bezeichnung „Ballettoper". Das Ballett ist nicht Einlage, sondern dramaturgisches Ornament mit charakterisierender Funktion – was die preußischen Soldaten betrifft – oder Ausdruck der Lösung von der Realität: im „Traum von der Macht", den Fadenkreutz im Trödlerladen träumt.

Die Musik des „Preußischen Märchens" hat viel Leben, viel Bewegung, sie ist auch rhythmisch rege, zeigt sich transparent, kokettiert mit Neigung zur Operette, entbehrt hierbei weder der ironischen noch der kabarettistischen Note. Freilich hat man den Eindruck einer intellektuellen Lustigkeit, der Segen wirklich bezwingender Melodik fehlt in der bunten musikalischen Mischung dieser 1952 uraufgeführten Oper.

Das letzte Bühnenwerk Blachers ist die Oper „Yvonne, Prinzessin von Burgund", basierend auf einem Stück des Polen Witold Gombrowicz (1904–1969), das 1938 geschrieben wurde, aber erst 1964 in deutscher Sprache herauskam. „Yvonne" ist die Geschichte einer Außenseiterin, eines häßlichen, abschreckenden Mädchens, das jedoch nicht nur einen Prinzen, sondern auch dessen Eltern und den ganzen Hof in seinen Bann zieht. Blacher hat diesen Stoff, der einem Franz Schreker alle Ehre gemacht hätte, ebenfalls in seinem kühlen Stil komponiert. Es wurde dem Komponisten „eine ungemein kluge, wie mit spitzer Feder klar und nachdrücklich hingestrichelte, aber gleichzeitig behutsame Partitur" bescheinigt, eine „ausgedünnte, von schwebender Metrik und rhythmischer Griffigkeit belebte, manchmal bis zu Tonclustern gehende, betont dissonanzenträchtige Partitur" samt

*Boris Blacher hatte mit seinem „Preußischen Märchen"
den größten Bühnenerfolg. Unter anderem wurde diese
Ballettoper auch an der Wiener Volksoper herausgebracht.
Von deren Aufführung wird gesagt, daß sie Furore gemacht habe.*

prickelndem Parlandostil für die Solisten und mit sich auffächernden Kirchenchören.[239]

Das Blachersche Opernschaffen ist abwechslungsreich, die Musik verrät den lebendigen Geist ihres Komponisten, der sich expressis verbis zur musikalischen Ehrlichkeit bekannte und seine Auffassung vom musikalischen Theater primär vom Standpunkt des Musikers formulierte: Musikalisches und Theatralisches sollten einander so durchdringen, daß der Zuhörer und Zuschauer die dramatische Begebenheit auf musikalischem Wege vermittelt bekommt.

Im ersten Jahrzehnt unseres Jahrhunderts, nämlich 1907, wurde auch Günter Bialas geboren. Der aus Bielschowitz

(Schlesien) stammende Komponist trat zuerst mit anderen Werken und als Kompositionslehrer (in Detmold und München) in Erscheinung, bevor er sich auch der Oper zuwendete. Abgesehen von dem Märchenspiel „Jorinde und Joringel" (1963), war „Hero und Leander" (nach Franz Grillparzers Trauerspiel „Des Meeres und der Liebe Wellen") Bialas' erste Oper (1966; Text: Eric Spieß); für die Chorszenen wurde u. a. ein Epos des Musaios (6. Jahrhundert) herangezogen. Für die zweite Oper von Bialas, „Aucassin et Nicolette" (nach der mittelalterlichen Liebeserzählung), verfaßte der bekannte Dramatiker Tankred Dorst den Text, ebenso für Bialas' nächstes Bühnenwerk, die Märchenoper „Der gestiefelte Kater" (1975), diese nach Ludwig Tiecks gleichnamigem Stück.

Nachfolger Fortners an der Musikakademie in Detmold wurde der 1925 in Mannheim geborene Giselher Klebe, der u. a. bei Boris Blacher studiert hatte und dem Stil seines Lehrers ebenso verpflichtet ist wie der Zwölftontechnik. Klebe hat insbesondere zahlreiche Opern geschrieben: „Die Räuber" (nach Schiller, 1957), „Die Ermordung Cäsars" (Einakter, 1959), „Die tödlichen Wünsche" (nach Balzac, 1959), „Alkmene" (nach Kleist, 1961), „Figaro läßt sich scheiden" (nach Ödön von Horváth, 1963), „Jacobowsky und der Oberst" (nach Franz Werfel, 1965), „Das Märchen von der schönen Lilie" (nach Goethes „Das Märchen", 1969), „Ein wahrer Held" (nach John Millington Synge, 1975), „Das Mädchen aus Domrémy" (nach Schillers „Jungfrau von Orleans", 1976), „Das Rendezvous" (nach M. Sostschenko, 1977), „Der jüngste Tag" (nach Horváth, 1980) und „Die Fastnachtsbeichte" (nach Carl Zuckmayer, 1983).

Klebe ist also ein ausgesprochener Opernkomponist und dazu ein Repräsentant der „Literaturoper". Alle Sujets holte er sich aus bedeutender Dichterwerkstatt. Die literarischen Werke, die er heranzog, bildeten aber nur die Basis für die Libretti, die er sich fast immer selbst schrieb.

Klebes eindeutigen Weg in die Moderne signalisierte jenes Orchesterwerk, das 1950 auf dem Programm der Donaueschinger Musiktage stand und seinen Titel „Die Zwitschermaschine" von einem Bild Paul Klees entliehen hatte. Der Komponist erkannte nun auch, daß die serielle Technik, die

Zu den fruchtbarsten deutschen Opernkomponisten in der zweiten Hälfte des 20. Jahrhunderts zählt Giselher Klebe, dessen „Märchen von der schönen Lilie" (nach Goethe) im Rahmen der Schwetzinger Festspiele uraufgeführt wurde.

Arbeit mit Reihen, ihm die willkommene Möglichkeit biete, „eine optimale Verbindung von Einfall, Ausdruck und Verbindlichkeit der Konstruktion herzustellen".[240]

Schon allein die Titel der Opern Klebes – zu denen noch die dramatische Szene „Raskolnikows Traum" (nach Dostojewski, 1956) kommt – zeigen, wie weit gespannt der Stoffkreis dieses Opernkomponisten ist. Dem Charakter nach reicht die Skala vom Expressionismus (wie „Die tödlichen Wünsche") bis zur Opera buffa. Seine Affinität zum Expressionismus zeigt Giselher Klebe auch mit dem Ballett „Menagerie", das, wie Bergs „Lulu", auf den Wedekind-Dramen „Erdgeist" und „Die Büchse der Pandora" beruht.

Mit welchen Stil- und Klangmitteln Klebe arbeitet, zeigt sein erstes Bühnenwerk, die Schiller-Oper „Die Räuber", für die er zwei unterschiedliche Zwölftonreihen aufbaute: Die eine, engstufig und chromatisch angelegt, ist dem Intriganten Franz Moor zugeteilt, die andere, eine weiträumige und offene, dem „Helden" Karl. Auch die Instrumentation dient immer wieder der Charakterisierung; so ist der warme Streicherklang der liebenden Frau, Amalia, zugeteilt. Markant sind die objektivierten und zugleich knapp-expressiven Chorpartien. Die Existenz von Chorpassagen zeigt Klebes Eingriffe in den Schillerschen Text, den er sehr stark gestrichen, „auf seinen abstrakt-geistigen Kern reduziert"[241] hat.

Die Oper „Die tödlichen Wünsche" (nach dem Roman „La Peau de Chagrin") erzählt die Geschichte eines lebensmüden jungen Mannes, der in einem Kuriositätenladen eine Eselshaut besonderer Art erwirbt: Sie erfüllt ihm nämlich alle Wünsche, schrumpft aber mit jeder Wunscherfüllung um einiges zusammen. Auf kurzes Glück – Bacchanal, Reichtum, Liebe – folgt Erkrankung, die den melancholischen Helden dahinrafft. Man hat das Eselsfell als Requisit von Gesellschafts- und Zeitkritik gedeutet, als Symbol des unabwendbaren Verfalls. Die Partitur ist in freiem Zwölftonstil geschrieben, spart nicht mit stilimmanenten Schwierigkeiten für die Sänger. Sie zeugt aber auch von Bühneninstinkt.

Später verschrieb sich Klebe auch Komödienstoffen: im „Figaro" nach Horváth und im „Jacobowsky" nach Werfel. Im erstgenannten Stück begegnen wir den Mozartschen Figuren in neuem Ambiente wieder. Sie sind Emigranten, der Graf und die Gräfin vom Glück weniger begünstigt als Figaro und Susanne. Cherubin prosperiert im Exil als Inhaber eines Nachtcafés. „Die melancholische Geschichte schließt in verhangenem Optimismus."[242] Musikalisch suchte Klebe eine bunte Auflockerung, aber auch Charakteristik zu erreichen.

Ein Emigrantenstück ist „Jacobowsky und der Oberst" – mit den beiden Hauptrollen des polnischen Obersten und des Juden, die beide auf der Flucht vor ihrem gemeinsamen Feind, dem Nationalsozialismus, sind, doch beide sehr verschiedene Naturen, die erst die Not eint. Diese Oper wird häufig als Klebes dramatisches Meisterwerk apostrophiert, als „eine Musik der Synthesen". Eine volksliedhafte g-Moll-

Melodie, ein das Werk eröffnender melancholischer Bänkelgesang, wird zum Leitmotiv der Philosophie des Juden Jacobowsky, die Geige des Obersten Stjerbinsky läßt eine e-Moll-Mazurka hören. Tonal freie Harmonik tritt hinzu. In den beiden Helden stehen einander auch scharf geprägte musikalische Individualitäten – der Oberst ein Tenor, Jacobowsky ein Bariton – gegenüber. „Niemals drängt sich die Musik vor die Handlung, ohne darum an Eigenbedeutung und Qualität einzubüßen", es dominiert der Geist „musikalischer Diskretion, in feingliedrige, fast buffoneske Formen gefaßt. Rezitativ und Arie, Duett, Ensemble und Finale sind aus der italienischen Tradition übernommen ... Das innere Band des Werkes ist ein leichtes, dem Secco-Rezitativ verwandtes Parlando, das rasch über die Prosastrecken des – freilich gekürzten – Werfelschen Textes hinführt und das Geschehen in stetem Fluß hält."[243] Und verschiedene Tonreihen liegen als „musikalische Symbole der dramatischen Grundkräfte" der Komposition dieser Oper zugrunde.

„Die musikalische Form meiner Oper ist vom Primat des Sängers gegenüber dem Orchester her bestimmt", hat Klebe zu seiner Oper „Die Fastnachtsbeichte" erläuternd gesagt. Die 29 musikalischen Nummern gliedern die Struktur der Komposition. Diese wiederum wird von Melodie in vielfältiger Gestalt beherrscht: von zwölftöniger Form bis zum gassenhauerartigen Karnevalslied, vom Walzerlied bis zum Anklang an gregorianische Einstimmigkeit. „Diese Musik will gehört werden", betont der Komponist, „sie braucht für das Verständnis nicht nachgerechnet zu werden."

„Die Fastnachtsbeichte", nach einer Erzählung von Carl Zuckmayer, arbeitet zum Teil mit den Mitteln eines „Krimis". Mit den Worten „Ich armer, sündiger Mensch" sinkt im Mainzer Dom Anno 1913 ein junger Mann in der Uniform cincs Dragoners zusammen. Wie sich bald herausstellt, ist er einem Mordanschlag erlegen. Die Aufklärung dieses Mordes an Ferdinand Bäumler, dem vermeintlich bei der Fremdenlegion in Nordafrika ums Leben Gekommenen, beginnt größere Kreise zu ziehen, denn immer mehr scheinbar Unbeteiligte fühlen sich an den Umständen, die zum Mord führten, mitschuldig. Der Stoff, der auch schon verfilmt worden ist, wurde von Lore Klebe, der Gattin des Komponisten, für die Musikbühne adaptiert. Beide wußten, was die Bühne braucht: Spannung und Kontraste. Klebe hat Kompetenz für die Oper erwiesen.

In der Deutschen Demokratischen Republik war es insbesondere Paul Dessau (1894–1979), dem es gelang, nach 1945 eine führende Stellung im Musiktheatergeschehen einzunehmen. „Schwierig, aber schön" bzw. „schwierig, aber nicht esoterisch" – so hat man die Musik Paul Dessaus charakterisiert[244], eines Künstlers, der immer vor allem ein politischer Künstler war. Er forderte, daß „der musikalische Gedanke, die musikalische Gestalt, kurzum: die Aussage ... parteiisch zu sein" habe.

Der gebürtige Hamburger, den es früh zum Theater zog (als Korrepetitor, Dirigent und Bühnenmusikkomponist), studierte zuerst in Berlin und später, in seinen Pariser Emigrationsjahren (1933–1939), bei dem jungen Webern-Schüler René Leibowitz, und zwar bei diesem die „Zwölftontechnik, die seither ein integraler Bestandteil seiner Satzkunst geworden ist".[245] Der junge Dessau knüpfte als Komponist bei der Tradition an. Sein erstes größeres Opus, die Oper „Giuditta", ist ein Musikdrama, das eine veristische Story zum Inhalt hat. Wie er selbst bekannte, trug Dessau hierfür alles zusammen, was er bis dahin an Musik kannte, also von Puccini bis Richard Strauss.

„Giuditta" (1910–1912) ist Fragment geblieben. Die erste komplette Oper schrieb Paul Dessau erst 1949: „Die Verurteilung des Lukullus". Sein Opernschaffen gehört somit der Nachkriegszeit an. Reichhaltig ist jedoch das übrige Schaffen, das in den Jahren bis 1979 entstand. In den Liedern des Jahres 1914 zum Beispiel beschritt der damals Zwanzigjährige den Weg der Formauflösung, der Dissonanzbereicherung, der Expressionssteigerung, den er aber zunächst nicht weiterging. Seine erste Schauspielmusik schrieb er für die Hamburger Kammerspiele, in Köln leitete er die Erstaufführung der „Josephslegende" von Richard Strauss, an der Berliner Städtischen Oper debütierte er als „Rigoletto"-Dirigent. Bald aber wurde aus dem Theaterkapellmeister der Filmkomponist. Dessau verschrieb sich in seinen Kompositionen auch der Neuen Sachlichkeit, die in den zwanziger Jahren en vogue war. Zahlreiche Instrumentalkompositionen zeugen für diese

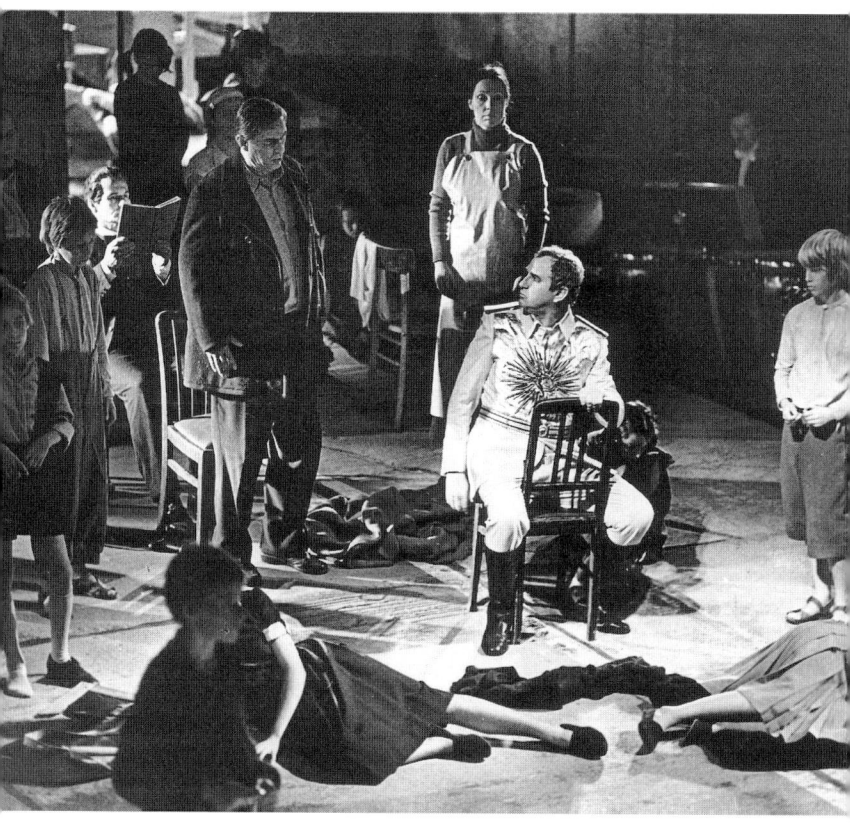

*Paul Dessaus gesellschaftskritischer „Lukullus" wurde mit
Reiner Goldberg in der Titelpartie an der Deutschen Staatsoper
Berlin aufgeführt.*

Schaffensperiode. Außerdem schrieb Dessau drei für Kinder
bestimmte Lehrstücke: das „Eisenbahnspiel", „Der Tadel
der Unzuverlässigkeit" und die „Kinderkantate". Die Mottos
schufen politische Beziehungen, doch sollten diese Stücke
„nicht nur menschliche, sondern auch musikalische Verhaltensweisen lehren".[246]

Im Jahre 1933 mußte Paul Dessau, Enkel eines berühmten Synagogenkantors, emigrieren und sich, wie viele andere
seiner Schicksalsgenossen, hart durchschlagen. Trotzdem

kam die Komposition (u. a. von Filmmusik) nicht zu kurz. In den dreißiger Jahren entstanden überdies Dessaus erste Massen- und Kampflieder. Die ästhetische Zielsetzung, Expressivität und Rationalismus miteinander zu verbinden, führte Dessau zur Zwölftonmusik, die er nun studierte.

Nach dem Zusammenbruch Frankreichs ging Paul Dessau nach Amerika, wo die Begegnung mit Bertolt Brecht für den Komponisten entscheidend wurde. Das epische, mit Verfremdungseffekten arbeitende Drama stellte der Musik neue Aufgaben. Sie sollte nicht mehr Stimmungskulisse sein, sondern eigenständige Funktionen erfüllen. In diesem Sinn ist Dessaus Schauspielmusik zu Brechts „Mutter Courage" hinsichtlich der Funktion „aufgewertet: Sie untermalt nicht nur, sondern vermittelt Einsichten."[247] 1948 kehrte Paul Dessau aus den USA nach Deutschland zurück und wurde bald in Ostberlin seßhaft.

Die Zusammenarbeit mit Bertolt Brecht (1898−1956) verhalf dem Musikdramatiker Dessau zum Durchbruch. Der Komponist hat zwei Opern nach Stücken von Brecht geschrieben: „Die Verurteilung (Das Verhör) des Lukullus" und „Puntila". Das erstgenannte Werk entstand in engster Zusammenarbeit mit dem Dichter, das andere schrieben zwei Schüler Brechts nach dessen Tod.

Brecht hatte profilierte eigene Ansichten über die Oper. Die „kulinarische Oper" bedeutete für ihn ein „Kunstwerk ohne Lehrwert und ein Kunsterlebnis ohne Bewußtsein"; etwas also, das „nicht der Welterkenntnis, sondern einzig dem Rausch" diente.[248] Brecht opponierte gegen die Berauschung durch die Musik, er verwarf das Gesamtkunstwerk, weil er die bedingungslose Auslieferung des Zuschauers verwarf, und meinte in Anmerkungen zu Weills Oper „Aufstieg und Fall der Stadt Mahagonny", die Musik solle den Text nicht steigern, sondern ihn auslegen, und sie solle nicht illustrieren, sondern Stellung nehmen, nicht servieren, sondern vermitteln. Die Musik dürfe nicht hypnotisch wirken, ihre klangsinnlichen Elemente müßten gezügelt werden.

Einmal mehr in diesem Jahrhundert wird eine antiromantische Einstellung grundlegend für die Opernästhetik. Zu den wichtigsten Aufgaben der Oper − der nicht kulinarischen Oper − zählte Brecht das Einfangen des „gesellschaftlichen

Gestus"; dem Komponisten werde dadurch ermöglicht, „musizierend seine politische Haltung einzunehmen".[249]

Brechts Ideal war das epische Theater. Als Hauptwesenszug dieses Theatertypus, der in unserem Jahrhundert bald mehr, bald weniger eine Rolle spielte, hat Rudolf Rozinek[250] die „Geste des Zeigens, des Vordemonstrierens" charakterisiert. Die Bühne solle nicht mehr ein naturalistisches Abbild geben, sondern die Welt versinnbildlichen, Hand in Hand mit der „Entrümpelung" der Bühne müsse die Trennungslinie zwischen Bühne und Publikum schwinden, der aktiv teilnehmende Zuschauer dürfe sich nicht mehr rein der Illusion hingeben, daß er auf der Bühne ein Abbild des Lebens zu sehen bekommt. Jeden Augenblick solle er sich vielmehr vergegenwärtigen, daß dort oben nur gespielt wird.

Das Brechtsche Theater ist eine der möglichen Erscheinungsformen des epischen Theaters, und im Brechtschen Sinne verstand es auch der Komponist Paul Dessau.

Da er sie als ausdrucksstärkstes Genre für imstande hielt, die großen gesellschaftlichen Probleme der Zeit künstlerisch zu bewältigen, wandte sich Paul Dessau in der Nachkriegszeit der Oper zu. Die Oper „Die Verurteilung des Lukullus" basiert auf Brechts Hörspiel „Das Verhör des Lukullus" (1939), wurde 1951 in Berlin uraufgeführt und erlebte später eine Neufassung. Im Verhör des römischen Feldherrn (117–57 v. Chr.) hat ein unabhängiges Gericht über die Schuld des Angeklagten zu befinden, die Frage abzuwägen, was mehr zählt: die vielen Toten der Feldzüge oder die kulinarische Bereicherung der Speisekarte und die Einführung des Kirschbaums in Europa. Die Taten, deren sich Lukullus brüstet, waren Zerstörung und Gewalt. Er beruft sich darauf, nicht für sich, sondern für Rom in den Kampf gegangen zu sein. Wer aber ist Rom? Das Volk nicht. Im Hörspiel wird das Urteil nicht ausgesprochen, das Finale schließt mit den Worten: „Das Gericht zieht sich zur Beratung zurück." Die provozierend zugespitzte Frage: 80 000 Tote – oder ein Kirschbaum? beantworte sich, so meinte Brecht, von selbst. Er setzte voraus, daß jeder Hörer ein Minimum an moralischer Urteilskraft besitze. Die Wirklichkeit aber sah anders aus. Auf Anraten Dessaus schrieb er das Finale um: Lukullus wird nun ins Nichts verstoßen. Aus dem „Verhör" wurde so die „Verurteilung".

Brechts episches Theater prägt auch diese Oper. Das Publikum wird in diesem Sinne von der Bühne her direkt angesprochen, es soll sich mitverantwortlich für die Entscheidung fühlen. Die Musik bedient sich des erwähnten Mittels der „gestischen Charakterisierung". Einen „Genießer" schildernd, darf sie nicht zum Genießen einladen, weil der Genießer ja kritisiert werden soll. Die weichen, singenden Instrumente wurden ausgespart, um klanglicher Wattierung und Gefühlsüberschwang vorzubeugen, die Vergrößerung der Schlagzeuggruppe zielt auf Härtung des Klangs.[251] Der durchsichtige kammermusikalische Satz gibt den Ton an. Lukullus soll im Zerrspiegel der Karikatur gezeigt werden. Die Karikatur ist eine der schärfsten Waffen Dessaus; daß die Musik „schäbig und verzerrt wirkt, ist nicht Unvermögen des Komponisten, sondern sein Vorsatz: Er will den Helden entheroisieren, der hier zu Grabe getragen wird".[252] Er hat auch in verrenkten Koloraturen deklamiert. Die Gesänge der Schöffen hingegen sind liedhaft-schlicht gehalten; denn sie gehören ja zu den Ausgebeuteten, Entrechteten, den Opfern der Unmenschlichkeit, die sich Menschlichkeit bewahrt haben. In ähnlicher Weise wird auch sonst die Musik zum Mittel des Kommentars.

Das Libretto der Oper „Puntila" entstand nach Brechts Volksstück „Herr Puntila und sein Knecht Matti" (1940). Die Libretto-Bearbeitung nahmen Peter Palitzsch und Manfred Wekwerth vor, die Uraufführung dieser Oper fand 1966 in Berlin statt. Puntila ist bekanntlich ein unmenschlicher, tyrannischer Gutsbesitzer, der zuweilen Anwandlungen von Menschlichkeit zeigt, allerdings nur unter Einfluß von Alkohol. Dieser Gegensatz veranschaulicht die Klassenverhältnisse. Der Ausbeuter kann nur im Suff menschlich sein; aber die Räusche sind vergänglich, die Klassenschranken hingegen beständig. Puntilas Diener, der Knecht Matti, ist ein bewußter Proletarier, die Zutraulichkeiten seines Herrn sind ihm widerlich, und er verläßt ihn schließlich. Anliegen Dessaus war es, dem Hörer durch ein heiteres Werk den Ernst des Klassenkampfes deutlich zu machen.

Das Stück und seine Anschauungen sind echter Brecht. Die Sprachform – Prosa – wurde bei der Adaption zum Opernlibretto nicht angetastet, dramaturgische Eingriffe dienen vor allem der Straffung. Puntilas Wesen spiegelt sich auch in der Musik, die sich immer wieder des Kontrasts von Zwölftonreihe und volkstümlichen Intonationen bedient. Die Koppelung zweier gegensätzlicher Prinzipien dient der kritischen Kommentierung, dem „gesellschaftlichen Gestus". Eine gewisse Künstlichkeit dieser Methode ist wohl nicht zu leugnen, der Intellekt spielt bei dieser ideologisch ausgerichteten Gestaltungsform eine sehr starke Rolle.

Die nächste Oper Paul Dessaus: „Lanzelot" (Textbuch: Heiner Müller und Jewgeni Schwarz, 1969), 15 Bilder nach der Märchenkomödie „Der Drache". Der Drache ist das Symbol des Faschismus, zu seiner Charakterisierung erweitert der Komponist den Orchesterapparat um ein Tonbandgerät, aus dem Lautsprecher tönen schrille Chorglissandi, das Fauchen des Drachen illustrierend. Lanzelot, der Gegenpart des Drachen, ist als Sinnbild für die Befreiung von jeglicher Ausbeutung zu verstehen.

Wieder bedient sich der Komponist kontrastreicher Stilmittel, darunter der Parodie.

In der Oper „Einstein" (Text von Karl Mickel nach einer Vorlage des Komponisten, 1974) wird die Verantwortung des Wissenschaftlers vor der Menschheit diskutiert. Die Haupthandlung ist durch possenhafte Intermezzi unterbrochen, in denen einmal mehr gesellschaftskritische Elemente enthalten sind. Dodekaphonische Einflüsse kennzeichnen diese Oper Dessaus, der dann noch „Leonce und Lena" folgte (1979). Der Text von Thomas Körner basiert auf Georg Büchners gleichnamigen Lustspiel. Die transparente, häufig solistische Führung der Instrumentalstimmen ermöglicht Textverständlichkeit auch bei Gesangslinien in extremen Tonlagen. Auf Grund ihres Stils ist diese Oper als „Meisterwerk des Aussparens" charakterisiert worden[253], als „musikalisch fragiles, von der Wiener Schule inspiriertes Gebilde", als Partitur von „kunstvoller Einfachheit", wobei zum politischen Gestus, der sich im Vorzeigen gesellschaftlicher Verhaltensweisen äußert, die neue Qualität eines Tons von äußerster Zartheit und Intimität kommt.[254]

Vielseitig neu: Hans Werner Henze

Einer der prominentesten deutschen Opernkomponisten der zweiten Hälfte des 20. Jahrhunderts ist Hans Werner Henze, 1926 in Gütersloh geboren, ein Schüler von Wolfgang Fortner und René Leibowitz. Der Erfolg als Komponist hat es Henze bald ermöglicht, unabhängig von sogenannten „Brotberufen" ausschließlich seinem Schaffen zu leben, das inzwischen von imponierendem Umfang ist. Es umfaßt nicht nur die Oper, sondern auch Ballettmusik, Instrumentalwerke, Kammer- und Vokalmusik in verschiedenster Besetzung. Um so merkwürdiger, daß sich die Henze-Literatur in ziemlich engen Grenzen hält.

Komponiert hat Hans Werner Henze, der Sohn eines Schullehrers, schon mit zwölf Jahren. Fortner vermittelte ihm dann eine gründliche Kenntnis der alten Kompositionsmethoden, des strengen Satzes, des Kontrapunkts, führte ihn zugleich in umfassender Weise in die moderne Musik und die mit der Moderne verbundenen ästhetischen Probleme ein. Henze beschäftigte sich mit der Zwölftontechnik, wendete in der Folge aber auch die verschiedensten anderen Techniken an: von der freien Tonalität bis zu seriellen Methoden. Er neigte neoklassizistischen Tendenzen ebenso zu wie einer expressiven Ausdrucksweise. Er ist auf vielseitige Weise neu. Wichtig für Henze und seine Musik wurde nicht zuletzt auch das Erlebnis Italiens, wo er seit Jahren lebt und schafft. Schon zwischen 1953 und 1956 war er auf der Insel Ischia ansässig.

Die Verbindung zur Bühne suchte und fand Hans Werner Henze bereits in frühen Jahren. Sein Bühnenerstling „Das Wundertheater", Oper in einem Akt für Schauspieler (später in Neufassung für Sänger), kam 1949 in Heidelberg heraus. Im selben Jahr entstand das erste Ballett („Jack Pudding"), dem bald weitere folgten, u. a. „Rosa Silber" (1950), „Der Idiot" (1952), „Undine". Letztgenanntes (abendfüllendes)

*Vielseitig, aber insbesondere der Oper zugewandt ist das Schaffen
von Hans Werner Henze.*

Ballett wurde 1958 am Royal Opera House Covent Garden in
London uraufgeführt. Zu diesem Zeitpunkt war Henze auch
schon als Opernkomponist akkreditiert: durch „Boulevard
Solitude" und „König Hirsch".

Die Komposition von „Boulevard Solitude" wurde 1951
abgeschlossen. Hinter diesem Titel, auf den Henze bei einem

Paris-Besuch verfiel, verbirgt sich die Geschichte von Manon Lescaut, die vor ihm schon Auber, Massenet und Puccini komponiert hatten. Der von Henze gewählte Titel signalisiert die moderne Variation des alten Romanthemas: Ein Straßenname ist „Symbol der Vereinsamung, die hier nicht als Ende ihres Schicksals eine Einzelperson überkommt ..., sondern das Widerfährnis einer ganzen Generation, der um 1950 Zwanzigjährigen, geworden ist".[255] Den Text zu dem 1952 uraufgeführten Werk schrieb Grete Weil. Das lyrische Drama ist in sieben Bilder gegliedert, die durch Zwischenspiele verbunden sind.

Die Handlung variiert den Stoff des berühmten Romans von Prévost (1731), und sie sei, weil sie typisch ist für die Welt des jungen Henze und für sich selbst spricht, hier kurz skizziert.

Der Student Armand Des Grieux trifft Manon Lescaut am Bahnhof. Das abenteuerlustige Mädchen, das von seinem Bruder in ein Pensionat gebracht werden soll, läßt sich von Des Grieux leicht überreden, bei ihm zu bleiben. Die beiden leben in einer Dachkammer und sind vorerst glücklich. Als aber Armands Vater kein Geld mehr schickt, läßt sich Manon von ihrem Bruder mit dem reichen Lilaque verkuppeln. Sie lebt bei dem Alten, kann aber Armand nicht vergessen. Lescaut fordert immer wieder Geld von seiner Schwester, die deshalb den alten Galan bestiehlt. Worauf Lilaque die beiden aus dem Haus weist. – Armand studiert weiter, träumt von der Geliebten, die ihn nun wieder aufsucht und von der Wissenschaft weg in ein leichtes, gefährliches Leben entführt. Als Armand dann spürt, daß ihm die Geliebte abermals entgleitet, flüchtet er in den Kokainrausch. Lescaut hat für Manon einen neuen Liebhaber parat, nämlich Lilaque junior. Armand wird von Manon brieflich zu einem letzten Rendezvous eingeladen, in die Wohnung des neuen Geliebten, wo die beiden vom alten Lilaque überrascht werden und Manon diesen erschießt. Sie bleibt aber mit Armand bei der Leiche, bis der junge Lilaque kommt. Lescaut verschwindet inzwischen mit einem wertvollen Bild. Vor dem Gefängnis will Armand Manon noch einmal sehen. Doch sie geht vorbei, ohne ihn anzublicken: „Fremdsein, einander nicht mehr kennen, als hätte es niemals einen gemeinsamen Herzschlag gegeben: das ist

*Symptomatisch für die fünfziger Jahre ist Henzes Oper
„Boulevard Solitude", deren sich die Deutsche Oper am Rhein
annahm.*

zeitgemäßer als der noch immer romantische Tod der zur Dir-
ne herabgesunkenen Manon in den Armen ihres ... immer
noch und immer wieder geliebten Liebhabers Des Grieux,
wie Puccini und Massenet ihn ergreifend besungen haben."[256]

Die Morbidezza, die Dekadenz waren es, die Henze an-
zogen und das Sujet für ihn „aktuell" machten: als Spiegelung
einer freud- und hoffnungslosen Jugend, als Ausdruck eines
Pessimismus, der Anno 1952 den Vergleich nahelegte, es sei
hier mit „Boulevard Solitude" ein mehr oder weniger „ex-
pressionistisches Werk entstanden, das sowohl seinem geistigen Gehalt nach als auch in Text und Stil auf der Linie von
Alban Bergs ‚Wozzeck' liegt".[257] Die moderne Parabel, zu
welcher der Manon-Stoff in dieser pessimistischen Version

geworden ist, betrifft aber, das muß man betonen, nicht nur die Jugend, vielmehr: die einsame Straße ist die Straße der Welt, des Lebens schlechthin, auf der „die Menschen aneinander vorübergehen ... schattenhaft wie im Traum und doch klar und wach und grausam bewußt".[258]

„Ich fühle mich gelobt, wenn ich dekadent genannt werde", hat Henze einmal gesagt. Doch wäre es falsch zu glauben, daß es ihm dabei nur um einen modischen Gefühlszustand ging. Ein andermal erweiterte er die Aspekte seiner Beziehung zum vorliegenden Stoff: Die Bezeichnung „Lyrisches Drama" lasse durchblicken, daß es ihm um die Darstellung meist ganz zarter erotischer Zustände, hauptsächlich allerdings Verzweiflungszustände, ginge; weder konnte er ganz ernste noch wirklich heitere Dinge bewältigen, der Ernst wurde dunkle Trauer, die Heiterkeit immer zur Satire oder Parodie. Es entstand aber trotzdem, so betonte der Komponist, „vielleicht gerade wegen dieser Einspurigkeit, eine bestimmte Wirkung, ein gewisser Reiz und eine bestimmte Atmosphäre".[259]

Die Musik von „Boulevard Solitude" ist zweifellos im Sinn des Textes. Banales kommt darin ebenso zum Ausdruck wie Tragik und Schmerz. Technisch gesehen, basiert die Partitur auf einer Zwölftonreihe (es-ges-d-f-a-h-e-b-c-des-g-as). Es muß in diesem Zusammenhang allerdings gesagt werden, daß Henze nie ein Dogmatiker in der Anwendung der Technik war. In „Essays" (1964) schrieb er: „Ich bin nicht positionslos deswegen, weil ich mich bei der Idee langweile, Mittel anzuwenden, die ich schon angewandt habe, oder solche, die allgemein verwendet werden ... Auch glaube ich nicht, daß es, wie man oft sagen hört, eine verbindliche Sprache unserer Zeit gäbe: Eine Methode ist keine Sprache, und die Anwendung einer neuen Technik sagt über die Qualität des Musikstücks, auf das sie angewendet war, überhaupt nichts. Jede Methode kann jeden Augenblick durch künstlerischen Willen annulliert werden."

Er habe, so Henze, zu Beginn einer Arbeit nie einen Plan, nie eine vorgefaßte Meinung oder Theorie, nach welcher er sich richte. Bei jeder neuen Komposition sei daher alles schwierig und problematisch, bis er eine Möglichkeit, eine Technik gefunden habe, in der er sich klar ausdrücken könne.

Der Wert dieser Technik erlösche am Ende der Komposition, nur einige Erfahrungen würden vielleicht weitergetragen ...

Für Henzes Einstellung sind diese Sätze aufschlußreich. Er wehrt sich jedenfalls, etikettiert, nach modischen Richtlinien beurteilt zu werden. „Meine Sicherheit liegt in meinem Schwanken", schreibt er („Essays").

Eine konsequente Folge von Henzes Denken ist sein Individualismus: Ein Musiker, Erforscher der Musik müsse sich selbst erforschen, in sich hineinhorchend, nicht in den Wind einer „Richtung".

Die Musik von „Boulevard Solitude" ist, wie schon gesagt, dodekaphonischer Struktur, darüber hinaus aber mit verschiedenen Stilelementen angereichert, deren Mischung, ebenso raffiniert wie intelligent, den Reiz und die „Morbidezza" der Partitur ausmacht. Für den Kritiker K. H. Ruppel bestand noch 22 Jahre nach der Uraufführung dieser Oper „kein Zweifel, daß sie, mit so vielen instrumentalen Valeurs, kammermusikalischem Feinschliff und der dramatischen Intensität keineswegs entbehrender Dezenz dargeboten, auch heute noch wirkt und fesselt als Zeugnis einer frühentwickelten außerordentlichen Begabung". Die luzide Logik der Komposition wurde ebenso registriert wie die sensible Balance der Gestaltungsmittel. Eine pantomimische Komponente erscheint für „Boulevard Solitude" ebenso charakteristisch wie die immer wieder zu beobachtende Mischung von Seria- und Buffa-Momenten.

Das erste Bild ist mit „Ostinato" überschrieben, von einem Rhythmus beherrscht, der sehr leise vom Schlagwerk bis zum Schluß durchgehalten wird: imaginäre Bahnhofsgeräusche. Lyrismus entwickelt sich im Dialog Manon – Armand. Ihnen sind die Haupttöne der Reihe, auf der die Oper basiert, zugewiesen. Kleine Sekunde, kleine Sexte und wieder kleine Sekunde bilden die Leitintervalle der Liebenden. Das folgende Zwischenspiel schildert die Flucht der beiden nach Paris. Das zweite Bild bringt unter anderem ein Duettino über einer Kantilene des Englischhorns, die Szene zwischen Manon und ihrem Bruder ist rezitativisch angelegt, am Schluß gibt es eine „Aria brillante" des Lescaut. Es zeigt sich somit, daß die formale Konzeption durchaus an die alte Nummernoper anknüpft. Auch im weiteren Verlauf finden wir

Arien und Duette, im dritten Bild ein Terzett, das Steigerungswirkung hat. An anderer Stelle klingt ein ferner Chor in die Szene hinein, der Effekt des Summchores wird ebenfalls verwendet – ein bewährtes Stimmungsmittel. Es fehlt dem Werk aber auch nicht an Charakteristik der Frivolität, etwa im fünften Bild mit dem Auftritt des jungen Lilaque.

Die Spannweite im musikalischen Ausdruck ist somit groß. Die Oper „trägt bei all ihren Frivolitäten und Frechheiten, ihrer ‚asozialen‘ Aggressivität einen zärtlich lyrischen, geradezu desparaten Charakter: den von Liebe und Verzweiflung".[260] Das dissonante Element prägt den Klang natürlich ebenso wie das rhythmische; letzteres z. B. im Schlußbild, wo die einer Arie Armands folgende Pantomime, „Revue" überschrieben, hauptsächlich auf Schlagwerkrhythmen basiert. „Die letzten Takte bilden ein Largo, einen Zwölftonakkord, der verschwebt."[261]

Der Uraufführung von „Boulevard Solitude" (1952) waren 1949 das schon erwähnte „Wundertheater" und die Funkoper „Der Landarzt" (1951) vorangegangen. Hier hat Henze versucht, die Erzählung Franz Kafkas wortgetreu zu komponieren. Das Werk hält „den Eindruck der Düsternis, der tiefen Depression von Anfang bis Ende zwingend durch. Dunkle Farben mischen sich dabei mit grellen, halluzinatorischen: eine alptraumhafte Atmosphäre wird beschworen. Nachtmahre gehen um, Traumstenogramme, fiebrig niedergeschrieben, werden entworfen."[262]

Henze wird auf diese Weise der verschlüsselten, vieldeutigen balladenhaften Kurzerzählung gerecht. Seltsam ist die Handlung, seltsam sind die diagnostizierten Wunden, die man etwa als Stigmata der Menschheit deuten kann. „Mit einer schönen Wunde kam ich auf die Welt; das war meine ganze Ausstattung", flüstert der kranke Junge dem Landarzt ins Ohr, der, zuerst entkleidet und zu dem Patienten ins Bett gelegt, schließlich nicht mehr heimfindet und als alter Mann, dem Frost dieses unglückseligen Zeitalters ausgesetzt, mit irdischem Wagen und unirdischen Pferden umhertreibt.

Die Stimme des Landarztes wird in der Urfassung des Werkes auf verschiedene Weise geführt: Sie rezitiert zeitweilig in vorgeschriebenen Tonhöhen und Rhythmen, sie gleitet über in Sprechgesang, singt aber auch. In der Bühnenfassung von 1964 verzichtete Henze auf diesen Wechsel im Vortrag, der Solist hat nun durchwegs zu singen. Das Orchester, in der Funkversion noch stark besetzt, wurde in der neuen Fassung reduziert. Die musikalische Formgebung ist streng, kontrapunktische Konstruktionen begleiten, scheinbar unabhängig von den Situationen des Textes, die Handlung.

Der Einakter „Das Ende einer Welt" (Funkfassung 1953, Bühnenfassung 1964) ist eine Buffa (nach einem Text von Wolfgang Hildesheimer), für deren musikalische Vermittlung ein eigenartiges, geradezu bizarres Instrumentarium aufgeboten wird (Blockflöte, große Flöte, Okarina, Fagott, Jazztrompeten und -posaunen, Akkordeon, Harmonium, Cembalo, zwei Klaviere, Harfe, Mandoline, elektrische Gitarre, Xylophon, Pauken und vielerlei anderes Schlagzeug). Die Handlung kann man gesellschaftskritisch nennen: Ein Herr von Fallersleben nimmt an einer der berühmten Soireen teil, die von einer Marchesa Montetristo (geborener Waterman aus Ohio) auf ihrer künstlichen Insel in der Lagune von Venedig stattfinden. Dort ist man ganz unter sich, lauscht, nach einer Überfahrt in Gondeln, dem Vortrag einer gefälschten Flötensonate des 18. Jahrhunderts. Während des Konzerts lockern sich die Grundfesten der Insel, langsam versinkt sie im Meer, während die Flöte ungestört weiterspielt. Keiner der Gäste, außer Fallersleben, wagt die feierliche Handlung des Konzerts wegen der „Lappalie" eines Untergangs zu unterbrechen. Lieber geht man zugrunde und ruft dabei noch „da capo" ...

Dem in Hamburg erstgesendeten „Ende der Welt" folgte Henzes große Oper „König Hirsch".

„Der enorme Eindruck ... den Italien als eine Welt voller mir bis dahin unbekannter Phänomene von menschlicher und landschaftlicher Weite machte, verlangte mir für meine nächste Oper ... ganz andere Dinge ab", erläuterte der Komponist in seinem Essay zum Thema „Meine Musik auf dem Theater".[263] In der Partitur des „König Hirsch" werde, so Henze, deutlich, wie seine „Entwicklung Schritt für Schritt die durch Serialität und Dodekaphonie gekennzeichnete Musiksprache verläßt, um eigene und freie Ausdrucksmittel zu erfinden, auch um den Preis von Rückgriffen auf traditionelle Modelle".

Dieses Werk, dessen Libretto frei nach Gozzi von Heinz von Cramer bearbeitet wurde, entstand in jahrelanger Arbeit und war bei der Uraufführung in Berlin (1956) seiner weiten Dimensionen wegen „sehr stark und wenig glücklich reduziert worden" – gewiß nicht von ungefähr; denn das Werk war „in der geduldigen und ergebenen Ruhe auf Ischia ... riesenhaft, kaum noch überschaubar in die Breite und Tiefe gewachsen: ein Opernkoloß von prangenden Ausmaßen, phantastisch zerklüftet, reich in den Perspektiven und Formen".[264] Die erste Aufführung der kompletten Urfassung fand erst 1985 in Stuttgart statt.

Der „zwiespältige Eindruck", den die seinerzeitige Uraufführung hinterließ, veranlaßte Henze dazu, die Aufführung in der gekürzten Fassung zu sperren und eine „praktische" Neufassung zu erarbeiten: „Il Re Cervo oder Die Irrfahrten der Wahrheit" (Uraufführung: Kassel 1963). In dieser Fassung – die ursprüngliche hatte über fünf Stunden Aufführungsdauer erfordert – werden lange Dialoge zu kurzen Rezitativen verknappt, ursprünglich ausladende Nebenaktionen auf Kurzszenen eingeschränkt; doch kommen auch einige neugeschriebene und nachkomponierte Passagen hinzu. Überdies wurde die Instrumentierung reduziert.

Die Handlung spielt in einer südlichen Landschaft, in einem „Venedig zwischen Wald und Meer", in Märchenzeit. Es ist die Geschichte von einem bösen Statthalter, der den König als Kind in einem Wald aussetzen ließ und nun, da jener herangewachsen ist, dessen Rückkehr nicht verhindern kann, doch am Tag der Krönung die Macht an sich reißen will. Der junge König begreift die damit verbundenen Intrigen nicht und kehrt lieber in den Wald zurück. Dieser ist Schauplatz des zweiten Aktes. Eine Zwölftonreihe formt sich zu einem Akkord, die instrumentale Einleitung bei offener Szene vermittelt Stimmung in flimmernden, vibrierenden Klangmixturen. Die szenischen Hinweise lassen keinen Zweifel hinsichtlich der romantischen Atmosphäre dieses Bildes: „Das farbige Geäst des Waldes, verschlungenes Netzwerk, durchsichtig bis in die ferne, dunkle, leuchtende Tiefe; dazwischen Blätter wie Mosaiksteine ... Aus dem unberührten Boden steigen lange, zitternde Gräser, über die der Wind in Wellen hingeht. In schwankendem Geäst hocken

An die Realisierung der Urfassung des „König Hirsch" von Henze wagte sich zum erstenmal das Württembergische Staatstheater Stuttgart.

Gestalten wie unbekannte Vogelwesen; sie signalisieren die ‚Stimmen des Waldes'. Ihre langen, bis zum Boden reichenden Arme reagieren wie Blätter einer feinnervigen Pflanze. Ein unaufhörlicher Kreislauf verschiedener feiner und feinster Bewegungen. Der Wald ist ein großer, atmender Organismus, der sich zu öffnen und zu schließen vermag. Man sieht das riesige Lebewesen atmen und in sich ruhen. Seine Stimmen vereinigen sich und tönen ohne Worte." All das will die Musik „ausdrücken". Musik wird zur Natur, Natur zur Musik ...

Die Menschen dringen in diesen Wald ein. In verschiedenen Nuancen breitet sich die Stimmungspoesie aus, verschiedene Nuancen hat auch die Musik, u. a. artifizielle, wie etwa die Koloraturen der Scoldatella. Nicht zuletzt italienische Erfahrung Henzes spiegelt sich in dieser Oper mit ihren Zaubern des Märchens. Durch Zauberworte verwandelt sich der König in einen Hirsch, der Statthalter in den König. Er läßt Jagd auf alle Hirsche machen, um den wahren König doch noch zu Tode zu treffen. Damit ist der zweite Akt der Oper – er umfaßt in der Urfassung die Seiten 278–585 des Klavierauszugs – noch nicht zu Ende. Am Himmel, der hell und durchsichtig wird, tritt neben den Mond die Sonne. Es zeigen sich runde Sterne, von farbigen Ringen umgeben, Kometen und Lichtspiralen. Langsam geht der König Hirsch durch den Wald. Dieses Finale ist eine theatralische Allegorie: Um den wahren König in Hirschgestalt beginnen die Jahreszeiten zu kreisen. (Henze hat später aus den vier Sätzen dieser Szene seiner vierte Symphonie gemacht.)

Im dritten Akt zieht es den König zurück zu den Menschen, zu dem Mädchen, das schon im ersten Akt in seinen Gesichtskreis getreten war und in das er sich verliebt hat. Als Hirsch kommt er – ohne von den Menschen beachtet zu werden – in die Stadt, wo der falsche König, der Statthalter, ein Gewaltregime errichtet hat. Der Statthalter erhebt seine Waffe gegen den Hirsch, doch Coltellino schießt, des an ihn gerichteten Mordauftrags eingedenk, auf den falschen König, den er für den richtigen hält und nun tötet. Der Hirsch verwandelt sich wieder in den legitimen König, dieser besteigt gemeinsam mit dem Mädchen den Thron. Mit einem Duett und einem Chor schließt diese breitangelegte Oper Henzes.

Was fesselte Henze an diesem Sujet? „Die Wunder, die in der Legende vom König Hirsch vor sich gehen, die Idee der Metamorphose, Gedanken einer Freiheit, die über das Erträgliche hinausgeht, der Tod des Tyrannen, Friede, das alles sind Motive, die dargestellt werden mußten, ohne die geringste Verzerrung, ohne Parodie und ohne Tricks.“[265] Der Urgrund der Fabel kann jedenfalls gedeutet werden als der immer wieder gemachte Versuch auszubrechen. Liebe bewegt den König zur Rückkehr, zur Rückverwandlung in einen Menschen und zum Entschluß, das auf sich zu nehmen, was Menschenlos ist. Dieses Motiv ist verbunden mit der Märchenhandlung, in der es neben dem bösen Usurpator redende Statuen, eine als Papagei verkleidete Tänzerin gibt, eine teilbare Frauensperson (Scoldatella I-IV) glitzernde Koloraturen singt, wilde Jäger mit Pfeil und Bogen über die Bühne stürmen, man die „Stimmen des Waldes" hört, „Windgeister" vorüberschweben. Menschsein und Natur gingen ineinander über, meinte der Komponist selbst zu dieser seiner Oper, die gleichsam eine Renaissance von Märchen und Romantik in einer neuen und spröden, differenzierten und auch artifiziellen Klanggestalt verkörpert.

Wie Henze mitgeteilt hat, gehörten die ersten Takte, die er zu dieser Oper niederschrieb, zum Liebesduett im ersten Akt. Das war jener Punkt, von dem aus sich die Partitur im Lauf der Jahre entwickelt hat wie ein Tagebuch, worin man Beobachtungen und Reflexionen aufschreibt. Äußere Einflüsse klanglicher Natur wie „der schmetternde Klang der Banda beim abendlichen Fest von St. Vito, gemischt mit dem frenetischen Prozessionsgesang, der flirrende hohe Ton von Mandolinen, insistent und lasziv in der Luft stehend, der dunklere der Gitarren, aus fernen Jahrhunderten herüberkommend, der Straßenruf mit unendlichen Koloraturen und Variationen, verrückter, gellender Lärm und leise Vokale" – solche akustischen Impressionen bewegten ihn, dazu „Gedanken an Klee, seine südlichen Monde, an Auden ... ein intensiveres Studium des Phänomens der italienischen Oper ... all dies sind nur Aufzählungen und berühren nicht das Eigentliche, worüber zu schreiben unmöglich wäre ..."

Dieses Eigentliche muß man aus der Partitur heraushören. Der Klang des „König Hirsch"-Orchesters ist reich differenziert und farbig, „ein synthetischer Stilwille verklammert tonale, tonartfreie und zwölftönige Gewebe".[266] Die Musik folgt der Handlung und zeigt sich auch strengen Formen verpflichtet; so ist das Finale des dritten Aktes eine „freie Passacaglia, beginnend mit dem Auftritt des Mädchens, die riesigen Blöcke, aus denen die hymnisch anschwellenden, dann verklingenden Schlußchöre bestehen, führen zu einer Apotheose von staunender Inbrunst.[267]

Diese umfangreiche, poetische, vielschichtige und auch symbolhaltige Oper hat bedeutende musikalische Qualitäten, die Aufgaben, die den Sängern gestellt werden, sind, im Solo wie in den Ensembles, freilich äußerst schwierig. Nicht zuletzt zeigt Henze ein neues Verhältnis zum Melos. Weiterhin gilt, was Helmut A. Fiechtner anläßlich der Uraufführung geschrieben hat: „ ... was wir da an Arien, Ensembles, Kanzonen und Ritornellen hören, ist immer noch, vor allem harmonisch, von großer und verwegener Kompliziertheit. Diese Schwierigkeiten werden kompensiert durch einen Klangsinn, eine Virtuosität der orchestralen Koloristik ... Hinzu kommt ein Sinn und das Darstellungstalent für alles Märchenhafte, Irreale, Magische und Vegetative, das, von Akt zu Akt, immer mehr überzeugt und fasziniert."[268]

Für die Entstehung von Henzes Oper „Der Prinz vom Homburg" nach Kleist wurde die Begegnung mit dem Regisseur Luchino Visconti wichtig, der, als er sich mit dem Plan einer Inszenierung des Stückes beschäftigt hatte, meinte, dieser Kleist sei nur in Form einer Oper auf die Bühne zu bringen, „als ein Stück, sehr fern der Mark Brandenburg". Die These vom Opencharakter des „Prinzen von Homburg" fesselte Henze. Umsiedeln ließ sich die Handlung natürlich nicht.

Ingeborg Bachmann (1926–1973) übernahm es, nach Kleists Schauspiel ein Opernbuch für Henze herzustellen.

Henze stand damals noch immer unter dem Eindruck der „Undine"-Welt. Als er die „Homburg"-Komposition begann, sah er die Gartenszene von Nachtviolenduft umhaucht, getränkt mit jenem Lyrismus der Romantik, der ihm vom Ballett her vertraut war. Die Auseinandersetzung des Prinzen mit seiner Umwelt, sein Schwanken zwischen Träumerei und Disziplin, das war, so fühlte Henze, ein ihm gemäßes Sujet. Doch wußte er zuerst nicht, welchem Element er kompositorisch Rechnung tragen solle: der Träumerei oder der Disziplin. Die Bachmann protestierte, als er sich für den Traum entscheiden wollte, sie verlangte von der „Homburg"-Musik Herbheit, Härte und Selbstzucht. Ihre Argumente klangen in Henze nach. Und so komponierte er den „Prinzen von Homburg" (1958) als strenge Kammermusik, „Igor Strawinsky zu Ehren".

Was diese Oper charakterisiert, das sind eine spröde moderne Kantabilität, Mischklänge und vor allem viel kontrapunktische Arbeit. „Alle Emotion wird in die kontrapunktische Arbeit gelegt. Sie verleugnet Pathos, Rausch, die Schönfärberei der Akkordik".[269] Die instrumentale Besetzung ist zum Teil kammermusikalisch angelegt. Und neuerlich haben, wie so oft bei Henze, die Zwischenspiele (Verwandlungsmusiken und „sinfonische Kommentare zur Psychologie der handelnden Figuren") große Bedeutung.

Die Protagonisten des Kleistschen Stückes sind auch in der Oper beibehalten: Kurfürst Friedrich Wilhelm von Brandenburg (Heldentenor), die Kurfürstin (Altpartie), Prinzessin Nathalie von Oranien (Sopran), Feldmarschall Dörfling (Bariton), Prinz Friedrich Arthur von Homburg (hoher Bariton), Oberst Kottwitz vom Regiment der Prinzessin (Baß), Graf Hohenzollern von der Suite des Kurfürsten (lyrischer Tenor). Die szenische Gliederung ersetzt die fünf Akte des Schauspiels durch drei in der Oper. Die Szenen I/1 (Garten zu Fehrbellin) und I/2 (Saal im Schloß zu Fehrbellin) sind identisch. Szene I/3 der Oper – das Schlachtfeld bei Fehrbellin – entspricht der Szene II/1 des Dramas, für dessen weitere Szenen des zweiten Aktes der Schauplatz (I/3 der Oper) beibehalten wird. Der zweite Akt ist bei Henze größtenteils mit dem dritten bei Kleist identisch (II/4: Szene im Gefängnis, II/6: Zimmer der Kurfürstin) und zugleich auch mit dem vierten des Schauspiels (II/7: Zimmer des Kurfürsten, II/8: Gefängnis des Prinzen). Doch bildet die Szene II/5 der Oper (Ein Grab. Homburg, Hohenzollern, zwei Totengräber) eine neue Nuance bei Henze bzw. bei seiner Librettistin Ingeborg Bachmann. Diese Szene ist allerdings im Schauspiel angedeutet: »Es schien, das Grabgewölb wünscht' er zu sehen, das dein Gebot ihm dort eröffnen ließ", berichtet ein Offizier vor dem Auftreten des Homburg, der, so erfahren wir, im Vorübergehen den Kirchhof besuchte. (Gleichsam zum Ausgleich wurde IV/2 des Schauspiels – Zimmer der Prinzessin – eliminiert.) Die Handlung des dritten Aktes der Oper deckt sich dann mit dem fünften Aufzug des Dramas: Szene III/9 der Oper spielt im Saal des kurfürstlichen Schlosses, und Szene III/10 führt wieder in den Garten zu Fehrbellin. Der Text Kleists ist natürlich nicht Wort für Wort verwendet, das Libretto stellt eine sehr gestraffte Fassung dar, doch erscheint die Sprache des Dichters im wesentlichen nicht angetastet. Der letzte Monolog des Titelhelden („Nun, o Unsterblichkeit, bist du ganz mein!") wurde bis auf eine Zeile wörtlich vertont. Einige opernnotwendige Ergänzungen an lyrischen Höhepunkten entlehnte die Bachmann anderen Kleist-Stükken. Die einzige gravierende Änderung besteht, wie schon erwähnt, darin, daß der Prinz an das für ihn geschaufelte Grab tritt und hier, im Anblick der Grube, einen Monolog singt. Nicht zuletzt die beiden Monologe des Prinzen manifestieren die subtile, fein aufgefächerte Klangkunst des Komponisten, der es freilich einmal mehr dem Sänger (wie dem konservativen Hörer) nicht leicht macht.

Wohin Henze mit seiner Musik tendierte, hat er selbst formuliert: „Alles, was geschieht und wie es gesagt wird, ist verwandt mit der Ausdrucksweise der italienischen Oper, wie sie gerade zu Anfang des 19. Jahrhunderts ihren großen Aufschwung nahm und das ganze Säkulum triumphal beherrschte, auch in dem Berlin Kleists ... Mein Interesse für die Kunstform war gerade weiter vorgedrungen, und mein Bedürfnis, mich in ihr erneut zu versuchen, sehr intensiv, als ich mich für den ‚Prinzen von Homburg‘ entschloß. Die engelhafte Melancholie Bellinis, das funkelnde Brio Rossinis, das alles vereint, zusammengerafft in Verdis robusten Rhythmen, seinen harten Orchesterfarben und im Ohr brennenden melodischen Linien, das waren Dinge, die mich seit Jahren gefangengenommen hatten, die in ‚Undine‘ ein erstes Echo gegeben hatten, nun aber auch als reines Melodrama erscheinen wollten."[270]

Henze also als italienischer Komponist? Die geistige Beziehung zumindest besteht. Und immer wieder kommt Emotion zum Ausdruck. Auch sie entspricht, samt Romantik, durchaus dem Konflikt der Handlung; sosehr der sich um die Mißachtung eines militärischen Befehls entspinnende Konflikt keineswegs in allen Phasen nach musikalischer Deutung verlangt.

Henzes nächste Oper: „Elegie für junge Liebende". Diese entstand nach einem Text von Wystan Hugh Auden und Chester Kallman, den Librettisten auch von Igor Strawinskys „The Rake's Progress", und wurde 1961 in Schwetzingen uraufgeführt. Die Premiere in der englischen Originalsprache fand im selben Jahr beim Glyndebourne-Festival statt.

Im Mittelpunkt der Handlung der dreiaktigen Oper steht der Dichter Gregor Mittenhofer (Baritonpartie). Er hat sich wie schon oft im Hotel „Schwarzer Adler" in den Alpen niedergelassen. Sein „Gefolge" bilden die ihm hörige altjungfer-

Die „Elegie für junge Liebende" gilt als eines der bedeutendsten Bühnenwerke von Hans Werner Henze.

liche Gräfin Caroline von Kirchstetten (Alt), welcher die doppelte Aufgabe der Mäzenin und der Sekretärin zukommt, sodann seine Geliebte, Elisabeth Zimmer (Sopran), sein Leibarzt Dr. Wilhelm Reischmann (Baß) und Hilda Mack (Koloratursopran), eine Dame, an deren Visionen sich Mittenhofers dichterische Inspiration zu entzünden pflegt. Vor 40 Jahren, gleich nach der Hochzeit, ist Frau Macks Mann im Eis des Hammerhorns verschollen, und seither beobachtet sie, von Halluzinationen heimgesucht, den Berg, die Rückkehr des Verschollenen erwartend. Kurz vor der Ankunft des jungen Toni Reischmann (lyrischer Tenor) hat die Mack einen visionären Anfall: Sie spricht von Schnee, Liebe, Opfer …

Ein Bergführer meldet, der Hammerhorngletscher habe

die Leiche eines Mannes freigegeben. Es handelt sich dabei um niemand anderen als Hilda Macks einst verunglückten Gatten. Die junge Elisabeth übernimmt es, die Frau davon zu unterrichten. Die Konfrontation mit der Wirklichkeit läßt Hilda Macks Halluzinationen verstummen, die letzte visionäre Regung der Frau enthält eine Warnung: Elisabeth solle sich vor den Bergen hüten.

Elisabeth und Toni, die einander ihre Zuneigung gestehen, werden von der Gräfin überrascht, die in der Liebe der jungen Leute einen Affront gegen den Meister sieht. Der durch die „Heilung" Hilda Macks seiner Inspirationsquelle beraubte Mittenhofer zeigt sich jedoch sehr gelassen: Er macht Elisabeth, seiner bisherigen Geliebten, zwar gewisse Vorwürfe, legt aber einen imponierenden Edelmut an den Tag, womit er Elisabeth erneut in seinen Bann zieht. Toni Reischmann freilich gibt sich nicht geschlagen. Und überraschenderweise setzt sich nun sogar der Dichter für eine Verbindung der „jungen Liebenden" ein; er, der gerade an einem großen Gedicht über dieses Sujet schreibt. Doch ersucht Mittenhofer die jungen Leute, sie mögen ihn, der demnächst seinen 60. Geburtstag feiert, noch Blumen bringen vom Hammerhorn: „als ‚Stütze' der Vision" ihm Kraft zu geben zur Vollendung des Gedichtes.

Und Elisabeth und Toni gehen tatsächlich in die Berge. Das Paar gerät dabei in einen Schneesturm und findet den Tod. Mittenhofer und die Gräfin haben von der Gefahr, von dem hereinbrechenden Schlechtwetter gewußt, die ihnen bekannt gewordene Warnung des Bergführers aber nicht weitergegeben. Den Toten widmet Mittenhofer voll Pathos seine „Elegie für junge Liebende", das Gedicht, das er zur Feier seines 60. Geburtstages nun doch zustande bringen und vortragen kann – dank der ihm neu zuteil gewordenen Inspirationsquelle, des Todes der Liebenden.

Eigenartig steht dieses Werk zwischen Realismus und Romantik, zwischen Tragik und Parodie. Das letztgenannte Element offenbart sich in der Gestalt des alternden, krankhaft von sich eingenommenen Poeten mit seinem Inspirationsverlangen, der wie die Parodie eines romantischen Dichters wirkt. Dieser Mittenhofer verkörpert aber auch noch etwas anderes: Indem er aus dem Unglück anderer Nutzen zieht, es sogar bewußt-skrupellos fördert und aus den ihm zugewandten Gefühlen der Gräfin materiellen Gewinn schöpft, dadurch wird dieser Dichter ein Abbild des egoistischen Menschen schlechthin.

Mit der „Elegie" ist Henze jedenfalls neuerlich ein Werk von eigenartigem Charakter und Reiz gelungen. Die Partitur unterstreicht den Wesenszug eines Kammerspiels, den das Werk hat: Die Besetzung erfordert, je einfach besetzt, Flöte, Englischhorn, Klarinette, Saxophon, Fagott, Horn, Trompete und Posaune, ferner zwei Violinen, Viola, Cello und Kontrabaß (die allerdings auch chorisch besetzt werden können); dazu noch Pauken, Glockenspiel, Celesta, Singende Säge, Marimbaphon, Vibraphon, Mandoline, Gitarre, Harfe, Klavier. Jede der Hauptpersonen wird durch ein ihr zugeordnetes Instrumentarium gekennzeichnet. Auf einen Chor hat der Komponist in dieser Oper verzichtet.

Formal handelt es sich um eine Nummernoper unkonventioneller Prägung. Die „Elegie für junge Liebende" ist nämlich nicht in Arien, Duette und Ensembles gegliedert bzw. durchnumeriert, sondern in Szenen, von denen jede gleichsam eine in sich geschlossene musikalisch-szenische Aktion ist. Jede trägt einen Titel; „Vor 40 Jahren" (I), „Die Tagesordnung (II), „Eine planmäßige Ankunft" (III), „Erscheinungen und Visionen" (IV), „Alltägliche Angelegenheiten" (V), „Hilfe" (VI), „Weltschmerz" (VII), „Schönheit im Tode" (VIII). Zwölf Szenen sind es im ersten Akt („Die Rückkehr des Bräutigams"), 13 im zweiten („Die Braut tritt in Erscheinung"), neun im dritten („Mann und Frau").

Die Szenerie verlangt überwiegend Realismus. Im dritten Akt stellt das Bühnenbild einen Raum im „Schwarzen Adler" dar, doch wird später hinter einer transparenten Wand das sturmumtobte Hammerhorn, die Tragödie des Sterbens der jungen Liebenden sichtbar. Am Schluß taucht aus der verdunkelten Szene jener Theaterraum auf, wo Mittenhofer seine „Elegie" vorzutragen sich anschickt. Man hört des Dichters Worte, mit denen er die Lesung ankündigt; dann öffnet er das Manuskriptbuch und beginnt zu rezitieren. Dabei hören wir keine wirklichen Worte. Doch aus dem Hintergrund ertönen – in Vokalisen – die Stimmen all derer, die zum Entstehen des Gedichtes beigetragen haben: Hilda mit ihren Visionen, Caroline mit ihrem Vermögen und ihrer Fürsorge, Doktor Reischmann mit seinen Arzneien, Toni und Elisabeth mit ihrer illusorischen, aber dichterisch „verwendbaren" Liebe. Die Lichter verlöschen, bis nur noch ein auf Mittenhofer konzentrierter Scheinwerfer verbleibt ...

Die Musik selbst ist aus Reihenmaterial entwickelt. Und zwar nicht nur aus einer einzigen Reihe: in reicher kombinatorischer Verarbeitung dieser Reihen. Ein feiner moderner Klangsinn gibt der Partitur mit ihrer subtilen Linienführung und ihrer verschieden dicht geschichteten Harmonik, mit ihrer Zartheit und auch ihrer dramatischen Akzentuierung das Gepräge. Die Kombination von menschlicher Stimme und instrumentaler Komponente reicht vom Melodramatischen bis zum Ensemblesatz. Im vokalen Bereich bedient sich der Komponist eines in der Tonhöhe fixierten Sprechgesanges (wie etwa bei Schönberg) ebenso wie des Mittels der Kantabilität – diese freilich im Rahmen von Henzes Klangstil. Doch ergeben sich, beispielsweise im Duett Toni – Elisabeth, sogar Terzen und Sextenkombinationen. Eine Melodik von außerordentlicher Schlichtheit und Zartheit vernehmen wir etwa in der Nummer VI des zweiten Aktes oder im Duett der beiden Todgeweihten, einem ergreifenden Stück, ganz ohne Pathos. Der in der Tonhöhe fixierte Sprechgesang, mit dem die Oper einsetzt, zeigt gleich Henzes Neigung zu weiten Intervallsprüngen in der melodischen Diktion. Ebenso die Neigung zu melismatischen Wendungen. Daneben gibt es rein gesprochene Stellen sowie andere, wo der Sprechgesang oder das Sprechsingen nur rhythmisch festgelegt ist.

Henzes „Elegie für junge Liebende" darf zweifelsohne als eines der wichtigsten Werke des deutschen Musiktheaters im 20. Jahrhundert angesehen werden. Von handfestem Opernverismo ist es freilich weit entfernt – mehr ein Stück für Feinschmecker der modernen Oper.

Als die Deutsche Oper Berlin im Frühjahr 1963 bei Henze die Komposition eines neuen Werkes anregte, erwog er zuerst einen Shakespeare-Stoff („Verlorene Liebesmüh"), den er dann aber beiseite legte. Gleichzeitig ging ihm die Dichtung der „Bassariden" zu. Doch konnte er sich noch nicht entscheiden, diese Komposition in Angriff zu nehmen. Henze schrieb vorerst den „Jungen Lord", dessen Stoff ihm Ingeborg Bachmann empfohlen hatte: Wilhelm Hauffs Parabel „Der Affe als Mensch" aus dem Zyklus „Der Scheik von Alessandria und seine Sklaven". Das Libretto entstand in kurzer Zeit, die Partitur wurde im September 1964 abgeschlossen. Die Uraufführung fand 1965 statt.

„Der junge Lord" ist eine Satire, eine moderne Opera buffa, aber auch ein „Trauerspiel im Allegrotempo". Der Witz steckt „in den Chiffren der Musik".[271] Für die „Aufmachung" dieser Musik spielten Impressionen eine Rolle, die uns Henze selbst bezeugt hat: „Der Zufall wollte es", berichtet er, „daß ich am Tage zuvor, bevor ich mit der Komposition des ‚Jungen Lord' begann, in die Oper ging und unter Karl Böhms Leitung die ‚Entführung aus dem Serail' hörte. Ich hatte die Besetzung für meine neue Oper schon im Kopf, aber hier nun frappierte mich plötzlich von neuem das karge Instrumentarium, das Mozart genügt hatte: zwei Flöten, zwei Oboen, zwei Klarinetten und ein bißchen Janitscharenschlagwerk. Ich war so entzückt davon, das alles wieder vor Augen zu bekommen, daß ich mir sofort alle für den ‚Jungen Lord' geplanten instrumentalen Extravaganzen verbot. Das klassische Instrumentarium, das die Oper trägt, weist wie ein Programm auf die Art der Disziplin hin, der sich ‚Der junge Lord' unterwirft, auch wenn die Besetzung der Mozartschen ‚türkischen Musik' schließlich doch erweitert wurde."

Von einer konkreten Mozart-Nähe kann natürlich nicht die Rede sein. Der Text zu dieser komischen Oper basiert, wie gesagt, auf jenem Märchenzyklus von Wilhelm Hauff, in dem wir etwa auch die berühmtere Geschichte vom „Zwerg Nase" finden. Ein skurriler Einfall liegt der Erzählung vom „Affen als Mensch" zugrunde, ihre Tendenz ist eine gesellschaftskritische; dies nicht nur im Sinn Henzes, sondern durchaus auch im Sinne des Hauffschen Originals, wo am Schluß, nach der Demaskierung des dressierten Affen und vermeintlichen Menschen, der seltsame Fremde den Leuten von Grünwiesel einen Brief mit der Moral aus der Geschichte hinterläßt: „Nehmt den Scherz, den ich mir mit Euch erlaubte, als eine gute Lehre auf, einen Fremden, der für sich leben will, nicht in Eure Gesellschaft zu nötigen. Ich selbst fühlte mich zu gut, um Euer ewiges Klatschen, um Eure schlechten Sitten und Euer lächerliches Leben zu teilen."

In der Opernversion, die in Einzelheiten und nicht zuletzt aus dramaturgischen Gründen der Hauffschen Erzählung keineswegs genau folgt, wird der Charakter des antibürgerlichen Lehrstücks betont: als Demaskierung kleinbürgerlicher Gesinnung, die sich einerseits in unqualifizierten Vorurteilen gegenüber andersartigen Menschen äußert (und dabei sogar faschistoide Züge in sich birgt), andererseits in der unkritischen, gesinnungslosen Bewunderung und Nachahmung des vermeintlichen Vertreters der High Society – so seltsam sich dieser auch geben mag. Man könnte sich aber ebensogut eine inszenatorische Umdeutung der Parabel in dem Sinne denken, daß die Kleinbürger als Parteifunktionäre gesehen werden und der Affe auf gewisse parteiideologische Phrasen gedrillt wäre.

Henzes Musik ist bunt wie das ganze Geschehen. „Der junge Lord" darf als eine Art von neoklassizistischer Opera buffa bezeichnet werden, die sich auf das Vorbild Rossinis oder Bellinis berufen mag, diesen aber auf dem Umweg über Einflüsse Hindemiths und Strawinskys gefolgt ist. Die erwähnten italienischen Vorbilder führten zu keiner Stilkopie, alter Belcanto klingt höchstens in moderner Verfremdung an und nach, etwa im Duett des Liebespaares und in der Soloszene Luises.

Es ist eine spröde, klare und zugleich farbige Musik, die Henze da geschrieben hat. Musik auch, mit welcher er sich zweifellos aufs neue als echter Theatermusiker legitimiert und überdies als großer Könner ausweist. Die Ensemblesätze sind virtuos, die Orchesterpassagen klingen transparent und modern-apart. Vielleicht gibt es auch einige Längen, neben subtilen und charakteristischen Instrumentationsnuancen zu bedenkenlos bunte Wirkungen in dieser Oper. Stuckenschmidt hatte wohl recht, als er einmal schrieb, Henzes dramatischer Gestus sei zwischen Lyrismus und Tragik, zwischen Grimasse und tänzerischer Anmut beheimatet.

Immerhin: Die Grimasse paßt zum „Jungen Lord". Was fehlt, ist einmal mehr der Pulsschlag der großen Melodie. Aber „die Musik verdichtet sich vollends in den orchestralen Zwischenspielen, in denen der deskriptive und der symphonische Geist der Henzeschen Musik sich souverän bezeugt. Die Instrumentation ist ein Kapitel für sich, auch hier bezeugt sich die Meisterschaft eines Musikers, dem der Klang, das Kleid nicht weniger als die kompositorische Struktur, die Substanz, bedeutet."[272]

Erwähnt muß noch werden, daß in der Partitur der Henze-Oper „Der junge Lord" gewisse Neigungen zu einer Rückkehr zur Tonalität zu registrieren sind – freilich neben komplizierteren Strukturen. Aber wie dem auch sei: Hier in dieser aristophanischen Satire, in welcher der reiche Engländer Sir Edgar (eine stumme Rolle!) mit dem kostümierten Schimpansen, dem „Jungen Lord", die Kleinstadtgesellschaft narrt, entwickelt Henze musikalischen Witz, viel dem Sujet adäquates musikalisches Leben. Frei von Eros, Morbidezza, intellektuellen Ansprüchen und zu großer Kompliziertheit, scheint „Der junge Lord" Henzes publikumswirksamste Oper zu sein. Mit ihr konnte zumindest das nächste Werk des Komponisten nicht Schritt halten.

Henzes Oper „Die Bassariden" wurde 1966 bei den Salzburger Festspielen uraufgeführt: eine Opera seria mit Intermezzo, einaktig, doch zweieinhalb Stunden pausenloser Aufführungsdauer beanspruchend. Die Textautoren Auden und Kallman, Henzes Librettisten schon bei der „Elegie für junge Liebende", haben den Stoff den „Bakchen" des Euripides entlehnt. Bassareos war der von dem Fuchs-, Luchs- oder Pardelfell, das er trug, abgeleitete Beiname des phrygisch-thrakischen Bakchos. Bassariden sind also Bacchanten, Anhänger des Dionysos-Kultes. Die Sage erzählt von ihnen, daß sie während einer ihrer nächtlichen Orgien den puritanisch strengen und daher auch den Dionysos-Kult ablehnenden König Pentheus von Theben zerstückelten. Seine Mutter Agaue, ebenfalls diesem Kult verfallen, reißt Pentheus das Haupt ab und trägt es in die Königsburg.

In seiner mythischen Grausigkeit ist dies ein echt antiker Tragödienstoff. In der neueren Operngeschichte hat ihn auch Egon Wellesz gewählt. Auden und Kallman übernahmen für Henzes Oper die Kernszenen des Euripides und waren bestrebt, diese Szenen in Situationen einzubetten, welche diese und die Charaktere näher erklären. Außerdem wurde ein heiteres Intermezzo als Satyrspiel hinzugefügt.

Eigenartig ist in dieser Oper der Kunstgriff, verschiedene Personen ihrem geistigen Herkommen nach verschiedenen historischen Zeitabschnitten zuzuordnen, um – dies die Begründung der Autoren – vom klassischen Schema abzurücken und der essentiellen Dialektik der Oper eine visuelle Kennzeichnung hinzuzufügen. Unter diesem Aspekt wurde dem mittelalterlich-asketischen Pentheus in seiner Mutter Agaue eine sinnliche Skeptikerin des Zweiten französischen Kaiserreiches gegenübergestellt und Teiresias zum freisinnigen viktorianischen Geistlichen gemacht. Dionysos trägt sich wie Lord Byron. Und Alltagsmenschen von heute mischen sich unter die Bassariden. Daß das Theben der Bassariden zu allen Zeiten und in allen Orten existent ist, soll ebenfalls optisch veranschaulicht werden, etwa durch Fernsehantennen auf den Dächern. Das Textbuch ist somit eine Euripides-Nachdichtung unter neuen Perspektiven und spiegelt das immer neue Bemühen um unser Verhältnis zum antiken Drama wider. Nur in der Nachdichtung könne, meinte auch Gustav Rudolf Sellner, der Regisseur der Salzburger Uraufführung, die bedrohliche Gewalt des Dionysos-Stoffes lebendig werden. An modernen Deutungsmöglichkeiten bieten sich natürlich mehrere an. Deren zwingendste, am meisten zeitnahe ist wohl diese: Die „Bassariden" sind eine Tragödie der Massenhysterie, der Massenpsychose. Die Menschen huldigen in blinder Verzückung der lockenden Ideologie oder deren Surrogat, die Ordnung wird umgestürzt. Daß die Mutter pervertiert und zur Mörderin ihres eigenen Kindes wird, ist eine bis zum Äußersten gesteigerte Konsequenz der Massenhysterie.

Theben geht schließlich in Flammen auf, die Bassariden knien vor exotischen Fruchtbarkeitsgötzen. Theatereffekt oder „reale" Vision?

Audens und Kallmans Libretto ist eine recht schwere literarische Fracht, gepaart mit einer Fülle von szenischen Vorstellungen. Das Sujet hat opernhafte Substanz, doch erscheint das Ganze auf der Bühne nicht leicht realisierbar. Henze selbst meinte zu diesem Werk, es sei „eine Zusammenfassung von vielen Erfahrungen" und differiere doch gleichzeitig von allem, was er bis dahin für das Theater gemacht habe.

Jedenfalls war der Komponist von dem Stoff gefesselt und arbeitete daher mit intensiver innerer Beteiligung an dieser Oper. Klaus Geitel ging so weit, hinsichtlich der „Bassariden" von einem „Stück komponierter Biographie" zu sprechen, als „Abschied: von der Jugend, der Wildheit, dem Siegesgefühl ...". Formal hat Henze den Rieseneinakter in vier symphonische Sätze gefaßt, die den Block des Stückes gliedern helfen: Sonatensatz, Scherzo, Adagio mit Fuge, Passacaglia. Das Prinzip der Nummernoper ist somit aufgegeben, nur das in den dritten Satz hineingeschobene Intermezzo, das Satyrspiel inmitten der Tragödie, stellt eine kleine Nummernoper für sich dar. Für das Drama selbst schwebte Henze „immer eine requiemartige Grundstimmung vor; es wurde eine Art Dies irae der Götter, ein Lacrimosa des Eros daraus". Stilistisch ist die Musik jedenfalls unverkennbar Henze, sie entfaltet, wie der Komponist selbst geäußert hat, „Flutwellen von Klang, dann wieder versucht sie auch Lockrufe, schmeichlerische Werbung, sie raunt, flüstert, wispert, sie schichtet lichte und dunkle Klänge, erfindet sich Rhythmen für den Taumel, den Tumult, sie verschränkt Zartes mit Wildem, Hartes mit Weichem". Wolfgang Eisermann hat in einem Aufsatz[273] betont, daß in den „Bassariden" zwei Klangwelten festgelegt seien und den Hauptteil der Musik ausmachen: beide mit einem Arsenal von Themen, Akkorden, einer Zwölftonreihe ausgerüstet. Die eine Klangwelt gehöre Theben und Pentheus zu, die andere diene dem Dionysos und dem, was er repräsentiert: „der Idee einer neuen Religion und Entfesselung des Eros, der Mythen der Bassariden. Diese Klangwelt ist süß und schwelgerisch, die des Pentheus hart und unsinnlich."

Henze hat wie schon in der „Elegie" die Musik der „Bassariden" auf das englische Original des Textes komponiert; erst später wurde eine deutsche Übersetzung (von Maria Bosse-Sporleder) unterlegt und angepaßt.

Auf die „Bassariden" folgten mit Abstand mehrere Bühnenwerke Henzes, u. a. die drei „Moralities" (1967), szenische Kantaten nach Aesop-Fabeln, „La Cubana oder Ein Leben für die Kunst" (1973), Vaudeville in fünf Bildern von Hans Magnus Enzensberger, „We Come to the River", Handlung für Musik von Edward Bond (1976), „Pollicino", eine Kinderoper (1980), und „Die englische Katze" (1983), abermals nach einem Bond-Libretto.[274]

„We Come to the River", ein musikalisch sehr kompliziertes Stück, ist eines der politisch akzentuierten Werke Hans Werner Henzes, der sich bekanntlich zu linksideologischen Gedanken bekennt. (Auch das Chor-Orchester-Werk „Das Floß der Medusa" von 1968, ein „Oratorio volgar e militare in due parti – per Che Guevara", gehört in diese Werkgruppe.) Eine Welt des Grauens, der Gewalt, der Unterdrükkung tut sich in dem genannten Bond-Stück auf. Durch rigorose Gegenüberstellung von brutalem, machtgierigem und geschundenem, vergewaltigtem menschlichem Leben soll das Ausmaß der Inhumanität des Krieges und faschistischer Diktatur aufgezeigt werden: in einer eher surreal affizierten als lehrstückhaften Brecht-Dramaturgie. Henzes Musik dient dem Charakter und der Tendenz des Werkes, alles Wissen und Können, ja, alle Virtuosität solle – so postuliert der Komponist – dazu dienen, Musiktheater zu machen, welches in jeder Note politisch ist und die Kunst „einen Schritt weiterbringen will in Richtung auf gesellschaftliche Wahrheit und Verbindlichkeit".

Ganz anderer Art, doch ebenfalls nicht ohne Tendenz ist die Oper „Pollicino", die Henze für die Kinder des italienischen Ortes Montepulciano und das dortige fünfte „Cantiere" komponiert hat: in der Absicht, nicht nur zu belehren, sondern auch zu unterhalten. Die Kinder, welche sich damit beschäftigen, sollen wie im Spiel an die Musik herangeführt werden.

Pollicino – das ist das Märchen vom Däumling, erzählt von Carlo Collodi, dem „Pinocchio"-Autor, vermischt mit Elementen aus deutschen und französischen Märchen. Die sieben Mädchen des Menschenfressers fliehen hier mit den sieben Buben der armen Däumlingsfamilie, und das glückliche Ende führt in eine ideale Märchenlandschaft. Die „Pollicino"-Handlung ist in drei Abschnitte gegliedert: Armut, Einsamkeit, Menschenfresser. Wobei „Menschenfresser" als Synonym für den Krieg, den größten, bösesten Menschenfresser, steht.

Henze zieht es stets aufs neue zur Oper. Das Theater ist seine Domäne, wie er selbst ausdrücklich bekennt: „Immer wieder muß ich auf das Theater zurückkommen. Meine Musik drängt nach Gestik, nach Körperlichkeit und Bildhaftigkeit."[275]

Henze – ein Mann des Theaters. Um so mehr verdient auch ein Ausspruch erwähnt zu werden, den dieser Komponist treffend über die Regie im allgemeinen und insbesondere heute getan hat: Die Idee von einer musikalischen Regie lasse sich ziemlich genau definieren. Sie fordere einfach ein Ausmaß von Kultur und Geschmack, das in der Lage ist, die visuellen Entsprechungen der Musik hervorzubringen, und zwar auch dort, wo sie nicht von den Regieanweisungen des Librettos vorgezeichnet sind, und in kreativer Form über diese Anweisungen hinaus: als gestische und bildliche, auch farbliche und räumliche Deutungen der Musik. „Mehr verlangt die Musik nicht. Mehr ist zuviel. Glanz und Elend des heutigen Operntheaters sind aufs engste und unzertrennlichste mit dem Regieproblem verbunden."

Primat der Musik – das ist ein Kernsatz der künstlerischen Weltanschauung Hans Werner Henzes. Des Konservativismus sicher nicht verdächtig, nimmt er jene Regieformen aufs Korn, deren Problematik nicht in ihrer Modernität, wohl aber in ihrem Eigendünkel gegenüber der Musik gegeben erscheint.

Schließlich ist in Hans Werner Henzes Bühnenschaffen noch die (nicht nach philologischen Grundsätzen erstellte) Neufassung der Monteverdi-Oper „Il ritorno d'Ulisse in patria" (Uraufführung Salzburg 1985) zu erwähnen.

Expressive Dramen der neuesten Zeit

Zu den meistbeachteten Werken des deutschen Musiktheaters in der zweiten Hälfte des 20. Jahrhunderts gehören die „Soldaten" (Uraufführung 1965) von Bernd Alois Zimmermann (1918−1970). Der aus dem Rheinland stammende Komponist studierte in Köln und Berlin, lehrte dann selbst an der Kölner Musikhochschule (Komposition, Seminar für Film- und Rundfunkmusik). Sein Schaffen umfaßt Musik in verschiedenster Besetzung (unter Einbeziehung elektronischer Klänge). Neben Instrumental-, Bühnen- und Hörspielmusik steht. B. A. Zimmermanns einzige Oper, an der er lange gearbeitet hat. (Eine zweite Oper, „Medea", blieb Fragment.) Das vieraktige Werk basiert auf einem Stück von Jakob Michael Reinhold Lenz (1751−1792): auf der 1776 anonym erschienenen Komödie dieses Dichters, der einer der frühen Sozialrevolutionäre der Bühne war. Er weist auf Büchner voraus, der das Schicksal von Lenz in einer Novelle dichterisch behandelt hat, die ihrerseits Grundlage einer Kammeroper von Wolfgang Rihm werden sollte.

Lenz stammte aus Livland im Baltikum, studierte in Dorpat und in Königsberg Theologie, kam als Begleiter von Adeligen nach Straßburg, wo er Goethe kennenlernte. Das Talent des Sturm-und-Drang-Poeten erregte Aufsehen, er konnte aber nirgends Fuß fassen. Symptome geistiger Störung machten sich bemerkbar. Seit 1781 ein unstetes Wanderleben in Rußland führend, starb Lenz in größtem Elend.

Seine grundsätzlichen Auffassungen hatte Lenz in seinem „Anmerkungen übers Theater" (1774) niedergelegt. Wie er ausführte, ließ er die dramatische Einheit nicht als Einheit der Handlung, sondern als Einheit der Personen gelten: In der modernen Tragödie sei der Held allein bestimmend. Im übrigen: das Genie bedürfe keiner Regeln, es schaffe frei und unabhängig. Stofflich griff Lenz hinein ins volle, realistische

Eines der kompliziertesten Stücke des neueren deutschen Musiktheaters ist Bernd Alois Zimmermanns Oper „Die Soldaten", die in Frankfurt in einer beispielgebenden Inszenierung herausgebracht wurde.

Menschenleben: in seinen beiden dramatischen Hauptwerken – der sozialkritischen Tragikomödie „Der Hofmeister" (1774, Uraufführung 1778) und in den „Soldaten". Autobiographische und zeitkritische Elemente bestimmen die Handlung im erstgenannten Stück, dessen voller Titel „Der Hofmeister oder Vortheile der Privaterziehung" lautet. Mit Recht ist gesagt worden, hier beginne die Entwicklung des sozialkritischen Milieudramas in Deutschland, die hinführt zu Brecht. Dieser hat denn auch dem „Hofmeister" eine entscheidende, schärfende Bearbeitung zuteil werden lassen.

Im „Hofmeister" wie in den „Soldaten" ist die für Lenzens Auffassung charakteristische Mischung von Komischem und Tragischem existent: Die Komödie war für ihn ein „Ge-

mälde der menschlichen Gesellschaft". Wenn diese ernsthaft
wird, könne das Gemälde nicht lachend werden, schreibt
Lenz in den „Anmerkungen fürs Theater"; daher müßten
„unsere deutschen Komödiendichter komisch und tragisch
zugleich schreiben, weil das Volk, für das sie schreiben ... ein
solcher Mischmasch von Kultur und Rohigkeit, Sittigkeit und
Wildheit ist. So erschafft der komische Dichter dem tragischen sein Publikum." Mit der Komik der Posse hat solche
Komödie also nichts zu tun.

Zentrales Thema des Stückes „Die Soldaten" ist, neben
der soldatischen Ehelosigkeit und der Sittenverderbtheit des
adeligen Offizierskorps, die Eitelkeit und Großmannssucht
des Bürgertums. Die Kritik zielt nicht einseitig. Marie, die
eine der beiden Töchter des Galanteriewarenhändlers Wese-
ner, zerbricht nicht allein an den Verführungskünsten des
Barons Desportes, eines Offiziers aus Armentières, sondern
auch an ihren eigenen Ambitionen, in denen sie von ihren Eltern bestärkt wird. Die Kritik an Adel und Bürgertum ist verschränkt, Fehlverhalten beider führt zum dramatischen Konflikt.

Der Dichter Friedrich Hebbel hat dazu gemeint: „Dem
Lenzschen Schauspiel ‚Die Soldaten' fehlt zur Vollendung
nichts weiter als die höhere Bedeutung der verführten Marie.
Eine große, erschütternde Idee liegt dem Stück zum Grunde,
aber sie wird durch dies gemeine sinnliche Mädchen zu
schlecht repräsentiert. Dies Geschöpf taugt nur zur Hure ...
Marie erweckt zwar unser Mitleiden, denn dies ist ein Tribut,
den unser Herz auch dem bloßen Leiden an und für sich be-
willigt, aber ihr Unglück bringt keine tragische Rührung in
uns hervor." Es ist dies eine der möglichen Reaktionen auf
das Stück. Eine andere: daß sich in den „Soldaten" ein Zeit-
bild von brennender Wahrhaftigkeit und Gültigkeit enthüllt.

Zimmermann hat Auslassungen gegenüber dem Lenzschen Originaltext vorgenommen, das dichterische Wort an
sich aber unverändert gelassen. Zu den Änderungen gehört,
daß die bei Lenz ausgedehnten Offiziersszenen in Form von
Collagen zusammengedrängt wurden. An drei Stellen sind
Gedichte von Lenz eingebaut, die nicht aus dem Stück selbst
stammen. In der zweiten Szene des zweiten Aktes spielen drei
Szenen gleichzeitig, in der ersten Szene des vierten Aktes

„werden noch viel mehr in den Strudel der ‚Zeitspirale‘ hineingerissen", erläuterte Zimmermann. Die „Einheit der inneren Handlung" ist für ihn „der geometrische Ort, die Keimzelle, aus der sich alle Phasen und Stationen des Geschehens, der Charaktere, das gesamte theatralische Phänomen entfaltet".[276] Akt- und Szeneneinstellung sind „entsprechend der ... musikdramaturgischen Idee dem Gesichtspunkt des ‚Pluralistischen‘ innerhalb der Kugelgestalt der Zeit unterworfen. Späteres wird voraus- und Früheres hintangesetzt: Bach-Choräle, Jazz stehen u. a. Rudimenten der ‚Nummern-Oper‘ sowie des ‚Musiktheaters‘ gegenüber – eingebettet in eine gewissermaßen pan-akustische Form der musikalischen Szene."

Leicht hat es Zimmermann sich, den Ausführenden und dem Publikum auf diese Weise nicht gemacht. Die Oper sei von Anfang an ein Anachronismus gewesen, eine völlig „unmögliche" Form, die aller Unmöglichkeit zum Trotz lebendig bleibe, ihre Zukunft liege im „totalen Theater", meinte Zimmermann, der darunter „die Konzentration aller theatralischen Medien zum Zwecke der Kommunikation an einer eigens dafür geschaffenen Stätte" verstand: „Architektur, Skulptur, Malerei, Musiktheater, Sprechtheater, Ballett, Film, Mikrophon, Fernsehen, Band- und Tontechnik, elektronische Musik, konkrete Musik, Zirkus, Musical und alle Formen des Bewegungstheaters treten zum Phänomen der pluralistischen Oper zusammen." (Unter „Musique concrète" versteht man mittels elektroakustischer Apparaturen bearbeitete, auf Magnetband aufgezeichnete und über Lautsprecher reproduzierbare Musik, als deren Ausgangsmaterial konkrete Klänge und Geräusche dienen.)

Das Theater, das sich der pluralistischen Oper zuwendet, müsse, so äußerte Zimmermann, notwendigerweise über eine besondere Architektur und Struktur verfügen. Was die Ausführenden betrifft, sollte „eine Bildungsstätte geschaffen werden, welche durch Weiterführung der Spezialisierung, ohne welche die weit verzweigten Aufgaben der neuen Oper nicht gelöst werden können, die Grundlage für die Schaffung der erforderlichen Fächer bietet". Denn es „müßten beispielsweise neben reinen Gesangsexperten solche zur Verfügung stehen, die sowohl singen und sprechen können, und tanzen, und jede Form von akrobatischer Bewegung auszuführen in der Lage sind …". In den „Soldaten" habe er jedenfalls versucht, entschiedene Schritte in der angegebenen Richtung zu tun, denn es „sind in einigen Szenen dieser Oper Sprechen, Singen, Schreien, Flüstern, Jazz, Gregorianik, Tanz, Film und das gesamte moderne ‚technische Theater', über das wir heute erfreulicherweise bereits verfügen, in den Dienst des Gedankens der pluralistischen Form des Musiktheaters gestellt worden".

Im Zusammenhang mit dem Prinzip der „pluralistischen Oper" hat Bernd Alois Zimmermann, wie schon angedeutet, auch nicht verschwiegen, daß das Theater, das sich diesem Operntypus zuwendet, „notwendigerweise über eine besondere Struktur verfügen" müsse, welche den Repertoire- und Abonnementbetrieb ausschließt. Architektonisch sei hier „der omni-mobile, absolut verfügbare architektonische Raum" erforderlich: ein Theater als „ein Großraumgefüge, vielfältig moduliert …; eine Theater-Stadt von komplexer, vielschichtiger Fügung; von hierarchischem Anspruch in seiner Gesamtstruktur; internationalisiert, mit eigener Gesetzgebung; eine Universitas mit Stätten für Forschung, Lehre und Anwendung; mit Film-, Fernseh- und elektronischen Studios", denn das „neue Theater wird notwendigerweise vor allem ein technisches Theater sein: ein Theater, welches nicht schlechter ausgerüstet sein sollte als ein Weltraumschiff, Weltraumschiff des Geistes … als Dokumentation einer geistigen, kulturellen Freiheit, die Theater als elementarsten Ort der Begegnung im weitesten Umfang begreift".

Kurz: Die Ansprüche der Komponisten von heute, als deren – stellvertretender – Sprecher Bernd Alois Zimmermann zweifelsohne gelten darf, sind gewiß nicht bescheiden. Die Ansichten dieses Komponisten führen uns mitten hinein in Bereiche von Avantgardismus und Utopie, die auf der heutigen Kulturszene wirksam sind und auf alternative, auf neue Formen abzielen. An Einzelheiten in der Praxis des neuen Theaters wird von Zimmermann noch gefordert: die vielfach gestaffelte, nötigenfalls das Publikum ring- oder kugelförmig umfassende Spielfläche, wo je nach Bedarf simultan oder sukzessiv agiert werden könnte; die Möglichkeit einer Standortveränderung durch Heben oder Senken der Kommunikationspartner Bühne und Publikum; Austausch oder gegenseitige Durchdringung von Bühnen- und Filmgeschehen, ebenso die Möglichkeit des Austausches von Spielgeschehen und Orchesterhandlung durch Hebung des Orchestergrabens (Orchester wird Bühne für das instrumentale Theater je nach Erfordernis der pluralistischen Oper); schließlich auch die Einrichtung von Kipp-, Dreh- und Liegesitzen für die Zuschauer, um sie kommunikationsfähig nach allen Richtungen werden zu lassen.

Was Zimmermann an den „Soldaten" von Lenz besonders fesselte, war dessen Gedanke von der Einheit der inneren Handlung, der Negierung der drei klassischen Einheiten (Ort, Zeit, Handlung). Deren Aufhebung führe, so der Komponist, zur Aufhebung von Raum und Zeit, man befinde sich eben im Innern der erwähnten „Kugelgestalt der Zeit". Dadurch würden Zukunft, Gegenwart und Vergangenheit vertauschbar. Und in diesem Sinne werde, so erläuterte Zimmermann, in seiner Oper nicht eine „Geschichte" erzählt, sondern eine Situation dargestellt, noch genauer gesagt: der Bericht über eine Situation vorgelegt, die von der Zukunft her die Vergangenheit bedroht. Und von dort aus gesehen habe ein Stoff aus dem 18. Jahrhundert mit seiner für heutige Begriffe altertümelnden Sprache seine zeitlose Bedeutung; insofern wir ständig darin verwickelt sind, in der rotierenden Kugel der Zeit ständig Gegenwart, Vergangenheit und Zukunft begegnend. Das Stück spielt gewissermaßen hin und her pendelnd zwischen morgen, gestern und heute. Während sich der Theaterbesucher noch genüßlich (und das gezielter- und erlaubtermaßen) an einem Terzett etwa erlabt, bricht unversehens ein Strudel von sich überschlagenden Ereignissen herein, der alles in der gleichen Sekunde fortreißt. „Um es noch einmal zu sagen", formuliert Zimmermann: „Die Zukunft frißt sich bedrohlich in die Vergangenheit ein und präsentiert ein Bild der Gegenwart, dem wir alle – zum Schluß – gegenüberstehen."

Nun, nach solchen Ausführungen des Komponisten verstehen wir auch einen weiteren Aspekt der Stoffwahl Zimmermanns: Nicht das Zeitstück, das Klassendrama, nicht der soziale Aspekt oder die (überzeitliche) Kritik am „Soldatenstand" an sich hätten für ihn den unmittelbaren Beziehungspunkt gebildet, „sondern der Umstand, wie alle Personen ... unentrinnbar in eine Zwangssituation geraten, unschuldig mehr als schuldig, die zu Vergewaltigung, Mord und Selbstmord und letzten Endes in die Vernichtung des Bestehenden führt. Nicht etwa so sehr durch das Schicksal bedingt, die ‚blinde Moira‘ – wie sie noch die alten Griechen verstanden –, werden Menschen, wie wir ihnen zu allen Zeiten begegnen können, durch die Konstellation der Klassen, Verhältnisse und Charaktere einem Geschehen unterworfen, dem sie nicht entfliehen können.“

Daß ein Künstler mit dem Hang zu komplizierten Reflexionen auch als Musiker zum Komplizierten neigte, verwundert nicht. Im musikalischen Gedankenkonzept spielt ebenfalls die Vorstellung von der „Kugelgestalt der Zeit“ eine Rolle, aus ihr habe er, so erläutert der Komponist selbst, seine in Anlehnung an den philosophischen Terminus so genannte pluralistische Kompositionstechnik entwickelt, die der Vielschichtigkeit unserer Wirklichkeit Rechnung trägt. Bei der pluralistischen Kompositionstechnik handle es sich keineswegs um eine Stilvermengung, sondern um die „Projektion innerer Bilder, projiziert auf eine exakt definierte ‚Leinwand‘, eingebettet in ein genau kalkuliertes Proportionsgefüge der ... Zeit- und Erlebnisschichten“.

Die Ausdruckskunst, den musikalischen Expressionismus hat Zimmermann zweifellos im Sinne seiner „pluralistischen Oper“ und kraft der Vielfalt seiner diffizilen modernen Klangstrukturen in Bereiche weiterentwickelt, wo die Grenze zwischen Klang und Geräusch nicht selten aufgehoben erscheint. Eine Flut von Klängen bricht mit bisweilen höchst differenzierter Geräuschhaftigkeit auf den Hörer ein. Klaren Phasen im Klangbild folgen vielschichtige, dichtmaschige. Dazu treten rhythmische Verschränkungen und Komplikationen.

Daraus resultiert jene Klangpolyphonie, die dem Werk das Gepräge gibt. Es ist nicht mehr konventionelle Oper (obwohl sich darin, dem pluralistischen Stilkonzept zufolge, z. B. auch ein Terzett findet), vielmehr Musiktheater, vielleicht nicht immer spannend genug, aber immer wieder von intensiver, dichter Wirkung, stets vor allem auch Bestürzung hervorrufend über die Klang- und Geräuschformen, welche die Musik annimmt, und über die extrem ausufernde expressionistische Diktion der (häufig geradezu halsbrecherischen) Vokalstimmen. Versuche der analytischen Dechiffrierung verstärken den Eindruck des Schwer-Zugänglichen, verstrikken sich im Komplizierten.

Zimmermann wußte um die Schwierigkeiten seiner Partitur. So schrieb er in einem Brief an den Herstellungsleiter des Verlages (1963), seine nächste Arbeit bestehe nun darin, die bereits fertigen Teile in der Ausführung vor allem der Vokalpartie zu erleichtern, Haltetöne für die Sänger einzubauen. Und ein andermal erwähnte der Komponist, an dieselbe Adresse gerichtet, die Notwendigkeit einer Umarbeitung in Richtung auf aufführungspraktische Vereinfachung. Der komplizierteste Teil der Arbeit habe darin bestanden, die sehr komplizierten Zeitverläufe der Oper in „normalen" Takten unterzubringen.

Der seriellen Ordnung des Materials liegt eine symmetrische All-Intervallreihe zugrunde, die sich in vier miteinander korrespondierende Dreiton-Gruppen gliedern läßt (a-f-fis/cis-e-d/as-b-g/d-h-dis). Aus dieser Grundreihe leitet Zimmermann (auf dem Wege der Permutation) eine „Szenenreihe" ab, deren Töne zugleich die Anfangstöne von zwölf Grundreihen bilden, welche den ersten zwölf Szenen der Oper zugrunde gelegt werden. Außerdem erfand der Komponist eigene „Metren"-Reihen, in denen „die Intervallproportionen in ‚metronomische Intervalle' umgesetzt werden". Diese Material-Ordnungen sind dann „bestimmten Szenen-Konstellationen zugeordnet. Deren inneren Bezug hebt Zimmermann auch durch gleiche, historischen Formbegriffen entlehnte Bezeichnungen hervor, die nicht – wie etwa im ‚Wozzeck' – die Verwendung spezifischer Form-Modelle markieren, sondern eher inhaltliche Bezüge deutlich machen. So bezeichnet der Begriff ‚Toccata' … kein Orgelstück, sondern bezieht sich auf die ursprüngliche Wortbedeutung ‚toccare' = schlagen und bezeichnet die jeweiligen Soldaten-Szenen, im historischen Sinne also Kriegsmusik."[277] Die „Ricercari" lassen sich auf die Wortbedeutung „ricerca" = Suche zurückführen.

Tatsache bleibt, daß Zimmermanns Oper ein komplizierter Klangorganismus ist und, wie der Komponist selbst sagte, ein kompliziertes Stück Arbeit. Musik besaß für Zimmermann das Wesen eines „Gedankendings", in das aber „in zum Teil erheblichem Umfange vielfältige andere Faktoren" hineinwirken, Faktoren, die in ihrer Irrealität real genug sind, den Kompositionsprozeß in unvorhergesehener Weise, ja manchmal sogar fundamental mitzubestimmen. Erinnerungen, Gespräche, Träume, Begegnungen, Erlebnisse der vielfältigsten Art spielten dabei eine besondere Rolle. Aber auch „das, was vorauf geht", sei ein Arbeitsprozeß von vielfacher Gestalt: Kalkulationen, Berechnungen, Entwürfe, vielfache Testverfahren, Materialprüfungen, statistische und statische Erhebungen und Messungen. Denn Komposition ist „in ihrer dinglichen Beschaffenheit zunächst und vor allem: meßbar, kontrollierbar, nachprüfbar, der Analyse zugänglich", eben „in erster Linie durch Denken bestimmt".[278]

Zimmermann wußte aber auch, daß musikalische Organismen „durch das Zusammenwirken scheinbar so entgegengesetzter geistiger Kräfte wie der Kalkulation und der ... Inspiration" gebildet würden. So gewiß es sei, „daß mit fast pedantischer Akribie und nahezu wissenschaftlicher Gründlichkeit die Wege geebnet und geplant werden müssen, die zu dem Punkt führen, an dem der Blitz der musikalischen Erkenntnis die Richtigkeit der kompositorischen Unternehmung erhellt", so gewiß sei es auch, „daß eine durchdachte musikalische Struktur allein die geistige Kraft und Lebendigkeit des Werkes nicht garantiert".[279] Zimmermann berief sich bei dieser seiner Ansicht auf Schönberg, der immer wieder gerade auch auf die Bedeutung der Inspiration für sein Schaffen hingewiesen hat; ebenso auf Strawinsky, der in seiner „Musikalischen Poetik" feststellte, daß der Geist nur dann wehe, wann er wolle.

Die Erkenntnis, daß auch in der modernen kalkulierten (andere sagen: konstruierten) Musik die Inspiration entscheidend sei, dies ist wichtig für die apperzeptive Einschätzung der Musik unseres Jahrhunderts und somit des Musiktheaters. B. A. Zimmermanns Ausführungen geben jedenfalls einen deutlichen Einblick in die moderne Musikwerkstatt. Genauer gesagt: in eine Musikwerkstatt von besonders komplizierter Spielart.

Über die absolute Bedeutung der Oper „Die Soldaten" wird erst die Zukunft entscheiden. Aus gegenwärtiger Sicht

*Eine Aufführung von Aribert Reimanns „Lear" wurde in der
Ostberliner Komischen Oper von Harry Kupfer in Szene gesetzt.*

wird mit Recht gesagt, daß sie eine der wichtigsten Opern
nach Alban Bergs „Wozzeck" sei. Und dessen Stil bildet sie
letzten Endes auch weiter.

Ein Drama, das ebensowenig kulinarischer Natur ist, finden wir als bisheriges Hauptwerk eines weiteren deutschen
Opernkomponisten: „Lear", das „klassische" Drama der Gewalt und des Hasses, der Leidenschaft und des Leides, komponiert von Aribert Reimann (Jahrgang 1936), einem gebürtigen Berliner, der Komposition bei Boris Blacher, Kontrapunkt bei Ernst Pepping studierte, dazu eine Ausbildung als
Pianist genoß und in dieser Funktion (als Sängerbegleiter)
ebenfalls auftritt. Reimann hat betont: „Der ,Lear' ist für
mich das wichtigste Werk meines bisherigen Lebens. Alles,

was ich dachte, was ich kompositorisch arbeitete, was ich schrieb, war sozusagen eine Vorbereitung auf den ‚Lear', der also die Quintessenz meines kompositorischen und musikalischen Denkens zu nennen ist."[280]

Einige Zeit nach dem „Lear" folgten aber doch wieder neue Opern: „Die Gespenstersonate" (1984) und „Troades" (1986), die eine nach Strindberg (aus dem Schwedischen übertragen und für Musik eingerichtet vom Komponisten und von Uwe Schendel), die andere nach den „Troerinnen" des Euripides von Franz Werfel (in einer Textfassung von Gerd Albrecht und Aribert Reimann). Und auch schon vor dem „Lear" waren Bühnenwerke entstanden. Neben Instrumental- und Vokalmusik für den Konzertsaal komponierte Reimann die Opern „Ein Traumspiel" (Kiel 1965) und „Melusine" (Schwetzingen 1971) sowie zwei Ballette („Stoffreste", „Die Vogelscheuchen", beide nach Günter Grass).

Mit der Verwendung von Sujets nach Strindberg und Shakespeare gehört Aribert Reimann zu jenen, welche die sogenannte „Literaturoper" pflegen. Der „Melusine"-Text stammt von Yvan Goll, einem deutsch-französischen Schriftsteller (1891–1950), der eigentlich Isaak Lang hieß und auch andere Pseudonyme verwendete. Das Drama „Melusine" wurde von Golls Gattin Claire (geb. Studer) aus dem Nachlaß herausgegeben, von Claus H. Henneberg für Reimanns Zwecke bearbeitet.

Der ideologisch im linken Lager profilierte Schriftsteller Peter Weiss (Jahrgang 1916) hatte Reimann den Text zu seinem Opernerstling nach Strindberg geschrieben. Claus H. Henneberg übernahm dann auch die Textgestaltung des „Lear". Dieser ist ein Auftragswerk der Bayerischen Staatsoper München, wo 1978 die Uraufführung stattfand. Auf die moderne Paraphrase des Undine-Stoffes folgte nun die musikdramatische Version einer der berühmtesten Tragödien des großen englischen Dichters. Henneberg hat Shakespeares „König Lear" unter der Verwendung der Übersetzung von Johann Joachim Eschenburg (1777) zum Opernlibretto umgearbeitet. Er wählte diese Übersetzung, weil sie ihm, obwohl sie (philologisch gesehen) Übersetzungsfehler enthält, im Ganzen härter, klarer und theatralischer, somit zweckmäßiger erschien. Selbstverständlich erforderte die

Umformung vom Schauspiel zur Oper eine Reduktion und Straffung von Text und Handlung. Er habe hierbei, so erläuterte der Librettist im Programmheft(-buch) zur Uraufführung, „von Shakespeares Text weggenommen, was die Musik ausdrücken kann; eine Regung, durch Worte ausführlich eingeleitet und beschrieben, kann durch die Musik ‚in nuce' dargestellt werden".

Der erste Teil des Operntextes ist in vier, der zweite in sieben Szenen gegliedert, wobei einzelne Szenen synchron, also gleichzeitig abrollen. Der Gliederung des fünfaktigen Shakespeare-Originals mit 26 Szenen stehen somit zwei Teile mit insgesamt elf Szenen gegenüber. Zu den Veränderungen, die Henneberg vorgenommen hat, gehört u. a., daß er für Cordelia aus vorhandenem Textmaterial eine neue Szene kompilierte, die verschiedenen Heide-Bilder Shakespeares zu *einer* Szene werden ließ.

Die Tragödie wird zu expressivem Klang. Eine Tragödie von antiker Wucht und Größe, Spiegelung der Welt, deren Mächtige sich gegenseitig zerfleischen, wo der Mensch zugleich der Wolf des Menschen ist. Spiegelung einer Welt, deren Gefüge auseinanderkracht, Schuldige wie Unschuldige in den Untergang reißend. Henneberg und Reimann lassen das Drama mit den Worten des sterbenden Lear enden. Im Gegensatz zum englischen Dichter, wo die Vertreter einer guten Sache und einer neuen Ordnung, Edgar und Albany, über dem gewaltigen Trümmerhaufen eine neue Welt erbauen wollen:

Laßt uns, der trüben Zeit gehorchend, klagen,
Nicht, was sich ziemt, nur, was wir fühlen, sagen.
Dem Ältsten war das schwerste Los gegeben,
Wir Jüngern werden nie so viel erleben.

So lauten die Schlußworte in der alten Übersetzung von W. Baudissin. Zu dem hier ausgesprochenen Optimismus konnten sich die Autoren des 20. Jahrhunderts nicht bekennen. Aber Reimann war überzeugt, daß unsere Zeit wachgeworden ist für den Stoff. Er sieht den Lear in der Heideszene „in seiner psychischen Verwirrung, in diesem Sturm, der nicht nur ein Sturm als Naturereignis ist, sondern mehr noch ein Aufruhr der Psyche, der Elemente des Kosmischen, was wiederum als Sturm dann zurückkommt". Lear könne für jeden

stehen. „Darum haben wir auch den ‚König' im Titel wegge-
lassen", begründet der Komponist.[281]

Die Orchesterbesetzung dieses Werkes hält zwar am spätromantischen Instrumentarium fest, doch hinsichtlich
Klangstruktur und Art und Weise der Kombination der Instrumente geht Reimann ganz andere Wege. Als Grenzfälle
der musikalischen Gestaltungsweise im „Lear" sind einerseits
die unbegleitete instrumentale Linie anzusehen, wie etwa die
Streicher im Unisono zu Lears Klage um Cordelia, andererseits der dicht gefüllte Vierteltoncluster über den ganzen Am-
bitus des Instrumentariums. (Unter Cluster versteht man bekanntlich die „Tontraube", das gleichzeitige Erklingen mehrerer beziehungsweise vieler eng benachbarter Töne. Ein
Vierteltoncluster umfaßt 24 Töne pro Oktave.) In dieser Musik sind Klangflächen und Klangschichten in Bewegung: dynamisch oder vibrierend oder kreisend. Die Geräuschklänge
– ob in Form von Clustern oder auch anders gebildet – können
hochdifferenziert, aber auch aggressiv wirken.

Mit reihentechnischen Elementen hat Aribert Reimann
ebenfalls gearbeitet. Alle Klangmittel aber, die er einsetzt,
sind *Ausdrucksmittel*. In seinen Notizen zu „Lear" weist der
Komponist auch darauf hin[282], daß er versucht habe, jeder
Person *ihr* musikalisches Umfeld zu geben, so etwa die Lear-
Töchter Goneril und Regan in der Diktion voneinander abzu-
heben.

In der ersten Szene findet man bestätigt, was Reimann
diesbezüglich in Details ausgesagt hat:

„Goneril: Starre Akkorde, gegeneinander abgesetzt, zu
Beginn im Holz und einigen Blechbläsern in die sich langsam
nach oben fortsetzenden Streicherflächen hineingesetzt.
Singstimmen in weiten Intervallen geführt, ruhig, gerade, nur
selten geschmeidig. – Regan: Nervöse Melismen, Vorschlä-
ge, keine Koloraturen, hysterisch, immer übertrieben … Hohe Holzbläser, kleine Figuren, abgehackte, zersplitterte Tonfolgen."

Der Klangflächenstil des Komponisten wird gleich am
Anfang des Werkes in jener instrumentalen Passage präsent
gemacht, die nach dem rein vokalen, rezitatorischen Beginn
den einleitenden Worten des Lear unterlegt ist. Der erste große Ausbruch erfolgt bei Lears Reaktion auf Cordelias Worte:

Sie liebe ihn wie eine Tochter, nicht mehr, nicht weniger. Die vorher sich langsam aufschichtende Bewegung in den Streichern wird zu einem engmaschigen Kreisen, gleichzeitig vom Blech übernommen.

Und immer wieder, etwa im Duett Goneril – Regan (erstes Bild), sind es die geräuschhaft aufgebrochenen, aufgesplitterten Klangkombinationen, die das Werk expressiv-dramatisch akzentuieren, unbekümmert um überkommene ästhetische Normen, darin über die Wiener Schule noch weit hinausgehend. Die gnadenlose Urgewalt der Tragödie, die im „Lear" waltet, hat Reimann dazu motiviert, von „Assoziationen an antikes Theater" zu sprechen. Konzessionslos artikuliert die Musik das Klima des Werkes, das menschliche Verirrungen, Missetaten und Leiden widerspiegelt und monumental steigert: In diesem Sinne hat auch Aribert Reimann sein „totales Musiktheater" angelegt. Daß die Art des Stils, die nervösen und chaotischen Ausdruckselemente möglicherweise auch enervierend wirken, mag man aus kritischer Sicht nicht verschweigen. Technik und Stil des ersten Zwischenspiels, am Schluß u. a. mit Posaunenglissandi, sind es nicht zuletzt, die den Charakter des Werkes zu veranschaulichen vermögen.

Es gibt in der Folge keinen stilistischen Bruch in Aribert Reimanns „Lear", der, so schwer dies möglich scheint, im klanglichen Konzept noch weitere Steigerungen in Richtung Vielschichtigkeit erreicht. Im Zwischenspiel II, vor der Heideszene Lears, „darf es keine Akkordverbindungen mehr geben", notierte der Komponist im August 1976. „Stimmen werden selbständig, verlieren ihre Zugehörigkeit zueinander." Und zehn Monate später, im Juni 1977, heißt es in Reimanns Aufzeichnungen: „Der Sturm wächst von unten langsam herauf. Viertel-, Halb-, Dreiviertel, Ganz- und Eineinvierteltöne schichten sich übereinander."

Reimann war mit geradezu romantischer Emotionalität von seiner Gestaltungsaufgabe gepackt: „Habe den Sturm (Zwischenspiel II und Lears Monolog) fertig", notierte er am 17. Juli 1977. „Die letzten Tage und Nächte waren fast unerträglich geworden, drei Wochen lebte ich in diesem Chaos. Nachts befand ich mich immer noch in diesem Klangstrudel, die Figuren und Akkorde weiteten sich ins Überdimensionale, wurden zu abstrakten Formen, von denen ich schrecklich gequält, bedroht, umfangen, erdrückt wurde." Und als Reimann den Schlußmonolog geschrieben hatte, vermerkte er am 22. Jänner 1978: „... Hätte es nicht länger ertragen können."

Im Februar 1978 war die Reinschrift der Partitur abgeschlossen. Die Reinschrift einer schwierigen Partitur; schwierig sowohl hinsichtlich der Struktur im allgemeinen wie der vokalen Diktion im besonderen. Was die Stimmen betrifft, so reicht ihre Ausdrucksskala vom Sprechen bis zum Schrei, vom packenden ariosen Espressivo (Lears Heidemonolog!) bis zu krauser Künstlichkeit, letztere besonders deutlich in der Countertenorpartie des Edgar, in der vierten Szene des ersten Teils oder in der fünften Szene des zweiten Teils, in jener Szene (nach einem unerhört expressiven Zwischenspiel), da Edgar seinem blinden Vater Gloster vorspiegelt, auf der Höhe der Felsen von Dover zu stehen, von welchen aus ein Sprung in den Selbstmord führe.

Zwischen Sprechen und metrisch gebundenem Gesang, der durch heikle rhythmische Strukturen gekennzeichnet ist, gibt es in der „Lear"-Oper ausgedehnte Passagen eines metrisch freien Vokalstils. Dieser fördert die Möglichkeit eines expressiven Vortrags und wird z. B. dort verwendet, „wo psalmodierende Gleichförmigkeit der Tonhöhen durch winzige Schwankungen der Tondauer belebt werden soll, etwa zu Beginn der Oper, wenn die unbegleitete Singstimme Lears mit der Ankündigung des Verzichts auf den Thron das unheilvolle Geschehen in Gang setzt".[283] In Momenten höchster wie auch einfachster Expression soll dem Sänger die Freiheit gegeben werden, Mitgestalter der individuellen Tragik seiner Rolle zu sein.

In der Schlußszene, Lears Klage „Weint! Weint! ...", kreist die Rezitation zuerst um wenige, langsam absinkende Zentraltöne, untermalt von tiefen Bläser-, Kontrabaß- und Harfenclustern, gegliedert durch die hallenden Töne tiefer Gongs und Glockenplatten. Das Melos des ergreifenden Klagegesangs wird auch instrumental ausgesponnen, am Schluß steht, zu den letzten Worten des sterbenden Lear, wieder jene kreisende Flächigkeit des Klanges wie am Beginn der Oper. Die Solostelle der selbstmörderischen Goneril, die

Lears Klage vorangeht, erinnert wie so manche andere Stelle in der Diktion an Orffs antike Tragödien. Bezüge mag man auch zu Alban Berg oder zu Penderecki sehen. Aber Reimann entwickelt mit starker Persönlichkeit organisch weiter ... Die intrikaten Gesangslinien bei Reimann können auch in Ensemble- oder Duettform gesponnen werden. Das Duett der beiden Schwestern Goneril und Regan im ersten Akt („Wir schwören Seite an Seite") spaltet das traditionelle Unisono durch Reibungen im Halbtonabstand auf. Die Schwebungen trüben, so darf der Exeget formulieren, „das durch die Stimmführung zu suggerierende Einverständnis, und kleine rhythmische Differenzen entlarven die Harmonie der Schwestern als Trug".

Derlei Passagen sind besonders kompliziert zu singen. Oder doch nicht? Reimann meint dazu[284], er könne bei der Arbeit an der Musikhochschule feststellen, daß es für die jungen Menschen kein Problem mehr sei, auch modernste Musik zu singen. Sie hätten ein verändertes Intervalldenken gegenüber dem Sänger früherer Generationen, könnten in Septimen denken wie früher andere in Terzen. Vom Gesangstechnischen her gäbe es keinen Unterschied zwischen Webern und Mozart. Wenn Reimann äußerte, man müsse in der Oper wieder mehr zum Singen kommen, so meint er damit auch keine Rückkehr zum Singen im konventionellen Sinn; vielmehr derart, „daß künftig ... in einer Oper das Singen deutlicher hervortreten müßte, besonders das Artifizielle im Gesang ... Ein Musiktheater, in dem mehr gesprochen als gesungen wird – das ist nicht anzustreben, denn dann soll man gleich Schauspiel machen. Dem Sänger muß vielmehr verstärkt Gelegenheit gegeben werden zu singen, ohne daß deshalb die Wort-Verständlichkeit leidet ... Ich meine, daß man von der dramaturgischen Verwendung der Stimme, des Singens her, von der Erkennbarkeit einer Rolle durch die Art, in der diese Rolle gesungen wird, noch viel tun kann, daß es eine Profilierung vom rein Sängerischen für die Oper der Zukunft gibt."

Die musikalische Sprache in „Troades" von Reimann bedient sich nicht wesentlich anderer Formen und Mittel als im „Lear", dessen Erfolg die neue Oper denn auch keinesfalls erreicht hat. Sehr beeindruckt reagierte nicht zuletzt die

Kritik auf die „Gespenstersonate" und deren dichte Tonsprache, voll von Stimmungen und Atmosphäre.

Einer der erfolgreichsten deutschen Komponisten der jüngsten Zeit ist Wolfgang Rihm (Jahrgang 1952), aus Karlsruhe stammend und an der Musikhochschule dieser Stadt ausgebildet. Als Opernkomponist ist er mit den Kammeropern „Faust und Yorrick" (1977) und „Jakob Lenz" (1979) hervorgetreten. „Faust und Yorrick" bezieht sich auf einen Text von Jean Tardieu, dem bedeutenden französischen Vertreter des absurden Theaters. In manischem Forscherdrang sucht Faust, wie hier dargestellt wird, nach einem besser entwickelten Schädel, der die nächsthöhere Stufe in der Evolution der Menschheit verkörpern soll. Der Gelehrte vernachlässigt Frau und Kind, wird alt und stirbt, ohne den Schädel gefunden zu haben.

Zu einem gewissen Teil mag man den Erfolg von Wolfgang Rihms Oper „Jakob Lenz" aus der Tatsache ableiten, daß die Kammeropernbesetzung die Aufführung und damit auch die Verbreitung erleichtert hat. Da aber dennoch – trotz des kleinen Aufführungsapparats – große Schwierigkeiten und vor allem eine hohe Beanspruchung des Interpreten der Titelpartie die Sache nicht leicht machen, muß der Erfolg des Werkes tiefer begründet sein: nämlich in der absoluten Qualität. Und tatsächlich darf man den „Lenz" als eines der wichtigsten Werke der siebziger Jahre unseres Jahrhunderts ansehen. Das Libretto zu dieser Kammeroper hat Michael Fröhling „frei nach Georg Büchners ‚Lenz'" verfaßt. Georg Büchner (1813–1837) schrieb diese Novelle 1835 als Beitrag für die von Karl Gutzkow und Rudolf Wienberg redigierte Zeitschrift „Deutsche Revue", die als Organ des Jungen Deutschland bald von der Zensur verboten wurde; so daß „Lenz" erst postum aus dem Nachlaß veröffentlicht wurde. Im übrigen ist die Erzählung ein Fragment. Oder doch nicht? Neuere Forscher tendieren zu der Auffassung, daß es nicht ein zufälliges, sondern ein „notwendiges Fragment" sei.[285]

Titelgestalt ist der Sturm-und-Drang-Dichter Jakob Michael Reinhold Lenz, von dessen Stück „Die Soldaten" im Zusammenhang mit Bernd Alois Zimmermann schon ausführlich die Rede war. Briefe von Lenz benützte Büchner ebenso als Quelle für seine Erzählung wie ein Tagebuch jenes

Pfarrers Johann Friedrich Oberlin aus Waldbach (im Steintal bei Straßburg), bei dem sich Lenz im Jahre 1778 aufhielt. Büchner ging es gewiß um die Darstellung eines Psychopathen ebenso wie um jene der menschlichen Leiderfahrung. Auch Büchner selbst, der Mediziner, der das Nervensystem studierte, litt ja an seiner Zeit. Letzten Endes kann man Lenzens Wahnsinn interpretieren als Ausdruck der Entfremdung gegenüber der Gesellschaft. „Mehr, als der Negativität des Bestehenden das Pathos der Verzweiflung entgegenzusetzen, vermag das entmachtete Individuum nicht."[286]

Ähnlich wie im „Woyzeck" sind soziologische und pathologische Komponenten verklammert. Aber stärker steht im „Lenz" doch die Darstellung des Seelischen, der Krankheit an sich im Vordergrund. Das historische Vorbild der Erzählung verfiel tatsächlich in geistige Umnachtung, endete aber nicht in einer sogenannten „geschlossenen Anstalt", sondern fand den Tod auf seinem armseligen Vagantenleben irgendwo auf einer Moskauer Straße. Rihms Librettist läßt Lenz die Zwangsjacke anlegen. Bei Büchner wird er ohne eine solche nach Straßburg gebracht, wo er nun „ganz vernünftig" schien: „Er sprach mit den Leuten. Er tat alles, wie es die anderen taten; es war aber eine entsetzliche Leere in ihm, er fühlte keine Angst mehr, kein Verlangen, sein Dasein war ihm eine notwendige Last. – So lebte er hin …"

Das sind die letzten Worte der Büchnerschen Erzählung. Im Opernlibretto setzt Lenz den Reden Oberlins und Kaufmanns (eines Bekannten) monomanisch nur ein einziges Wort entgegen: „ … konsequent … konsequent …" Die gleichsam zwanghafte Fixierung auf einen Gedanken, bedingt durch den Wahnsinn, finden wir auch an anderen Stellen der Oper, am Ende des dritten und des siebenten Bildes. Das dritte ist ausgefüllt von einem ergreifenden Monolog des einsamen Lenz: voll romantischer Sehnsucht und romantischem Seelenschmerz am Anfang (und da mit expressiver Melodik), voll pathologischer Unruhe am Schluß. „Ich kann nicht mehr hierbleiben – allein – ich muß raus – muß laufen." Das Peinigende, Bohrende der fixen Idee des Kranken kommt hier musikalisch ebenso zwingend zum Ausdruck wie im siebenten Bild, das von Lenz und dem Chor bestritten wird: „Lenz im Gebirge. Er ist traurig und schreibt …" Der (aus wenigen Stimmen bestehende) Chor ist die innere Stimme Lenzens; oder auch die zweite Stimme in diesem schizophrenen Wesen. Lenz hängt den Gedanken an das Mädchen Friderike nach, das er verlieren wird, das sterben wird. Das er retten will. „Retten ... retten! ..." Das ist eine der packendsten Stellen dieses musikalischen Psychogramms. Die Kinderstimmen am Ende dieser Szene setzen eine die ergreifende Stimmung unterstreichende und auch höchst theaterwirksame Nuance.

Das Dokumentarische, das mit den von Büchner verwendeten Aufzeichnungen Oberlins gegeben ist, verbindet sich in der Novelle mit dem Poetischen. Bericht wird zu Dichtung. Dichterisch eindringlich vermittelt Büchner die geradezu dämonischen Stimmungen der Natur, die Lenz umgibt und auch bedrückt: „Gegen Abend kam er auf die Höhe des Gebirgs, auf das Schneefeld, von wo man wieder hinabstieg in die Ebene nach Westen. Er setzte sich oben nieder. Es war gegen Abend ruhiger geworden; das Gewölk lag fest und unbeweglich am Himmel; soweit der Blick reichte, nichts als Gipfel, von denen sich breite Flächen hinzogen, und alles so still, grau, dämmernd. Es wurde ihm entsetzlich einsam; er war allein, ganz allein. Er wollte mit sich sprechen, aber er konnte nicht, er wagte kaum zu atmen; das Biegen seines Fußes tönte wie Donner unter ihm, er mußte sich niedersetzen. Es faßte ihn eine namenlose Angst in diesem Nichts: er war im Leeren! Er riß sich auf und flog den Abhang hinunter."

Von der Meisterschaft, sowohl das Ambiente wie die psychischen Leiden Lenzens dem Leser nahezubringen, zeugt die Sprache der Novelle. Entscheidendes von der Wortkunst läßt sich allerdings nicht ins Dramatische transferieren. Doch gelingt es dem dramatischen Komponisten, die Gefühlsschichten dieses Seelenprotokolls freizulegen, das nervöse, pathologische Vibrieren der Nerven hochdifferenziert darzustellen. Auch der Charakter der menschlichen Passion wird deutlich gemacht (zehntes Bild). Rihm formt die Klage um das tote Mädchen zu einem Lamento aus, in dem die Tradition der Passion gegenwärtig wird.

In der Vielfalt und Differenziertheit der deklamatorischen Nuancen offenbart sich ein Komponist, welcher die von Schönberg und Berg gewiesenen Wege weitergeht. Zwischen

Schönbergs „Erwartung" und Rihms „Lenz" besteht quasi ein konsequenter Zusammenhang. „Lenz" ist eine neue Manifestation expressionistischen Musiktheaters und musikalischer Psychogrammkunst.

Die Beziehung zu Schönberg hat Rihm selbst bestätigt. Er schreibt über die Konfrontation mit dem Meister der Dodekaphonie: Es war „ein Lernprozeß, der mich erst zu mir brachte. Nicht daß Bergs Kunst verblaßte, aber ich verstand sie zunehmend als Bewegung auf *einer* Ausdrucksebene, während Schönbergs jähe Wechsel der Ebenen, über Abgründe hin, scharf geschnitten, das Dagegengestellte seiner ganzen Kunst mir immer näher kamen und – da es nicht nur um mich geht – auch immer stärker als Keime und Energien erlebbar wurden. Heute wird ausgetragen, woran Schönberg um 1910 schon trug. Ich hoffe, es kommt nicht zu Glättungen."[287] Bergs „Wozzeck" bezeichnet Rihm als ein Jahrhundertwerk, er sieht bei Berg allerdings auch die Gefahr, daß dieser als ein „Alibi" gelte „gegen alles, was sich wehrt und was quersteht. Als habe er sich ein- und untergeordnet."

Die Hauptpartie in Rihms „Lenz" stellt enorme Anforderungen an den Interpreten, an sein Ausdrucksvermögen, aber auch dem Chor wird Schwieriges abgefordert, jenen „Stimmen", die Lenz immer wieder aus seinem Inneren hört und in denen sich die „Natur" ebenso äußert wie die religiösen Obsessionen der Titelfigur. Die kammermusikalische Besetzung der Oper entspricht dem Ausdruckswillen des Komponisten: Einige wenige Bläser, ein Cembalo, drei Celli, die sich um ein reiches Schlagwerk gruppieren, genügem ihm; „sentimentale" Instrumente wie Flöte, Horn oder Geige sind ausgespart.

Alle Anzeichen sprechen dafür, daß Rihm mit seinem „Lenz" ein bedeutendes Werk gelungen ist. Für das Musiktheater im 20. Jahrhundert erscheint es jedenfalls höchst signifikant. 1987 wurde in Mannheim Rihms „Hamletmaschine" uraufgeführt. Von Heiner Müllers Text wurde gesagt, er wirke wie eine über den „Ruinen von Europa" neumontierte Geschichts- und Literaturkittung: kein Geschichtenerzählen, keine Figuren, dagegen „Bildhaftigkeit" von Aktionen, Klängen und Wörtern – „Gesamtklang" gebe das Gepräge. Textdichter und Komponist nähern sich diesem Theater auf zwei Ebenen, Ausgangspunkt für die Bild-Ton-Visionen ist für Rihm Schönbergs „Glückliche Hand". Heutige Parallelen wären etwa in Nonos „Prometeo" oder bei Stockhausen zu sehen. Die Musik zeugt von einer bestechenden Sicherheit im Umgang mit postmodernen Möglichkeiten, hat im Orchester die Spannweite von delikater kammermusikalischer Zartheit bis zu berserkerhafter Schlagkraft. Die Premiere eines „Oedipus" von Wolfgang Rihm wurde für Oktober 1987 an der Deutschen Oper Berlin festgesetzt (Textzusammenstellung vom Komponisten nach Sophokles/Hölderlin, Friedrich Nietzsche und Heiner Müller).

Unvollendetes Finale

Rihms „Lenz" ist trotz aller Modernität der Tonsprache ein Werk, welches dem alten Opernbegriff noch verpflichtet erscheint. Andere Komponisten, die sich modernster Techniken bedienen und dabei in Bereiche der Elektronik vorstoßen, wie etwa mit präparierten Klavieren, Raumakustik u. a. m. arbeiten bzw. experimentieren, entwickeln eben schon allein auf Grund der angewendeten Mittel auch neue Formtypen. Es entstehen „alternative Formen" des Musiktheaters. Von dem Amerikaner John Cage haben viele gelernt; die Einflüsse der Technik – des elektronischen Studios wie der Computer – haben auf die Musik einzuwirken begonnen. Dadaistische Musikszenen, Anti-Stücke, Anti-Opern und ähnliches führen vollends vom alten Operntypus weg. Musiktheater – d. h. Theater mit und zu Musik – befindet sich in Weiterentwicklung.

Ein Schlußkapitel zu diesem Buch kann daher nur ein unvollendetes Finale sein. Denn alles ist noch in vollem Gang, die Reihe der Komponisten, die Neues für die Musikbühne schreiben, noch nicht überblickbar. Was sich Beobachtern der Musikszene darbietet, wird jedenfalls einmal mehr gekennzeichnet durch Pluralismus der Stil- und Erscheinungsformen. Bereits unter den älteren Komponisten der lebenden Generation gibt es Avantgardisten, während bei den Jüngeren fallweise wieder eine Rückbesinnung auf Traditionen einsetzt. Zwischen E-Musik kann man auch auf eine Wagner-Parodie wie „Don Tristano e Donna Isotta" von Herbert Rosendorfer (Jahrgang 1934) stoßen, worin die Gestalten Wagners auf die Stegreifbühne Goldonis übersiedeln, aber auch Dispute abgewickelt werden.

Angehöriger des Jahrgangs 1921 ist der in Darmstadt geborene Hans Ulrich Engelmann, der, nicht zuletzt mit Reihentechnik arbeitend, 1951 die burleske Kammeroper „Doctor Fausts Höllenfahrt" herausbrachte (NDR Hamburg), sodann, neben zahlreichen Instrumentalkompositionen, ein Musikdrama „Magog" (1957), eine Oper „Der verlorene Schatten" (1961) und ein „Musik-Aktions-Theater" mit dem Titel „Ophelia" komponierte. Die Tatsache, daß sich Engelmann neuer Klangmittel bedient, wird illustriert durch die Besetzung seiner „Commedia humana" (1972) für Doppelchor, live-elektronisch verfremdetes Violoncello und Tonband.

Erst in den siebziger Jahren (1975) uraufgeführt wurde die Oper eines älteren Komponisten: „Der eingebildete Kranke" (nach Molière) von Franz Alfons Wolpert (1917–1979), der auch eine Märchenoper, „Der goldene Schuh", und eine Oper, „Hero und Leander", schrieb. Der aus Mainfranken gebürtige Wolf-Ferrari-Schüler, der zeitweilig am Salzburger Mozarteum wirkte, verfaßte seine Texte selbst. Wie die Titel zeigen, neigte auch Wolpert zur „Literaturoper" in jener Spielart, die frei an literarische Sujets anschließt. Die Musik der Molière-Oper Wolperts entspricht dem Sujet, sie ist weder ganz konservativ noch irgendwie avantgardistisch: eine sorgfältige Arbeit, nicht ohne Feinheiten.

Seit Jahren in Deutschland beheimatet ist der in Argentinien geborene Avantgardist Mauricio Kagel (Jahrgang 1931), der in klanglichen und szenischen Belangen experimentiert. Von ihm stammt u. a. die Anti-Oper „Staatstheater".

Vier Jahre älter ist Wilhelm Killmayer (Jahrgang 1927), ein gebürtiger Münchener, Schüler Carl Orffs. In Zusammenarbeit mit Tankred Dorst entstand sein Bühnenwerk „La buffonata" (1961), dessen Handlung, von Sängern gesungen und von Tänzern dargestellt, die „sieben Listen und Laster der Frau" zeigt. Die witzige, schwungvolle Musik beschwört neuen Commedia-dell'arte-Geist. Killmayers „Yolimba oder Die Grenzen der Magie" (1964, Neufassung 1970) ist eine „musikalische Posse in einem Akt und vier Lobgesängen". Darin will ein Zauberer die Liebe abschaffen; er konstruiert ein herrliches Wesen, an dessen Liebe alle Männer zugrunde gehen müssen. Diese stehen jedoch wieder auf, als sich Yolimba in einen Mann verliebt, der ihr aus Schüchternheit seine Liebe nicht zu gestehen wagt. Die vier Lobgesänge gelten den Berufen, deren Vertreter in die Handlung verflochten sind, und dem Ehestand.[288]

Der Komponist Manfred Niehaus (geboren 1933 in Köln) ist nicht zuletzt durch seine Kinderoper „Tartarin von Tarascon" (für neun Sänger und acht Instrumentalisten, 1977) bekanntgeworden. Zu weiteren Bühnenwerken des auch als Dramaturg und Regisseur Tätigen zählen u. a. die musikalische Farce „Die Pataphysiker" (1969) und das radiophonische Lustspiel „Sylvester" (1973).

Als ein interessanter Komponist gilt der aus Emden stammende Hans-Joachim Hespos (Jahrgang 1938), der eine Musik zu dem berühmten „Triadischen Ballett" von Oskar Schlemmer komponierte (1977) und eine Oper mit dem Titel „Spot" schrieb. Ein zu früh verstorbenes Talent war Peter Ronnefeld (1935—1965), gebürtiger Dresdener, vielseitig ausgebildet (u. a. bei Messiaen) und als Dirigent hoch begabt. Diesem Komponisten, der ein Ballett, „Peter Schlemihl" (1956), eine Opera piccola, „Nachtausgabe" (1956), und die Oper „Die Ameise" (1961) schrieb, wird ein undogmatischer, spirituell-unverkrampfter musikalischer Stil nachgesagt.

Die „Nachtausgabe" Peter Ronnefelds darf als eine der besten Buffo-Opern des 20. Jahrhunderts apostrophiert werden. Das Sujet verbindet Bohème- bzw. Studentenmilieu und sensationslüsternen Boulevardjournalismus. Das Stück könnte ebensogut aus den zwanziger Jahren stammen, als man derlei „Neues vom Tage" liebte. Verschiedene gute Geister der komischen Oper haben Ronnefeld Anregungen gegeben, und der Komponist hat sie mit solcher Frische und Musikalität aufgenommen und weitergesponnen, daß dadurch ein wirklich lebendiges, facettenreiches Stück geworden ist. Nichts an der Partitur dieser Zeitoper zeigt sich gekünstelt. Die Opera-buffa-Konversation erscheint locker und sanglich (wobei der moderne Ton dafür sorgt, daß nicht alles leicht sanglich ist), den musikalischen, pointierenden Orchesterpart bestreiten ein paar Streicher und Bläser, drei Schlagwerkspieler, ein Klavier.

Von Franz Hummel (Jahrgang 1939) wurde 1984 die Oper „König Übü" uraufgeführt (Text nach Alfred Jary, einem der „Väter der Moderne"). 1982 hatte Hummel die

Premiere seines Tanztheaterstücks „Egmont" verzeichnen können. Zu seiner „König Übü"-Oper äußerte der Komponist: „Was diesen Stoff so schwer und reizvoll zugleich macht, ist seine haarsträubende Absurdität und damit die Nähe zu unserer täglichen Realität. Nichts ist absurder als das tägliche Leben."

Eine wichtige Rolle spielen die symphonischen Passagen in diesem Stück, worin der Komponist nicht zuletzt auch mit parodistischen Mitteln und Verfremdungseffekten arbeitet. „Überall dort, wo ich Opernpathos einsetze, denunziere ich etwas: den König, den Zaren, die Macht", erläutert Hummel.[289]

Wieder eine Anti-Oper? So extrem nicht. Jedenfalls ist „König Übü" – Jarys Drama wurde 1896 uraufgeführt – ein furchterregendes Zerrbild politischer Anmaßung. In seinem jüngsten Opernwerk, „Luzifer" (1987), steht der provokative Schriftsteller Oskar Panizza (1853–1921; „Das Liebeskonzil", 1895) im Mittelpunkt der Handlung.

Konrad Boehmer (Jahrgang 1941), in Berlin geboren und in Köln ausgebildet, seit Jahren in den Niederlanden lebend, brachte seine Oper „Doktor Faustus" 1985 in Paris heraus. Der aus der Schule von Gottfried Michael König, Stockhausen und Boulez kommende Komponist entmythisiert das Faust-Bild, stellt ihn als verwegenen Abenteurer dar, der seine Fahrten allerdings nur im Traum macht. Er ist ein Mann außerhalb der bürgerlichen Gemeinschaft. Am Ende des „drame en musique" aber steht er wieder auf dem Denkmalsockel, Thrithenius, Fausts Gegenspieler und Gehilfe, verherrlicht den Toten, das Volk feiert den ausgestoßenen Päderasten.

Ganz anderer Art ist Wilfried Hiller (ebenfalls Jahrgang 1941) aus Weißenborn in Schwaben, Kompositionsschüler von Günter Bialas. Er schrieb vielerlei für die Musikbühne, u. a. „Niobe" (1977), „An diesem heutigen Tage" (1979) und „Ein Frosch sah einstmals einen Stier" (1979), Szenen nach Fabeln von Jean de La Fontaine. Aus Briefen Maria Stuarts ist der Text des obengenannten Monologs „An diesem heutigen Tage" zusammengestellt. Hiller hat die Musik zu diesen sechs Szenen auf den Part von vier Schlagzeugern verknappt. „Szenische Miniaturen für einen Mund und sechs

Hände" lautet der Untertitel von „Trödelmarkt der Träume", einem Werk, dessen Buch Michael Ende schrieb. Dieser ist auch der Textautor von „Goggolori", dem bisher erfolgreichsten Musiktheaterstück von Wilfried Hiller (1985). Dieser „Goggolori",„ eine bairische Mär in acht Bildern und einem Epilog", wurde Günter Bialas und Carl Orff zugeeignet; letzteres auch nicht von ungefähr, denn das Werk, das nach der Premiere als „neue Volksoper" gefeiert wurde, zeigt in seiner Grundhaltung eine Verwandtschaft zu Orff, die Hiller mit seinem Temperament auf persönliche Weise offenbart. Text, Musik und Szene bilden eine Einheit. Dieses Grundprinzip hat Hiller schon anläßlich der Uraufführung seines „Trödelmarkts der Träume" (1984) betont: Das Werk sei szenisch komponiert, das heißt, die Musik könne ohne die Texte und die Szene nicht existieren und umgekehrt.

Der Text schöpft aus Sagenstoff, die Handlung spielt am Ammersee in Bayern bei Ausbruch des Dreißigjährigen Krieges. Der Goggolori ist ein Schrat, ein Kobold im Moor, welcher der Gnade des Todes nur teilhaftig werden kann, wenn ihm ein Mensch aus Liebe seinen eigenen Tod schenkt. Das Bauernmädchen Zeipoth tut dies und wird nun in alle Ewigkeit am Kronmantel Unserer Lieben Frau weben. Bevor es zu diesem volkstümlich überhöhenden Erlösungsschluß kommt, entwickelt sich eine bunte, handfeste, komödiantisch bewegte Handlung. Aktionsgeladene Szenen wechseln mit lyrisch-empfindsamen Momenten ab. Für Drastik und Komik sorgt insbesondere die Ullerin, „Seelnonn, Baderin und Hexe", eine Baßpartie mit hohem Falsett. Die Singstimmen bedienen sich verschiedenster Ausdrucksformen, komödiantische Gestik kennzeichnet die Diktion ebenso wie Volkston, der geschickt und nicht ohne eigene Note dem musiktheatralischen Gesamtkonzept dienstbar gemacht wird. Auch gesprochenes Wort steht dazwischen. Der Orchesterpart ist originell instrumentiert, nicht symphonisch entwickelt. Er akzentuiert im Sinne von Theatermusik. Das Schlagzeug spielt dabei – hierin Orff folgend – eine wichtige Rolle. Und das rhythmische Element ist stark ausgeprägt. Alles Ausdruck einer echten Theaterbegabung.

Bereits mit mehreren Bühnenwerken ist der in Mainz geborene Volker David Kirchner (Jahrgang 1942) ins Rampenlicht getreten. Der als Bratschist in Orchestern tätige Komponist schrieb zuerst eine Oper, „Die Trauung" (nach Witold Gombrowicz, 1975), dann das Szenische Requiem „Die fünf Minuten des Isaak Babel" (1980) und die Ballade für Musik „Das kalte Herz". 1986 kam „Belshazar", als „Musikdrama" bzw. „Musikalische Aktion" bezeichnet, zur Uraufführung. Kirchners Affinität zu modernen Formen wird durch „Riten" für Sängerin, Tänzerin, Licht, Schlagzeug, Klavier, Cello und Dirigent belegt (1970). In „Belshazar" wird die Geschichte des Turmbaus zu Babel mit jener des hybriden Königs verschmolzen. In zehn Abschnitten ist die Handlung aufgebaut: das Gleichnis eines Unterganges, gültig auch für die heutige Welt: kein biblisches Historiengemälde, sondern eine zeitbezogene apokalyptische Vision.

Textautor Harald Weirich skizziert den Inhalt folgendermaßen: „Die Macht gibt ein Fest. Belshazar feiert seinen Turm, mit dem er nach den Sternen greift, und die junge Frau, die seinen Aufstieg dekoriert. Nur einer stört die Selbstfeier des Establishments, der Sohn, das schwarze Schaf, der selbsternannte Prophet, der die Hybris dieser Gesellschaft geißelt und ihren Untergang ankündigt. Doch er spielt nur die Rolle eines Hofnarren, halb integriert in ein System, das sich gerne seine Toleranz und Liberalität bestätigt – solange keine wirkliche Gefahr droht. Doch der kühnen Konstruktion rutschen die Fundamente weg. Mit den Rissen in der Wand reißen alte Gegensätze auf. Belshazar versucht, mit diktatorischen Mitteln die alte Ordnung zu stabilisieren. Für kurze Zeit beruhigt der Glaube an die Magie der Experten das verängstigte Volk. Doch die finden zu keiner gemeinsamen Sprache mehr und reden das Chaos herbei, das sie verhindern sollen. Dies ist die Stunde des Propheten. Hat er nicht alles vorausgesagt? So wird er auch den Weg der Rettung weisen können! Doch die Genugtuung Daniels über die Bestätigung seiner Visionen ist größer als der Wunsch, den Menschen zu helfen. Und vielleicht ist ihnen auch gar nicht mehr zu helfen. Er überläßt Belshazar und die Seinen ihrem Schicksal. – Die Menschen fliehen in panischer Angst. Auch die Vertrauten lassen den König im Stich. Der hadert mit seinem Gott ... Die Szene wird immer absurder. Die Auflösung der menschlichen Ordnung setzt sich in der Natur fort. Meteore stürzen lautlos durch die Kuppel des geborstenen Turmes. Schakale in Menschengestalt fallen über die verstreuten Reste des Festes her. Belshazars Reich ist ein Trümmerfeld, in dem die einstigen Festgäste und Untertanen umherirren. – Das Königswort ‚Ich habe gehandelt!', dem unbegriffenen Schicksal entgegengeworfen, Rechtfertigung und Klage zugleich, besiegelt das Ende des gescheiterten Machers und Machtmenschen." Es soll eine Art neuer „Götterdämmerung" sein. Vokalsolisten, Chor und Statisten werden in Bewegung gesetzt, das Orchester wirkt mit den Mitteln modernen Instrumentalklanges. Der Gesangsstil Kirchners reicht vom Rezitativ bis zum Arioso, die expressive deklamatorische Spannweite entspricht den Erfordernissen des Sujets. Kirchners Musik zeigt sich dem dramatischen Geschehen durchaus adäquat.

Die orchestralen Teile des „Belshazar" sind nach strengen Formprinzipien gestaltet (Passacaglia, Rondo, Kanon). „Oft stellt die Musik", so hat der Komponist selbst erläutert (Mitteilungen des Verlages Schott), „eine unabhängige Ebene dar", es ergibt sich „ein Gefälle zwischen Musik und Szene. Dadurch wird der Riß, um den es im Stück geht, deutlicher. Dort, wo reine Worthülsen die Charaktere und szenischen Abläufe bestimmen, sind symphonische Massierungen komponiert; dort, wo die Szene – das heißt der Handlungsablauf – dominiert, tritt die Musik bewußt in den Hintergrund. Drei Punkte aber gibt es, wo szenischer Ablauf und Musik eine Einheit bilden: beim Auftritt der Gesellschaft im Bankettsaal, bei der Orgie und beim Tode Daniels. Das ganze musikalische Material, das im wesentlichen auf drei Grundmotiven beruht, unterliegt einer permanenten (oder auch motorischen) Variation."

Von den Wuppertaler Bühnen hat Kirchner einen Auftrag für eine neue Oper erhalten. Die Uraufführung ist in der Spielzeit 1988/89 vorgesehen.

In der Reihe zeitgenössischer deutscher Opernkomponisten ist ferner der gebürtige Münchener Peter Michael Hamel (Jahrgang 1947) zu nennen, der u. a. bei Bialas studierte, eine Improvisationsgruppe gründete und, durch Asienreisen angeregt, eine sogenannte „konzentrische" Musikform entwickelte, welche westliche und fernöstliche Elemente verbindet.[290] 1978 komponierte Hamel seine Oper „Ein Menschentraum".

In der Aufführungschronik der Saison 1977/78 finden wir neue Werke von Christian Ulbrig („Das Gespenst von Canterville"), Günther Neumann („Schwarzer Jahrmarkt"), Ingomar Grünauer („Die alten, bösen Lieder") und Clemens Cremer („Der Dorfwahrsager oder Die Wechselfälle der Emanzipation") registriert. Für das Studio der Bayerischen Staatsoper im Marstalltheater schrieb Walter Haupt, ein vielseitiger Experimentator, eine tiefenpsychologische Anti-Oper, „Neurosen-Kavalier": „Scheinlebendig" ist die vom Alkohol hart an den Abgrund geführte Marschallin-Darstellerin einer Opernbühne, sie flüchtet sich in eine Wahnwelt aus zerbrochenen und erstarrten Figuren und Gegenständen. Uraufgeführt wurde dieses Stück 1980 mit Anton Rupperts Dramolett „Der siebte …", worin die Furcht eines Mannes vor Scheintod das Motiv für eine Flucht ins Abseits ist.[291]

Die prominenteste musikalische Bühnenversion von Goethes „Werther" stammt von dem Franzosen Jules Massenet. Hans-Jürgen Bose, gebürtiger Münchener (Jahrgang 1953), dessen Opernerstling, der Einakter „Blutbund", 1977 uraufgeführt wurde, komponierte „Die Leiden des jungen Werther" (Uraufführung 1986 in Schwetzingen). In einer lockeren Folge von Szenen ist hier das Schicksal des unglücklich Liebenden in einem Wechselspiel von Traum und Wirklichkeit dargestellt. Dabei wird nicht nur auf der Bühne gesungen, sondern auch im Orchestergraben, wo ein kleiner Chor Werthers innere Stimmen zum Klingen bringt. Ein ähnliches Verfahren, den Chor zu verwenden, kennen wir bereits von Rihms „Lenz". Und eine weitere Parallele zu diesem besteht darin, daß Werther bei Bose eigentlich von vornherein als Psychopath wirkt. Das Psychogramm erscheint wichtiger als die Liebesgeschichte, Lotte wird mehr oder weniger zur Randfigur. Die neoexpressive Partitur (groß besetztes Orchester, klangliche Opulenz moderner Prägung) verdeutlicht die grellen Aufschreie der Seele: ein „leidenschaftliches Werk mit aufregenden Momenten",[292] allerdings auch mit Längen. – Weitere Bühnenwerke Boses: Die Einakter „Das Diplom" (1975) und „Chimäre" (1986).

Von Detlev Müller-Siemens (Jahrgang 1957) aus Hamburg, der eine Zeitlang bei György Ligeti, aber auch in Paris bei Olivier Messiaen studierte, stammt eine Oper, „Genoveva oder Die weiße Hirschkuh" (1978 im ZDF uraufgeführt). Martin Sperrs „Jagdszenen in Niederbayern" wählte der aus Wien zugewanderte Ferdinand Silhanek, „Hauskomponist" am Ulmer Theater, als Sujet für eine Oper (1979), deren musikalische Dramaturgie aus einem einfachen Prinzip entwickelt ist: Während die Bläser darstellen, was der Mensch aus sich macht, charakterisieren die Streicher das Gute, die Schlaginstrumente das Böse. Doch dieses vordergründige „Konzept klingt plausibler, als es in Wirklichkeit ist".[293]

Eine der meistbeachteten Novitäten des letzten Jahrzehnts ist Wilhelm Dieter Sieberts „Der Untergang der Titanic". Von Bodo Reinke stammt eine kabarettistische Oper, „Das Krokodil oder Pflichtbewußte Beamte schmecken mit Vanillesauce am besten". Tilo Medek, ein ausgebürgerter DDR-Komponist, schrieb die Oper „Der Einzug" (nach Isaak Babel). In der Liste der Uraufführungen des Jahres 1984 in Deutschland findet man „Echnaton" von Philipp Glass (Jahrgang 1937).

Zu jenen, die mit neuen Formen und neuen musikalischen Stilmitteln experimentieren, gehört insbesondere Dieter Schnebel (Jahrgang 1930). Aus Lahr im Schwarzwald gebürtig, promovierte Schnebel mit einer Dissertation „Studien zur Dynamik Arnold Schönbergs". Er ist mit Boulez, Kagel und John Cage befreundet und bekennt sich zur Bezeichnung „Avantgardist". Mit dem Regisseur Achim Freyer realisierte er sein experimentelles Vokalstück „Maulwerke" zum ersten Male szenisch, und dann schrieb er die Musik zu Freyers Bühnendeutung der „Metamorphosen des Ovid" (1987).

Ein „Operngrusical" in einem Akt ist „Die Leiche im Sack", Text von Eberhard Streul, Musik-Arrangement von Franz Wittenbrink (1983). Streul schrieb ferner eine „Revue für einen Theaterrequisiteur": „Die Stunde des Josef Bieder" (1985), ein Ein-Mann-Stück für einen Opernsänger, der hier vor allem Schauspieler zu sein hat.

Zu den Uraufführungen des Jahres 1986 gehörte die dreiaktige Oper „Stephen Climax" von Hans Zender (Jahrgang

1936), der, auch als Pianist und Dirigent tätig, Anregungen von Bartók, B. A. Zimmermann und Pierre Boulez aufgreift. Für „Stephen Climax" verwendete Zender Texte aus dem „Leben des heiligen Simeon des Säulenstehers" und aus James Joyces „Ulysses". Simeons Zeit und die Stephens, der zentralen Gestalt des „Ulysses", seien beide „unserer Normalzeit in gegensätzlichen Richtungen weit entfernt", so interpretiert Zender die Sicht auf seinen Stoff.

Ebenfalls 1986 uraufgeführt wurde die Oper „Die Blinden" von Walter Zimmermann, einem aus dem Fränkischen stammenden Kagel- und Heider-Schüler. Das Sujet von Maurice Maeterlinck handelt von einer Gruppe verlassener Blinder, die, ihres wichtigsten Sinnesorgans beraubt, in jeder Zuwendung – ob freundlich oder feindlich – nur Bedrohung empfinden. Wie in der Premierenkritik der FAZ betont wurde, schrieb Zimmermann hier ganz bewußt ein Stück gegen die Operntradition. Gerade die undramatischen, statischen Eigenschaften der Dichtung hätten den deutschen Komponisten gereizt. „Das Gewebe der zwölf Grundtöne steuert auf das kollektive Wir, das, von allen angenommen, dem Tod ins Auge blicken kann", erläutert der Komponist. In der Vertonung habe er „streng auf Aussparung der maniriert expressiven Mittel des Musiktheaters geachtet".

In der DDR wird das kulturelle Geschehen und natürlich auch das Opernleben von staatlicher Seite systemgerecht mitbestimmt. Walter Ulbricht erklärte 1964: „Wir sind an einer lebenswahren, parteilichen und volksverbundenen Kunst interessiert. Wir fordern von der Kunst die Entdeckung und Feststellung der Wahrheit und Schönheit im Leben des Menschen, der all die großen und kleinen Taten schafft, die unsere Republik voranbringen. Darin sehen wir das Schöpfertum des sozialistischen Künstlers."[294] Und Ernst Herrmann Mayer, führender deutscher Theoretiker des sozialistischen Realismus in der Musik, unterstrich den politischen Aspekt, indem er ausführte: Der Komponist müsse „vom Inhalt ausgehen, nicht von formalen Überlegungen und abstrakten Stilproblemen. Botschaften dem Volke in seinem Kampf für den Frieden und in seinem Streben nach Fortschritt und einem schöneren Leben zu bringen, das auszudrücken, was das Volk bereichert, vertieft und erfreut und was seine Erkenntnis des

Die Deutsche Oper Berlin (Westberlin) ist nicht erst unter dem jetzigen Intendanten Götz Friedrich ein Zentrum moderner Opernpflege in Deutschland.

Lebens fördert – das muß der Inhalt unserer neuen Musik sein."[295]

Derlei Programme konnten allerdings, bezogen auf die Musik, nur ein ganz allgemeiner Leitfaden sein. Selbst die Musik Paul Dessaus paßte zuerst nicht recht ins Konzept des sozialistischen Realismus.[296] Die Diskussionen um systemgerechte künstlerische Gestaltungsweisen rissen daher in der Folge nie ab.

Zur älteren Generation der DDR-Komponisten, die auch Opern schrieben, gehören Siegfried Köhler und Walter Draeger. Die schon in einem anderen Kapitel erwähnten Komponisten Gerster und Wagner-Régeny werden ebenfalls für die DDR reklamiert. Der 1946 in Dresden ansässig gewordene Spätromantiker Fidelio F. Finke (1891–1968) komponierte die Opern „Die versunkene Glocke" (1918), „Die Jakobsfahrt" (1936), „Der schlagfertige Liebhaber" (1954) und

„Der Zauberfisch" (1960), letztgenanntes Werk nach dem Märchen vom Fischer und seiner Frau. Von Alfred Böckmann stammt eine Oper, „Doktor Eisenbart" (1954), von Jean Kurt Forest die Bauernkriegsoper „Der arme Konrad" (1959), die ebenso eine zeitgemäße Tendenz hat wie andere Werke dieses Komponisten. Der Schlesier Kurt Schwaen schrieb die Opern „Leonce und Lena" (1961) und „Die Morgengabe" (1963) sowie die Funkoper „Fetzers Flucht" (1955), in der es um die Flucht eines Mannes aus der DDR und seine Bekehrung zur sozialistischen Sache geht.

Joachim Werzlau brachte in „Regine" (1966) Probleme des sozialistischen Landlebens auf die Bühne, Karl-Rudi Griesbach sieht in „Kolumbus" (1958) den Entdecker der Neuen Welt unter dem tragischen Aspekt des Wegbereiters kolonialer Ausbeutung. In Wilhelm Neefs Oper „Das schweigende Dorf" (1961) wird die Schuld von Faschisten an der Ermordung jüdischer Frauen und Kinder aufgerollt. Robert Hanell wählte den Wildeschen „Dorian Gray" als Beispiel des Verfalls bürgerlicher Moral für einen Opernstoff (1962). Er komponierte aber auch eine komische Oper, „Oben und unten" (1964), und als Kontrast dazu die im KZ-Milieu spielende Oper „Esther" (1966), deren Titelfigur eine griechischjüdische Geigerin ist.

Einer der fruchtbarsten und angesehensten Komponisten der DDR ist Siegfried Matthus, ein Schüler von Wagner-Régeny und Hanns Eisler. Der aus Ostpreußen stammende Musiker (Jahrgang 1934), der sich Bühnenerfahrung als Dramaturg an der Berliner Komischen Oper holte und auch zahlreiche Instrumentalmusik vorlegte, schrieb mehrere Werke für die Musikbühne: „Lazarillo von Tormes" (1964), „Der letzte Schuß" (1967), „Noch einen Löffel Gift, Liebling" (1972) und „Omphale" (1977). Im Reigen der Premieren zur Wiedereröffnung der Semper-Oper in Dresden (1985) gelangte ein weiteres Opus von Matthus zur Uraufführung: „Die Weise von Liebe und Tod des Cornets Christoph Rilke". Der Versuch, dieses wohl bedeutendste und bekannteste Werk des jungen Rainer Maria Rilke auf die Opernbühne zu bringen, zeugt von der Sensibilität des Komponisten dieser „Opernvision". Mit einem ganz kleinen Orchester erzielte Matthus ein hohes Maß an Farbigkeit seiner maßvoll modernen Musik.

Im Rahmen der Premieren zur Wiedereröffnung der Dresdner Semper-Oper hatte auch das zeitgenössische Schaffen seinen Platz. Zur Uraufführung gelangte Siegfried Matthus' „Opernvision" nach Rilke: „Die Weise von Liebe und Tod des Cornets Christoph Rilke".

Daß der Spannungsbogen nicht stärker ist, erscheint sujetbedingt: Rilkes „Cornet" ist ja eine lyrische Ballade, ein lyrisch-episches Werk.

Matthus hat das Tonmaterial aus einer Achttonleiter mit Terzenschichtung und Chromatik entwickelt und charakterisiert seine stilistische Position als Mittelstellung zwischen Tonalität und Dodekaphonie. Als sein eigener Textgestalter zog Matthus einige Stellen auch aus anderen Dichtungen Rilkes heran und stellte durch eine Gedicht-Passage, „In solchen Nächten war einmal ein Feuer in der Oper", den aktuellen

Zeitbezug zum Brand Dresdens im Bombenkrieg von 1945 her. Was Matthus zeigen will, ist die Tragödie eines jungen Mannes in einem schrecklichen Kriegsgeschehen, der die Krise der Pubertät durch ein großes Liebeserlebnis überwindet und im Überschwang des neugewonnenen Lebensgefühls blindlings in den Tod läuft.

Diese Interpretation ist wohl zu einseitig. Der Cornet, der, ein halber Knabe, mit der kaiserlichen Reiterei nach Ungarn zieht und im Kampf mit den Türken fällt, trägt sicher etwas von der Sehnsucht nach heldischem Leben in sich, er ist aber vor allem eine Spiegelung Rilkes selbst, der sich, gleich dem Cornet Christoph, in der Fremde als Wanderer und Heimatloser fühlt. In Rilke lagen Melancholie, Todessehnsucht, Vertrautheit mit dem Tode, wie er das etwa im Gedicht „Der Tod der Geliebten" spüren läßt. Das rein Poetische der Stimmungsdichtung, an deren Ende der sogenannte Heldentod steht (Rilke selbst distanzierte sich 1919 von einer Heldentumsglorifizierung), hat weder dem Komponisten noch der Regisseuse der Dresdner Uraufführung genügt; ob die „Opernvision" als authentische Spiegelung des Geistes Rilkes gelten darf, muß offenbleiben, doch schmälert diese Feststellung nicht den ernst zu nehmenden Rang von Matthus' Oper, der bald eine weitere folgte: „Judith" (1985, nach dem gleichnamigen Drama von Friedrich Hebbel und Texten aus dem Alten Testament).

Ein weiterer wichtiger Komponist ist Udo Zimmermann (Jahrgang 1943), ein gebürtiger Dresdner, der u. a. mehrere Werke für die Musikbühne geschrieben hat. Zimmermanns erste Oper war die „Weiße Rose" (1967), die 1986 eine grundlegende Neufassung erfuhr. Auf die Erstfassung der „Weißen Rose" folgten „Die zweite Entscheidung" (1970), „Levins Mühle" (1973), „Der Schuhu und die fliegende Prinzessin" (1976), sämtlich in der DDR uraufgeführt. Hingegen hatte die Oper „Die wundersame Schustersfrau" (nach Federico Garcia Lorca) ihre Premiere in Schwetzingen (1982), allerdings in einer Produktion der Hamburger Staatsoper.

Hamburg – die Opera stabile – brachte auch die Neufassung der „Weißen Rose" heraus. Das „Libretto" für diese „Szenen für zwei Sänger und 15 Instrumentalisten" bilden Briefpassagen der Geschwister Scholl sowie verschiedene dazu passende Texte und Gedanken. Die Geschwister Sophie und Hans Scholl waren junge Menschen, die, erfüllt vom Idealismus der Humanitas, im Widerstand gegen das Hitler-Regime Aktivitäten entwickelten, ihr Leben riskierten und schließlich (1943) auch opferten. Die „Weiße Rose" ist überzeitliches Symbol geworden für eine Jugend, welcher die Idee der Freiheit mehr wert war als das Leben. Die textliche Neufassung nahm der Dramaturg Wolfgang Willascheck vor (Librettist der Urfassung war Ingo Zimmermann).

Das Werk ist keine Oper im konventionellen Sinn, vielmehr ein Nebeneinander von Monologen, ein Duodram, das Seelisches reflektiert: das Seelenleben der Todgeweihten in der Stunde vor der Hinrichtung. Die inneren Monologe werden in den 16 kurzen, filmartig aneinandergereihten Szenen hörbar gemacht. Assoziationen, Träume, Erinnerungen ... Da ist die Angst ebensowenig ausgespart wie der Bekennermut, poetische Stimmung ebensowenig wie der Aufschrei, die Vision vom Ende ebensowenig wie die Hinwendung zum Jenseits. Neben Tod und Angst, neben dem „Schrei, der niemals verstummt", vermittelt uns dieses unbequeme Werk durchaus auch Schönheit. „Was ist der Tod? Warum nur ihm entfliehen, wenn leis der Herbst anbricht und mit der letzten Trauer seine Schönheit zeigt" – so heißt es an einer Stelle signifikant für das Ganze und dessen Stimmung.

Im musikalischen Stil knüpft der Komponist an den Expressionismus an. Tonsubstanz, Tonmaterial und Klang sind jene unseres Jahrhunderts. Die Partitur, in welcher die beiden Protagonistenpartien mit bestimmten Intervallreihen verbunden sind, erscheint „aus einer Grundstruktur entwickelt ... von kammermusikalisch durchsichtigen Streicher- oder Holzbläser-‚Kantilenen' bis hin zu gewaltigen Klangflächen und ‚amboßartigen' Orchesterschlägen".[297]

Schroffe, steinharte bis gläserne Klänge kontrastieren zu geradezu romantischer Lyrik. Klangfarben und Melos, Sensibilität und Spannung sind dieser Musik zu eigen. Gefühlsausdruck und Idee bilden den Kern, aus welchem alles herauswächst: eine „Dramaturgie des inneren Theaters". Die Solopartien sind allerdings sehr schwierig, liegen zum Teil sehr hoch.

Das Ganze ist ein zutiefst wirksames Stück – keines allerdings für den „großen Haufen", für kulinarische Genießer. Und kein Werk für ein großes Haus, für die traditionelle Guckkastenbühne.[298]

Udo Zimmermann, zeitweilig als Dramaturg für zeitgenössisches Theater der Bühnenpraxis unmittelbar verbunden, hat einmal erklärt, er empfinde (auch in anderen Kompositionen) immer vokal. Er könnte nicht unabhängig von Assoziationsräumen, von Sujets, Bildvorstellungen, von szenisch konkreten Dingen denken, auch seine symphonischen Stücke hätten „eine Szenendramaturgie".[299]

Udo Zimmermanns Oper „Der Schuhu und die fliegende Prinzessin" basiert auf einem Märchen von Peter Hacks. Der Schuhu, das seltsame „Kind" eines armen Schneiders, ist ein gefiedertes Wesen, das zu früh in eine Zeit hineingeboren wird und von dieser als etwas der Realität Widersprechendes empfunden werden muß. Seinem Wesen entspricht die Wanderschaft, bis er auf einem Berggipfel, hoch über den Wolken, ein wunderbares Land entdeckt, in dem die Menschen bescheiden und freundlich miteinander auskommen. Der Schuhu befreit die fliegende Prinzessin, die ihn liebt, aus der Gefangenschaft, und sie folgt ihm auf den mühevollen Weg zu jenem wolkenüberragenden Gipfel, dessen Höhe zu bezwingen die Flügel der Sehnsucht allein nicht ausreichen. In der Dresdner Aufführung (Regie: Harry Kupfer) wurde dieses menschlich sinnreiche Märchen quasi als episches Theater in einer Art von Clownsrevue erzählt. Die musikalische Palette, die der Komponist hier aufbietet, reicht vom Moritaten-Song bis zu typisch modernen Klangmixturen und kompliziertester Kontrapunktik. Eine Besonderheit ist via Tonband eingespielte transformierte Musik (mit elektronischen und elektroakustischen Geräten aus instrumentalen Aufnahmen hergestellt); sie gehört dem Bereich des Schuhu zu und steht für Zukunftshoffnung und Sehnsucht nach menschlicher Erfüllung. Die zweichörige Aufstellung des Orchesters ist Symbol für die innere Gespaltenheit der Lebensordnungen, die der Schuhu durchwandert.

„Die wundersame Schustersfrau", Udo Zimmermanns fünfte Oper, ist, was das Sujet betrifft, eine derb-drastische Komödie des spanischen Dichters. Der Komponist hat sie mit großer Kunstfertigkeit auf die Musikbühne transferiert. Und

*Der DDR-Komponist Siegfried Matthus ist auch im Spielplan
der Komischen Oper in Ostberlin vertreten.*

Zimmermann hegt neue Opernpläne: Eine „Sintflut" nach
Ernst Barlach ist für Köln (1988) in Arbeit.

Ein weiterer aus der DDR stammender Komponist ist
Rainer Kunad. Der aus Chemnitz (Karl-Marx-Stadt) gebürtige Kunad (Jahrgang 1936) hat mehrere Opern geschrieben,
u. a. „Vincent" (1979), worin bilderbogenartig das tragische
Leben des Malers van Gogh vorbeizieht. Anliegen der in
zehn Bilder gegliederten Oper ist es, den Künstler vor Augen
zu führen, der Mensch unter Menschen sein will. In diesem
Sinne stellt das Werk nicht eine Biographie dar, die Titelfigur
erscheint lediglich in großen Zügen mit ihrem realen Vorbild
identisch. Kunad fand in der „gesamten Tendenz des Schauspiels, sprachlich, wie in der dramatischen Struktur, ... Räu-
me für Musik, ... den Beweggrund zum Musizieren".[300] Zu
den eindringlichsten Stellen dieser Oper gehört die Szene im

Irrenhaus. Die Musik mit ihren sprachdeklamierenden Sing-
stimmen hat expressive Momente, zu denen sich der moderne
Klang verdichtet. Dodekaphone Elemente sind einbezogen,
Gestisches und Symphonisches miteinander vereint.

„Amphytrion" heißt Kunads nächste Oper (1984), und
1986 hatte „Der Meister und Margarita" Premiere, diesmal
außerhalb der DDR, in Karlsruhe. Das Textbuch (Heinz
Czechowski) basiert auf Michail Bulgakows gleichnamigem
Roman. Das Sujet, das Kunad hier mit überwiegend konservativen Mitteln komponiert hat, ist komplex: Der namenlose
Meister kann seinen Roman, der die Begegnung von Pilatus
und Jesus schildert – die Handlung wird immer wieder durch
fiktive historische Einschübe unterbrochen –, nur mit Hilfe
seiner Geliebten Margarita vollenden, die sich als Hexe dem
Teufel unterwirft. Während dieses eigenartigen Faust-Paktes
spielt Margarita die Ballkönigin auf einem Fest, auf welchem
monströser menschlicher Abschaum artig Polonaise tanzt.
Vom Text her dient das Werk gewiß nicht der vom Komponisten geäußerten Absicht, für ein „Publikum in seiner ganzen
demokratischen Breite" zu schreiben.

Die Uraufführung einer Oper „Büchner" von Friedrich
Schenker, einem Dessau-Schüler, kam in der Deutschen
Staatsoper in Ost-Berlin als Beitrag der „11. Musik-Biennale
Berlin" zum 150. Todesjahr des deutschen Dichters Georg
Büchner heraus (1987). Büchner läßt als Todkranker die
Weltgeschichte und das eigene Leben Revue passieren. Ihm
erscheinen Gestalten aus seinem Leben und aus seinen Wer-
ken.

Die stilistische Situation von DDR-Komponisten sucht
Prieberg[301] mit der Feststellung zu charakterisieren, die meisten Werke verrieten den Versuch, etwa auf dem Stand des
Jahres 1948 Schule zu bilden und überdies den direkten Anschluß an die dreißiger Jahre zu gewinnen, manchmal im Umweg über Anregungen durch Bartók, Prokofjew und Schostakowitsch. Daß „Neobarock, Neoklassizismus und Spätromantik aus der Richtung Regers, ergänzt durch melodische
und harmonische Anleihen bei Hindemith", zu einem – in
sich natürlich mannigfaltigen und von persönlichen Zügen geprägten – Zeit- und Nationalstil zusammenfließen, sei „in gewisser Weise typisch für das andere Deutschland". Die Frage

*In Karlsruhe wurde die Uraufführung der Oper „Der Meister
und Margarita" von Rainer Kunad in einer Inszenierung
von Yurij Ljubimov herausgebracht.*

„Avantgarde oder nicht" spiele kaum eine Rolle, man huldigt
keinen Moden, und diese Art der stilistischen „Konsolidie-
rung" habe für Musik und Publikum gewiß manchen Vorteil.
Freilich auch den Nachteil epigonischer Mittel. Doch „sehen
sich die Komponisten heute, besonders die jüngeren, noch
nicht strikt festgelegten, in der Lage, an einer Synthese mitzu-
wirken, bei der die besten, im Hinblick auf den erstrebten
Ausdruck optimal brauchbaren Tendenzen in Stil und Handwerk verschmelzen". Die Dodekaphonie wird nicht übersehen. Alles ist auch hier in Fluß.

„An verschiedenen Orten lassen sich heute sehr unterschiedliche Erfahrungen sammeln", meinte Reinhard Oehlschlägel in einer Diskussion.[302] Jedenfalls könne das neue musikalische Theater ohne die Entwicklung der neuen Musik kaum zureichend begriffen werden. Die „Abstraktion von den traditionellen Kategorien des Zusammenhangs, des Handlungsablaufs und der klassischen Dramaturgie von Konflikt, Katastrophe und Lösung", sei „der musikalischen Abstraktion von Dur-Moll-Funktionalität, Taktrhythmik und Formperiodik vergleichbar".

Dem „Klischee erschöpfter Formen" wird „Ein neuer Weg: Multimedia" gegenübergestellt. Da ist der „Raum, der nicht nur klanglich differenziert zu füllen ist, sondern in den optische Ereignisse hinzuzukomponieren sind".[303] Kinetische Objekte gehören zu den Möglichkeiten neuer optischer Aktionen, die technischen Möglichkeiten beziehen sich nicht zuletzt auf die Beleuchtung, die klanglichen schließen elektroakustische Phänomene ein. Auch das Mittel der Collage samt dem Moment des Improvisatorischen bietet sich an.

Daneben bleibt das Bekenntnis zum tradierten Operntypus – allerdings in neuer Form des musikalischen Stils. Reimann sagt, es komme nur darauf an, was man mit der Form der Oper macht. Man könne im Opernhaus „bestimmt noch viel Neues bieten, etwas, das man im einzelnen vielleicht gar nicht sich vorstellen kann – es geht immer weiter. Das ist das Aufregende dabei."[304]

Insbesondere auch Giselher Klebe plädiert für die Oper. Sie ist für ihn „eine Form, in der menschliche Probleme durch Musik ausgedrückt werden, und zwar dergestalt, daß Dinge, die das Wort nicht mehr zum Schwingen bringen kann, durch die Musik ganz besonders interpretiert werden". Daß sich die Musik „gegenüber dem Text objektiviert, verselbständigt, ,bilderlos sie selbst sein will'", könne er für sich nicht akzeptieren, äußerte Klebe. Die Musik solle sich keinesfalls „auf die bloße Beschäftigung mit der eigenen Struktur zurückziehen".[305]

Die Diskussion über die Oper, über das Musiktheater geht also weiter. Sie wird immer wieder aufs neue angefacht. Neue Werke werden geschrieben. Ein unvollendetes Finale …

Anmerkungen

[1] Norbert Tschulik, Musiktheater in Österreich. Die Oper im 20. Jahrhundert, Wien 1984.

[2] Mitteilungen der Kommission für Musikforschung Nr. 27, Anzeiger der phil.-hist. Klasse der Österreichischen Akademie der Wissenschaften, 114. Jg. 1977, S. 80 ff.

[3] Ernst Krause, Richard Strauss, München 1979, S. 21.

[4] Julius Korngold, Deutsches Opernschaffen der Gegenwart. Kritische Aufsätze, Leipzig-Wien 1921, S. 15 ff. bzw. S. 30.

[5] Erstdruck: „Die Neue Rundschau", 28. Oktober 1917, S. 1388–1402. Mit kleinen Erweiterungen im Kapitel „Von der Tugend der Betrachtungen eines Unpolitischen", Berlin 1918, Gesammelte Werke, Bd. 5. S. 406–424. Neuausgabe von Essays Thomas Manns, Bd. 3, Fischer Taschenbuch, 1978, S. 43 ff.

[6] „Musikblätter des Anbruch", 2. Jg., Nr. 11, 12. Juni 1920. Auch enthalten bei Willi Reich, Alban Berg. Leben und Werk, Zürich 1963, S. 194 ff.

[7] Hans Rectanus, Leitmotivik und Form in den musikdramatischen Werken Hans Pfitzners, Würzburg 1967, S. 3 – Ders., Hans Pfitzner und die Bedeutung des Wiener Nachlasses, in: Programmheft zu Pfitzner-Konzert im Hobokensaal der Österreichischen Nationalbibliothek, Musiksammlung, 28. November 1979.

[8] Conrad Wandrey, Hans Pfitzner, seine geistige Persönlichkeit und das Ende der Romantik, Leipzig 1922, S. 89.

[9] Offener Brief, in: „Die Musik", Juli 1934.

[10] Regiebuch Pfitzners zu „Der arme Heinrich", hg. von Erwin Mehl, Leipzig 1919.

[11] „Wiener Abendpost", 17. März 1915.

[12] Gesammelte Schriften, 2. Bd., S. 87.

[13] Zit. nach Martha Handlos, in: Programmheft der Wiener Staatsoper zur „Palestrina"-Neuinszenierung, 26. Oktober 1978.

[14] 1917 im Druck herausgegeben von Erwin Mehl, dem engen Mitarbeiter des Meisters in seiner Straßburger Zeit.

[15] Walter Abendroth, Hans Pfitzner, München 1935, S. 313.

[16] Rectanus, a.a.O., S. 68.

[17] Aufsatz „Die Symbolik der Rose vom Liebesgarten", Gesammelte Schriften, 2. Bd., S. 89 ff.

[18] Walter Riezler, Hans Pfitzner und die deutsche Bühne, München 1917.

[19] Der Wortlaut dieses Vortrags über „Palestrina. Das Werk und seine Geschichte" findet sich in der Österreichischen Musikzeitschrift (ÖMZ),

10. Jg., 1955, Heft 7−8, S. 243 ff., und im Programmheft der Wiener Staatsoper zur „Palestrina"-Neuinszenierung 1978. Hier auch der Beitrag „Das Konzil von Trient" von Anton Fellner.

[20] Der Entwurf ist in den Lebenserinnerungen von Frances Grun enthalten (S. 26 f.), der Schwester von James Grun und Lebenspartnerin des Malers Hans Thoma. Walter Kreuzberg hat diese Erinnerungen unter dem Titel „Hans Thoma und Frances Grun" ediert (Frankfurt am Main, 1957). Frances Grun (1874−1946) gibt auch eine genaue Schilderung des Bildes „Der Wächter vom Liebesgarten".

[21] Alfred Orel, in: Schweizerische Musikzeitung und Sängerblatt, 89/1949, S. 132.

[22] „Frankfurter Zeitung", 16. Juni 1917.

[23] Das hat Pfitzner selbst betont, ebenso Erich Schenk in seiner Aufführungskritik in „Wiener Tageszeitung", Nr. 50, 1949.

[24] Die wichtigste einschlägige Arbeit stammt von Rudolf Kriss, „Die Darstellung des Konzils von Trient in Hans Pfitzners musikalischer Legende Palestrina", 1962. Der Autor hat zahlreiche historische Vorbilder für die in Pfitzners Werk aufscheinenden Personen identifiziert und die Zusammenhänge zwischen Oper und historischen Fakten aufgezeigt.

[25] Doch kommt auch Rom als tatsächlicher Geburtsort in Frage. Vgl. dazu MGG-Beitrag 10/Sp. 658 ff. von Knud Jeppesen, der auch über die Marcellus-Probleme schrieb.

[26] Rectanus, a.a.O., S. 102.

[27] Weitere Literatur lieferten u. a. Otto Erhardt in der Druckausgabe seines „Palestrina"-Regiebuches, Berlin 1922, und Franz Grasberger („Dokumente zur Wiener Erstaufführung des Palestrina", in: ÖMZ, 24. Jg., 1969, Heft 4, S. 234 ff.) sowie Berta Kiurina, die Sängerin der Wiener „Palestrina"-Erstaufführung, die (in: „Blätter des Operntheaters", 1. Jg., 1919) nicht zuletzt eine lebendige Vorstellung von Pfitzner als Regisseur vermittelt.

[28] Neudruck von „Werk und Wiedergabe" (aus den Gesammelten Schriften Pfitzners), Tutzing; mit einem Nachwort von Walter Abendroth.

[29] Briefwechsel mit Hugo von Hofmannsthal, 1. Aufl., Zürich 1952, 5. Aufl. 1978.
Briefwechsel mit Stefan Zweig, Frankfurt am Main 1957.
Briefwechsel mit Joseph Gregor, Salzburg 1955.
Ein wichtiges Strauss-Standardwerk ist Erich Hermann Müller von Asows „Thematisches Verzeichnis der Werke von Richard Strauss", nach dem Tod des Verfassers vollendet und herausgegeben von Alfons Ott und Franz Tenner, Wien-München 1955-1974. Das biographische Standardwerk von Willi Schuh ist leider nur bis zum 1. Band, Jugend und frühe Meisterschaft. Lebenschronik 1864−1898, Zürich 1976, gediehen.

[30] Veröffentlicht im Septemberheft der ÖMZ, 4. Jg., 1949, S. 264/266.

[31] Aufsatz „Genie in unserer Welt", ÖMZ 1964, Heft 5−6, S. 217 ff. Kralik verfaßte aber auch ein Strauss-Buch (1963).

[32] A.a.O., S. 13.

[33] „Persönliches von Richard Strauss", in: ÖMZ, 12. Jg., 1957, Heft 4 und 5, S. 137 ff. bzw. 186 ff.

[34] Den Titel „Ein begabter Kegelbruder" hatte Wolf Rosenberg, einer der

„zornigen" Gratulanten zum „Hundertsten" von Richard Strauss, für seinen Artikel in der Zeitschrift „Forum" (Heft 126/127, Wien, Juni/Juli 1964) gewählt, für eine jener Arbeiten, die am glanzvollen Image des Meisters kratzten. In diesem Aufsatz zitiert der Autor sehr ausgiebig den Philosophen Ernst Bloch, der Strauss u. a. vorwarf, er habe keine Werke der Reife geschrieben, d. h. nicht „solche des Durchbruchs, der die Summe aller früheren Erfahrungen als Ausgangspunkt, keineswegs als Bilanz enthielte".

[35] Rosenberg, a.a.O., S. 332.

[36] Schuh, a.a.O., S. 134.

[37] Ebenda, S. 156.

[38] Ebenda, S. 262 f.

[39] Vgl. Wilhelm Klatte, in: „Die Musik", 16. Jg., Heft 9, Juni 1924.

[40] 4. Februar 1945. Gesamtausgabe des Briefwechsels mit Gregor, S. 269 ff.

[41] Der Konflikt Mahlers mit der Zensur hat große Popularität im Strauss-Schrifttum erlangt. Er wird nicht nur im Buch Franz Willnauers über „Mahler und die Wiener Oper" (Wien 1979) ausführlich geschildert, sondern ist auch im Rahmen der Publikation des Briefwechsels Mahler-Strauss (hg. von Herta Blaukopf, München-Zürich 1980) dokumentiert und kommentiert sowie von Clemens Höslinger anhand von Aktenmaterial aus dem Haus-, Hof- und Staatsarchiv in Wien dargestellt worden („‚Salome' und ihr österreichisches Schicksal", ÖMZ, 32. Jg., 1977, Heft 7−8, S. 300 ff.). Interessant ist in diesem Zusammenhang ein von H. E. Goldschmidt in der Wiener Tageszeitung „Die Presse" (8. September 1979) publizierter Artikel: „Richard Strauss beim Kardinal. Ein bisher unveröffentlichter Bahr-Brief und das Schicksal der ‚Salome'". Die Wiener „Salome"-Erstaufführung im Rahmen eines Breslauer Operngastspiels im Deutschen Volkstheater (25. Mai bis 20. Juni 1907) wurde prompt von einer Parodie begleitet: „Salome die Zweite" von C. Carl und Karl Strobl mit Musik von Theobald Kretschmann im Lustspieltheater im Wiener Prater.

[42] Rosenberg, a.a.O., S. 333.

[43] Roland Tenschert, Richard Strauss, 2. Aufl., Wien 1945, S. 93.

[44] Brief an Hugo von Hofmannsthal vom 16. Jänner 1915, an Stefan Zweig vom 5. Mai 1935.

[45] Daß Wilde die „Salome" selbständig auf französisch schrieb, ist zwar von Lord Alfred Douglas, dem Übersetzer ins Englische, bezweifelt, von anderer Seite jedoch bestätigt worden. Bekannte haben den Text nur leicht überarbeitet und korrigiert. Vgl. dazu Montgomery Hyde, Oscar Wilde, deutsche Erstausgabe München 1982, S. 185.

[46] Krause, a.a.O., S. 291.

[47] Tenschert, a.a.O., S. 106 ff.

[48] Richard Specht, Richard Strauss und sein Werk, Leipzig-Wien-Zürich 1921, 2. Bd., S. 105.

[49] Ebenda, S. 106.

[50] Ebenda, S. 111.

[51] Ebenda, S. 167.

[52] Vgl. Hofmannsthal, Dramen II, Frankfurt am Main, S. 531 ff.

[53] Zit. nach Walter Panofsky, Richard Strauss, München 1965, S. 143.

[54] 8. Jänner 1935. Briefwechsel zwischen Gregor und Strauss, S. 14 ff.

[55] Krause, a.a.O., S. 313.

[56] Vgl. hierzu Adam Wandruszka, „Das Zeit- und Sprachkostüm von Hofmannsthals ‚Rosenkavalier'", in: Zeitschrift für deutsche Philologie, Bd. 86, Heft 4, 1967, S. 561 ff.

[57] „Nachwort" zum „Rosenkavalier", 1911.

[58] Ludwig Eldersch, „Der Rosenkavalier ist keine Phantasiegestalt". Feuilleton in „Neues Österreich", 24. Juli 1965. Dazu auch Otto Erich Deutsch, Mozart und die Wiener Logen, Wien 1932, S. 31, Anm. 28. Demnach war jener Graf Esterházy, ein Liaisons nicht abgeneigter Freund von Kaiser Franz I., dem Gemahl Maria Theresias, ein Mitglied der Loge „Zur gekrönten Hoffnung"; ihm zum Gedächtnis komponierte Mozart die „Maurerische Trauermusik".

[59] Gunther Martin, in: „Wiener Zeitung", 17. September 1976, S. 11, bzw. Fritz Feltzmann, „Ochs von Lerchenau. Gutsherr im niederösterreichischen Weinviertel", in: Nö. Kulturberichte, Monatsschrift für Kultur und Wissenschaft, Juni 1978, S. 10 f.

[60] Andreas Razumovsky, „Über den Text des ‚Rosenkavalier'", in: Zeugnisse, Theodor Adorno zum 60. Geburtstag, Frankfurt am Main 1963, S. 225 ff.

[61] Hans Swarowsky, „Zum Rosenkavalier-Libretto", in: ÖMZ, 24. Jg. 1969, Heft 10, S. 584 ff.

[62] Tenschert, a.a.O., S. 66 ff.

[63] Ebenda, S. 73.

[64] Krause, a.a.O., S. 317.

[65] Specht, a.a.O., S. 220.

[66] Tenschert, a.a.O., S. 97.

[67] Krause, a.a.O., S. 319.

[68] Brief vom 21. April 1909.

[69] Brief vom 26. Juli 1928.

[70] Krause, a.a.O., S. 383.

[71] Brief vom 16. Juli 1914.

[72] Briefwechsel, ebenda.

[73] Brief vom 4. Juni 1924.

[74] Patricia Velikay, Analyse des Briefwechsels Richard Strauss-Hugo von Hofmannsthal bis einschließlich der „Frau ohne Schatten", phil. Diss., Wien 1979.

[75] Ebenda, S. 136.

[76] Vgl. hierzu Ernst Stern, Bühnenbildner bei Max Reinhardt, Berlin 1955. Barbara Buchsbaum hat die Szenerie der Stuttgarter Inszenierung in ihrer Dissertation „Bühnengeschichte der Strauss'schen Ariadne auf Naxos", Wien 1971, geschildert.

[77] Brief vom 20. März 1911.

[78] Tenschert, a.a.O., S. 76.

[79] Krause, a.a.O., S. 357.

[80] Brief vom 5. März 1913.

[81] Brief vom 20. April 1914.

[82] Brief vom 15. April 1915.

[83] Brief vom 14. Mai 1915.

[84] Walter Ritzer, „Die ‚Frau ohne Schatten'. Gedanken zum Libretto", in: ÖMZ, 29. Jg., Heft 7−8, S. 328 ff.

[85] Tenschert, a.a.O., S. 111.

[86] Ritzer, a.a.O., S. 336 f.

[87] Kurt Overhoff, „Der geistige Hintergrund der ‚Frau ohne Schatten'", in: Opernjournal, Deutsche Oper Berlin, Saison 1963/64 bzw. Programmheft der Wiener Staatsopernpremiere, 16. Jänner 1977. Overhoff sieht Einflüsse u. a. auch durch Emanuel von Swedenborgs Vision einer Hierarchie der Bewußtseinssphären gegeben.

[88] Vgl. Gerhard Pfaff, „Die Frau ohne Schatten. Die Bedeutung der Hauptgestalten im Gefüge des Werkes", phil. Diss., Frankfurt am Main 1957. Hier ist andere einschlägige Literatur bereits verarbeitet, und zwar Werner Huber, Die erzählenden Werke Hugo von Hofmannsthals, phil. Diss., Zürich 1947; Belma Cakmur, Hofmannsthals Erzählung „Die Frau ohne Schatten". Studien zu Werk und Innenwelt des Dichters, Ankara 1952; Theo Reucher, Hugo von Hofmannsthals Erzählung „Die Frau ohne Schatten". Eine Interpretation, phil. Diss., Köln 1953.

[89] Pfaff, a.a.O., S. 225.

[90] Erich Graf, „Zur Thematik der ‚Frau ohne Schatten'", in: ÖMZ 19. Jg., 1964, Heft 5−6, S. 228 ff.

[91] Roland Tenschert, „Die Frau ohne Schatten", in: ÖMZ, 8. Jg., 1953, Heft 3, S. 139 ff.

[92] Erich Graf, „Die Bedeutung von Richard Strauss' ‚Intermezzo'", in: ÖMZ, 18. Jg., 1963, Heft 5, S. 241 ff.

[93] Ruth Schopenhauer, Die antiken Frauengestalten bei Richard Strauss, phil. Diss., Wien 1952.

[94] Brief vom 22. September 1923.

[95] Erste Veröffentlichung in der „Neuen Freien Presse", 27. März 1910.

[96] Brief vom 20. November 1927.

[97] Brief vom 12. Dezember 1927.

[98] Franjo S. Kuhačs, Južno-slovenske norodne popievke. Südslawische Volkslieder, gesammelt, in Stimmen gesetzt und mit Klavierbegleitung herausgegeben, Agram 1878−1882.

[99] Sie hieß Emilie Turecek (1846−1889), war die „Königin" der Fiakerbälle und starb infolge ihres zügellosen Lebens an einer Lebererkrankung. Vgl. hierzu Otto Erich Deutschs Aufsatz „Arabella und die Fiakermilli", in: „Neue Freie Presse", 26. Oktober 1933, dann im Essayband „Musikalische Kuckuckseier und andere Wiener Musikgeschichten", Wien 1973, S. 133 ff.

[100] Heinrich Kralik im Programmheft zur „Arabella"-Premiere der Wiener Staatsoper, Mai 1969.

[101] H. H. Stuckenschmidt, Rede über Busonis „Doktor Faust", in: Schweizerische Musikzeitung, I/1926.

[102] „Wiener Zeitung", 13. Februar 1926.

[103] „Neues Wiener Tagblatt", 13. Februar 1926.

[104] „Der Tag", 13. Februar 1926.

[105] Franz Backhaus, Arlecchino. Ein musikalisches Capriccio von Ferruccio Busoni mit einem Beitrag zur Geschichte der Parodie in der Oper, mschr. Diss., Innsbruck 1976.

[106] Hellmut Wirth, in: MGG 2/Sp. 527.

[107] Jedenfalls aber hat Ludwig Schiedermeier auch Busonis „Doktor Faust" in sein Buch, Sternstunden der Oper. Premieren von Monteverdi bis Henze, München 1976, aufgenommen.

[108] Vgl. Panofsky, a.a.O., S. 53/54.

[109] Kurt Honolka, in: Knaurs Weltgeschichte der Musik, München-Zürich 1969, S. 429.

[110] Otto Daube, in: MGG 14/Sp. 84−86. Daube gab 1925 auch ein Handbuch, Siegfried Wagner und sein Werk, heraus.

[111] Peter P. Pachl, Siegfried Wagners musikdramatisches Schaffen, Tutzing 1979. Karl Schäfer, Das Opernschaffen Siegfried Wagners, Diss., Wien 1936.

[112] Zdenko von Kraft, Der Sohn. Siegfried Wagners Leben und Umwelt, Graz 1969.

[113] Pachl, a.a.O., S. 160. Ausnahmen bis dahin: „Der Bärenhäuter", 1952 in Regensburg, und zwei konzertante Aufführungen („Der Friedensengel", 1974 in London, „Sternengebot", 1977 in Wiesbaden).

[114] Pachl, a.a.O., S. 23.

[115] Korngold, a.a.O., S. 53.

[116] Pachl, a.a.O., S. 23.

[117] Kurt Söhnlein, Gedanken über das Szenenbild bei Siegfried Wagner, Bayreuther Festspielführer 1928.

[118] Dietrich Mack im „Meistersinger"-Programmheft, Bayreuth 1969.

[119] Ludwig Mayer, in: MGG 5/Sp. 663−666.

[120] Friedrich Herzfeld, Die Magie der Oper, Berlin 1970, S. 222.

[121] Klaus Langrock, in: Großes Lexikon der Musik, Freiburg im Breisgau, 3. Bd., 1980.

[122] Mayer, a.a.O. (MGG)

[123] Wilhelm Raupp, Max von Schillings. Der Kampf eines deutschen Künstlers, Hamburg 1935.

[124] Ebenda, S. 117.

[125] Maria Ottich, in: MGG 11/Sp. 1722−1725.

[126] J. Korngold, a.a.O., S. 362.

[127] Felix von Lepel, Max von Schillings und seine Oper „Mona Lisa", Berlin 1954.

[128] Raupp, a.a.O., S. 128 ff.

[129] Ullstein-Lexikon, Berlin 1965.

[130] Brief Klenaus an Alban Berg, 29. März 1932. Zit. nach Katalog der Wiener Alban-Berg-Ausstellung, Österreichische Nationalbibliothek, Wien 1985, S. 187.

[131] Ebenda, Brief vom 24. November 1933.

[132] Magie der Oper, a.a.O., S. 223.

[133] Berg-Katalog, a.a.O., S. 187 f.

[134] Max Springer, „Reichspost", Wien, 11. November 1932.

[135] Heinrich Kralik, „Neues Wiener Tagblatt", Wien, 11. November 1932.

[136] Karl Holl, in: MGG 12/Sp. 1262−1263. Holl verfaßte u. a. auch eine Buchpublikation über Rudi Stephan (1920), eine Dissertation von A. Machner folgte (Breslau 1943).

[137] Knaurs „Geschichte der Musik", S. 523.

[138] „Wiener Zeitung", 16. April 1983, Bericht über eine konzertante Aufführung unter Gerd Albrecht in der Hamburger Staatsoper.

[139] Ingrid Samson, in: MGG 7/Sp. 470–475.

[140] Heinrich Strobel, Paul Hindemith, Mainz 1948, S. 7.

[141] Der ersten Periode des musikalischen Schaffens von Paul Hindemith haben sich zwei Dissertationen angenommen. Angela Zabrsa, Das dramatische Schaffen von Paul Hindemith 1919–1930, Wien 1972; Hans Ludwig Schilling: Die beiden Fassungen des Cardillac von Paul Hindemith. Freiburg im Breisgau 1957 bzw. im Druck Würzburg 1963 (Literarhistorisch-musikwissenschaftliche Abhandlungen 17). Eine der jüngsten Hindemith-Publikationen steuerte Andres Briner, Zürich 1971, bei.

[142] Der Regisseur Oscar Fritz Schuh hat in seinem Erinnerungsbuch, „So war es – war es so?", Berlin-Frankfurt-Wien 1980, S. 38, über die Protestaktionen gegen die Hindemith-Einakter berichtet. Das Projekt einer „Sancta Susanna"-Aufführung erregte noch in den siebziger Jahren kirchlichen Widerspruch.

[143] Honolka, a.a.O., S. 556.

[144] Strobel, a.a.O., S. 58.

[145] Zabrsa, a.a.O., S. 95 f.

[146] Strobel, a.a.O., S. 41.

[147] Ebenda, S. 45.

[148] In: ÖMZ, 19. Jg./1964, Heft 2, S. 67 ff.

[149] H. H. Stuckenschmidt, Die großen Komponisten unseres Jahrhunderts, München 1971, S. 113.

[150] Vgl. Andreas Liess, Carl Orff, 1. Aufl., Zürich 1955, S. 9.

[151] Zit. nach Schiedermair, a.a.O., S. 444.

[152] Carl Orff, Idee und Werk, 2. Aufl., Zürich 1977, S. 27.

[153] Ebenda, S. 32.

[154] Wilhelm Albert Makus, in: Das große Lexikon der Musik, 4. Bd., Freiburg im Breisgau 1980, S. 380.

[155] Hanspeter Krellmann, in: Einführung zur „Trionfo"-Gesamtaufnahme bei Ariola-Eurodisc.

[156] Liess, a.a.O., S. 112.

[157] Ebenda, S. 115.

[158] Ebenda, S. 114.

[159] „Zur Antigone-Interpretation von Carl Orff", in: ÖMZ, 4. Jg./1949, Heft 7, S. 191 ff.

[160] Vgl. Kindermann, Das Theaterpublikum der Antike, Salzburg 1979, S. 71 ff.

[161] ÖMZ, 10. Jg./1955, Heft 6, S. 191 ff.

[162] Oscar F. Schuh, der Regisseur der Salzburger Uraufführung (1949), in einem Interview, „Wiener Tageszeitung", 10. August 1949.

[163] „Carl Orff heute. An Beispielen aus „Prometheus" verdeutlicht", in: „Neue Zeitschrift für Musik", Heft 7/1973, S. 421 ff.

[164] Ebenda, S. 422.

[165] Den Versuch einer Text- und Musikanalyse „Zu Carl Orffs De temporum fine comoedia" lieferten Werner Thomas und Rudolf Klein, in: ÖMZ, 28. Jg./1973, Heft 7–8, S. 290 ff.

[166] Norbert Tschulik: Der Komponist des zweiten „Wozzeck", in: „Opern-

welt", Heft 4/1982, S. 12. Erwähnung in der Alban-Berg-Literatur bei H. F. Redlich (Alban Berg. Versuch einer Würdigung, Wien 1957), S. 139 und S. 152.

[167] Musikblätter des Anbruch, VIII/5, S. 217.

[168] Kurt Pahlen, Welt der Oper. 2. Aufl., Zürich 1981, S. 149.

[169] Siegfried Goslich, in: Einleitung zu Werkverzeichnis Reutters. Frankfurt am Main 1984, S. 3.

[170] Ebenda, S. 4.

[171] Vgl. Alfons Ott, Mark Lothar – ein Musikerporträt, München 1968.

[172] Prieberg, Musik im NS-Staat, Frankfurt 1982, S. 136.

[173] Ebenda, S. 154.

[174] Zitate nach Prieberg, a.a.O., S. 330; aus „Berliner Volkszeitung", Abendausgabe vom 30. Jänner 1939 bzw. aus dem „Neuen Musikblatt" Mainz, XVIII/41, Februar 1939.

[175] Stuckenschmidt, a.a.O., S. 184.

[176] Prieberg, a.a.O., S. 332.

[177] Stuckenschmidt, a.a.O., S. 186.

[178] Claus-Henning Bachmann, in: ÖMZ, 14. Jg., 1959, Heft 10, S. 425.

[179] Ludwig K. Mayer, „Das Bergwerk zu Falun". Die Geschichte eines Opernstoffes, in: ÖMZ, 16. Jg., 1961, Heft 8, S. 354 ff.

[180] in: ÖMZ, 16. Jg./Heft 8, S. 357.

[181] Pahlen, a.a.O., S. 288.

[182] MGG, 9. Bd., Sp. 427.

[183] Zit. nach Helmuth A. Fiechtner, „Die Bühnenwerke von Kurt Weill", in: ÖMZ, 16. Jg., 1961, Heft 5, S. 213 ff.

[184] Vgl. Brechts „Anmerkungen zur Oper ‚Aufstieg und Fall der Stadt Mahagonny'", in: Schriften zum Theater, Bd. 2, S. 101.

[185] Gottfried Wagner, Weill und Brecht. Das musikalische Zeittheater, München 1977.

[186] Ebenda, S. 80.

[187] Fiechtner, a.a.O., S. 213.

[188] Ebenda, S. 213

[189] Eric Benthley, The Brecht Commentaries 1943–1980, New York-London 1981, S. 92.

[190] Fritz Hennenberg, „Weill, Brecht und die ‚Dreigroschenoper'. Neue Materialien zur Entstehung und Uraufführung", in: ÖMZ, 40. Jg., 1985, Juni-Heft, S. 281 ff.

[191] Werner Oehlmann, Oper in vier Jahrhunderten, Stuttgart-Zürich 1984, S. 746.

[192] Fiechtner, a.a.O., S. 217.

[193] Oehlmann, a.a.O., S. 789 ff.

[194] A.a.O. (Weltgeschichte der Musik), S. 575.

[195] Werner Egk, Oper und Ballett, Lizenzausgabe, Wilhelmshaven 1971.

[196] Zit. nach Stuckenschmidt, a.a.O., S. 130.

[197] Krause, a.a.O., S. 8.

[198] Zit. nach Helmuth A. Fiechtner, „Werner Egk zum 60. Geburtstag", in: ÖMZ, 16. Jg., 1961, Heft 4, S. 173.

[199] Stuckenschmidt, a.a.O., S. 130.

[200] Krause, a.a.O., S. 24.

[201] Stuckenschmidt, a.a.O., S. 132.

[202] Prieberg, a.a.O., S. 24 ff.

[203] Einführung zur Plattenaufnahme von Egks „Peer Gynt" (Orfeo Classic 1982).

[204] Ebenda, S. 5.

[205] Karl Schumann, Einführungsheft zur Plattenaufnahme, S. 8.

[206] Prieberg, a.a.O., S. 319.

[207] Krause, a.a.O., S. 109.

[208] Rudolf Bauer, Premierenbericht, in: ÖMZ, 4. Jg., 1949, Heft 1, S. 34 f.

[209] Krause, a.a.O., S. 150.

[210] Erläuterungen anläßlich der Uraufführung, in: ÖMZ, 10. Jg., 1955, Heft 4, S. 125.

[211] Krause, a.a.O., S. 114.

[212] Erik Werba, „Musik der freien Entscheidung. Werner Egks ‚Irische Legende'", in: ÖMZ, 10. Jg., 1955, Heft 7−8, S. 231 ff.

[213] Magie, a.a.O., S. 226 f.

[214] W. Egk über den „Revisor", in: ÖMZ, 13. Jg., 1958, Heft 2, S. 47.

[215] Krause, a.a.O., S. 128

[216] Ebenda, S. 129.

[217] ÖMZ, 9. Jg., 1954, Heft 7, S. 202 ff.

[218] Die Musik und die Inscenierung, München 1899.

[219] Mitgeteilt in ÖMZ, 13. Jg., 1958, Heft 9, S. 357 ff.

[220] Vgl. Curt Riess, Theater gegen das Publikum. Aida als Putzfrau und andere Missetaten, München 1985. Einblick in moderne Inszenierungsversionen vermittelt u. a. der von Rudolf Hartmann herausgegebene Band „Oper. Regie und Bühnenbild heute", Stuttgart 1977.

[221] Publiziert im Jahrbuch 1980 der Zeitschrift „Opernwelt", S. 7 ff.

[222] Drese, ebenda, S. 7.

[223] Lothar Knessl, in: „Ernst Krenek", Wien 1967, S. 11.

[224] Siegfried Goslich, Die deutsche romantische Oper, Tutzing 1975, S. 125.

[225] Vgl. Grasberger, a.a.O., S. 130.

[226] Von der Möglichkeit des Unmöglichen, ÖMZ, 35. Jg., 1980, Heft 6, S. 266 ff.

[227] Thomas Siedler, Musiktheater 1977/78, Thurnau 1978.

[228] Kölnische Rundschau, zit. nach Monographie Wolfgang Fortner. Werkanalysen, Aufsätze, Reden, Offene Briefe 1950−1959, hg. von Heinrich Lindlar in „Kontrapunkte", Schriften zur deutschen Musik der Gegenwart, Rodenkirchen am Rhein 1960.

[229] Stuckenschmidt, a.a.O., S. 177.

[230] Fortner-Monographie, a.a.O., S. 113.

[231] „Neue Zürcher Zeitung", zit. nach Fortner-Monographie, S. 84.

[232] Vgl. Imre Fabian, Premierenbericht, in: ÖMZ, 27. Jg., 1972, Heft 12, S. 672.

[233] Herzfeld, Magie, a.a.O., S. 250.

[234] Zit. nach Stuckenschmidt, a.a.O., S. 169.

[235] Blacher-Artikel von Adam Adrio, in: MGG, Bd. 1, Sp. 1889.

[236] Wulf Konold, in: Pipers Enzyklopädie des Musiktheaters, Bd. 1, S. 362.

[237] H. H. Stuckenschmidt, Boris Blacher, Berlin-Wiesbaden 1963, S. 23.

[238] Ebenda, S. 39 f.

[239] Hanspeter Krellmann, Uraufführungsbericht, in: „Die Bühne", Wien, November 1973, S. 25.

[240] Zit. nach Stuckenschmidt, Die großen Komponisten, a.a.O., S. 189.

[241] Claus-Henning Bachmann, Premierenkritik, in: ÖMZ, 12. Jg., 1957, Heft 7–8, S. 312.

[242] Stuckenschmidt, a.a.O., S. 193.

[243] Oehlmann, a.a.O., S. 834.

[244] Fritz Hennenberg, Paul Dessau. Eine Biographie, Leipzig 1965, S. 5.

[245] Stuckenschmidt, a.a.O., S. 157.

[246] Hennenberg, a.a.O., S. 29.

[247] Ebenda, S. 56.

[248] Vgl. ebenda, S. 79.

[249] Über gestische Musik, in: Schriften zum Theater, Berlin-Frankfurt 1957, S. 252.

[250] Der Einbruch des Epischen in das moderne Musiktheater, mschr. Diss., Wien 1965.

[251] Hennenberg, a.a.O., S. 82 f.

[252] Ebenda, S. 84 f.

[253] Klaus Langrock, in: Herder-Lexikon, Bd. 5, Freiburg im Breisgau 1981, S. 100.

[254] Claus-Henning Bachmann, in: ÖMZ, 35. Jg., 1980, Heft 2, S. 108 f.

[255] K. H. Ruppel, in: „Süddeutsche Zeitung", 18. März 1974.

[256] Pahlen, a.a.O., S. 188.

[257] Rudolf Klein, Rezension des Klavierauszugs von „Boulevard Solitude", in: ÖMZ, 7. Jg., 1952, S. 368.

[258] Pahlen, a.a.O., S. 188.

[259] H. W. Henze, „Meine Musik auf dem Theater", in: ÖMZ, 21. Jg., 1966, Heft 8, S. 369 ff.

[260] Klaus Geitel, H. W. Henze, Berlin 1968, S. 39.

[261] Ebenda, S. 40.

[262] Ebenda, S. 43.

[263] A.a.O., S. 370.

[264] Geitel, a.a.O., S. 65.

[265] H. W. Henze, „Mein König Hirsch", in: „Melos", September 1956.

[266] Stuckenschmidt, a.a.O., S. 200.

[267] Geitel, a.a.O., S. 66.

[268] Aufsatz in der Wiener Zeitschrift „Die Furche", Oktober 1956.

[269] Geitel, a.a.O., S. 79.

[270] Zit. nach Stuckenschmidt, a.a.O., S. 201.

[271] Geitel, a.a.O., S. 115.

[272] Werner Oehlmann, in: Neue Zeitschrift für Musik, Mai 1965.

[273] Wolfgang Eisermann, „Zur Geschichte und Musik der Bassariden", in: Offizielles Programm der Salzburger Festspiele 1966, S. 41 ff.

[274] Einblick in Henzes Werkstatt, nicht zuletzt hinsichtlich des Werkes „Die englische Katze", gibt ein „Arbeitstagebuch 1978–1982", Frankfurt 1983. Ein ausführliches Literaturverzeichnis findet sich im Henze-Werkverzeichnis des Verlages Schott, Mainz, nach dem Stand vom Juli 1986.

[275] Vgl. Essay über die Wege des Opernkomponisten Henze von Franz

Bayerstadt, in: Programmheft zur Erstaufführung der Oper „Der junge Lord" in der Wiener Staatsoper (9. Juni 1978).

[276] Programmheft zur Frankfurter Inszenierung von 1981, S. 131. B. A. Zimmermann hat hier zu seinen Ausführungen „Zu den ‚Soldaten'" (S. 129 ff.) noch weitere Auffassungen – „Vom Handwerk des Komponisten" (S. 132–137) und „Zukunft der Oper" (S. 138 ff.) – dargelegt.

[277] Wulf Konold, Bernd Alois Zimmermann, Köln 1986, S. 195 f.

[278] B. A. Zimmermann, Vom Handwerk des Komponisten, a.a.O., S. 132.

[279] A.a.O., S. 133.

[280] „Man muß wieder mehr zum Singen kommen", Interview von Wolf-Eberhard von Lewinski mit Aribert Reimann, in: Jahrbuch der Zeitschrift „Opernwelt", 1980, S. 89.

[281] Programmheft der DDR-Erstaufführung an der Komischen Oper Berlin (1983).

[282] Begleitheft zur Schallplattenedition des „Lear", Deutsche Grammophongesellschaft.

[283] Jürgen Maehder in Anmerkungen zu Aribert Reimanns „Lear", DGG-Plattenkassette.

[284] Interview, a.a.O., S. 90.

[285] B. v. Wiese, Die deutsche Novelle, Düsseldorf 1962, S. 104–126.

[286] Dieter Barber, in: Hauptwerke der deutschen Literatur. Darstellungen und Interpretationen. Hg. von Manfred Kluge und Rudolf Radler, München 1974, S. 321.

[287] In: Deutsche Oper Berlin. Spielzeit 1984/85. Beiträge zum Musiktheater IV. W. Rihm, Berg-Bemerkungen, S. 215 ff.

[288] Pahlen, a.a.O., S. 218.

[289] „toi-toi-toi", Zeitung des Salzburger Landestheaters, 3. Jg., Nr. 7, März 1984, S. 3.

[290] Brockhaus Riemann-Musiklexikon, Bd. 1, S. 516.

[291] Vgl. hiezu Premierenbericht in „Südost-Tagespost" (Graz), 16. März 1980.

[292] Jochen Diederichs, in: „Die Bühne", Wien, Juni 1986, S. 50.

[293] Hartmut Regitz, in: ÖMZ, 34. Jg., 1979, Heft 7–8, S. 381.

[294] Zit. nach Fred K. Prieberg, Musik im anderen Deutschland, Köln 1968, S. 47.

[295] Musik im Zeitgeschehen, Berlin 1952, S. 182.

[296] Prieberg, a.a.O., S. 60.

[297] Ingeborg Janich, in: „Die Bühne", April 1986, S. 45 f.

[298] Vgl. hierzu Premierenbericht der Wiener Erstaufführung von Norbert Tschulik in: „Wiener Zeitung", 29. Jänner 1987.

[299] Vgl. „da capo", I/86, Zeitschrift für Theater und Musik, Wien, S. 40 f.

[300] Programmheft der Aufführung der Dresdner Staatstheater.

[301] Prieberg, Musik im anderen Deutschland, S. 255.

[302] Beitrag „Dem Experiment droht Institutionalisierung", in: Oper 1969 (Jahrbuch der „Opernwelt"), S. 57 ff.

[303] Dieter Schönbach, ebenda, S. 60.

[304] Interview mit Aribert Reimann, in: Oper 1980 (Jahrbuch der „Opernwelt"), S. 90.

[305] Interview mit Giselher Klebe, ebenda, S. 94.

Literaturverzeichnis

Abendroth, Walter, Hans Pfitzner, München 1935

Adamy, Bernhard, Hans Pfitzner. Literatur, Philosophie und Zeitgeschichte in seinem Weltbild, Tutzing 1980

Appia, Adolphe, Die Musik und die Inscenierung, München 1899

Backhaus, Franz, Arlecchino. Ein theatralisches Capriccio von Ferruccio Busoni mit einem Beitrag zur Geschichte der Parodie in der Oper, mschr. Diss., Innsbruck 1976

Berrsche, Alexander, Verzeichnis sämtlicher erschienener Werke Hans Pfitzners, mit einem Vorwort „Hans Pfitzner und die absolute Musik", München 1919

Buchsbaum, Barbara, Die Bühnengeschichte der Strauss'schen Ariadne auf Naxos, mschr. Diss., Wien 1971

Busoni, Ferruccio, Entwurf einer neuen Ästhetik der Tonkunst, 1907, 2. Auflage 1916

Cossmann, Paul Nikolaus, Hans Pfitzner. Monographie, München 1904

Deutsch, Otto Erich, Arabella und die Fiakermilli, in: „Musikalische Kukkuckseier und andere Musikgeschichten", Wien 1973

Egk, Werner, Der Revisor als Oper, in: Österreichische Musikzeitschrift (ÖMZ), 13. Jg., 1958, S. 47

Eldersch, Ludwig, Der Rosenkavalier ist keine Phantasiegestalt, in: „Neues Österreich", 24. Juli 1965

Fath, Rolf, Verlotterter Abenteurer. Die Uraufführung von Konrad Boehmers „Doktor Faustus", in: „Die Bühne", April 1985, S. 39 f.

Fiechtner, Helmuth A., Die Bühnenwerke von Kurt Weill, in: ÖMZ, 16. Jg., 1961, Heft 5, S. 213 ff.

Fortner, Wolfgang, Werkanalysen, Aufsätze, Reden, Offene Briefe 1950—1959, hg. von Heinrich Lindlar, Rodenkirchen am Rhein 1960

Geitel, Klaus, Hans Werner Henze, Berlin 1968

Georgiades, Thrasybulos, Zur Antigone-Interpretation von Carl Orff, in: ÖMZ, 4. Jg., 1949, Heft 7, S. 191 ff.

Goslich, Siegfried, Die deutsche romantische Oper, Tutzing 1975

Göhl, Hans, Nicht geheuer. Wilfried Hillers „Der Goggolori", in: „Die Bühne", April 1985, S. 38 f.

Graf, Erich, Zur Thematik der „Frau ohne Schatten", in: ÖMZ, 19. Jg., 1964, Heft 4—5, S. 228 ff.

Graf, Erich, Die Bedeutung von Richard Strauss' „Intermezzo", in: ÖMZ, 18. Jg., 1963, Heft 5, S. 241 ff.

Grasberger, Franz, Richard Strauss und die Wiener Oper, Tutzing 1969

Grasberger, Franz, Dokumente zur Wiener Erstaufführung des „Palestrina", in: ÖMZ, 24. Jg., 1969, Heft 4, S. 234 ff.

Hartmann, Rudolf (Hg.), Oper. Regie und Bühnenbild heute, Stuttgart 1977

Hennenberg, Fritz, Paul Dessau. Eine Biographie, Leipzig 1965

Hennenberg, Fritz, Weill, Brecht und die „Dreigroschenoper". Neue Materialien zur Entstehung und Uraufführung, in: ÖMZ, 40. Jg., 1985, Heft 6, S. 281 ff.

Henze, Hans Werner, Mein „König Hirsch", in: „Melos", September 1965

Herzfeld, Friedrich, Musica nova, Berlin 1954

Herzfeld, Friedrich, Magie der Oper, Berlin 1970

Hirtler, Franz, Hans Pfitzners „Armer Heinrich" in seiner Stellung zur Musik des ausgehenden 19. Jahrhunderts, Würzburg 1940

Höslinger, Clemens, „Salome" und ihr österreichisches Schicksal, in: ÖMZ, 23. Jg., 1977, Heft 7−8, S. 300 ff.

Jung, U., Walter Braunfels, Regensburg 1980 (Studien zur Musikgeschichte des 19. Jahrhunderts)

Kaufmann, Harald, Carl Orff heute. An Beispielen aus „Prometheus" verdeutlicht, in: Neue Zeitschrift für Musik, Heft 7, 1973, S. 421 ff.

Kindermann, Heinz, Das Theaterpublikum der Antike, Salzburg 1979

Kindermann, Heinz, Theatergeschichte Europas, Band VIII, Salzburg 1968

Knessl, Lothar, Ernst Krenek, Wien 1967

Konold, Wulf, Bernd Alois Zimmermann. Der Komponist und sein Werk, Köln 1986

Korngold, Julius, Deutsches Opernschaffen der Gegenwart. Kritische Aufsätze, Leipzig-Wien 1921

Kraft, Zdenko von, Der Sohn. Siegfried Wagners Leben und Umwelt, Graz 1969

Kralik, Heinrich, Genie in unserer Welt, in: ÖMZ, 19. Jg., 1964, Heft 5−6, S. 217 ff.

Krause, Ernst, Richard Strauss, Heyne Taschenbuch, München 1979

Krause, Ernst, Werner Egk. Oper und Ballett, Berlin 1971

Kriss, Rudolf, Die Darstellung des Konzils von Trient in Hans Pfitzners Musikalischer Legende „Palestrina", 1962

Lepel, Felix, Max von Schillings und seine Oper „Mona Lisa", Berlin 1954

Liess, Andreas, Carl Orff. Idee und Werk. 1. Aufl. Zürich 1955, 2. Aufl. ebenda 1977

Liess, Andreas, Das melische Ausdrucksprinzip Carl Orffs, in: ÖMZ, 10. Jg., 1955, Heft 6, S. 191 ff.

Lindlar, Heinrich (Hg.), Wolfgang Fortner. Eine Monographie, Rodenkirchen am Rhein 1960

Louis, Rudolf, Hans Pfitzners „Rose vom Liebesgarten". Eine Streitschrift, München 1904

Mann, Thomas, Hans Pfitzners „Palestrina", in: Neuausgabe von Essays, Bd. 3, Fischer Taschenbuch 1978, S. 43 ff.

Oehlmann Werner, Oper in vier Jahrhunderten, Stuttgart-Zürich 1984

Ott, Alfons, Mark Lothar. Ein Musikporträt, München 1968

Overhoff, Kurt, Der geistige Hintergrund der „Frau ohne Schatten", in:

Opernjournal der Deutschen Oper Berlin, Saison 1963/64, bzw. Programmheft der Wiener Staatsoper, Premiere am 16. Jänner 1977

Pachl, Peter P., Siegfried Wagners musikdramatisches Schaffen, Tutzing 1979

Pahlen, Kurt, Welt der Oper, 2. Aufl., Zürich 1981

Panofsky, Walter, Richard Strauss, München 1965

Panofsky, Walter, Protest in der Oper. Das provokante Musiktheater der zwanziger Jahre, München 1966

Pfaff, Gerhard, Die Frau ohne Schatten. Die Bedeutung der Hauptgestalten im Gefüge des Werkes, mschr. Diss., Frankfurt 1957

Prieberg, Fred K., Musik im anderen Deutschland, Köln 1968

Prieberg, Fred K., Musik im NS-Staat, Frankfurt 1982

Raupp, Wilhelm, Max von Schillings. Der Kampf eines deutschen Künstlers, München 1935

Rectanus, Hans, Leitmotivik und Form in den musikdramatischen Werken Hans Pfitzners, Würzburg 1967

Redlich, H. F., Alban Berg. Versuch einer Würdigung, Wien 1957

Reich, Willi, Alban Berg. Leben und Werk, Zürich 1963

Riess, Curt, Theater gegen das Publikum. Aida als Putzfrau und andere Missetaten, München 1985

Riezler, Walter, Hans Pfitzner und die deutsche Bühne, München 1917

Ritzer, Walter, Die Frau ohne Schatten. Gedanken zum Libretto, in: ÖMZ, 29. Jg., 1974, Heft 7—8, S. 328 ff.

Rosenberg, Wolf, Ein begabter Kegelbruder. Zeitschrift „Forum", Heft 126/127, Wien Juni/Juli 1964, S. 330 ff.

Rozinek, Rudolf, Der Einbruch des Epischen in das moderne Musiktheater, mschr. Diss., Wien 1965

Rutz, Hans, Pfitzner in Österreich, in: ÖMZ, 4. Jg., 1949, Heft 3—4, S. 58 ff.

Schenk, Erich, Das Problem der Invention bei Bach und Beethoven. Mitteilungen der Kommission für Musikforschung Nr. 27. Anzeiger der phil.-hist. Klasse der Österreichischen Akademie der Wissenschaften, 114. Jg., 1977, S. 80 ff.

Schopenhauer, Ruth, Die antiken Frauengestalten bei Richard Strauss, mschr. Diss., Wien 1952

Schiedermair, Ludwig F., Sternstunden der Oper, München 1976

Schilling, L., Die beiden Fassungen des „Cardillac" von Paul Hindemith, Freiburg im Breisgau 1957

Schuh, Willi, Richard Strauss, 1. Bd.: Jugend und frühe Meisterjahre. Lebenschronik 1864—1898, Zürich 1976

Siedler, Thomas, Musiktheater 1977/78, Thurnau 1978

Specht, Richard, Richard Strauss und sein Werk, 2 Bde., Leipzig-Wien-Zürich 1921

Strobel, Heinrich, Paul Hindemith, Mainz 1948

Stuckenschmidt, H. H., Die großen Komponisten unseres Jahrhunderts, München 1971

Stuckenschmidt, H. H., Boris Blacher, Berlin-Wiesbaden 1963

Swarowsky, Hans, Persönliches von Richard Strauss, in: ÖMZ, 12. Jg., 1957, Heft 4 und 5, S. 137 ff. bzw. S. 186 ff.

Swarowsky, Hans, Zum „Rosenkavalier"-Libretto, in: ÖMZ, 24. Jg., 1969, Heft 10, S. 584 ff.

Tenner, Haide, Griechische und römische Mythologie im Musiktheater des 20. Jahrhunderts, mschr. Diss., Wien 1971

Tenschert, Roland, Richard Strauss, 2. Aufl., Wien 1945

Tschulik, Norbert, Musiktheater in Österreich. Die Oper im 20. Jahrhundert, Wien 1984

Tschulik, Norbert, Manfred Gurlitt. Der Komponist des zweiten „Wozzeck", in: „Opernwelt" 4/1982, S. 12

Tschulik, Norbert, Muß denn die Oper erstarren?, in der Zeitschrift „morgen", Wien, 5/1978, S. 268 ff.

Velikay, Patricia, Analyse des Briefwechsels Richard Strauss – Hugo von Hofmannsthal bis einschließlich der „Frau ohne Schatten", mschr. Diss., Wien 1979

Wagner, Gottfried, Weill und Brecht. Das musikalische Zeittheater, München 1977

Wandrey, Conrad, Hans Pfitzner. Seine geistige Persönlichkeit und das Ende der Romantik, Leipzig 1922

Wandruszka, Adam, Das Zeit- und Sprachkostüm von Hofmannsthals „Rosenkavalier", in: Zeitschrift für deutsche Philologie, Bd. 86, Heft 4, 1967, S. 561 ff.

Werba, Erik, Musik der freien Entscheidung. Werner Egks „Irische Legende", in: ÖMZ, 10. Jg., 1955, Heft 7−8, S. 231 ff.

Wiese, Benno v., Die deutsche Novelle, Düsseldorf 1962

Wulf, Joseph, Musik im Dritten Reich, Gütersloh 1963

Zabrsa, Angela, Das dramatische Schaffen Paul Hindemiths 1919−1930, mschr. Diss., Wien 1972

Zentgraf, Christiane (Hg.), Zur Lage der Musiktheater in Europa, Thurnau 1979

Zorn, Gerhard, Hans Pfitzner als Opernregisseur, mschr. Diss., München 1954

Briefwechsel:

Hofmannsthal und Richard Strauss, hg. von Willi Schuh, 1. Aufl., 1952, 5. Aufl., Zürich 1978

Richard Strauss und Stefan Zweig, hg. von Roland Tenschert, Frankfurt a. M. 1957

Richard Strauss und Joseph Gregor, hg. von R. Tenschert, Salzburg 1955

Lexika und allgemeine Musikgeschichte:

Knaurs Weltgeschichte der Musik, München-Zürich 1969

Enzyklopädie Musik in Geschichte und Gegenwart (MGG). 16 Bde., Kassel 1949−1951 ff.

Ullstein-Lexikon, Berlin 1965

Riemann Brockhaus. 2 Bde., 1978/1979

Herder-Lexikon, hg. von M. Honegger und Günther Massenkeil, 8 Bde., Freiburg im Breisgau 1978 ff.

Pipers Enzyklopädie des Musiktheaters, hg. von Carl Dahlhaus und dem

Forschungsinstitut für Musiktheater der Universität Bayreuth unter Leitung von Sieghart Döhring, Band 1, München 1986

Diverses:

Werkverzeichnisse des Verlages Schott, Mainz, H. Reutter (1984), Carl Orff (1985), Aribert Reimann (1985), Henze (1986)

Programmheft zur Frankfurter Inszenierung von B. A. Zimmermanns Oper „Die Soldaten" (1981)

Einführungshefte zur Plattenkassette der Gesamtaufnahmen von Werner Egks „Peer Gynt" (Orfeo, Classic Schallplatten, München) und von Aribert Reimanns „Lear" (Deutsche Grammophongesellschaft)

Hauptwerke der deutschen Literatur. Darstellungen und Interpretation, hg. von Manfred Kluge und Rudolf Radler, München 1974

Deutsche Oper Berlin, Spielzeit 1984/85, Beiträge zum Musiktheater IV, Berlin 1985

Personenregister

Die kursiven Ziffern beziehen sich auf die Bildlegenden.

Adorno, Theodor   229 f.
Aesop   281
Ahna, Pauline de   52
Aischylos   63, 112, 179
d'Albert, Eugen   108, 116
Albrecht, Gerd   294
Alexander, Carlos   *173*
Anders, Erich   111
Andersen, Lale   197
Andersen, Ludwig, s. Strecker, Ludwig
Anderson, Sylvia   *173*
Andro, L., s. Herz, Therese
Anthes, Otto   109
Appia, Adolphe   107, 226, 228
Aravantinos, Panos   *23*
Aristophanes   117
Auber, Daniel-François-Esprit   260
Auden, Wystan Hugh   272, 279 f.

Babel, Isaak   313
Bach, Johann Sebastian   8, 95, 125, 287
Bach, Rudolf   190
Bach, Wilhelm Friedemann   110
Bachmann, Claus-Henning   195
Bachmann, Ingeborg   270 f., 277
Backhaus, Franz   97
Balser, Ewald   29
Balzac, Honoré de   117, 248
Barlach, Ernst   321
Bartók, Béla   8, 314, 322
Batka, Richard   108
Bausznern, Waldemar von   111
Beardsley, Aubrey   60

Beckett, Samuel   240
Beethoven, Ludwig van   8, 13, 29, 45, 48
Bekker, Paul   14, 34
Bellini, Vincenzo   272, 278
Berg, Alban   18, 98, 120 f., 125, 138, 185 ff., 232, 235 f., 240 f., 249, 261, 293, 299, 302 f.
Berghaus, Ruth   229
Berlioz, Hector   112
Bernauer, Agnes   168
Bialas, Günter   247 f., 308 f., 311
Billinger, Richard   190, 240
Blacher, Boris   242 ff., *247,* 293
Blech, Leo   108 f., 111
Blei, Franz   126
Böckmann, Alfred   316
Boehmer, Konrad   308
Böhm, Karl   81, 277
Bond, Edward   281
Borck, Edmund von   196 f.
Bormann, E.   193
Borngräber, Otto   123
Bose, Hans-Jürgen   312
Bosse-Sporleder, Maria   281
Boulez, Pierre   308, 313 f.
Brachvogel, Albert Emil   109 f.
Braun, Matthias   239
Braunfels, Walter   116 ff.
Brecht, Bertolt   194, 197 ff., *200,* 201, 212 f., 216, 254 ff.
Brentano, Clemens von   192
Bruneau, Alfred   234
Büchner, Georg   108, 185 ff., 256, 284, 300 ff., 322
Bulgakow, Michail   322

Bülow, Hans von   50
Bungert, August   9
Burckhardt, Jacob   48
Busch, Wilhelm   308
Busoni, Ferruccio   8 f., 14, 20,
   94 ff., *99,* 197

Calderon de la Barca   217
Cage, John   305, 313
Catull   165 f.
Cebotari, Maria   *91*
Chamisso, Adelbert von   82
Chéreau, Patrice   229
Claudel, Paul   117
Cochran, William   *99*
Collodi, Carlo   282
Cortolezis, Fritz   117
Coßmann, Paul Nikolaus   21
Cramer, Heinz von   245, 266
Cremer, Clemens   312
Cui, Cesar   234
Czechowski, Heinz   322

Dargomyshskij, Alexander   234
Debussy, Claude   130, 203, 234
Decsey, Ernst   97
Dessau, Paul   233, 252 ff., *253,*
   315, 322
Dessauer, Joseph   196
Dorst, Tankred   248, 306
Dostojewski, Fedor   242, 249
Dovsky, Beatrice   114
Draeger, Walter   315
Drese, Claus Helmut   229
Dressel, Erwin   196

Egk, Werner   203 ff., *205, 211,*
   223, 236, 242
Eimert, Herbert   235
Eisermann, Wolfgang   281
Eisler, Hanns   316
Ende, Michael   309
Engelmann, Hans Ulrich   305 f.
Enzensberger, Hans Magnus   281
Erhardt, Otto   19
Ernst, Herzog von Bayern   168
Eschenburg, Johann Joachim   294

Esterházy, von Galantha, Franz
   Graf   70
Everding, August   182, 229

Feldhoff, Gerd   *31*
Felsenstein, Walter   229
Fiechtner, Helmut A.   270
Finke, Fidelio F.   315
Flaubert, Gustave   60
Forster, Georg   119
Fortner, Wolfgang   233, 235 ff.,
   237, 248, 258
Franckenstein, Clemens Freiherr
   von und zu   111
Freud, Sigmund   123
Freyer, Achim   313
Friedrich, Götz   *315*
Fröhling, Michael   300
Furtwängler, Wilhelm   153

Gay, John   190
Geitel, Klaus   280
Georgiades, Thrasybulos   173
Gerhäuser, Emil   112
Gershwin, George   202
Gerster, Ottmar   190, 315
Gide, André   190
Glass, Philipp   313
Goebbels, Joseph   48, 213
Goethe, Johann Wolfgang von   48,
   64, 82, 98, 100 f., 112, 210, 248,
   249, 284, 312
Gogh, Vincent von   321
Gogol, Nikolai   220 ff.
Goldberg, Reiner   *253*
Goldoni, Carlo   196, 305
Goll, Claire   294
Goll, Yvan   294
Gombrowicz, Witold   246, 310
Göring, Hermann   213
Gounod, Charles   102
Gozzi, Carlo   94, 96, 266
Grabbe, Christian   190
Grabner, Hermann   124
Graener, Georg   110
Graener, Paul   108 ff.
Graf, Max   97

342

Grass, Günter   294
Gregor, Joseph   45, 57, 67, 91, 93
Grieg, Edvard   210, 215
Griesbach, Karl-Rudi   316
Grillparzer, Franz   29, 45, 118, 248
Grimmelshausen, Hans Jakob
   Christoffel von   241
Grun, Frances   30 f.
Grun, James   20, 22 f., 30
Grünauer, Ingomar   312
Grünewald, Matthias   146, 148
Guersi, Guido   152
Günther, Dorothee   156
Günther, Johannes von   222
Gurlitt, Manfred   185 ff.
Gutzkow, Karl   300

Haas, Joseph   107 f.
Hacks, Peter   320
Hamel, Peter Michael   311 f.
Händel, Georg Friedrich   48
Hanell, Robert   316
Hardt, Ernst   109
Hartmann, Karl Amadeus   240 f.
Hartmann von Aue   21
Hauff, Wilhelm   277 f.
Haupt, Walter   312
Hauptmann, Gerhart   109 f.
Hebbel, Friedrich   112 f., 286, 318
Hebel, Johann Peter   195
Heger, Robert   122
Heine, Heinrich   217
Henneberg, Claus H.   294 f.
Henze, Hans Werner   233, 240 f.,
   258 ff., *259, 261, 267,* 268 ff.
Herder, Johann Gottfried   201
Herz, Therese   31
Herzfeld, Friedrich   109, 119, 121,
   220 f.
Hespos, Hans-Joachim   307
Hildesheimer, Wolfgang   265
Hiller, Wilfried   308 f.
Hindemith, Paul   10, 19, 85,
   125 ff., *127 f., 134, 137, 147,* 185,
   197 f., 205, 224, 233, 235 f., 278,
   322
Hirschfeld, Robert   22

Hitler, Adolf   29, 46, 207, 213, 319
Hoffmann, E. T. A.   95, 117, 137,
   139, 195 f.
Hoffmann, Rudolf Stefan   118
Hofmannsthal, Franz von   88 f.
Hofmannsthal, Hugo von   45,
   63 f., 68 f., 70, 74 ff., 84 ff., 195 f.,
   198, 232, 235
Hogarth, William   70
Holberg, Ludwig   108
Hölderlin, Friedrich   172 ff., 178,
   191, 304
Holl, Karl   122
Hollmann, Hans   220
Homer   217
Honegger, Arthur   206
Honolka, Kurt   122, 204
Horváth, Ödön von   248, 250
Hughes, Langston   202
Hummel, Franz   307 f.
Humperdinck, Engelbert   9,
   21, 28, 52, 102, 185

Ibsen, Henrik   209 ff.

Jarnach, Philipp   98, 192
Jary, Alfred   307 f.
Jonson, Ben   90
Joyce, James   314

Kafka, Franz   264
Kagel, Mauricio   226, 306, 313 f.
Kaiser, Georg   194, 197, 243 f.
Kallmann, Chester   272, 279 f.
Kaminski, Heinrich   124, 156
Karajan, Herbert von   166
Kaufmann, Harald   180
Kaufmann, Leo Justinus   192 f.
Keetman, Gunhild   156
Kempf, Wilhelm   124
Kepler, Johannes   154
Khevenhüller-Metsch, Johann
   Josef Fürst   69 f.
Killmayer, Wilhelm   306
Kirchner, David   309 ff.
Klebe, Giselher   248 ff., *249*
Klebe, Lore   251 f., 324

343

Klee, Paul   248
Klein, Rudolf   141
Kleist, Heinrich von   109, 119 f.,
    222, 224, 248, 270 ff.
Klenau, Paul   118 ff.
Köhler, Siegfried   315
Kokoschka, Oskar   126, 128, 132
König, Gottfried Michael   308
Körner, Theodor   109
Körner, Thomas   256
Korngold, Julius   15 ff., 21 f., 26,
    33 f., 66, 105, 113, 115
Korty, Sonja   190
Kotzebue, August   235
Kralik, Heinrich   22, 45, 90
Kraus, Herold   *173*
Krause, Ernst   13, 47, 204 f., 207,
    220, 222
Krauss, Clemens   93
Kremer, Martin   *91*
Krenek, Ernst   10, 85
Kristwald, Lisa   311
Krull, Annie   *65*
Kunad, Rainer   233, 321 f., *322*
Kupfer, Harry   *293,* 320

Lachmann, Hedwig   60
La Fontaine, Jean de   207, 308
Lagerlöf, Selma   185
Lang, Isaak   294
Leibniz, Gottfried Wilhelm   16
Leibowitz, René   252, 258
Lenau, Nikolaus   82
Lenya, Lotte   199
Lenz, Jakob Michael Reinhold
    185, 284 ff., 289, 300 f.
Leonardo da Vinci   114
Lernet-Holenia, Alexander   190
Levetzow, Karl Michael von   190
Liess, Andreas   158, 167, 176
Ligeti, György   313
Lion, Ferdinand   139, 144
Ljubimov, Yurij   322
Lorca, Federico Garcia   236 ff.,
    237, 318
Lothar, Mark   193
Lothar, Rudolf   109

Louis, Rudolf   21
Lully, Jean Baptiste   144

Mackay, John Henry   51
Maeterlinck, Maurice   234, 314
Mahler, Gustav   16, 57, 113
Mahner-Mons, Hans   28 f.
Managetta-Lerchenau, Freiherren
    von   70
Mann, Thomas   18 f., 37, 42, 49
Massenet, Jules   260 f., 312
Matthus, Siegfried   316 ff., *317,*
    323
Mayer, Ernst Herrmann   314
Medek, Tilo   313
Menotti, Gian-Carlo   202
Messiaen, Olivier   313
Meyer, Conrad Ferdinand   124
Mickel, Karl   257
Milhaud, Darius   244
Mohaupt, Richard   196
Molière, eigtl. Jean Baptiste
    Poquelin   79, 306
Monteverdi, Claudio   156, 283
Moser, Hans Joachim   112
Mottl, Felix   102
Mozart, Wolfgang Amadeus   44,
    49, 64, 70 f., 82, 90, 95 f., 108,
    112, 150, 232, 277
Müller, Heiner   257, 303 f.
Müller-Siemens, Detlev   313

Neef, Wilhelm   316
Neher, Caspar   194, 201
Neuenfels, Hans   229
Neumann, Günther   312
Niehaus, Manfred   307
Nietzsche, Friedrich   51, 304
Noelte, Rudolf   229
Novalis, eigtl. Friedrich Leopold
    Freiherr von Hardenberg   82

Oberlin, Johann Friedrich   301
Oehlschlägel, Reinhard   324
Offenbach, Jacques   88, 246
Orff, Carl   124, 155 ff., *157, 163,*

169, 173, 185, 204, 224, 232, 236, 299, 306, 309
Orsini-Rosenberg, Fürstenfamilie 70

Pahlen, Kurt 196
Palestrina, Giovanni Pierluigi da 34 f.
Palitzsch, Peter 256
Pallavicino, Pietro Sforza 32
Panizza, Oskar 308
Panwitz, Rudolf 76
Penderecki, Krzysztof 299
Pepping, Ernst 293
Pepusch, Christopher 199
Pfitzner, Hans 7 f., 13 f., *15,* 16 ff., *23,* 27 ff., *31,* 94, 102, 122, 145, 227, 244
Pfitzner, Mimi 29
Plaschke, Friedrich *91*
Pocci, Franz Graf von 208
Prévost d'Exiles, Antoine François 260
Prieberg, Fred 207, 322
Prokofjew, Serge 213, 322
Puccini, Giacomo 44, 115, 119, 202, 224, 232, 260 f.

Raimund, Ferdinand 108, 190, 193
Ramuz, Charles Ferdinand 235
Raupp, Wilhelm 112, 115
Ravel, Maurice 103, 233
Ravenet, S. 70
Rectanus, Hans 19, 37
Redlich, H. F. 186
Reger, Max 9, 103, 107, 122, 244, 322
Rcich, Günther *99, 147*
Reimann, Aribert 293 ff., *293*
Reinhardt, Max 76, 96
Reinke, Bodo 313
Reutter, Hermann 190 ff., *191*
Rheinberger, Joseph 107
Riedinger, Ursula 148
Riezler, Walter 27
Rihm, Wolfgang 284, 300 ff., 312

Rilke, Rainer Maria 141, 316 ff., *317*
Rimski-Korsakow, Nikolai 234
Ritter, Alexander 50 f., 53
Rodin, Auguste 63
Ronnefeld, Peter 307
Roselius, Ludwig 196
Rosendorfer, Herbert 305
Rossini, Goacchino 272, 278
Rozinek, Rudolf 255
Ruppe, K. H. 263
Ruppert, Anton 312

Sarpi, Paolo 32
Satie, Erik 244
Scudéry, Madeleine de 139
Sekles, Bernhard 111
Semper, Gottfried 316, *317*
Schadewaldt, Wolfgang 174, 179
Schendel, Uwe 294
Schenk, Erich 8
Schenker, Friedrich 322
Scherber, Ferdinand 97
Scherchen, Hermann 241
Schiffer, Marcellus 135
Schiller, Friedrich von 235, 248, 250
Schillings, Max von 111 ff.
Schlegel, Friedrich 191
Schlemmer, Oskar 307
Schmeller, Johann Andreas 167
Schmutzer, Ferdinand *47*
Schnebel, Dieter 313
Schnitzler, Arthur 196
Scholl, Hans 318 f.
Scholl, Sophie 318 f.
Schönberg, Arnold 7, 10, 17, 19 f., 67, 85, 94, 103, 118, 121, 125, *187,* 206, 225, 233, 236, 240, 292, 302 ff.
Schopenhauer, Arthur 13, 35
Schostakowitsch, Dimitri 322
Schreier, Peter *31*
Schreker, Franz 10, 105, 115, 122, 193, 246
Schrenk, Walter 185 f.
Schuch, Ernst von 117

Schuh, Oscar Fritz   194, 226
Schultze, Norbert   107
Schumann, Karl   215
Schumann, Robert   113
Schumann-Heink, Ernestine   *65*
Schwaen, Kurt   316
Schwarz, Jewgeni L.   257
Sellner, Gustav Rudolf   280
Shakespeare, William   164, 191,
    242, 276, 294 f.
Shaw, George Bernard   210
Sheridan, Richard Brinsley   118
Siebert, Wilhelm Dieter   313
Sievert, Ludwig   *129*
Silhanek, Ferdinand   313
Simrock, Karl   192
Sophokles   63, 174 f., 304
Sostschen, M.   248
Specht, Richard   61, 63, 67, 71
Sperr, Martin   313
Sporck, Ferdinand Graf   111
Stach, Ilse von   28
Stein, Peter   229
Stephan, Rudi   122 f.
Stern, Ernst   76
Sternheim, Carl   246
Stirner, Max   51
Stockhausen, Karl-Heinz   308
Stramm, August   126
Strauss, Richard   7 ff., 13, 16, 20,
    44 ff., *47, 59, 77,* 97, 102 f., 115,
    118 f., 122 f., 198, 224, 231 f.,
    234 f., 244, 252
Strawinsky, Igor   8, 17, 19, 125,
    166, 213, 232, 235 f., 241, 244,
    272, 278, 292
Strecker, Ludwig   107, 190 f., 208
Strehler, Giorgio   229
Streul, Eberhard   313
Strindberg, August   108, 294
Strobel, Heinrich   138, 140
Stuckenschmidt, Hans Heinz   98,
    101, 206 f., 234, 239, 278
Swarowsky, Hans   48 f.
Synge, John Millington   248

Tardieu, Jean   300

Tennyson, Alfred   190
Tenschert, Roland   71, 78, 81
Teschemacher, Margarethe   *92*
Theben, Paulus von   151
Thoma, Hans   23
Thuille, Ludwig   107, 117
Tieck, Ludwig   248
Tirso de Molina, eigtl. Gabriel
    Téllez   117
Toch, Ernst   198
Trebitsch, Siegfried   51
Treibmann, Karl-Ottomar   233
Treichlinger, Wilhelm Michael
    193

Ulbricht, Walter   314
Ulbrig, Christian   312
Unger, Hermann   124

Verdi, Guiseppe   71, 232, 272
Visconti, Luchino   270
Vollerthun, Georg   111
Voltaire, eigtl. François Marie
    Arouet   139
Vujica, Peter   231 f.

Wagner, Cosima   52, 102, 228
Wagner, Richard   8 f., 13, 15, 17,
    19, 21 f., 24, 27 f., 35 f., 44, 50,
    53 ff., 61, 63, 83, 95, 97, 102 ff.,
    108, 111 ff., 120, 130, 134, 160,
    195, 228, 232, 305
Wagner, Siegfried Helferich
    Richard   9, 102 ff.
Wagner, Wieland   *173,* 227 ff., *227*
Wagner, Wolfgang   227
Wagner-Régeny, Rudolf   193 ff.,
    315 f.
Walter, Bruno   117
Waltershausen, Hermann von
    116 f.
Wandrey, Conrad   19 f.
Weber, Carl Maria von   14, 24
Webern, Anton von   17, 125, 236,
    241, 252
Wedekind, Frank   249
Weil, Grete   260

346

Weill, Kurt   185, 194, 197 ff.,
   200, 201 f., 212 f., 216, 233
Weirich, Harald   310
Weismann, Julius   107 f.
Weiss, Peter   294
Wekwerth, Manfred   256
Wellesz, Egon   279
Werfel, Franz   248, 250 f., 294
Werzlau, Joachim   316
Westermann, Gerhart von   244
Wienberg, Rudolf   300
Wilde, Oscar   58 ff., 82, 236
Wilder, Thornton   191
Willascheck, Wolfgang   319
Winterer, W.   32
Wittenbrink, Franz   313
Wolf-Ferrari, Ermanno   118, 193,
   306

Wolff von Gusenberg, Freiherr von,
   s. Anders, Erich
Wolpert, Franz Alfons   306
Wolzogen, Ernst Ludwig Freiherr
   von   54 f.
Yeats, William Butler   217 f.

Zender, Hans   313 f.
Zillig, Winfried   240
Zimmermann, Bernd Alois   284,
   285, 286 ff., 300, 314
Zimmermann, Ingo   319
Zimmermann, Udo   233, 318,
   320 f.
Zimmermann, Walter   314
Zola, Emile   185, 234
Zuckmayer, Carl   245, 248, 251
Zweig, Stefan   45, 48, 58

Bildnachweis:

Archiv der Deutschen Oper Berlin (1), Archiv der Deutschen Oper am
Rhein (4), Archiv der Komischen Oper Berlin (1), Archiv der Staatsoper
Dresden (2), Archiv des Opernhauses der Stadt Köln (1), Archiv der „Wie-
ner Zeitung" (10), Erwin Döring (2), Mara Eggert (2), Fremdenverkehrs-
amt München (1), Hannes Kilian (4), Anne Kirchbach (1), Arwid Lagen-
pusch (1), Verlagsarchiv Max Hesse (1), Museum der Stadt Wien (1),
Joachim Schmidtmann (1), Verlag Schott (3), Marion Schöne (2), Sabine
Töpfer (1), Gerd Weiss (1).

Norbert Tschulik

Musiktheater in Österreich

Die Oper
im 20. Jahrhundert

Format: 12,5 × 20,5 cm
Leinen mit Schutzumschlag
356 Seiten,
durchgehend illustriert
S 298,–

Das Buch leistet erstmals einen Gesamtüberblick über die verschiedenen Stilrichtungen und die Musikerpersönlichkeiten, die der jüngeren österreichischen Operngeschichte das Gepräge gegeben haben bzw. noch geben. So beginnt die Darstellung bei den Wurzeln der in unser Jahrhundert führenden Entwicklung, bei Richard Wagner einerseits, der musikalisch wie szenisch neue Wege gewiesen hat, und bei Gustav Mahler andererseits, der eine Reihe wichtiger Reforminszenierungen an der Wiener Hofoper gestaltet hat. Im Hauptteil des bis in die Gegenwart reichenden Buchs aber wird jene Vielfalt an Begabungen und Werken dokumentiert, die das Interesse jedes aufgeschlossenen Opernfreundes erweckt: ob es sich nun um Franz Schmidt oder E. W. Korngold handelt, um Schreker oder Zemlinsky, um Berg oder Schönberg, um Gottfried von Einem oder György Ligeti.

ÖBV

Österreichischer Bundesverlag